国学新读本

诗　经

梁锡锋　注说

河南大学出版社

国学新读本编辑委员会

总策划　马小泉

主　编　李振宏

编　委　(以姓氏笔画为序)

　　　　马小泉　王　健　朱绍侯　刘小敏
　　　　李中华　李振宏　苏凤捷　何晓明
　　　　张云鹏　张富祥　宋会群　杨天宇
　　　　杨寄林　杨朝明　赵国华　郑慧生
　　　　姜建设　袁喜生　曹　峰　曹础基
　　　　曾振宇　戚良德　龚留柱　熊铁基

目　录

序 …………………………………… 李振宏（1）
《诗经》通说 ……………………………………（1）

风 ……………………………………………（71）
　周　南 ……………………………………（71）
　　关雎（71）　　葛覃（72）　　卷耳（73）
　　樛木（74）　　螽斯（75）　　桃夭（75）
　　兔罝（76）　　芣苢（76）　　汉广（77）
　　汝坟（78）　　麟之趾（78）
　召　南 ……………………………………（79）
　　鹊巢（79）　　采蘩（80）　　草虫（80）
　　采蘋（81）　　甘棠（82）　　行露（82）
　　羔羊（83）　　殷其雷（84）　　摽有梅（84）
　　小星（85）　　江有汜（85）　　野有死麕（86）
　　何彼秾矣（87）　　驺虞（87）
　邶　风 ……………………………………（88）
　　柏舟（88）　　绿衣（89）　　燕燕（90）

日月(91)	终风(92)	击鼓(93)
凯风(94)	雄雉(95)	匏有苦叶(95)
谷风(96)	式微(98)	旄丘(99)
简兮(100)	泉水(101)	北门(102)
北风(103)	静女(104)	新台(105)
二子乘舟(105)		

鄘　风 ································· (106)

柏舟(106)	墙有茨(106)	君子偕老(107)
桑中(108)	鹑之奔奔(109)	定之方中(109)
蝃蝀(111)	相鼠(111)	干旄(112)
载驰(113)		

卫　风 ································· (114)

淇奥(114)	考槃(115)	硕人(116)
氓(117)	竹竿(120)	芄兰(121)
河广(121)	伯兮(122)	有狐(123)
木瓜(123)		

王　风 ································· (124)

黍离(124)	君子于役(125)	君子阳阳(125)
扬之水(126)	中谷有蓷(126)	兔爰(127)
葛藟(128)	采葛(129)	大车(129)
丘中有麻(130)		

郑　风 ································· (131)

缁衣(131)	将仲子(131)	叔于田(132)
大叔于田(133)	清人(134)	羔裘(135)
遵大路(135)	女曰鸡鸣(136)	有女同车(137)
山有扶苏(137)	萚兮(138)	狡童(138)
褰裳(139)	丰(139)	东门之墠(140)

风雨(140)　　　子衿(141)　　　扬之水(141)

出其东门(142)　野有蔓草(143)　溱洧(143)

齐　　风 ……………………………………………（144）

鸡鸣(144)　　　还(145)　　　　著(145)

东方之日(146)　东方未明(147)　南山(147)

甫田(148)　　　卢令(149)　　　敝笱(150)

载驱(150)　　　猗嗟(151)

魏　　风 ……………………………………………（152）

葛屦(152)　　　汾沮洳(153)　　园有桃(154)

陟岵(154)　　　十亩之间(155)　伐檀(156)

硕鼠(157)

唐　　风 ……………………………………………（157）

蟋蟀(157)　　　山有枢(158)　　扬之水(159)

椒聊(160)　　　绸缪(160)　　　杕杜(161)

羔裘(162)　　　鸨羽(162)　　　无衣(163)

有杕之杜(163)　葛生(164)　　　采苓(165)

秦　　风 ……………………………………………（166）

车邻(166)　　　驷驖(166)　　　小戎(167)

蒹葭(169)　　　终南(170)　　　黄鸟(171)

晨风(172)　　　无衣(172)　　　渭阳(173)

权舆(174)

陈　　风 ……………………………………………（174）

宛丘(174)　　　东门之枌(175)　衡门(176)

东门之池(176)　东门之杨(177)　墓门(177)

防有鹊巢(178)　月出(178)　　　株林(179)

泽陂(180)

桧　风 …………………………………………………（181）
　　羔裘(181)　　素冠(181)　　隰有苌楚(182)
　　匪风(182)

曹　风 …………………………………………………（183）
　　蜉蝣(183)　　候人(184)　　鳲鸠(185)
　　下泉(186)

豳　风 …………………………………………………（186）
　　七月(186)　　鸱鸮(190)　　东山(191)
　　破斧(193)　　伐柯(194)　　九罭(194)
　　狼跋(195)

雅 ………………………………………………………（196）
　小　雅 ………………………………………………（196）
　　鹿鸣(196)　　四牡(197)　　皇皇者华(198)
　　常棣(199)　　伐木(201)　　天保(202)
　　采薇(204)　　出车(205)　　杕杜(207)
　　鱼丽(208)　　南有嘉鱼(209)　南山有台(210)
　　蓼萧(211)　　湛露(212)　　彤弓(213)
　　菁菁者莪(214)　六月(215)　　采芑(217)
　　车攻(218)　　吉日(220)　　鸿雁(221)
　　庭燎(222)　　沔水(223)　　鹤鸣(224)
　　祈父(225)　　白驹(225)　　黄鸟(226)
　　我行其野(227)　斯干(228)　　无羊(230)
　　节南山(232)　正月(234)　　十月之交(238)
　　雨无正(240)　小旻(243)　　小宛(244)
　　小弁(246)　　巧言(249)　　何人斯(250)
　　巷伯(253)　　谷风(254)　　蓼莪(255)

大东(256)　　四月(259)　　北山(260)

无将大车(262)　小明(262)　　鼓钟(264)

楚茨(265)　　信南山(267)　甫田(269)

大田(270)　　瞻彼洛矣(271)　裳裳者华(272)

桑扈(273)　　鸳鸯(274)　　頍弁(275)

车舝(276)　　青蝇(277)　　宾之初筵(278)

鱼藻(280)　　采菽(281)　　角弓(282)

菀柳(284)　　都人士(284)　采绿(286)

黍苗(286)　　隰桑(287)　　白华(288)

绵蛮(289)　　瓠叶(290)　　渐渐之石(291)

苕之华(292)　何草不黄(292)

大　雅 ……………………………………（293）

文王(293)　　大明(295)　　绵(298)

棫朴(300)　　旱麓(301)　　思齐(303)

皇矣(304)　　灵台(307)　　下武(309)

文王有声(310)　生民(312)　行苇(315)

既醉(316)　　凫鹥(318)　　假乐(319)

公刘(320)　　泂酌(322)　　卷阿(323)

民劳(325)　　板(327)　　　荡(329)

抑(331)　　　桑柔(335)　　云汉(340)

崧高(343)　　烝民(345)　　韩奕(347)

江汉(350)　　常武(352)　　瞻卬(353)

召旻(356)

颂 ………………………………………………（358）

周　颂 ……………………………………（358）

清庙(358)　　维天之命(358)　维清(359)

烈文(359)　　天作(360)　　昊天有成命(360)

我将(361)　　时迈(361)　　执竞(362)
思文(362)　　臣工(363)　　噫嘻(363)
振鹭(364)　　丰年(364)　　有瞽(365)
潜(365)　　　雍(366)　　　载见(367)
有客(367)　　武(368)　　　闵予小子(368)
访落(369)　　敬之(369)　　小毖(370)
载芟(370)　　良耜(372)　　丝衣(372)
酌(373)　　　桓(374)　　　赉(374)
般(375)

鲁　颂 ·· (375)

驷(375)　　　有駜(376)　　泮水(377)
閟宫(380)

商　颂 ·· (384)

那(384)　　　烈祖(385)　　玄鸟(386)
长发(387)　　殷武(389)

参考文献 ··· (392)

序

最近一些年来,一股"国学热"的思潮强劲涌动,在文化学界以至于整个社会上,引起了强烈反响。为什么在这样一个社会的大变革时代,在从传统社会向现代社会的转型期,最为传统的国学,却能引起国人的极大兴趣,这的确是一个值得思考和研究的问题。

"国学"作为一个学术文化概念,产生于近代。从渊源上讲,"国学"概念的产生,与"国粹"有些关联,并且是从对抗西学侵入的角度提出来的。今天,中华民族早已是一个独立于世界民族之林的自立自强的民族,全球经济一体化所带来的世界文化的汇合与交融,也早已是历史发展的必然趋势,而在这样的历史大势中,却会有"国学热"的产生,乍一看来,确有不可思议之处。但实际上,国学的当代走红,则与我们今天所处的历史时代有着一定的关系。

随着改革开放的迅速推进,随着市场经济的强劲发展,传统道德受到了强烈冲击,传统文化与现代文化观念的碰撞也日益强烈。于是,如何看待传统文化的问题,就严峻地提到了国人的面前。传统文化的出路何在,它从何而来,要走向何方,如何对之进行价值重估,一切关心文化问题,有着强烈历史责任感的人们,无不把关注的目光投向中国的传统学术。当然,也不排除一些对改革开放和市场经济所带来的冲击无法理解和接受,对现代经济发展对传统道德的亵渎强烈抗议的人们,自然而然地发出向传统文化复归而倡导国学的呼声。总之,不论是出于积极的思考,还是抱着一种向后看的心态,对国学的重视则成了最近十多年来一种普遍的文化选择。

于是,对待"国学热"就需要有一个分析的态度。对于任何一个民族的发展来说,传统文化都是其牢固的根基,是其一切历史的出发点,摒弃传统、甚至全盘否定传统文化,都是幼稚可笑的,不可取的。但一遇到问题就求助于传统,甚至一味狂热地提倡向传统复归,也是走不通的,过去那句常说的"倒退是没有出路的"话,虽说不是什么至理名言,却也还是有些道理的。这些年来,一些地方出现的中小学生、甚至幼儿园小朋友的读经热,就是一种值得注意的倾向。国学,毕竟是一种学术,需要有一定的文化基础,有一定的分析批判能力,才能对之进行识读、鉴别而决定其取舍。所以,严格地说,对于国学,尤其是经学,在当代中国,需要的是研究以及在此基础上的批判继承,而不是再像传统社会中那样采取唱诗班的方式,对青少年一代进行无分析地灌输。因此,如何弘扬传统文化,就是一个需要思考的问题。

正是基于以上考虑,为着弘扬优秀传统文化的需要,也为着对社会上盲目崇尚读经的风气有所引导,我们组织了这套"国学新读本"丛书,选择一些在中国传统文化中影响较大的国学典籍,对之进行简明扼要的注释,然后在读本前边,用较大篇幅解读该典籍的基本思想文化内涵,评述其在中国文化史上的地位和影响,并对如何阅读该典籍做出读书方法上的引导。通过这样一个较为翔实的导读内容,以批判分析的态度,给青年人的国学典籍阅读提供一个健康的思想导向。根据这样的宗旨,这套丛书,在大的结构上,每本都分为通说和简注两个部分,通说是导读的性质,简注在于疏通文字,希望这样的安排,能够为青年朋友和一般社会读者提供一个国学入门的向导。果能如此,也就实现了撰著者和出版者的愿望。

国学所以是国学,就在于它是我们祖国优秀民族文化和民族精神的载体。在这些国学典籍中,包含着民族文化的基因,蕴藏着民族精神的范型。衷心期待这套丛书能够成为广大读者学习国学精华,体认民族精神,继承祖国优秀文化遗产的良师益友。

李振宏

2008年2月28日

《诗经》通说

　　《诗经》是我国最早的一部诗歌选集。选集中的诗歌,最早产生于商代,其他大多数属于周代,最晚的大约创作于春秋中叶,前后历时五六百年。它是那一时期先民感受自己的生活而唱出的朴素歌声,是中华文化的元典之一。今本《诗经》共有305篇(《小雅》中另有6篇只有篇名而无具体内容,称为"笙诗",不计在内),举其成数,则称《诗三百》,简称《诗》,其实两者是其原本的名称。先秦时期,《诗》只是与《书》、《礼》、《乐》、《易》、《春秋》并列的6种儒家书籍,并无多少神圣意味。只是到了汉代,由于汉武帝罢黜百家,表彰儒术,以经取士,使整个社会形成了尊孔读经的浓厚氛围,以上6种儒家书籍,才具有了万世教科书的神圣经典地位,《诗经》之名才得以通行。《诗经》中的诗当初都是配乐的歌词,保留着古代诗歌、音乐、舞蹈三者结合的形式,如《墨子》说:"诵《诗》三百、歌《诗》三百、弦《诗》三百、舞《诗》三百。"这说明《诗》在古代与音乐、舞蹈有密切关系。只是经过春秋战国的社会大变动,歌不再唱了,舞也不再跳了,只剩下歌词,就成为现在所见到的一部诗集。

　　这里对《诗经》的作者、成书过程、流传、基本内容、在中国文化史上的地位略作介绍,并对如何阅读《诗经》提出若干建议。

一 《诗经》的作者、成书及流传

（一）《诗经》的作者

《诗经》的时代,不像现代人这样有为了保护著作权而署名的习惯与意识,因此往往会出现诗歌流传下来了而作者的姓名反倒湮没在历史的风尘中的情况。根据作品的内容和形式,可以大致作如下判断:《国风》中相当大的一部分属于民歌,出自社会下层的普通劳动者,属口头创作,长期以来口耳相传,在流传中又不断有增减修改,政府的乐官在诗篇最后定型时作了一些修饰和润色。《国风》一小部分出自贵族阶级。大、小《雅》诗多出贵族之手。至于祭神祭祖的《颂》诗,也许是朝廷巫史乐官、上层贵族所作。总之,《诗经》不是一人一时一地的创作,而是约五百年间的集体创作。由于年久代远,《诗经》的作者绝大多数已湮没而不可考,这里分几类略加叙述。

诗中自道作者之名的。此类仅有4篇,另有一篇尚有疑问。这5篇的具体情况如下:

《小雅·节南山》末章说:"家父作诵,以究王讻。"家父,周幽王时的大夫。这两句是说大夫家父作了这首诗,为的是追究导致天下祸乱的罪人。这就明白无误地道出了该诗的作者及做诗的目的。

《小雅·巷伯》末章说:"寺人孟子,作为此诗。"寺人,古代宫中供使唤的小臣,类似后世的宦官。这里,我们不仅知道了该诗的作者是孟子,而且知道了其身份是寺人。需要说明的是,这里的孟子,不是地位仅次于孔子的大儒孟轲。

《大雅·崧高》末章说:"吉甫作诵,其诗孔硕。"《烝民》末章曰:"吉甫作诵,穆如清风。"这两首诗中吉甫自言作诗。吉甫,即尹吉甫,周宣王中兴的重臣,《小雅·六月》中有其事迹。

《鲁颂·閟宫》终章说:"新庙奕奕,奚斯所作。"其情形似乎与前几首相似,但学者意见向来有分歧。一些学者认为"作"的意思是"创作",奚斯创作了《閟宫》这首诗;一些学者认为"作"的意思是"建造",奚斯建造了新庙。我们认为,在没有新的确切证据情况下,不宜遽下结论。

先秦史籍中有记载的。此类约十余篇。如:

《鄘风·载驰》的作者,《左传》记载是许穆夫人所作。许穆夫人,姬姓,春秋时卫国国君黔牟的亲侄女,卫懿公、戴公、文公之妹,于周庄王七年(公元前690年)左右,出生在卫国都城朝歌,长大后嫁给许穆公,故称许穆夫人。许穆夫人是我国历史上第一位可考的爱国女诗人。

《豳风·鸱鸮》的作者,《尚书·金縢》记载是周公。《金縢》中说武王死后,周公主政,但兄弟管叔等人造谣说周公将取代成王。后来经过斗争,管叔这些人都被抓了起来。周公于是写了这首诗送给成王,借母鸟自述育儿辛苦表达自己为了大周天下而操劳的艰辛与一片赤诚之心。但《金縢》的作者、创作年代都有很多疑问,所以《鸱鸮》能否认定为周公所作还是个问题。

《小雅·常棣》的作者,《左传》记载是召穆公。《左传》僖公二十四年说,召穆公为了维护宗族团结,把宗族的人集合起来,并作了一首诗,诗中有"常棣之华,鄂不韡韡,凡今之人,莫如兄弟","兄弟阋于墙,外御其侮"这些句子。这些诗句属《小雅·常棣》,由此看来,《常棣》的作者是召穆公。召穆公就是《大雅·江汉》中受宣王命讨伐淮夷的召虎,是周的开国元勋召公奭的后代。据史书记载,周厉王专权好利,终于引起国人暴动。周厉王被赶走,朝政即由周定公(周公后代)和召穆公共同执掌,史称"周召共和"。

这一年是共和元年(公元前841年),这是中国史籍有确切纪年的开始。

《小雅·桑柔》的作者,《左传》有记载。《左传》文公元年记载,秦晋殽之战后,秦穆公认为战败的责任不在主帅孟明而在自己,并引用周代芮良夫的诗"大风有隧,贪人败类,听言则对,诵言如醉,匪用其良,覆俾我悖",以表明是自己不善用人。这几句诗出自《小雅·桑柔》,因此《桑柔》一诗的作者是周代芮良夫。

总体来说,先秦史籍如果本身没有问题,由于时代较早,所记载的《诗经》作者,一般可信度较高。

秦汉史籍中有记载的。此类约十余篇。如:《邶风·燕燕》,刘向《列女传》载其为卫定公夫人定姜送其寡媳回娘家而作。《邶风·式微》,《列女传》载其为卫侯之女、黎庄夫人所作。《卫风·硕人》,《列女传》载其为卫庄公夫人庄姜的傅母为劝诫其守妇道而作。《邶风·二子乘舟》,刘向《新序》载其为卫宣公之子伋的傅母怜其将为继母所杀而作。《邶风·黍离》,《新序》载其为伋之弟寿怜其兄将见害而作。

但是,这些记载往往与其他史籍或解《诗》著作有矛盾,如《硕人》一诗,《左传》载其为卫人因庄姜美而无子而作,此即与《列女传》所载不同。《列女传》说《燕燕》作者则与《毛诗序》之说有异。因此,秦汉史籍中有关《诗经》作者的记载,可备一说,但可信者少。

《毛诗序》明确指出作者的。此类约二十余篇。如:《邶风·绿衣》,《序》指明其为卫庄公夫人庄姜感伤妾僭己位而作。《邶风·燕燕》,《序》指明其为庄姜送因儿子在政变中被杀的妾戴妫大归于陈而作。《大雅·瞻卬》、《召旻》,《序》指明是凡伯为刺幽王而作。《大雅·抑》,《序》指明是卫武公刺厉王而作。《大雅·崧高》、《烝民》、《韩奕》、《江汉》,《序》指明是尹吉甫美宣王而作。

《大雅·常武》,《序》指明是召穆公美宣王而作。

《毛诗序》指出作者大致身份的。此类约十余篇。如:《王风·葛藟》,《序》指出其为王族刺周平王弃其九族而作。《唐风·无衣》,《序》指出是晋大夫为晋武公初并晋国请命天子而作。《小雅·小弁》,《序》指出是太子之傅所作。《小雅·角弓》,《序》指出是父兄为刺幽王而作。《周颂·敬之》,《序》指出是群臣为进诫始继位之王而作。由于《毛诗序》的创作情况极为复杂,且有明显的说教倾向,难免对许多问题,包括作者问题多有扭曲。因此,《诗序》指出的作者,是不能轻信的。如《卫风·河广》写的是卫女嫁于宋思归不得,《毛诗序》却说是什么"宋襄公母归于卫,思而不止,故作是诗也",这就把一首普通的民歌和具体的历史人物强行撮合在一起,其目的不过是为了对读者进行说教,有失于穿凿附会。

除以上5类,其余绝大多数,只能根据诗篇内容,推测其作者或为公卿贵族,或为大官小吏,或为将军兵士,或为贩夫走卒,或为小夫贱隶,或为流民征夫,或为妇人女子,或为农夫工人。总之,那一时代,不管有无文化,人人都是诗人。《诗经》是那一时期先民对自己生活的歌唱,是盛行的礼乐制度的产物,是最朴素的歌声。

(二)《诗经》的成书

前文说过,《诗经》的时代人人都是诗人。人人皆为诗人,则原始诗篇的数量必然是相当庞大的。司马迁在《史记·孔子世家》中说,古代留传下来的诗有三千多篇。实际上,古诗在选录之前远远不止3000篇,司马迁所谓的三千,只是表明数量之巨,并非实指。但今本《诗经》只有305篇,加上六笙诗,也不过311首。从巨量的原始诗篇到有限的300篇,显然经过了精选加工。这个精选加工的过程,也就是《诗经》的成书过程。

根据现有史料,我们知道《诗经》的成书大致经历了3个阶段,即:诗篇采集、乐官编订、孔子整理。

诗篇采集。诗篇的采集,是把原始的诗篇收集集中的过程,这又有两种形式,即:采诗、献诗。

采诗是一种自上而下的诗篇收集方式。最初人民群众在劳动生产中,或为了激发劳动情绪,或为了在合作劳动中协调步调,或为了化解疲劳,往往会即兴喊出些"劳动号子"。这实际上就是最初的诗歌创作。鲁迅戏称为"杭育杭育派"。后来内容逐渐扩展,或感于情感得失,或感于劳动艰辛,或感于时政黑暗,人民群众也会创作出一些诗歌,正如东汉末何休所说的"男女有所怨恨,相从而歌。饥者歌其食,劳者歌其事"。因此可以说诗歌是反映社情民意的一面镜子。当时的统治者为了了解政治和风俗的盛衰利弊,足不出户就知道天下的情况,就由天子或国君派人到民间收集这些诗歌,这在当时叫做采诗。具体负责采诗的人都是些五六十岁无子女的男女,由政府供给衣食。在每年春季或秋季时,这些采诗的人乘着一种很轻便的车子(轩车),到各地沿路摇着木铎,巡回收集诗篇。铎是一种大铃,青铜制,有舌,舌又有木制和金属制两种,所以有木铎和金铎之分。古代宣布政教法令或遇战事时都使用这种铃。可以想像,那时在山间,在平原,人们正在劳作,由远而近的清脆铎声最终引起了他们的注意。他们知道,朝廷派出采诗的人正路过此地。于是,他们自动走拢来,围着轩车,唱起了抒发心声的朴素歌谣。采诗的人采集到这些民间诗歌后,逐步向上汇总,从乡汇总到邑,从邑汇总到各个王国,从王国汇总到以太师为首的中央乐师之手。乐师是掌管音乐的官员和专家,他们以唱诗作曲为职业,搜集歌谣是为了丰富他们的唱词和乐调。

献诗是一种自下而上的诗篇创作集中方式。当时的贵族文人,或为了规劝国政,或为了指陈时弊,或为了在祭祀时歌颂先公先王的丰功伟绩,主动作诗以献。《国风》,大、小《雅》中的卿士大夫政治美刺诗,三《颂》中的祭祀诗,可能就是这样创作并搜集起来的。从一些诗篇的具体内容来看,此类献诗当不在少数,前文所举作者于诗中自道其名的诗篇可以肯定皆属此类。

乐官编订。原始的诗篇经过采集,最终较为可观的约三千首集中于中央乐师之手。这些诗篇,从时间上来说,上起殷商,下至春秋中叶,即公元前 11 世纪至公元前 6 世纪之间,历时五六百年;从地域上来说,虽主要在黄河流域,但也远及长江、汉水和汝水一带,大致相当于今天的甘肃、陕西、河北、河南、山东、安徽、湖北、四川等地区。不难想见,在这样广阔的空间里产生的诗篇,必然千姿百态。但是,今本《诗经》中的诗篇,仅有三百多篇,且句式基本整齐,主要是四言诗,协于声律。也就是说,这三千余首诗篇的状貌再一次发生了巨变,这自然应归功于以太师为首的中央乐师的编订。乐官们的编订工作,概括地说主要包括整齐句式、调整声韵、配乐谱曲,在这一精选加工的过程中其数量缩减为 300 篇。经过这一过程,可诵、可歌、可舞的《诗经》终于出现。

孔子整理。司马迁在《史记·孔子世家》中把古诗从三千余篇到三百多篇的加工过程归于孔子,但实际上是不可能的。因为《左传》载吴国公子季札曾在鲁国欣赏周乐,其所观诗乐编次与今本《诗经》大体相同,当时孔子只有 8 岁,而一个 8 岁的小孩是不可能做删订《诗经》这样浩大的工作的。可见在孔子之前就已有了一个与今本《诗经》编次、篇数大体相同的传本。再者,孔子终其一生不得志,并没有多少权威性,如果他把诗从三千余篇删减为二百多篇,一定不会有人听从,因而也不能得到流传。

孔子并未删诗,但确实对《诗》做过一番整理工作。孔子的时代,即春秋后期,天下大乱,周王室极其衰微,已没有财力养活包括乐师在内的众官。于是,乐师们渐渐走散,诗乐也随之湮没散佚。其结果是诗篇的传抄此错彼讹,诗乐的调子蜕变错乱。但孔子对周的文化心向而神往,对《诗》也极其推崇,所以他说:"不学《诗》,无以言。"于是,孔子把当时能搜集到的各种乱七八糟的版本汇集起来,本着"述而不作,信而好古"的原则,互相对照,恢复旧貌。同时整理乐曲,审音协律,即他在《论语·子罕》中所说:"吾自卫返鲁,然后乐正,《雅》、《颂》各得其所。"总之,孔子对《诗》的文本、音律进行了一次校勘工作。正是因为有了孔子这次整理,《诗经》这颗即将湮没在历史风尘中的明珠,才得以再次放出七彩的光芒,并成为中华元典之一。

(三)《诗经》的流传

《诗》自孔子整理后,成为儒家的重要经典。战国时期,战乱连年,包括《诗》在内的大量书籍多遭毁坏,因此《诗》的文本的流传难以言说。秦一统天下后,禁书焚书,《诗》也经历了迄今最为严重的浩劫。两汉经学大盛,《诗》也得到了前所未有的广泛流传,并有今古文之分。但今文《诗》好景不长,遂几近断绝,后经过南宋以来学者的辑佚,才得以一线不绝,但已不能恢复全貌。古文《诗》则在此后的岁月中得到长足的发展并流传至今。

秦代的劫火余灰。秦在偏居西北尚为一弹丸小国时,似乎便有焚书的恶好。商鞅变法,视《诗》、《书》为障碍,即请孝公焚之。但秦的控制范围当时毕竟有限,所焚也仅限于其版图之内。随着秦一统天下的完成,先前焚书的小试牛刀也变成了大刀阔斧。

秦一统天下后,为加强思想控制,李斯奏请焚书,除了博士官研究的需要,天下有收藏《诗》、《书》、战国游说之士的著作的,都要交给地方官烧掉。有敢一起谈论《诗》、《书》的要处死。这次焚书规模之大、态度之强硬,远非当年孝公、商鞅可比。《诗》、《书》简册的灰烬在熊熊烈火中飞扬,沉寂后留下的只有断简残编。所幸的是,这大火并未烧到宫中,因为所烧只是从民间收集上来的文本,而博士官手中的《诗》、《书》还是可以保留的。也好在《诗》三百篇本是乐歌,原来的乐曲此时尚未完全失传,其押韵的特点又便于咏诵。烈火可以焚毁有形的简编,却不能燎去学者头脑中的记忆,因此《诗》得以比较完整地保存和流传了下来。

汉代今古文《诗》的分立。汉初一反暴秦的做派,朝廷开书禁,派人搜求古籍,或者让老儒背诵讲述古籍,让人用当时通行的文字隶书写出来,称为今文经。《诗》也不例外,由于传授者的地域口音不同,导致书写时出现了文字的差异;由于学习的老师各有不同的解释,从而出现了齐、鲁、韩三家今文《诗》。后来又出现了用先秦文字书写的古文《诗》,即《毛诗》,与今文三家《诗》的文字、解释差异尤大。

《鲁诗》是汉代出现最早的《诗》派。《鲁诗》出于申培,申培为鲁人,《鲁诗》以此得名。申培在秦时曾和刘郢同学,随齐人浮丘伯学习。由于秦的焚书,各自散去。西汉建立后,刘郢做了楚王,就请申培做太子戊的师傅。戊做了楚王后,对申公很不恭敬,申公于是退居归鲁在家传授《诗》学。申公说《诗》最精,有解释性的著作《诗训故》,以此在汉文帝时做了博士。汉代做博士,即意味着所传的学问被立为官学,可以招收由官府优厚供养的弟子,这些弟子学成后可做大官。因此博士在朝廷有很高的政治地位,在社会上受人景仰。

申公的弟子很多,其中不少人做了大官。如:赵绾,武帝时为御史大夫。王臧,景帝时为太子少傅,武帝时为郎中令。孔安国,是孔子的十二世孙,官至谏大夫。瑕丘江公,博士大夫,他与鲁许公共传弟子韦贤。韦贤,征召为博士,又授汉昭帝《诗》,官至丞相。其子韦玄成,继承父业,授哀帝《诗》,亦官至丞相。韦氏父子,以帝师而为相,位极人臣。汉代《鲁诗》学派的著名人物还有《史记》的作者司马迁、著名文献学家刘向。

《齐诗》出于辕固。辕固为齐人，《齐诗》以此得名。辕固在景帝时为博士。辕固心里很看不起道家黄老之学，而且为人耿直，曾在景帝面前挑战笃好黄老学说的窦太后，称老子书只可作居家谈论，而不能用来治国。窦太后因此大怒，令其与野猪搏斗，幸亏心向儒学的景帝递给他一把刀，才刺死野猪而免于大难。

辕固的《诗》学著作有《诗内传》、《诗外传》。辕固弟子有夏侯始昌。夏侯始昌曾预言柏梁台有火灾，侥幸言中，因此受到汉武帝的重视。始昌弟子有后苍。后苍弟子有翼奉、萧望之、匡衡。翼奉为谏大夫，望之为前将军，衡为丞相。衡弟子师丹为大司空。汉代《齐诗》学派的著名人物还有大儒董仲舒、《盐铁论》的作者桓宽。

《韩诗》出于燕人韩婴，《韩诗》即以其姓得名。韩婴，文帝时为博士，景帝时为常山王太傅。韩婴的《韩诗外传》流传至今，但已非原貌。韩婴曾与董仲舒在皇帝面前辩论，由于韩婴思维敏捷，口才很好，董仲舒都不能难倒他。在三家今文《诗》中，《韩诗》力量相对较弱。

《毛诗》由赵人毛亨、毛苌师徒两人（称大毛公、小毛公）所传，《毛诗》即以两人之姓得名。毛亨作解释性著作《毛诗故训传》，简称《毛传》。河间献王曾任毛苌为博士，并将《毛诗》献之朝廷，但不被立为官学而流传于民间，影响甚微。西汉末哀帝时，刘歆整理宫中的藏书，发现了用战国文字书写的《毛诗》，也即古文《诗》。刘歆一读之下，大为喜爱，因此请求把《毛诗》立为官学，但遭到今文《鲁诗》、《齐诗》学派的联手围攻而未成。东汉时，著名经学家郑众、贾逵、马融、郑玄等都研究《毛诗》。郑玄依托《毛传》作《毛诗笺》。东汉后期，《毛诗》被立为官学，并取代今文三家。

以上是今文三家《诗》与古文《毛诗》在汉代流传的大体情况。就四家《诗》的浮沉而言，《鲁诗》学最先受到统治者的关注。文帝、景帝时期，《鲁诗》学与《齐诗》学并行，而《鲁诗》学略胜。宣帝、元帝的时候，《齐诗》学取得主导地位，远超于《鲁诗》学之上，代表着《诗经》学在两汉的全盛期。终西汉一代，《韩诗》学影响微乎其微，《毛诗》学更是几无声息，至西汉末世才浮出水面。但到东汉，《毛诗》学一枝独秀，《韩诗》学也小有成就，齐、鲁两家的影响则衰微了。

汉以后，《毛诗》流传至今，所以我们现在所见到的《诗经》也可以直接称为《毛诗》。而今文三家《诗》则渐次失传，其中《齐诗》最早，汉魏之间已亡；《鲁诗》稍晚，在西晋末失传；《韩诗》亡佚较晚，残存至北宋。

今文三家《诗》在汉代如日中天，而后却很快销声匿迹。古文《毛诗》久受压抑，却凭着顽强的生命力延续至今。今古文《诗》学命运翻天覆地的变化，原因耐人寻味。《诗》的研究，训诂即字词解释是基础，其次是探求诗的本义。但是，今文三家《诗》在这两个方面都发生了严重偏差，而古文《毛诗》在这两个方面做得比今文三家要好，最后今文三家也就无可挽回地败给了古文《毛诗》。

先说训诂。《鲁诗》学派在训诂方面是做了一些工作，如申公有《诗训诂》，能够做到拿不准的就不强作解释，还是比较严谨的。但这部训诂著作并不完全，其后学虽又作了《鲁说》作为补充，但依然没有根本性的变化。《齐诗》学派也有一些训诂著作，辕固有《诗内传》、《诗外传》，其后学有《齐后氏故》、《齐后氏传》、《齐孙氏故》、《齐孙氏传》，但其致命的缺点是逐章逐句解释文字，繁杂难学。一部《齐诗》多达百万言，后虽进行过删减工作，但仍多达20万言。《韩诗》学派的训诂，不甚清楚，或许较齐、鲁好些，至隋唐还有人学习，但《韩诗》在汉代的流传仅限于燕赵之地，流传至今的《韩诗外传》则完全与训诂无关。而《毛诗》的训诂，西汉初年毛亨的一部简明的《诗故训传》就已奠定了坚实基础。之后几百年间，其后学又不断吸收文字学、历史学和考古学的学术成果，进行完善。尤其是东汉末兼通今古文的经学大师郑玄，依托《毛传》为《诗》作《笺》，同时吸收今文三家训诂的可取之处，对《毛传》中阙疑不明和错误瑕疵的地方进行补充、订正和提高，给今文三家以致命打击。

再说探求诗的本义。今文三家《诗》学之所以在汉代兴盛，根本原因就是在诗义解释上迎合了统治者的需要，以抛弃学理真义为代价获得统治者政治上的支持。在发展的过程中，今文三家《诗》学渐趋阴阳五行化和谶纬迷信化。这种神学化的东西，在初期尚能欺骗人民，也能多少给统治者一些心理安慰。但在统治集团的控制力量日渐削弱的两汉后期，神学迷信反而有可能受被统治阶级利用作为发动起义的精神武器，也就是说神学迷信反而成了一种极其危险的东西。因此到后来连几代皇帝都感到需要"正经义"。《毛诗》学派在这方面则远胜今文三家，夏传才先生在其《诗经研究史概要》中有精辟论述：

> 毛诗胜过三家诗的另一个地方，是它很少荒诞迷信的内容。在长期研究中，毛诗学者一直坚守孔子"不语怪力乱神"的著述原则和"温柔敦厚"的诗教理论，排斥极端落后腐朽的谶纬神学，也就着重发挥儒家的那一套所谓"圣道王化"的政治理想。当阴阳灾异和谶纬迷信已对人民失去欺骗作用的时候，封建统治阶级自然要转而利用毛诗的政治教化和道德教育的内容。

今文三家《诗》的辑佚。今文三家《诗》的辑佚始于南宋王应麟的《诗考》，明何楷的《诗经世本古义》，清代后期学者范家相的《三家诗拾遗》、阮元的《三家诗补遗》、冯登府的《三家诗异文疏证》、陈寿祺和陈乔枞父子的《三家诗遗说考》踵继其后，至王先谦《诗三家义集疏》则为集成性著述。这里仅以王应麟《诗考》和陈寿祺、陈乔枞父子《三家诗遗说考》、王先谦《诗三家义集疏》展示三家《诗》辑佚工作的开端、发展与总结。

《诗考》共分韩诗、鲁诗、齐诗、诗异字异文、逸诗和补遗6个部分。由于《韩诗》亡佚最晚，所获最多。《鲁诗》、《齐诗》各十余条。"诗异字异义"部分收录《诗》见于经传史书而不明属何家者。"逸诗"部分，王应麟的用意是收录三百篇以外的诗，这当是信从孔子删诗说的原因。"补遗"则是补前几个部分所阙漏者。王应麟此书，虽有粗疏漏失，但开创之功实不可没。

《三家诗遗说考》有《鲁诗遗说考》、《韩诗遗说考》、《齐诗遗说考》三部分，每一部分前则有《自序》、《叙录》。《自序》与《叙录》叙述考证三家《诗》在汉代的师承传授源流。正文部分，则凡诗题及正文与《毛诗》异者，必标明三家异文。如《诗》第20首诗题，《毛诗》作"摽有梅"，《鲁诗遗说考》标明《鲁诗》作"莩有梅"，《齐诗遗说考》标明《齐诗》作"蔈有梅"，《韩诗遗说考》亦标明《韩诗》作"莩有楳"。此诗第三章第二句《毛诗》作"顷筐塈之"，《韩诗遗说考》标明《韩诗》作"倾筐摡之"。诗正文后，则收三家遗说。其中标一"案"字者，为陈寿祺所辑，标"乔枞谨案"者为陈乔枞所辑。若父子皆有所辑，中有一"补"字者，表明前为父所辑，后为子所补。此书三家各为一编，不相混杂，如研究一家之说，颇为便利。

《诗三家义集疏》依倚《毛诗》305篇，于诗题、正文下列"注"、"疏"两部分。"注"列三家《诗》文字、诗文训诂、诗义解说与《毛诗》之异。"疏"中先列《毛诗序》、《毛传》、郑《笺》，然后征引秦汉以后古籍记载与历代学者考证成果，以明前"注"中所列三家遗文、遗说之有据。《诗三家义集疏》全面吸收、囊括了此前三家《诗》辑佚的成果，并将之系统化。加上王氏学识渊博，兼通今古，《集疏》中还有王氏自己大量超越前人的最新研究成果。因此，《集疏》实为三家《诗》辑佚之大成。王氏此书出，其他三家《诗》辑佚书便只剩下学术史上的意义，实用价值则为《集疏》所取代。

二 《诗经》的基本内容

《诗经》305篇,分为《风》、《雅》、《颂》三部分。其中《风》诗160篇,又按15国编纂,故亦称《国风》;《雅》诗105篇,又分为《小雅》、《大雅》,故亦称二《雅》;《颂》诗40篇,又分为《周颂》、《鲁颂》、《商颂》,故亦称三《颂》。

(一)《风》的基本内容

《风》,也即《国风》之得名,按《毛诗序》的说法是,风就是讽喻,就是教化;用讽喻来感动、教化人们。上层统治者用"风"教化平民百姓,平民百姓用"风"来讽喻上层统治者,用文雅隐晦的文辞进行委婉的劝谏,这样说话的人不会获罪,听取的人足可以警戒,这就叫"风"。这是为了迎合封建政治道德教化的需要而作的解释。其实《风》就是采自各地的民间歌谣,从音乐的角度看是反映周代各诸侯国的地方曲调、通俗歌曲。宋代郑樵就说《风》是有地方特色的歌谣,为"小夫贱隶妇人女子"所喜唱,歌词的特点是浅显明白而且多有重复。朱熹则说《国风》就是各个地方的民俗歌谣,在市井小巷、田间地头,男男女女你唱我和,以抒发自己的情怀。对照《风诗》160篇,其中很大一部分是关于婚姻恋爱的诗,描写了古代劳动人民对真正的爱情和幸福的追求以及对歧视、遗弃妇女的批判;有些反映古代民众的劳动生活;有些表达反欺凌的怨叹与愤怒,揭露和控诉社会的黑暗腐朽;有些表现朴素的爱国精神。因此,《风》诗是民间歌谣、有地方特色的音乐的说法基本上是正确的。但也不能一概而论,因为其中有少数诗篇是贵族阶级的作品,如首篇《关雎》,诗中有钟有鼓,小老百姓家是不可能有的,自是贵族家庭的陈设;再如《召南·鹊巢》,嫁女有车"百两",

显然不是普通民众。

《国风·周南》有诗 11 篇,《召南》有诗 14 篇。周初,周公姬旦与召公姬奭分陕(大约在今河南禹州地区)而治,大体上从洛阳向南抵湖北北部江、汉一带,为周公所治之"周南";从今陕西南部到湖北西北部地区,为召公所治"召南"。"二南"之诗多为这两个地区的民歌,创作年代大约在西周初年,诗的内容反映婚恋家庭生活的较多。

《关雎》是《周南》也是整个《诗经》的首篇。诗中开篇写小伙子遇到一位容貌姣好、贤惠善良的姑娘,雎鸠鸟婉转的鸣叫触发了他追求这位姑娘的心思;再写他的执著追求与求之不得后的怅惘苦闷;最后写他追求成功后迎娶新娘时喜不自胜,兴奋地弹琴鼓瑟、敲钟击鼓。写相思不是一味地沉迷,写欢乐而无轻薄之词,所以孔子赞美说:"《关雎》,乐而不淫,哀而不伤。"

《葛覃》写女子回家探望父母的归心似箭。诗的开头只是一幅美丽的风景画,深幽宁静的山谷,青碧蔓延的葛藤。只有那知人意的鸟儿叫得特别欢,透出不见身影的主人公即将回家的喜悦。接着写女主人公临行前的匆忙,"是刈是濩,为絺为绤","薄污我私,薄澣我衣",这自然是为把回娘家期间耽搁的活计提前赶出来,反映了女主人公的繁忙与勤劳,但也掩饰不住那临行前的喜悦。

《卷耳》反映女子思夫的心向而神往,想着心上人骑马远游在他乡,无心采摘,虽然采了很长时间,可是"不盈顷筐",最后干脆将筐子弃置一旁,"寘彼周行"。本诗最妙的是把女主人公心逐远游的心上人的想像之景直接呈现在读者面前。那远游的人,登上山冈,喝酒解闷,也想念自己。他的马疲瘦羸弱,他的仆人疲惫难行。这一切的一切,远在天边,但又如近在女主人公的眼前。《卷耳》首创的怀人意境,写作手法,也为后世所继承,杜甫《月夜》、王维《九月九日忆山东兄弟》等抒写离愁别绪、怀人思乡的诗歌名篇,都可以若隐若现地看出本诗的影子。

《螽斯》是婚礼上祝贺新郎新娘子孙繁衍、家族兴旺的诗。"螽斯羽,诜诜兮!宜尔子孙,振振兮",用蝗虫多子,喻子孙众多,这说明多子多福的观念在当时就已流行。

《桃夭》是写婚礼场面热烈的诗。诗中用鲜艳的桃花来烘托婚礼的热烈气氛,暗示新娘的美丽,又用桃子果实肥大、枝叶繁茂来比喻新娘给夫家带来的人丁兴旺、家业昌盛。以鲜艳的桃花,比喻少女的美丽,让人不由自主地在眼前浮现出一个明艳照人、充满青春气息的少女形象。清代学者姚际恒说,此诗"开千古辞赋咏美人之祖",准确地点出了本诗的艺术价值。

《芣苢》是一首写上古妇女采摘的诗。芣苢,即车前草,有助妇女生产顺利的功能。诗人以简洁的语言,明快的节奏,绘出了一幅动人的劳动生活风习画。方玉润《诗经原始》说:"读者试平心静气,涵咏此诗,恍听田家妇女,三三五五,于平原绣野,风和日丽中,群歌互答,余音袅袅,若远若近,忽断忽续,不知其情之何以移,而神之何以旷,则此诗可不必细绎而自得其妙焉。"

《召南》中爱情婚恋诗更是占据了主席,比《周南》中的情诗显得尤为泼辣野性。《摽有梅》是反映姑娘急切待嫁心情的求爱诗。暮春时节,梅子渐渐黄熟,次第凋落。一位姑娘见此情景,深惜自己韶华渐逝而夫婿无觅。因此便情不自禁地以落梅起兴,情意急迫地唱出了这首慨叹青春流逝、渴求爱情的诗歌。"急"是本诗的情感基调,"其实七兮"、"其实三兮"、"顷筐塈之",三重翻唱,一层紧逼一层,活灵活现地表现了姑娘焦虑急切的心情。本诗作为思春求爱诗之祖,以花木盛衰喻青春流逝,由感慨青春易逝而追求婚恋及时,构建了珍惜青春、渴望爱情的永恒主题。后世文学作品,如北朝民歌《折杨柳枝歌》"门前一株枣,岁岁不知老。阿婆不嫁女,那得孙儿抱",中唐无名氏《金缕曲》"花枝堪折直须折,莫待无花空折枝",《牡丹亭》中杜丽娘的感慨"良辰美景奈何天",《红楼梦》里林黛玉的叹惜"花谢花飞飞满天",可以说,无不是这一主题的变奏与翻新。然而,《摽有梅》作为先民的首唱之作,却更为浑真朴实。

《野有死麕》写一个打猎的男子在林中引诱一个"如玉"的女子,女子又喜又怕的微妙心理。在《诗经》时代,男女交往基本上还没有什么限制,因此年轻的小伙和姑娘可以自由地幽会和相恋。本诗最妙的是结尾处,以女子偷情时的言语"舒而脱脱兮,无感我帨兮,无使尨也吠"入诗,活脱生动地表现了女子偷情时既欢愉急切又紧张羞涩的心理状态。

《草虫》写忧思的姑娘想像见到情人后的喜悦。诗开篇以草虫鸣叫、阜螽跳跃起兴,姑娘埋在心中的相思之情一下子被触动了,激起了心底缕缕的愁思:"未见君子,忧心忡忡。"接着姑娘想像心上人突然出现在自己的面前,自己应是"亦既见之,亦既觏之,我心则降"。见,说的是会面;觏,指男女情事。降,下的意思,就是心里轻松下来,烦恼去无踪。诗以"既见"、"既觏"与"未见"相对照,情感变化鲜明,欢愉之情如在眼前,而更反衬出当下不得见的惆怅。

《国风·邶风》有诗 19 篇,《鄘风》有诗 10 篇,《卫风》有诗 10 篇,计 39 篇,都是创作于东周时期的卫国诗歌。卫本是殷商故地,武王灭商,占领殷都朝歌一带,三分其地而封诸侯,纣王子武庚居朝歌北,以邶为国都,称邶国。以管叔、蔡叔、霍叔为三监,蔡叔居朝歌东,为鄘。康叔都纣之故都朝歌,其地主要在朝歌南,为卫。后武庚勾结管、蔡叛乱,周公东征平定,并邶、鄘之地入卫,卫成为当时的诸侯大国。所以邶、鄘、卫三国之诗,皆卫诗。卫都朝歌,在今河南淇县,故淇水亦每流入诗中。

卫诗中揭露统治者贪婪、无耻的篇章较多。《邶风·新台》把卫宣公比做丑陋不堪的癞虾蟆,讽刺他夺占儿媳的丑恶行径。统治者要求民众遵从礼教,自己却寡廉鲜耻。卫宣公为儿子聘娶齐女,只因儿媳妇是个美人,便把她截留下来,霸为己有。诗人盛赞"新台有泚"、"新台有洒",其实是为了形成强烈的反差对比:新台愈美,愈显出老家伙行径之丑。《鄘风·墙有茨》内容与《新台》相承接,写公子顽与宣姜私通。顽是宣公之子,宣姜即卫宣公所强娶之齐女。晚辈与长辈乱伦,是最不为人所齿的丑行。老百姓对这种败坏人伦的秽行,当然厌恶痛恨到极点,特作此诗予以讥刺。诗以宫墙上的蒺藜难以清扫,暗示宫中乱伦的丑事是无法遮掩的。接着诗人又以欲擒故纵之法,声称宫中的丑事无人知道!这似乎是保密,实际是让人更多地产生联想,达到了以不言为言的目的。讥刺见于调侃,辛辣蕴于幽默,是本诗最突出的特点。《鄘风·相鼠》是一首卫国下层民众抨击上层统治者徒有其表而失礼乏德的诗。礼仪是统治者制订的行为规范,自己却把它弃置脑后,沉湎于荒淫腐朽的生活,于是民众对他们发出尖锐的诅咒。诗中把卫国的在位者比作丑陋、狡黠、偷窃成性的老鼠,甚至斥责他们连老鼠也不如,希望他们早早死去,以免玷污"人"这个崇高的字眼。

濮水流经卫地,两岸桑林茂密,男女多情,正好约会其间。《鄘风·桑中》就是这种民风的真实写照。诗中一对恋人相约于桑间濮上:"期我乎桑中,要我乎上宫,送我乎淇之上矣。"幽期密会,有兴奋,也有不安。《邶风·静女》写一对情人相约在城墙的一角幽会。当那小伙子兴冲冲赶到时,活泼的女孩却故意吊小伙子的胃口,调皮地藏了起来,害得小伙子抓耳挠腮,不知所措。那女孩这才出来,又赠给小伙子一根"彤管",小伙子不禁喜出望外,因为这"彤管"是心上人所送的信物,所以他觉得真是分外美丽,不同寻常。《卫风·木瓜》写情人互赠定情信物。你赠给我果子,我回赠你美玉。送的是物,交的是心,表现的是对情意的珍视,所以说"匪报也"。投桃报李的语义,到今天虽已发生了变化,但那爱情的意味还可隐约体会到。《邶风·绿衣》写男子见衣思亡妻。诗人目睹亡妻遗物,倍生伤感。思念亡妻的贤德,惋惜亡妻治家能干,感叹还是亡妻最理解他。有一往情深的男子,也有负心汉。《卫风·氓》即叙述了一个女子与主动追求她的男子相爱结婚,婚后她操持家务任劳任怨,但家道好转后丈夫却变了心,另寻新欢而抛弃了她。面对这无情的现实,她心中五味杂陈,充满了痛恨与悔悟。当她被遗弃回娘家时,再次走过出嫁来男家时经过的淇水,不禁发出"士也罔极,二三其德"的斥责。这是《诗经》中少见的一首长篇叙事抒情诗,将弃妇的遭遇与哀怨抒写得极其细致感人。

卫人爱国,虽女子亦然。《鄘风·载驰》即是远嫁的许穆夫人一片爱国赤诚之心的真实写照。许穆夫人是卫宣姜的女儿,许国国君穆公的妻子,故称许穆夫人。公元前660年,狄人伐卫,杀卫懿公,次年其子文公即位。在祖国风雨飘摇的危亡时刻,许穆夫人不顾愚蠢的许国君臣的阻挠,毅然决然地返卫,吊唁其兄文公,并向吁请同情卫国的大国救援。《载驰》一诗,即作于许穆夫人返卫吊唁卫文公期间。诗开篇把"载驰载驱,归唁卫侯"的情景突然呈现在读者眼前,女主人公恨不得一下子飞回祖国的焦灼心理也就攫住了读者的心。但是,事情陡然起了变化,毫无识见的许国君臣竟横加阻拦,不许她回国。女主人"我心则忧",不仅是忧,更多的是悲痛愤怒。面对阻挠,她义正辞严地回答:"即使你们都说我不好,也不能让我返回许国。看看你们不高明的主张,我的思谋不迂远而可行。"经过长途驱驰,她终于回到日夜牵挂的祖国,并作出大胆决定:向大国求救。女主人公的远见卓识,与祖国共命运的爱国深情,不达目的决不罢休的刚强性格,千载而下,犹令人动容。难怪许穆夫人赋《载驰》,东方霸主齐桓公即遣师出援卫国。他是不是也被这位女诗人深切的爱国之情打动了呢?一首《载驰》,让许穆夫人占据了我国文学史上可考的爱国女诗人的首席。此外如《邶风·泉水》、《卫风·河广》、《竹竿》也都是写远嫁的卫国姑娘思乡的诗,看来那悠悠淇水是卫人心灵的最终归宿。

《国风·王风》有诗10篇,都是东周王国境内的民歌。西周末年平王即位后,镐京残破,戎人压境,处境艰难。为避开犬戎,摆脱困境,公元前770年,周平王把都城从镐京迁至洛邑,即今洛阳附近,称王城。当时周室极度衰微,实际已无法控制诸侯,其地位等同于列国,但名义上仍然是天下的王,故其地的民歌称"王风"。虽曰"王风",而自信心已消磨殆尽,"逢此百罹"、"逢此百忧"、"逢此百凶"的哀叹屡见于诗篇。

《黍离》是一位周大夫的伤时之作。西周在内忧外患中灭亡,平王东迁,诗人行经故都,见宗庙宫室平为田地,他哀叹西周政权的覆亡,忧伤彷惶,不忍离去,唱道:"彼黍离离,彼稷之苗。行迈靡靡,中心摇摇。知我者,谓我心忧;不知我者,谓我何求。悠悠苍天,此何人哉!"故国不堪回首,西周已永久地成为历史,徒见"彼黍离离",只能引发故国不再的感慨。这些诗句成为忧国伤时的千古绝唱。这种心系国家与社会的忧患意识,一直影响到后世,为后世进步诗人所继承。

《王风》中的爱情诗,《采葛》是传诵千古的名篇。热恋的人儿自然希望和心上人长相厮守,分离则是极大的痛苦。即使是暂时的别离,在他或她的感觉中也似乎那么漫长,以至于成为难以忍受的煎熬。诗人正是抓住这一人人皆能体味的最普通而又最折磨人的情感,反覆吟诵,把怀念心上人愈来愈强烈的情感生动地展现出来。全诗并无具体的爱的故事,也没有海誓山盟的表白,然而千古之下却能拨动读者的心弦,并将这一情感浓缩为"一日三秋"的成语活在人们口头。

《国风·郑风》有诗21篇,是东周时期郑武公建国以后郑国的诗歌。西周时周宣王封其弟姬友于郑(今陕西华县北),是为郑桓公。幽王末年,桓公任王朝大司徒。少数民族犬戎侵略西周,杀死幽王与桓公。平王东迁,桓公儿子武公占有今河南中部一带而重建其国,都新郑(今河南新郑)。郑地有溱、洧二水,至春则水流涣涣,男女结伴而游。此地风情,孔子评曰:"郑声淫。"这种情况到汉代愈演愈烈,司马迁说,当时郑地的女子,修饰容貌,弹奏鸣琴,挥动柔长的舞袖,拖着尖尖的舞鞋,用眼色挑逗、用情意勾引人。孔子、司马迁于郑女风流之态,描绘得穷神尽相。

《郑风·溱洧》一诗,真实地再现了男女相会、自由定情的场景。诗中写道:"溱与洧,方涣涣兮。士与女,方秉蕳兮。女曰:'观乎?'士曰:'既且。''且往观乎?'洧之外,洵訏且乐。维士与女,伊其相谑,赠之以勺药。"按照郑国的风俗,三月三日是上巳日,是古人出门踏青的日子,也是青年男女在野外相会,表达爱意的好时机。这一天,在春水涣涣的溱洧岸边,一对青年男女欢快地交游,互诉心曲,赠物定情。小伙子与姑娘一路前行,互相笑语戏谑,互赠芍药表情达意。姑娘的追求表达,热烈火辣;小伙子的承情受意,含而不露。一对恋人间的亲密感情通过朴实的对话表现出来,那一种直率宛然如画而其悠然的余味却溢出诗篇之外。

先秦时代的男女交往,大约经历了相对宽松到逐渐防范的过程。因此恋人们对自己的行动,也不得不有所顾忌。《郑风·将仲子》写道:"将仲子兮,无逾我里,无折我树杞!岂敢爱之,畏我父母。仲可怀也,父母之言,亦可畏也!"仲子是姑娘的心上人,但她却不能同他自由相会。当仲子情急要翻墙来会时,姑娘更是惊急害怕不已,请求他不要鲁莽,并且告诉他父母之言可畏,诸兄之言可畏,人之多言可畏。

《女曰鸡鸣》有如一幕生活的短剧,写夫妇凌晨对话安排一天生活,反映小家庭温馨幸福。凌晨,公鸡初鸣,勤勉的妻子便起床准备开始一天的劳作,并告诉丈夫"鸡已打鸣",实际是催促丈夫起床,但显得十分委婉,妻子对丈夫不愿起床的理解与怜爱甚至妻子自己实际也想继续与丈夫拥被而眠的心理都饱含其中。丈夫推脱说天还没亮,但妻子是理智的,她进一步催促说:"你起来看看吧,启明星就在东方。"丈夫作出了令妻子满意的回应,他很快起床整好装束,并且跟妻子说:"出去转转,打些野鸭和大雁回来。"当他整好装束,迎着晨光出门打猎时,妻子发出了一连串的祈愿:愿丈夫能射中野鸭大雁,愿日常生活有美酒好菜,愿两人白首永相爱。诗人通过夫妻对话,展示了一对青年夫妇和谐的家庭生活和诚笃而热烈的感情,爱意融融,令人羡慕。

《国风·齐风》有诗11篇,是产生于东周初至春秋时期的齐国诗歌。齐国是公元前11世纪周分封的诸侯国,领地大致在现在山东泰山以北黄河流域和胶东半岛地区。春秋初期国力富强,成为霸主。战国时为七雄之一。公元前221年为秦所灭。《齐风》之诗有爱情,有狩猎,有讽谏。

《齐风·鸡鸣》是一首描写清晨夫妻温存缠绵的诗,情节与《郑风·女曰鸡鸣》极其相似。妻子听见鸡叫,催促丈夫起身去朝会,可是丈夫故意推脱说是苍蝇的声音。妻子进一步催促说上朝的人已经更多了,男子却推脱说东方还没亮,外面的亮光是月光。最后妻子既理解又无可奈何地说,你还是先去参加朝会再回来,不要因为我让大家憎恨你。诗中通过夫妻对话,惟妙惟肖地画出了男子贪恋枕席的形象。

《著》写新娘观察来迎娶自己的新郎的形象。新郎从外入内,由著而庭,由庭而堂。新娘在那含羞带怯的眼角余光中,看到新郎"充耳以素,尚之以琼华","充耳以青,尚之以琼莹","充耳以黄,尚之以琼英"。细致入微的观察,体现的正是新娘对自己命运的强烈关注,对即将开始的新生活的憧憬。这里透着诗的含蓄,也透着新娘的心态。

《还》是一首猎人相遇互相赞誉猎技高超的诗。诗中两猎人互相称誉敏捷，互相颂扬善猎，互相夸赞健壮。《卢令》赞美猎人勇武多才，具有仁慈之心。诗从猎犬写起，由犬及人。诗虽短，而猎手的勇猛、田猎之余的快乐，跃然纸上，尚武精神自在其中。

《南山》讽刺齐襄公与妹文姜（鲁桓公夫人）淫乱。讥刺君主，不能不有所顾忌，揭露淫乱污秽之事，也不能过于直白显露，因此本诗一如《鄘风·墙有茨》用隐晦曲折之笔来表现。诗以雄狐急切求偶来暗指齐襄公欲与回娘家的文姜偷欢，用鞋子、帽带错配影射齐襄公乱伦的无耻行为。既鞭挞了讽刺对象，又不留下任何把柄。《载驱》亦含蓄揭露文姜与其兄齐襄公相会淫乱。本诗一如《邶风·新台》，用了反衬之法。诗以文姜仪仗随从之盛，车马之华贵，反衬其行为的荒唐；以文姜"岂弟"和乐，反衬其淫乱无耻。两诗对统治者的鞭挞之深，不让《墙有茨》《新台》。

《国风·魏风》有诗7篇，是产生于春秋初期的魏国诗歌。这里的魏不是三家分晋后的魏，而是在西周就已受封立国的姬姓魏国，领地大约在现在山西芮城，至公元前661年为晋献公所灭。魏地苦寒，人民辛劳，故劳动之歌尤多。《魏风》中也有相当一部分政治批评和道德批评的诗。这些诗有些是针对特定的人物事件的，有的则带有普遍意义。总体上说，这些诗较多反映了社会中下层民众对上层统治者的不满。

《伐檀》是被剥削者宣泄对剥削者不劳而获的愤慨情绪的诗。诗中先写伐木者的辛勤劳作，而后对剥削者的不劳而获发出了愤怒的质问："不稼不穑，胡取禾三百廛兮？不狩不猎，胡瞻尔庭有县貆兮？"这指斥尖锐有力，一针见血，问者理直气壮，锋芒逼人；被问者理屈词穷，无可躲闪。难能可贵的是诗并不仅仅停止在指斥上，而是继续推进，以讽刺语"彼君子兮，不素餐兮"结束诗篇，揭露了剥削者的伪君子本质！因此，那伐檀的"坎坎"之音也许正是反抗的号声。《硕鼠》反映农民不满统治者的沉重剥削，向往美好生活。诗以硕鼠喻统治者，确切形象，活灵活现地写出了依靠压榨劳动人民的血汗而吃得脑满肠肥的剥削者的贪残酷虐形象。值得称道的是，被压迫者并不是一味地忍受，而是发出了决绝之声："硕鼠硕鼠，无食我黍"，"逝将去汝，适彼乐土"，在充满对统治者的厌恶中喊出了对美好生活的期盼。

劳动人民总是对生活充满热情与信心，即使在艰难中亦然，一首《十亩之间》勾画出一幅清新恬淡的田园风光，抒写了采桑女轻松愉快的劳动心情。夕阳斜晖，暖暖地照着如画的桑园，忙碌了一天的采桑女，互相招呼着，收拾用具，准备回家。人渐渐走远了，说笑声和歌声却似乎仍在静下来的桑园里回旋飘荡。十亩桑园景，一幅晚归图，唱出了采桑女的快乐与悠闲。欣赏《魏风》，真可以说是嬉笑怒骂皆成诗篇。

《国风·唐风》有诗12篇，是产生于春秋前期晋国的民歌。西周成王封其弟姬叔虞于唐（大致在现在山西西南部），建都晋阳。后其子燮父，因境内有晋水，改国名为晋，故《唐风》实即晋国民歌。朱熹《诗集传》说："其地土瘠民贫，勤俭质朴，忧思深远。"忧伤情绪、颓废气息流淌其间。

《蟋蟀》写士大夫岁暮伤时感事。因岁暮将至，蟋蟀在堂触发了人生短暂的忧伤。《山有枢》亦是劝人及时行乐。诗人感慨虽然拥有很好的车马衣裳钟鼓琴瑟，但是人生苦短，不能永远尽情享用，死后都将归他人所有。《杕杜》写流浪者自伤无助。诗人在流浪途中见到孤生的杜梨，触动了内心的凄楚，从而发出了举目无亲的绝望叹息。本诗的意义在于通过一个人的命运，反映饥荒战乱年代，百姓失所，乞食四方的社会现实。《无衣》写丈夫睹衣而思念亡妻。诗人本来有一位心灵手巧、勤于缝补的妻子，却不幸早亡。一日他拿起衣裳欲穿,对物思人,想起妻子在世时的种种好处,不禁悲从中来,从而发出了悲痛欲绝的叹息:"难道说我没有衣裳穿?我的衣裳有多件,可是没有一件穿起来像你亲手缝制的衣裳那样舒适。"《葛生》是失夫之妇的血泪之作。诗从墓边的葛藤写起,触动情思,倍感阴阳相隔的悲伤。诗写逝者的独处无人陪伴,正是为了写活着的人的孤独凄凉。死后同穴的悲号,更是沉哀入骨,令人痛断肝肠。本诗实为悼亡诗之祖,后来像潘岳、苏轼等有名的悼念亡妻的诗词,在写法上深受此诗影响。

《唐风》中也有反映人生幸福的诗,写闹洞房的人调笑新婚夫妇的《绸缪》就是这样的篇子。诗中调侃者"今夕何夕"的明知故问,含蓄而俏皮,逗起了新人的羞涩,表现了新人荡漾在心底的幸福感,因此有学者评论说此诗"淡淡语,却有无限情境","淡婉缠绵,真有解说不出光景"。本诗所首创的意境影响颇大,后世诗文,多有以此法表达突如其来的欢愉之情,如《越人歌》"今夕何夕兮,搴舟中流。今日何日兮,得与王子同舟",杜甫《赠卫八处士》"今夕复何夕,共此灯烛光",都脱胎于此。

《国风·秦风》有诗10篇,是产生于东周末至春秋时期的秦国民歌。西周孝王时封伯夷后代非子于秦(今甘肃天水),为周的附庸。秦仲时,周宣王命为大夫。东周初,秦仲孙襄公护送平王东迁有功,封为诸侯。于是原西周王畿及豳地皆为秦所有。至春秋时,秦穆公攻灭十二国,称霸西戎。孝公时定都咸阳,为战国七雄之一。至秦王嬴政灭六国,建立统一的秦王朝。这一地区由于迫近北方富有侵略性的少数民族,因而民众的战备意识很强,崇尚勇猛有力,日常生活把射箭打猎摆在优先位置。展《秦风》之卷而读,尚武之风荡漾在字里行间。那辚辚的车声,那毛色如铁的壮马,那"人百其身"的无怨无悔,那"与子同仇"的呐喊,无不透出秦地民风的强悍。即使是那阻隔恋人的蒹葭,也是其色苍苍,只是浅浅的怅然，而无深邃的忧伤。

《蒹葭》描写追求心上人而不能得的惆怅心情。苍苍的蒹葭、迷茫的秋水、冷寂的河流、落寞的沙洲，在这苍凉凄婉的水乡清秋，主人公站在岸边，渴望在水的另一方的意中人，也即"伊人"出现。久候不至则上下求索，忽而顺流而下，忽而逆流而上，"伊人"宛在却终不可及。这往复徘徊，既传思念之情，复寄惆怅之意。本诗所创造的意境，也在后世得到延展与应用，"蒹葭之思"、"葭思"、"蒹葭伊人"成为旧时书信中怀人的常用语。

《无衣》写士卒互相激励，同仇敌忾。本诗开篇设语奇特：哪里是没有衣服，只是愿意与你同披一件战袍。这两句开门见山，气势突兀，猛锐之气尽显。下两句说："王于兴师，修我戈矛。"大敌当前，国君一呼，秦人百诺，拿起武器，保家卫国。章末以"与子同仇"戛然作收，如弦断帛裂，斩截干脆，与那种毅然赴敌的行动相得益彰。总之，本诗以短小精悍之章，勾画出了秦人奋起卫国的虎虎生气，所以后人评价说："开口便有吞吐六国之气，其笔锋凌厉，亦正如岳将军直捣黄龙。"

《国风·陈风》有诗10篇，大多是创作于东周时期的陈国民歌。西周武王时封舜的后代妫满于陈，其地约当今河南淮阳、柘城及安徽亳州一带，都宛丘（今河南淮阳）。东周敬王四十一年（公元前481年），为楚所灭。当初西周武王的大女儿太姬，嫁陈国第一代君主胡公满。太姬喜好祭祀和巫婆神汉，由于太姬地位尊贵，所以陈地人也纷纷仿效，正是上有所好下有所效。人们喜好装神弄鬼，在宛丘高地上，在婆娑的枌树下，总有以舞降神的女子在祝祷跳舞。10篇歌谣，鼓声坎坎的《宛丘》、舞姿摇曳的《东门之枌》列于最前，也许正是编排者有意于无声中传递陈地巫风盛行的信息。

《宛丘》写男子爱慕舞姿妙曼的舞女。诗中写巫女舞姿优美奔放,诗人心为之醉,情为之起。而巫女径直欢舞,似乎没有察觉诗人心中涌动的情愫,这使诗人不由得惆怅地发出了"洵有情兮,而无望兮"的慨叹。同为爱情诗篇的还有《东门之枌》、《东门之池》、《东门之杨》,3篇《东门》,也许告诉我们,东门正是陈国青年男女的爱情公园、情人谷。

《陈风》中揭露统治者荒淫无耻的典型诗篇自然是《株林》。《株林》讽刺陈灵公与大夫夏御叔之妻夏姬淫乱私通。诗中设计了一问一答,问者佯作不知,明知故问,他们为什么要去株林,答者心领神会,却又假装替陈灵公辩护说,他是去找夏南,实有此地无银三百两之妙。

《国风·桧风》有诗4篇,是产生于西周时期的桧国民歌。桧,亦作"郐",周代所封诸侯国,其君妘姓,祝融之后。其地约当今河南新密、新郑、荥阳等地。周衰,为郑桓公所灭。桧地窄狭,处大国之间,前途无望,"乐子之无知","乐子之无家","乐子之无室",无知、无家、无室的猕猴桃反成艳羡的对象。

《国风·曹风》有诗4篇,是产生于春秋时期曹国的民歌。西周武王时,封其弟叔振于曹,其地约当今山东菏泽、定陶、曹县一带,定都陶丘(今定陶),传二十四世至曹伯阳,于鲁哀公八年,即周敬王三十三年(公元前487年)为宋景公所灭。曹本小国,上下普遍感到悲观失望,与桧人似有同感。统治者转而及时行乐,蜉蝣生命的短暂正是他们朝生暮死的真实写照。《蜉蝣》讽刺统治者朝生暮死,贪图眼前的享乐,不知人生最终归宿的可悲。诗以蜉蝣作比,构成了一个典型的代表意象,嘲弄了这种享乐者的短暂。

《国风·豳风》有诗7篇,是产生于豳地的西周民歌,是《国风》中最早的诗。豳,亦作"邠",本为古邑,其地约当今陕西旬邑和彬县一带。周族本居甘肃庆阳一带,至周族始祖后稷曾孙公刘时,因犬戎不断南侵,在庆阳难以长期居住下去,便率众南迁到了豳地。周族自后稷时便有重视农业的传统。

首篇《七月》是反映先周民族豳地耕作的农事诗。诗以"七月流火,九月授衣"开篇,按节令顺序,逐季逐月地描述了当时从事农桑狩猎生产的全过程。诗中写正月开始修整农具,春寒料峭的二月下田春耕,接着是春天采桑养蚕,八月纺织、染帛,九月筑场、收获,进入冬季又打猎、修屋、造酒、凿冰,然后杀羊祭祀,准备过年。诗中把一年的生产劳作娓娓道来,真实地展示了当时的劳动生活场景和耕田者、采桑者、狩猎者等各种人物的风貌,以及当时的社会生产关系,构成了西周早期社会一幅古代农桑生产和民间社会习俗的豳风图,当然也表现了劳动的艰辛。诗中以一系列的物候特征,如"春日载阳,有鸣仓庚"、"七月鸣䴗"、"四月秀葽,五月鸣蜩"、"五月斯螽动股,六月莎鸡振羽"、"七月在野,八月在宇,九月在户,十月蟋蟀入我床下"来表现时令的演变,使全诗充满了乡村风光和泥土气息。

《鸱鸮》是一首母鸟述育儿艰辛的禽言诗。全诗以拟人化的手法,写一只母鸟自诉艰辛危苦:她的子女被猫头鹰抓去,她不得不趁天晴加固窝巢,以便抵御天灾人祸,因此劳累不堪。诗通篇都是忧惧危苦之词,当是诗人有所寄托。因之此诗名为写鸟而实为写人。

《东山》写一久役在外的征夫,于归途中所感所思。走在回家路上,天上飘着细雨,他一会儿为恢复平民生活而欢欣,一会儿又为老家可能破败而悲伤。虽然如此,征人对自己的乡土故园还是充满怀念、热爱之情的:"不可畏也,伊可怀也。"这种朴素、浑厚的乡土情结,是十分令人感动的。一会儿又想起了家中盼望自己归来的妻子:"鹳鸣于垤,妇叹于室……自我不见,于今三年。"然后又想起妻子刚嫁给自己时年轻漂亮,三年不见,不知是否风华依旧:"其新孔嘉,其旧如之何?"全诗通篇都是对这位征夫归家途中的心理细腻描写,生动真实,反映了普通民众对和平生活的向往。这首诗对于后来的诗歌有深远影响,如汉乐府民歌中的《十五从军征》,写一个"少小离家老大回"的老兵返乡途中与到家之后的情景,其构思显然受到此诗的启发。

(二)《雅》的基本内容

"雅"是正声雅乐,是正统的宫廷乐歌。"雅"分为《小雅》和《大雅》,一共有105篇。《小雅》用于一般宴会的典礼,《大雅》则用于隆重盛大宴会的典礼。《小雅》绝大部分和《大雅》的少数篇章是在周室衰微到平王东迁的历史背景下产生的。这些雅诗的作者不少是统治阶级中的较为清醒者,他们对当时的社会动荡、政治黑暗有一定的认识,并对本阶级当权者的昏庸腐朽有一定程度的批判,表现了对国家前途和人民命运的关心,因而这些诗篇较有社会意义。

《小雅》有诗74篇,另有6篇有目无辞,即《南陔》、《白华》、《华黍》、《由庚》、《崇丘》、《由仪》,被称为"笙诗"。《小雅》的语言生动别致,抒情味浓,艺术性较高,是《雅》诗的精华。

《小雅》之诗主要有4类:宴饮诗、政治讽刺诗、征战行役诗、祭祀诗。

宴饮诗,又称燕饮诗或宴飨诗,周人重礼乐、尚亲情、笃友谊,故君臣朝会、家族团聚、故旧相逢皆举行宴饮以加强感情。宴饮诗的代表作有《鹿鸣》、《常棣》、《伐木》、《宾之初筵》等。

《鹿鸣》是国君宴饮群臣时所奏的乐歌。西周时期君臣之间等级森严,造成思想上的隔阂。通过具有娱乐性质的宴会,则可以沟通感情,使君王能够听到群臣的心里话,让参与宴会的群臣心悦诚服,自觉地为君王统治服务。诗的首章以鹿鸣起兴,在空旷的原野上,一群麋鹿发出呦呦的鸣声,呼朋引伴,同食野草,悠然自得,此喻宾友聚会，主人欢迎客人和殷勤招待客人。其目的是为了营造一个热烈而又和谐的氛围，让君臣之间那种原有的拘谨宽松下来。诗之次章是对与会众宾品德的赞扬，末章写宾主尽欢。透过《鹿鸣》，我们可以大致了解周代宴飨之礼。本诗对后世的影响很大而且是多方面的，如曹操《短歌行》（其二）即袭用本诗开头4句；唐代起皇帝招待新科进士的宴会称"鹿鸣宴"，并同时奏《鹿鸣》篇。

《常棣》是一首劝谕珍视兄弟之间手足亲情的歌，多用于宗族宴饮。诗用棠棣花萼相依相连比喻兄弟之间的天然亲密关系。诗中反复称说"死丧之威，兄弟孔怀"，"脊令在原，兄弟急难"，"兄弟阋于墙，外御其侮"，表明兄弟之间要患难与共；有危难紧急之事，要相帮相救；虽然有时在家中也有矛盾，但在遭遇外人欺侮时，要一致对外。兄弟手足情长，在危难之时互相救助，是《常棣》的核心主题。在以宗法制为基础的中国封建社会，这一主题受到非同寻常的重视，并得到不断强化，因而"棠棣之华"，"兄弟阋墙，外御其侮"，"脊令"这些词语也得到广泛的使用，成为众所周知的成语。

《伐木》是一首宴享亲友故旧的乐歌。诗首章以伐木鸟鸣起兴，以鸟为喻，说明人当求友，号召人们叙亲情，笃友谊。次章写治备酒宴以待亲友到来，"既有肥羜"，"於粲洒埽，陈馈八簋"，"以速诸父"，"以速诸舅"。末章写宴会气氛达到高潮，宾主醉饱歌舞，之后相约闲暇之时再聚会。此诗对友情的歌颂产生了极为深远的影响，以致"嘤鸣"一语被后世用做朋友间意气相投的比喻，"出于幽谷，迁于乔木"也成为流行两千余年的成语。

《宾之初筵》写贵族大射宴饮。诗首章写与会的贵族们在饮宴和奏乐中比赛射箭；次章写贵族们在乐舞中祭祖求福，然后边射边饮。起初，与饮者还都规规矩矩，但接下去就癫狂放肆起来：有的离开座位,狂舞不止,失态忘形;有的大呼小叫,打翻菜肴,弄得杯盘狼藉;有的衣帽不整,步态踉跄,东倒西歪。诗中以突出的对比和细致的描写,清晰地勾勒出了贵族宴饮的场面,对醉汉丑态的描绘更是生动逼真,因此客观上暴露了奴隶主贵族阶级礼仪的虚伪、生活的腐朽和内心的空虚。

政治讽刺诗是对政治黑暗和社会混乱现象提出批评的诗篇。这种指陈时弊、规谏统治者的诗篇,反映了我国早期进步文士诗人以文学创作为武器,心系社会现实,关注国家命运,同情民生疾苦的正义感。政治讽刺诗的代表作有《北山》、《雨无正》、《节南山》、《十月之交》等。

《北山》是一首士人怨恨苦劳不均的诗。诗的主要内容是陈述士的工作繁重、朝夕勤劳、四方奔波,士因此发出了"大夫不均,我从事独贤"的怨愤;有人为"王事"辛劳奔波而无所得,还成天提心吊胆,动辄得咎;有人一无所能,却颐指气使,安享尊荣。通过种种不平等现象的罗列,凸显了两种对立的形象,暴露了不合理的等级社会中劳逸不均、苦乐悬殊的不平等事实及其不合理性。

《雨无正》是一首侍臣讽刺周王及诸臣误国的诗。诗中描述周王暴虐昏庸,朝廷内部人心离散,以致形成了"戎成不退,饥成不遂","周宗既灭,靡所止戾"的危急局面。忠心耿耿的大臣为外患内乱而忧劳成疾,却因痛陈时弊而招来无端指责和陷害;那些居于高位的"三事大夫,莫肯夙夜;邦君诸侯,莫肯朝夕",却以花言巧语而居高位,得厚禄。诗人忧心如焚,怨恨愤怒,表示对国家命运和民众生活的关心;但又怕得罪天子,怨及众人。这固然是诗人的不幸,更是时代的悲哀。

《节南山》是一首诘责周幽王时的权臣太师尹氏罪恶的诗。太师尹氏身居高位,威势赫赫,本应作为民众的榜样,但他办事不公,理政混乱,反复无常,以致上天降下灾祸,人民怨恨咒骂。作者一桩桩、一件件,摆出尹氏昏乱无道的事实,毫不隐讳,表现了一个忠贞正直的大臣的坦荡心胸。

《十月之交》是一首讽刺君臣昏庸致人民苦难的诗。古人认为,不寻常的灾异现象是上天对政治失常所发出的警告。作者因西周末年发生的日食、月食、大地震而写下了这首诗。诗中描述了一连串怵目惊心的景象,并把频频发生的灾变与政事联系起来,责备统治者不行善政,不用贤良。目的是借自然界的巨大灾变来警告当政者,希望他们能用心执政,谨慎从事。这表明诗人已意识到人民的苦难不仅来自天灾,更是因为人祸。

征战行役诗。《小雅》中的征战诗主要是反映周人对外敌入侵进行的自卫反击战,诗中往往赞颂统帅的忠勇英明;行役诗则反映中下层小官小吏和民众的辛劳和痛楚,抒发他们的苦闷和不满。征战行役诗的代表有《出车》、《六月》、《采薇》、《四牡》等。

《出车》是一首写南仲出征狁的诗。诗通过对周宣王初年讨伐狁胜利的歌咏,满腔热情地颂扬了统帅南仲的英明和赫赫战功,表现了中兴君臣对建功立业的自信心。本诗并未直接描写战争经过,而只是抓住了战前准备和凯旋两个典型场景,高度概括地把一场跨越时空的战争浓缩在一首短短的诗里。从艺术特色上来说,本诗显然吸收了民歌成句("昔我往矣"、"今我来思"),语言质朴自然,意境情景交融。

《六月》也是一首写出征狁的诗,只是出征的主帅换成了尹吉甫。尹吉甫带兵出征狁,是在南仲之后。经过这次战争,狁被彻底击溃,不再是西周的劲敌。诗中讲述了尹吉甫打败敌人、胜利还朝的史事,赞扬了尹吉甫的赫赫战功,刻画了他忠心为国、足智多谋、指挥若定的形象,突出了他文武兼资的才干。

《采薇》是一首写远征士兵还归的诗。诗中描写对狁战争的士兵在经过长期的煎熬后,终于盼到了回家的那一天。归途,雪花霜霏飘洒,又饥又渴,回想起春天出发时的情景,他不禁感物伤时:"昔我往矣,杨柳依依。今我来思,雨雪霏霏。行道迟迟,载渴载饥。我心伤悲,莫知我哀。"出发时正是春天,杨柳随风飘荡;而今遣戍归来却已是冬天,雪花纷飞。风景无言,人则有思,一切尽在不言中,正是"以乐景写哀,以哀景写乐,一倍增其哀乐","雅人深致,正在借景言情"。这四句诗,一直受到后代文人的高度赞许,如晋代谢玄就认为这是《诗经》中最好的诗句,因此在文学史上影响极大,常为后世文人反复吟唱、仿效,曹植的"始出严霜结,今来自露晞"(《情诗》),颜延之的"昔辞秋未素,今也岁载华"(《秋胡诗》之五),就是对这几句的追摹。后世诗歌中所表现的以折柳赠远行之人的风习,也是渊源于此。

《四牡》是一首写小臣忙于差事而无法照顾家庭的诗。这个小臣被当权者驱使到遥远的地方,背井离乡,为王事忙个不停。想到自己如此奔波无休,想到家中年迈的父母生活困苦无人赡养,"不遑将父"、"不遑将母",他不禁黯然神伤。诗以"岂不怀归"设问,表达了他对繁重官差的无限怨恨与无奈。

《小雅》中的祭祀诗主要有周王祭祀祖先和咏农事祭神祈福两类,代表作有《楚茨》、《信南山》、《甫田》、《大田》等。

《楚茨》写周王于庙中祭祀先祖。全诗共分6章。首章写祭祀的准备。大丰收后粮食堆满仓,酿酒做饭,作为献神祭祖的供品。次章写祭祀活动。行祭的人把牛羊洗涮洁净,宰剥烹煮,然后献给神灵。第三章写祭祀中各种人物的活动。掌厨手脚麻利,或烧或烤;主妇们清静恭敬;主宾间敬酒你来我往。整个场面次序井然,充满欢声笑语。第四章写主持仪式的太祝官传达先祖的话:祭品馨香丰美,祖先欢喜,赐予子孙大福。第五章写仪式完结,钟鼓齐奏,太祝宣告神已醉饱,代神受祭的"皇尸"起身引退,厨师和主妇们迅速撤去祭品。末章写私宴之欢。在乐队伴奏下,族人们享受祭后的供品，醉饱之后，老老小小一起叩头祝福。读这首诗，可以想见周人在祭祀祖先时的庄严肃穆和同族欢聚时的融洽欢欣。作为一首记载古代祭祀活动全过程的诗，从祭前的准备一直写到祭后的宴乐，全面展现了农耕时代的周人祭祖活动的仪制和真实情景。

《信南山》写丰收后周王祭祀先祖。这首诗与《楚茨》同属周王室祭祖祈福的乐歌，但也各有侧重：《楚茨》言"以往烝尝"，兼写秋冬两祭；而本诗单言"是烝是享"，只写一年的农事完毕后的最后一次祭典烝祭，而且它侧重于对农业生产的描绘，表现出周代作为一个农耕社会的文化特色。

《甫田》是咏农事及祭神祈福的诗。乐歌共分4章。首章述大田农事。在广袤的周原上，年复一年的好收成，养活了祖祖辈辈生活于此的农人。次章写为了祈盼丰收，周王虔诚地举行了祭神仪式。大家以洁净的祭品，纯色的羊，祭祀上地神和四方神。农人心中默默祈祷：但愿上天适时降雨，滋润庄稼长势好，以养活男女老少。第三章侧重写主祭者周王。周王亲自督耕，表扬农人辛劳勤勉。末章则专记丰收景象及对周王的美好祝愿。到了收获的季节，地里的庄稼果然获得了前所未有的大丰收，"曾孙之稼，如茨如梁。曾孙之庾，如坻如京"。农人心中也充满了丰收后的喜悦，赞颂周王"万寿无疆"。

《大田》是咏农事、祭诸神、祈大福的诗。诗首章叙述春耕的前期准备工作。次章叙述夏季的田间管理，主要写除草与灭虫。第三章写雨水充沛收成好，以致散落的禾把子都用不着去收，可以让无力耕种的寡妇拾去。第四章写周王祭祀田祖与四方神，祭品丰盛，肃穆虔诚，神赐予大福。此诗亦为周王祭祀田祖的诗，与《甫田》是姊妹篇。《甫田》写周王巡视春耕生产，《大田》写周王督察秋季收获，春耕秋收，两相呼应，两篇以艺术的形式生动再现了西周农业生产的真实面貌,是《诗经》中不可多得的重要的农事诗。

《大雅》有诗41篇,主要写了6位半神半人的先公先王,即后稷、公刘、太王古公亶父、王季、文王、武王。

《生民》是叙述周人始祖后稷的诗篇。有邰氏之女、帝喾之妃姜嫄感天而孕生了后稷。在祭祀天帝的禋祀上,姜嫄踏着扮天帝的"尸"的脚印,心中有感,于是怀孕,最终顺利产下后稷。后稷生后,更是神奇,虽屡弃而不死。把他放在狭窄的小巷中,牛羊走过不仅不踩他,反而给他奶吃;把他放在平地的树林中,恰好有人来伐木救了他;把他放在冻结的冰河上,又有鸟儿飞来张开翅膀暖着他。后稷天姿聪颖,还在地上爬的时候,就很聪明乖巧,能够自己找吃的。稍大一点,就成了农业专家,他种庄稼会选择良种,他种的作物不长草能高产。这篇颇具神话色彩的诗歌,反映了周民族的发生观念和农业发达的事实。

《公刘》是叙述公刘率周民族去邰迁豳的诗篇。后稷之后经过三代,是公刘时期。由于人口的发展,周人居邰已显狭窄,又加上不时受到戎狄的侵扰,于是决定举族迁豳。公刘亲自指挥这场战略大转移,到了豳地后,公刘忙着在原野上、高山巅、河流边勘察,测量土地扎营房,最后终于安定下来。经过这次大转移,周族由此振兴。

《绵》叙述的是太王古公亶父迁岐和其孙文王继承其事业的诗篇。公刘之后又历九世,至古公亶父时期,狄人又跟踪而来频加侵扰,周人又不得不迁于岐山之下的周原。周原沃野千里,周人便在此开荒筑室,创建家园,定居下来。诗中生动地描述了周人在周原营建家室、宗庙的情景:"捄之陾陾,度之薨薨,筑之登登,削屡冯冯。百堵皆兴,鼛鼓弗胜!"那盛土、倒土、捣土、削土的声音,把巨大的鼓声都掩盖住了。那种百堵高墙平地起,劳动歌声胜鼓声的热烈场面,充分表现了一个新兴民族不畏艰苦的创业精神。这些为以后周人打退强敌、和好近邻奠定了基础。文王意识到商的社会矛盾十分尖锐,即将失去天下。他用兵西方,打得"混夷駾矣,维其喙矣"。后又利用时机,团结诸侯,解决虞、芮两国的争端,成为诸侯拥护的领袖。

《皇矣》是记述太王、王季、文王功业的诗。诗首叙太王开发岐山,打退强敌混夷。再叙其子王季有仁爱之心,友于兄弟,爱及臣民,开疆拓土,乃有自立一国的规模与气象。文王因密须侵扰,大怒而出兵征讨。文王又联合邻国征讨夙敌崇国,在战斗中,文王巧妙指挥,英勇战斗,力挫强敌,一个文武兼备的领袖形象得到充分展示。

《大明》是记述王季、文王事迹及武王伐纣战于牧野的诗。诗先写王季与大任结婚,生育了敬天法祖、德高福多的文王。再写文王又与大姒结婚,生育了武王。最后写武王袭伐大商取得胜利。诗对这场史称"牧野之战"的决定性战斗的描写极为生动,让人有身临其境之感。如写殷商的军队数量很大,"殷商之旅,其会如林";周师充满必胜的信心,士气高昂,"维师尚父,时维鹰扬"。静的军阵、军容,动的战车、战马,在诗中有机结合,相得益彰,很好地渲染了战斗的激烈场面和周师的义师形象。

从《生民》到《大明》5篇史诗,比较完整地勾勒出了周人的发祥、创业和建国的历史。这些诗,向我们展现了一幅生动的历史画卷:在那遥远的古代,在中华文明的摇篮黄河流域居住着一个极富进取心的民族——周人,他们为了民族的生存、兴旺,辛勤建设家园,完成了从渔猎时期到农耕文明的过渡。最初他们曾穴居野处,后来则营建都城、宫室。他们从遭受异族侵凌而不得不辗转迁移,到不断开疆拓土,战胜周边部族,最终打败殷商王朝,建立空前强大的西周。

《大雅》还浓墨重彩地写了中兴之主宣王及吕侯、申伯、仲山甫、韩侯、南仲等中兴之臣。《江汉》写宣王在长江边汉水旁命召虎为大将讨伐淮夷,开辟四方,治理疆土,叮咛施政要宽缓而不能扰民,一切要按中央的既定方针办。《常武》写宣王命南仲等人平定徐国叛乱,同样叮嘱要贯彻执行除暴安民的政策,告诫士卒不要害民,平定徐国目的是为了施惠南方各国。具体的战斗描写更是有声有色,写周师的勇猛如天上雷霆震怒,如猛虎咆哮,周师的进军神速如鸟疾飞,如江汉奔流。在这样的大兵压境之下,徐国闻风骚动,很快就土崩瓦解。《崧高》写申伯因嵩山之灵而降生人间,他能够继承祖业,为人和顺正直温良,能够辅佐周王安定诸侯,从而被赞誉为周朝的中坚、天下的屏障。《烝民》写了专为助宣王中兴而生的仲山甫,他温和良善,注重威仪。他效法先王遗训,明理智慧,谨慎勤勉,从而成为诸侯的典范。《韩奕》先写韩侯朝周,周王隆重为他册封。再写韩侯离开镐京,迎娶韩姞的盛大场面,并涉及韩地的丰富特产。最后写周王任命韩侯为方伯以镇守北方。

　　《大雅》的又一主题是表现天灾人祸带来社会的动荡与政治黑暗。《桑柔》是芮良夫讽谏厉王的诗。诗以桑树为喻,追述周王朝建国之初,根深叶茂,覆庇万邦,一派兴旺景象。而现在的情况是,民众从西到东,居无定所;贪婪的人残害好人,有如大风狂吹;厉王喜听阿谀奉承的话,一听到忠言就装酒醉,结果弄得国运艰难,民穷财尽,已把国家败坏得像一株枝叶凋残的枯桑了。诗中还着意写出了当时官逼民反、人心思乱的事实:"民之回遹,职竞用力";"民之贪乱,宁为荼毒"。于是诗人发出"於乎有哀,国步斯频"的哀叹,说如果这样下去,国步维艰,就要灭亡了。《召旻》反映幽王时的大天灾接二连三,致民众流离失所,从内地到边疆满目荒凉。更为严重的是人祸过于天灾,幽王任用奸邪,蟊贼小人胡作非为,导致的后果是国土日渐缩小。《瞻卬》尖锐讽刺和严正痛斥昏庸荒淫的周幽王宠幸褒姒,斥逐贤良,败坏纪纲,倒行逆施,以致政乱民病,天怒神怨,国运濒危。诗人气愤填膺,言辞凄楚激越,表现了忧国悯时的情怀。

(三)《颂》的基本内容

"颂"是用于祭祀祖先神明、祈祷福祉的乐歌。"颂"古与"庸"通,庸即"镛"。镛是一种大钟,其音沉重缓慢。故《颂》之诗有不少篇章简短,其乐则雄浑低沉、庄严肃穆,正适合营造祭祀的氛围;也因此大多形式呆板,语言平直枯燥,缺少诗味,文学价值不高。《颂》分为3部分,即:《周颂》、《鲁颂》、《商颂》,故合称三《颂》。

《周颂》有诗31篇。《周颂》之诗主要有两类,一类是祭祀祖先的诗,一类是祈祷丰年或丰收之际谢神的诗。

祭祀祖先的代表诗篇有《清庙》、《维天之命》、《我将》、《执竞》、《思文》等。

《清庙》是在宗庙祭祀文王的诗。诗首先写宗庙的庄严、清静和助祭公卿的庄重、显赫,营造一种肃穆的气氛,接着写与祭者在宗庙里奔走忙碌,最后颂扬文王的盛德显赫、美好,使后人永远铭记。《清庙》是《周颂》的第一篇,即所谓"颂之始"。文王在世时,虽未灭殷立周、入主中原,但他善理国政,却为武王伐纣立国奠定了坚实的基础。所以,在周人心目中,他始终是一位圣明而不可超越的开国贤君。因此《清庙》也就成了西周王朝举行盛大祭祀以至其他重大活动必用的乐舞。

《维天之命》是祭祀颂扬文王之德的诗。诗共8句,前4句说文王上应天命,品德纯美;后4句说文王德业泽被后代,后代当遵其遗教,发扬光大。颂扬之辞中,透出了祭祀者对文王功业的崇敬景仰之情,对文王美德的顶礼膜拜之意。

《我将》是祭祀上天并以文王配祭的诗。诗始言奉献牺牲于天帝,祈求天帝保佑。次言继承文王遗志,以求统一并安定天下。

末言夙夜"畏天之威",是主祭的周王说自己日夜不忘天帝和文王之命,希望得到他们的保佑,早日安定天下。对后王而言,天命表现为文王之典,文王之典反映天命。这就是该诗把祭祀文王和祷告上天合而为一的缘故。全诗自始至终充满敬畏之情。

《执竞》是颂扬武王的祭祀乐歌。本诗先叙述武王成就克商立周、安定国家的丰功伟绩,接着又写钟鼓磬筦4种乐器齐奏,渲染、烘托了祭祀场所的环境氛围,显示一派安定祥和的升平景象,最后祈祷武王之灵在享受祭祀之后,能够降福子孙,所谓"降福简简"、"福禄来反"。

《思文》是写周王以始祖后稷配天郊祭的诗。在周人看来,后稷生于姜嫄,文、武之功起于后稷,所以后稷能够配天而祭。古人祭天往往以先王配享,因为君王被视为天子,在配享中王权天授得到进一步确认,原本空洞而不可捉摸的祭天便有了巩固政权的实在内涵,因而成为具有重大意义的政治活动。

春夏之时祈祷丰年或秋冬丰收之际谢神的诗,其主要价值在于反映了周民族以农业立国的社会特征,也反映了西周时期春种、夏耘、秋收、冬藏等农业生产的情况,以及有关的礼俗和农田管理制度等。这类诗的代表作有《丰年》、《噫嘻》、《臣工》、《载芟》、《良耜》等。

《丰年》是丰收后祭先祖的诗。诗中先写大丰收的盛况:"丰年多黍多稌,亦有高廪,万亿及秭。"在丰收的日子里,人们兴高采烈而又隆重地祭祀先祖,希望赐给他们更多的福祉,"为酒为醴,烝畀祖妣,以洽百礼,降福孔皆"。诗反映了西周大规模农耕生产和当时农业社会所特有的秋收谢神之礼。

《噫嘻》是成王春祭祈谷的诗。诗中描绘了大规模耕作的情形:"噫嘻成王,既昭假尔,率时农夫,播厥百谷。骏发尔私,终三十里。亦服尔耕,十千维耦。"春耕时节,成王举行亲耕藉田之礼。藉田礼，就是春耕开始时周王象征性地犁几下地，表示以身作则。在行礼仪式上，成王告诫农官要率领农夫播种百谷。在这样的号召下，数万名农夫同时行动起来开发公田，大规模地进行耕作。本诗反映了周初农业生产的情况，有很高的史料价值。

《臣工》是春耕之际周王诫臣下当恪尽职守的诗。全诗15句，前4句训勉群臣勤奋工作，研究执行已有的农业生产成法；下4句是训示农官保介要赶紧筹划如何在麦收后整治各类田地；再接下4句是称赞今年麦子丰收，感谢上帝赐给丰年。最后3句是周王命令农人们准备麦收，他要亲自去视察收割。全诗脉络清晰，诗义明白，反映周王重视发展农业生产，农业是周的立国之本。

《载芟》是周王春耕祭神的诗。诗开篇即写繁忙热烈的春耕大生产景象：有人除草，有人砍除杂树，一片片土壤翻掘松散。"耘"是除田间杂草；"耦"即耦耕，是两人合作翻掘土壤的耕作方式。"千耦其耘"，自是规模庞大，场面壮观。再写参加春耕的人，男女老少齐出动，强弱劳力都上场。又写播种，锋利的耒耜，从向阳的田地开犁，播下百谷。然后又写禾苗生长和田间管理。"绵绵其麃"，说明谷物长得硕大喜人。接下去写收获，"万亿及秭"虽属夸张，但也确实反映了丰收之盛。最后转到祈祷丰收的祭祀。这首诗的主要价值是记述了西周农业生产的一些细节，这为深入研究当时农业生产力的水平，进一步了解西周社会形态，提供了极为珍贵的原始资料，具有很高的历史文献价值。

《良耜》是周王在秋冬丰收后祭神的诗。诗中所写生产过程与《载芟》非常相似：开春之时，农人用先进的耒耜深翻土地，撒下的种子很快发芽、生长；炎炎夏日，农人头戴斗笠除草，黍、稷长势喜人；秋收时，收割庄稼的镰刀声此起彼伏，谷物堆积如山。最后以祭祀收束全篇。《载芟》写春耕祈丰收，《良耜》写秋收谢神明，两相映衬，堪称《诗经》中反映农事的姊妹篇。

《鲁颂》有诗4篇。这4篇诗全为颂扬鲁僖公的诗,其中《駉》颂扬僖公养马众多,注意发展国家军事力量;《有駜》颂扬僖公和群臣宴会饮酒;《泮水》颂扬僖公战胜淮夷以后在泮宫庆功;《閟宫》颂扬僖公能兴复祖业。4篇诗中又以《泮水》、《閟宫》具有代表性。

《泮水》一诗前3章叙述鲁侯前往泮水的情况。鲁侯来时,旗帜飘飘,鸾铃阵阵,他的乘马强壮威武,脸上和颜悦色,体现出君主雍容优雅的仪态。接着"在泮饮酒",歌颂鲁侯的功德,祝福他"永锡难老"。4、5两章颂美鲁侯的德性。他"敬慎威仪,维民之则"。正是因为鲁侯有德,将士们才在对淮夷的战争中大获全胜。6、7两章写征伐淮夷的鲁国军队。由于将士能发扬推广鲁侯的仁德之心,所以很好地实现了对敌人的驯化。回到泮水,将士献功,没有人为争功而冲突。最后写淮夷怀德感悟,前来归顺,贡献珍宝。本诗规模宏大,却往往从细处着笔。风格上,前3章近于《风》,后5章近于《雅》。由于本诗主题是赞扬君主,故多有溢美之词。

《閟宫》则是从兴祖业、复疆土、建新庙的角度颂扬僖公。閟宫,即"新庙",是祖宗所在之处。诗前3章叙述了周的兴起、发展、壮大以及鲁国的建立,赞美两位受祭的祖先后稷和周公的功德。鲁建国之初,是诸侯中第一等的大国。到僖公时代,由于内忧外患,在诸侯中的威信日益下降。僖公即位之后,努力振作,恢复以天子之礼祭后稷、周公,还频繁参加诸侯盟会,对外用兵,一定程度上恢复了其应有的威望,颇有中兴气象。鲁国初封的土地,此时也有所收复,故诗曰:"居常与许,复周公之宇。"从全诗看,诗人着重从祭祀和武功两方面反映出鲁国兴复祖业的成就,这些成就最终体现在僖公新修閟宫这一具体行为上,这就回应了开篇的"閟宫有侐",使得全诗首尾圆合、浑然一体。

《商颂》有诗5篇。《商颂》的创作年代,两千多年来,学者一直分为两派：一派认为《商颂》为商代诗歌；一派认为《商颂》是春秋时期正考父歌颂宋襄公的宋国诗歌，因宋为商的后裔，故自名其诗为《商颂》。综观两派各自提出的证据，宋诗说实不能成立。一个简单的事实是，据相关历史记载推断，宋襄公即位前的116年，正考父已是德高望重的元老。作为元老，必然是成年人。如果正考父要作颂赞美襄公，则至少要活到襄公即位之年。前后相加，正考父作颂时的年龄至少是一百三四十岁。这显然是不可能的。时至今日，《商颂》为商诗基本上是可以确定的。

这5篇诗中，《那》、《烈祖》、《长发》是祭祀成汤的乐歌，《玄鸟》、《殷武》是祭祀中兴的殷高宗武丁的乐歌。这些诗，颂扬创业、中兴之主的功业，是祭祀乐歌之源。这里重点介绍《那》、《长发》两篇。

《那》一诗主要表现的是祭祖时的音乐舞蹈活动。诗首句便用"猗与"、"那与"两嗟叹之词，下文又有相当多的描绘乐声的叠字词，如"简简"、"渊渊"、"嘒嘒"、"穆穆"，加上作用类似叠字词的其他几个形容词"有斁"、"有奕"、"有恪"，使诗篇有很强的乐感。诗中出现的乐器有4种：鞉鼓、管、磬、镛，分属中国古代乐器八音分类法的革、竹、石、金四大类，出现的舞蹈有一种：万舞。因此本诗是研究音乐舞蹈史的好资料。

《长发》一诗以史诗的手法，同时吸取古代的许多神话传说，叙述早期殷商发展的历史。诗中先追述商契受天命出生立国和其孙相土开疆拓土。然后重点叙述成汤的事迹：他继承和发展先祖功业，受天命而为九州之主；他奉行天意，温厚施政，刚柔适中，为诸侯表率，因得天赐百禄；他武力强大，可以保障天下的安宁，为诸侯所依靠；他讨伐夏桀而平定天下；最后神化成汤是上天之子，上帝降赐伊尹辅佐他。全诗从头到尾贯穿着殷商统治阶级的天命论思想——君权天授。

三 《诗经》在中国文化史上的地位

《诗经》作为中华文化的元典,影响深远。著名学者闻一多曾在《神话与诗·文学的历史动向》一文中说:"诗似乎也没有在第二个国度里,像它在这里发挥过的那样大的社会功能。在我们这里,一出世,它就是宗教,是政治,是教育,是社会,它是最全面的生活。维系封建精神的礼乐,阐发礼乐意义的是诗,所以诗支持了那整个封建时代的文化。"他还说:"'诗三百'的时代,确乎是一个伟大的时代,我们的文化大体上是从这一刚开端的时代就定型了。文化定型了,文学也定型了,从此以后两千年间,诗——抒情诗,始终是我国文学的正统类型。赋、词、曲是诗的支流,一部分散文,如赠序、碑志等,是诗的副产品,而小说和戏曲又往往以各自不同的方式夹杂些诗。诗不仅支配了整个文学领域,还影响了造型艺术,它同化了绘画,又装饰了建筑(如楹联、春帖等)和许多工艺美术品。"闻一多先生的话正是对《诗经》的中国文化史地位的最好概括。实际上,《诗经》也是中华传统文明的载体,举凡政治、伦理、经济、文化、社会、礼俗、民情等诸多方面,无一不在其涵盖之中,成为研究中国传统文化和民族文化心理的本源之一。它对中华文化影响之深之远,不是其他任何文学作品所能望其项背的。下面从5个方面略述《诗经》在中国文化史上的地位。

(一)《诗经》,春秋时期礼仪的规范、外交辞令的范本

从礼制盛行的西周到春秋中期,是《诗》产生的母体社会。所以《诗》是周代礼乐文化的产物,也是那一时期礼制建设重大成果的体现。而这又体现在两个方面。第一,《诗》中渗透着周人的礼治和礼教精神。在《诗》中,德、敬、仁、义、信、孝、友、忠、直、善之

类反映周人礼治思想的词,俯拾皆是。第二,《诗》全面反映西周至春秋中叶的礼典。《诗》是春秋时期社会所承认并运用的礼仪范本,它被广泛应用于各种典礼仪式中,祭祀、朝会、宴会等场合里,都要按规定依次演奏一些相应的《诗》。这种在仪式上演奏的作品,《风》、《雅》、《颂》皆有。如在乡饮酒礼中,《诗》中的一些篇子就被多次吹奏或歌唱,先是乐工歌《鹿鸣》、《四牡》、《皇皇者华》;接着用笙吹奏《小雅》中已佚失的篇子《南陔》、《白华》、《华黍》;然后堂上弹瑟歌唱与堂下笙乐吹奏交替进行,堂上弹瑟歌唱《鱼丽》,堂下笙接着吹奏《由庚》,堂上弹瑟歌唱《南有嘉鱼》,堂下笙接着吹《崇丘》,堂上弹瑟歌唱《南山有台》,堂下笙接着吹《由仪》;最后堂上的歌、瑟与堂下的笙、磬一起演奏《周南·关雎》、《葛覃》、《卷耳》,《召南·鹊巢》、《采蘩》、《采蘋》。此外《仪礼·乡射礼》、《燕礼》、《大射礼》等篇都记载了用乐行礼的场面。实际上,在春秋时期,除少数礼仪外,可以说无乐不成礼。

在外交场合,《诗》是外交辞令的范本。春秋时期,周王室已极其衰弱,大国争霸,使者的车马驰骋于路。在外交活动中,是不能直言不讳的,使者经常用歌诗或奏诗的方法来表达一些不想说或难以言喻的话,于是赋诗言志成了最好的外交辞令。所谓的"赋诗言志",并不是后世那种即兴创作,而是点出《诗》的某篇让乐工演唱,以表达自己的意思。诗自有其意,这样运用,自然是要在一定程度上别解、曲解或断章取义。但由于外交人员一般修养都比较高,自然能心领神会,听出弦外之音。所以孔子说:"不学《诗》,无以言。"这里略举3例加以说明。

如《左传》记载,晋侯为了卫国一个叛臣,把入晋的卫侯扣留起来。为此,齐侯、郑伯带了各自的大臣赴晋进行外交斡旋,晋侯招待两国客人。先是晋侯以主人身份诵《大雅·假乐》,取"假乐君子,显显令德,宜民宜人,受禄于天,保右命之"5句,意在赞扬客人是有德的君子,受天保佑,以表示对客人的欢迎。齐侯带来的国景子赋《小雅·蓼萧》作答,取"既见君子,为龙为光。其德不爽,寿考不忘"4句,以回赞晋侯。郑伯带来的子展则赋《郑风·缁衣》作答,表示郑不敢背晋。客套之后,转入正题。晋侯指出卫侯之罪,于是国景子赋《辔之柔矣》(逸诗),意思是像柔辔驾驭烈马一样,对待诸侯也要宽容。子展则赋《将仲子》一诗,取"人之多言,亦可畏也"两句,意为各国对晋的行为议论纷纷,晋应该感到人言可畏。《将仲子》本是爱情诗,是说女子虽爱男子,但当男子来找她时,她又怕旁人风言风语,因此告诫男子"人之多言,亦可畏也"。子展用到这里,显然是断章取义,取其所需,而根本不管诗的本意。晋侯对齐、郑两卿赋《诗》之意心领神会,于是释放了卫侯。显然,卫侯得以释放,关键是国景子、子展两人赋《诗》得当,指出了利害关系,从而成功地排解了一次纠纷。

再如《左传》记载,齐国的庆封到鲁访问,虽车子华美,却不懂礼仪,为鲁国的叔孙看不起。宴会上,叔孙对庆封很不敬,赋《鄘风·相鼠》,取"人之无礼,胡不遄死","人之无礼,不死何为"等句,辱骂庆封不知礼仪。而庆封居然浑然不觉,丢人现眼,有辱国格。

又如《左传》记载,齐国的高厚参加晋侯举行的宴会,由于赋诗不当,被理解为有野心,高厚本人仓皇逃归,齐国也遭到各诸侯国的一致声讨。

从以上3例可以看出,赋《诗》在春秋时期外交场合运用的重要性。赋《诗》恰当得体,足以表情达意,许多问题可以迎刃而解;反之,如果不懂诗义,不知应对,往往贻笑大方,甚至还会因应对不当而引起纷争,给国家带来灾难,产生严重后果。

(二)《诗经》,造就了德仪双馨的君子

周礼对贵族修养的要求,在《诗》中得到了文学的体现。《诗》

对贵族修养的反映首先表现在外表,也即威仪上。如《卫风·淇奥》就很好地描写了作为君的卫武公的威仪,他的形象是"绿竹猗猗",他的服饰是"充耳琇莹,会弁如星"。《卫风·硕人》反映了庄姜的贵夫人的威仪,她的形象是"硕人其颀",她的服饰是"衣锦褧衣",她的容貌是"手如柔荑,肤如凝脂,领如蝤蛴,齿如瓠犀,螓首蛾眉,巧笑倩兮,美目盼兮",她的仪仗是"四牡有骄,朱幩镳镳。翟茀以朝"。因此所谓威仪,就是通过容貌仪态、衣着服饰、仪仗器物的显示,表现贵族的身份地位。《诗》中有不少诗篇赞颂君子的威仪,"威仪棣棣,不可选也";"淑人君子,其仪一兮";"淑人君子,其仪不忒。其仪不忒,正是四国";"岂弟君子,莫不令仪";"朋友攸摄,摄以威仪";"威仪孔时,君子有孝子";"威仪抑抑,德音秩秩";"抑抑威仪,维德之隅";"敬尔威仪,无不柔嘉";"淑慎尔止,不愆于仪";"令仪令色,小心翼翼。古训是式,威仪是力","威仪反反"。威仪之所以重要,不仅仅在于它展现一种形象,更重要的是它维系着民心所向,"敬慎威仪,维民之则";它关系着天命,"各敬尔仪,天命不又"。如果作为一个贵族没有威仪,就会遭到无情鞭挞,所以《相鼠》说:"相鼠有皮,人而无仪。人而无仪,不死何为?"但是威仪只是修养的外在表现形式,德才是其内涵。只有外显威仪,内具美德,才是表里如一。因此《诗》对君子之德大加讴歌,如《思齐》赞颂文王之德,"刑于寡妻,至于兄弟,以御于家邦";《皇矣》赞王季、文王之德,"维此王季,帝度其心。貊其德音,其德克明。克明克类,克长克君。王此大邦,克顺克比。比于文王,其德靡悔。既受帝祉,施于孙子";《下武》赞太王、王季、文王有德而得天下,"王配于京,世德作求";《烝民》赞颂仲山甫之德,"仲山甫之德,柔嘉维则。令仪令色,小心翼翼。古训是式,威仪是力"。对那些只讲求外表而不注重修德者则大加讽刺,如《芄兰》中的那个统治者,虽则"佩觿","容兮遂兮,垂带悸兮",但是由于无德,只是徒有其表,故仍被讥为"童子";《曹风·候人》则直白地说:"彼其之子,不称其服。"《诗》反映那个时代君子的内外兼修,被看做是道义的府库、德行的准则,成为贵族学习的教材,反过来又促进贵族的修养。《左传》、《国语》就有许多贵族学习《诗》的记载,如《国语》载楚庄王就太子教育问题请教申叔时,申叔时认为"教之《诗》,而为之导广显德,以耀明其志"。孔子曾教训儿子伯鱼,"不学《诗》,无以言"。学《诗》以后,说话才会有美好的辞藻,才会说得动听而得体。《论语》还记载孔子说:"兴于《诗》,立于《礼》,成于《乐》。"可见学《诗》对一个人的修养来说是很重要的,先学《诗》,做到言语和顺,远离粗野放肆,然后学《礼》,才能使形容举止具有威仪。

(三)《诗经》,中国人民族性格之源

人与人性格不同,不同民族、不同国度的人性格也有差异。中华民族在几千年的发展中,逐渐积淀了一些中国人所特有的性格,如温柔敦厚、明哲保身、谦虚礼让、温顺服从、友爱和善等。这些民族性格的形成,不少与《诗经》有着直接的渊源关系。这里以中国人的温柔敦厚、明哲保身性格与《诗经》的关系为例略加说明。

《诗》中有许多批评在位者的丑行、抨击社会黑暗的诗,但这些诗写得含蓄婉转而不直露。如《南山》一诗,本是讥刺齐襄公与其妹文姜私通淫行的,但诗并不直接指出,而只是把齐襄公比作性淫的"雄狐",又似乎若不经意地问文姜为何嫁出以后还要再回来("既曰归止,曷又怀止")。所以吴闿生在《诗义会通》中评论说:"逆伦蔑理,人道已尽,而诗特和缓,若不欲深斥者,所谓微文刺讥,亦温柔敦厚之旨也。"再如,《新台》是讽刺卫宣公霸占儿媳丑行的诗,但诗并不直接揭露,而只是围绕卫宣公为霸占儿媳而筑的新台来写。这种隐晦曲折的手法,让我们似乎看到了无数民众对新台

的指指点点,对卫宣公乱伦丑行的厌恶。又如《菀柳》一诗,本是失意臣子怨周王变化无常而作,但诗中并无直接埋怨周王的话,而是把自己目前艰难的处境归于"上帝甚蹈"。《诗经》中许多诗篇这种含而不露的风格对国民的教化作用,孔子评价说:"入其国,其教可知也。其为人也:温柔敦厚,《诗》教也。"唐代孔颖达进一步解释说:"温谓颜色温润,柔谓情性和柔。《诗》依违讽谏,不指切事情,故云'温柔敦厚,是《诗》教也'。"

几千年的中国封建社会,统治者以温柔敦厚引导士人,如明代夏言就向皇帝建议,科举考试要"务取醇正典雅、明白通畅、温柔敦厚之文",并以此作为对士人的引导。而多数士人在这种引导之下,也把温柔敦厚转化为一种内心自觉。如宋代理学家杨时主张:"为文要有温柔敦厚之气,对人主语言及章疏文字,温柔敦厚尤不可无。"他还对苏东坡语言犀利的诗风大加抨击:"作诗不知《风》《雅》之意不可以作诗。诗尚谲谏,惟言之者无罪,闻之者足以戒,乃为有补。若谏而涉于毁谤,闻者怒之,何补之有。观苏东坡诗只是讥诮朝廷,殊无温柔笃厚之气,以此人故得而罪之。"我们看到,在几千年的封建社会,对在上位者尤其是最高统治者的批评,少有坦率直白的言辞,犯颜直谏只是个别行为。士人如此,这种氛围渐渐波及平民百姓,弥漫整个社会,于是做一个好好先生,就被很多人奉为原则,温柔敦厚便成为浸入中国人骨子的性格之一。这种民族性格的优点是明显的,它使批评显得温和而不尖刻,保持了被批评者的人格尊严。但这种民族性格经过长期发酵,已经变味,实际上已经远远背离了"温柔敦厚而不愚,则深于《诗》者也"的真谛。王夫之批评说:"诗教虽云温厚,然光昭之志,无畏于天,无恤于人,揭日月而行,岂女子小人半含不吐之态乎?《离骚》虽多引喻,而直言处亦无所讳。"闻一多先生痛感此种国民性的危害,一针见血地指出:"我在'温柔敦厚,《诗》之教也'这句古训里嗅到了几千年的血腥。"又说:"诗的女神良善得太久了……她受尽了侮辱和欺骗,而自己却天天在抱着'温柔敦厚'的教条,做贤妻良母的梦。"

明哲保身也是中国人的民族性格之一。追根溯源,这种性格也源于《诗经》。《大雅·烝民》是尹吉甫为仲山甫送行的诗,诗中尹吉甫赞美仲山甫"既明且哲,以保其身"。这里,明的意思是英明,哲的意思是睿智,保其身的目的是为了国家。在坚持原则的条件下,不参与可能给自己带来危险的事,这本来是一种明智的做法,但后来逐渐演变成一种生怕有损于自己,牺牲原则以保全自身的处世态度,这就走向了它的反面。这种性格与明哲保身一词的本意相去甚远,也为有识之士所鄙视。如宋人黄震说:"明哲保身,但存进退之节,非谓贪生畏死。若死得其所,是于明哲保身非相反也。"明胡居仁说:"《诗》言明哲保身不是趋利避害,以保其身。若趋利避害以保身,非老、佛、庄、列,则是奸计小人。"清李光地说:"明哲保身,非如世俗所谓趋利避害也。"毛泽东批评说:"事不关己,高高挂起;明知不对,少说为佳;明哲保身,但求无过。"

通过以上对中国人温柔敦厚、明哲保身两种民族性格的形成与《诗经》关系的分析,细读《诗经》,观察周围的人与事,我们自可体会《诗经》对中国人其他民族性格形成的影响。

(四)《诗经》,中国古代人才选拔的透视镜

先秦时期,贵族的职位是世袭的,但能否得到重用,其修养则是一个重要依据。这就是说,一个贵族精通《诗》,善于言辞,有良好的修养,是被"授之以政"的基本条件。如春秋时晋楚城濮之战前,晋选拔元帅,赵衰向晋文公推荐郤縠(音 xì hú),推荐的原因就是他从言谈中知道郤縠喜欢礼乐而爱好《诗》、《书》。

汉代儒学成为治国的指导思想,也成为选拔、任用各级官吏的

思想基础和理论依据。武帝时,经大儒董仲舒建议,罢黜百家,表彰儒术,正式兴办太学,建立起培养人才、选拔官吏的重要基地,自此以后,公卿大夫士吏,多数是通经学的人。在五经当中,《诗》是最早得到刘汉皇朝认可的,所以因精通《诗经》而被选拔为官的人也是数不胜数,从前面叙述今文三家《诗》的传授所表现的《诗经》学者为官情况就可看出这一点。西汉元帝、成帝潜心儒学,尤精于《诗》,选官用人皆看其是否通经,而对《诗经》学者尤为垂青,所以《汉书·元帝纪》说:"元帝多材艺……少而好儒,及即位,征用儒生,委之以政,贡、薛、韦、匡迭为宰相。"这里的薛指习《鲁诗》的薛广德,韦指习《鲁诗》的韦贤、韦玄成父子,匡指习《齐诗》的匡衡。元帝还把博士弟子由宣帝时的 200 人增加到 1000 人。成帝时,又有人提出太学生的人数不应少于孔子的弟子三千之数,得到成帝的采纳。这些太学生中,自然有不少是习《诗经》的。这些人业成之后,进入政坛,或位至公卿,或为地方长官。总之,在汉代,如果通《诗经》,被选拔到政府为官,实在是唾手可得。

两汉时期,精通《诗经》就能做官,是一种政治倾向。而隋唐时期形成并一直延续到清末的科举制度,则使通经包括《诗经》在人才选拔中所起的作用有了制度保证。隋代,科举初兴,《诗经》便是最重要的考试科目之一。唐代则在隋代的基础上,又专设明经科,考试的形式是帖经、墨义。所谓帖经,类似于今天学生语文考试中的填空题,就是把经选取一段,其中留出若干空白,让考生填写,目的是测试考生对经的熟悉程度。所谓墨义,类似于今天学生考试中的问答题,就是要求考生就经的正文或注释进行回答,其目的是测试考生对经的理解。《诗经》作为经书之一,也就成为必考科目。宋元以后,朱熹的《诗集传》作为《诗》宋学之集大成者而成为钦定教科书,参加科举考试的必读书,一直到清末废除科举为止。因此,《诗经》在科举选拔人才中所起的作用也就可想而知了。需要指出的是,科举固然让包括《诗经》在内的经书在人才选拔中所起的作用有了制度上的保证,但是由于唐以后进士科仕途优于明经科,因而士人竞趋进士科。明经包括《诗经》而为朝廷选拔的可能性和重视程度,已大不如两汉时期。

(五)《诗经》,中国文学的光辉起点

《诗经》是中国文学光辉的起点,是中国文学发达很早的标志,对后世文学影响极大。下面从 8 个方面具体叙述《诗经》在文学上的影响。

《诗经》开创了中国现实主义文学的优良传统。《诗经》是直面现实的文学艺术。农业社会的生产实践,培养了周人的务实精神。农业劳作的艰辛,让周人少了些虚妄幻想,多了几分现实意识,因此大到国家的历史、政治、祭祀、战争、朝会、宴饮,小到普通百姓的蚕桑耕猎、婚丧嫁娶、娱乐游观,都成为他们记录的内容,这就使《诗经》成为一部商周社会生活的百科全书。它的"饥者歌其食,劳者歌其事,苦者歌其辛,穷者歌其哀,爱者歌其情"的创作精神,启发和推动了后世文人密切关注现实社会、国计民生和百姓疾苦,而不是把文学看成吟风弄月、自我欣赏的东西。历代民歌传承了它的衣钵,从具有《国风》余韵的汉魏乐府直到近代民谣都深刻体现了这种精神。历代进步文人在创作中倡导"比兴"、"风雅",实质上也就是倡导《诗经》的现实主义精神。特别是当他们反对文坛上的形式主义倾向时,常常以恢复风雅相号召,最典型的就是唐代陈子昂、杜甫、白居易等人。陈子昂在唐初诗歌革新运动中以"兴寄都绝"、"风雅不作"批判齐梁间"采丽竞繁"的形式主义,呼吁上承风雅,力追汉魏;诗圣杜甫也以"别裁伪体亲风雅"作为自己的创作取向。白居易在新乐府运动中,猛烈抨击六朝以来辞藻艳丽而内容空洞的文风,说它们"不过是嘲风雪、弄花草而已",并提出了"文章合为时而著,歌诗合为事而作"的口号。再从广义上来说,甚至包括并不是诗歌的元代关汉卿的杂剧、清代曹雪芹的小说《红楼梦》,也都是《诗经》现实主义传统的继续和进一步发展。

《诗经》开辟了诸多文学题材之源。《诗经》从内容上可分为婚姻爱情诗、战争徭役诗、农事诗、史诗、祭祀诗、政治讽喻诗、宴饮诗等等,为后世文学创作开辟了广泛的题材之源。也就是说,后世的诸多文学题材都可以追溯到《诗经》,如《周南·桃夭》因以桃花喻人而"开千古词赋咏美人之祖",《邶风·绿衣》、《唐风·无衣》、《葛生》为"悼亡诗之祖",《邶风·燕燕》为"万古送别之祖",《鄘风·桑中》、《魏风·十亩之间》、《豳风·七月》、《小雅·隰桑》为采桑诗之祖等等。这里仅以《诗经》对后世悼亡诗、采桑诗的影响加以说明。

《邶风·绿衣》、《无衣》、《唐风·葛生》为悼亡诗之祖,后世文学作品继此3篇的代表作有晋潘岳、唐元稹、宋苏轼等人的悼亡诗词。潘岳与其妻杨氏青梅竹马,婚后夫妇共同生活了二十多年。杨氏去世时,尚不到50岁。次年,潘岳作《悼亡诗》三首,传诵最广的第一首曰:

> 荏苒冬春谢,寒暑忽流易。
> 之子归穷泉,重壤永幽隔。
> 私怀谁克从,淹留亦何益。
> 黾勉恭朝命,回心返初役。
> 望庐思其人,入室想所历。
> 帏屏无仿佛,翰墨有余迹。
> 流芳未及歇,遗挂犹在壁。
> 怅恍如或存,回惶忡惊惕。
> 如彼翰林鸟,双栖一朝只。
> 如彼游川鱼,比目中路析。

> 春风缘隙来,晨溜承檐滴。
>
> 寝息何时忘,沈忧日盈积。
>
> 庶几有时衰,庄缶犹可击。

这首诗写送葬回来的感受,伤心欲绝,体现了诗人对亡妻的无限深情。其中写到诗人在妻子死后"望庐"、"入室",见物思人想到与妻子共同经历的生活,这种物在人亡的意境与《绿衣》相似。

几百年后,唐代诗人元稹也用自己含血带泪的笔墨,痛悼了爱妻韦丛。韦丛出身名门,因嫁给元稹而过上了清贫的生活。而她却无怨无悔,心甘情愿地爱着元稹。元稹在她死后,写下了三十余首悼亡诗。其中《遣悲怀三首》之二曰:

> 昔日戏言身后意,今朝皆到眼前来。
>
> 衣裳已施行看尽,针线犹存未忍开。
>
> 尚想旧情怜婢仆,也曾因梦送钱财。
>
> 诚知此恨人人有,贫贱夫妻百事哀。

其中"衣裳已施行看尽,针线犹存未忍开"显见是从《绿衣》脱胎而来。

苏轼19岁时,与年方16的王弗结婚,两人恩爱情深。可惜天命无常,王弗27岁就去世了,琴瑟相和仅11年。王弗死后,苏轼外任多年,抑郁不得志,忽夜梦亡妻,凄楚哀婉,于是写下了著名的悼亡词《江城子》:"十年生死两茫茫,不思量,自难忘。千里孤坟,无处话凄凉。纵使相见应不识,尘满面,鬓如霜。 昨夜幽梦忽还乡,小轩窗,正梳妆。相见无语,惟有泪千行。料得年年肠断处,明月夜,短松冈。"全词弥漫着苏轼对亡妻刻骨铭心的思念之情,字字血泪字字情,其意境又与《葛生》极其相似。

《诗经》中《鄘风·桑中》、《魏风·十亩之间》、《豳风·七月》、《小雅·隰桑》这些以蚕桑丝织为题材的诗篇对历代文人的创作,影响也十分深远。汉乐府民歌《陌上桑》,南北朝乐府民歌

《采桑度》、南朝宋鲍令辉的《作蚕丝》,唐代白居易的新乐府诗《缭绫》、《红线毯》,宋代无名氏《九张机》等等,都以桑、蚕、丝、织及蚕业劳动作为素材,但其发端却正在《诗经》。

《诗经》赋、比、兴手法的运用与发展。赋、比、兴是《诗经》中常用的艺术手法。赋是《诗经》中最主要的艺术手法,为后世文学作品所继承。如《郑风·大叔于田》大量使用赋法,极尽铺叙之能事,对后世辞赋的影响很大,所以此诗被评为"描摹工艳,铺张亦复淋漓尽致。便为《长杨》、《羽猎》之祖"①。《长杨》、《羽猎》指汉代作家扬雄的《长杨赋》、《羽猎赋》,是汉代散体大赋的代表作。因此,赋这种文学体裁就是由《诗经》赋的艺术手法发展来的。

《诗经》比法为后世所继承。如《豳风·鸱鸮》、《魏风·硕鼠》、《小雅·鹤鸣》通篇用比兴的艺术手法,对后世诗坛影响特别大。屈原的《橘颂》,汉《乐府》中的《枯鱼过河泣》,曹植的《七步诗》,左思的《咏史》,阮籍的《咏怀》,郭璞的《游仙》,李白的《蜀道难》,杜甫的《佳人》,李商隐的《无题》,张籍的《节妇吟》、陆游的《卜算子·咏梅》,无一不是对《诗经》比兴手法的继承发展,以至形成了我国文学韵味悠长、含蓄蕴藉的民族特色。

《诗经》的兴法为后世所继承的,如首篇《关雎》写爱情而以鸟起兴,此种手法在后世多有运用。如《孔雀东南飞》全诗以"孔雀东南飞,五里一徘徊"起兴,又如《玉台新咏·古乐府六首·双白鹄》开篇曰"飞来双白鹄,乃从西北来",为全诗起兴。

《诗经》是后世诸多文学体裁之源。前人说一部《诗经》,诸体皆备。如班固说:"赋者,古诗之流也。"②魏晋时期的颜之推说:

---

① 姚际恒:《诗经通论》。
② 《两都赋·序》

"夫文章者,原出五经……歌咏赋颂,生于《诗》者也。"①宋胡应麟说:"四言变而《离骚》,《离骚》变而五言,五言变而七言,七言变而律诗,律诗变而绝句,诗之体以代变也。《三百篇》降而《骚》,《骚》降而汉,汉降而魏,魏降而六朝,六朝降而三唐,诗之格以代降也……国风雅颂,温厚和平……风雅之规,典则居要。"②胡应麟所说的四言,即指《诗经》。南宋张炎说:"古之乐章、乐府、乐歌、乐曲,皆出于雅正。"③这里,我们仅以明显受《诗经》影响的四言诗及柏梁体、联句等文学体裁加以说明。

四言体是《诗经》最主要的体式。据统计,《诗经》中,全为四言没有杂言的有一百五十多篇。一般短诗自不必说,即使像《卫风·氓》、《小雅·楚茨》这样的长诗也没有一句杂言,《大雅·桑柔》全诗112句,是《诗经》中最长的诗篇之一,但也仅有一句杂言。这是按篇来说,如果按句统计,则四言句显然占了《诗经》的绝大部分。四言体诗歌从形式上看,排列整齐划一,具有匀称平稳的美感;再就朗读上来说,四言诗节奏鲜明,具有朗朗上口的快感。《诗经》所创制的四言体,对后世诗歌体式有很大影响。战国时期屈原作的《橘颂》全篇都是四言体;汉代的赋也是四言为主,"四六骈文"更离不开四言体,汉初韦孟振四言《讽谏诗》、《在邹诗》,东汉张衡四言诗《怨篇》,都是典型的代表。魏晋时期,四言诗再一次出现复兴迹象。三曹父子、建安七子,大都写过四言诗。留存至今的曹操二十多首诗中,四言诗有9首,四言与杂言参半的有5首,其中《步出夏门行》最为知名。曹操以简朴苍劲的言辞和慷慨悲凉的真实情感,使四言诗重生而再放异彩。嵇康的四言诗约占其诗全

---

① 《颜氏家训·序致》
② 《诗薮·内编卷一》。
③ 《词源·序》。

部的2/3强。至晋代傅咸、陆云、挚虞、陆机、潘岳、贾谧、石崇、陶渊明等皆有四言诗之作,数量上更是超过《诗经》总数。

柏梁体是古代做诗的方式之一,即由两人或多人共作一诗,联结成篇,据说起于汉武帝筑柏梁台与群臣26人联句赋诗。晋宋时不少人作诗用"联句",今存陶渊明、鲍照、谢朓(音 tiǎo)等人诗作中均有此种形式。后来习惯于一人先出上句,继者续对成一联,再出上句,轮流相续,最后结篇。如《红楼梦》第五十回所写林黛玉、薛宝钗、贾宝玉等人芦雪庵争联即景诗,第七十六回所写林黛玉、史湘云凹晶馆联诗并由妙玉续完,皆属联句为诗。《诗·郑风·女曰鸡鸣》一诗中有男词,有女词,还有诗人的旁白,参差错落,实为柏梁体、联句之祖。

《诗经》中的语言大量为后代诗文所引用,许多成为成语。《诗经》的语言为后代诗文引用,主要有4种类型:第一,引用《诗》的成句不变,如春秋时秦献公《石鼓文》中"吾马既工,吾马既同",即取《小雅·车攻》成句。再如曹操《短歌行》:"青青子衿,悠悠我心……呦呦鹿鸣,食野之苹。我有嘉宾,鼓瑟吹笙。"前两句取《诗·郑风·子衿》成句,后4句取《诗·小雅·鹿鸣》的成句。当代一些作家甚至把《诗》中一些成句作为自己作品之名,如郭沫若戏剧《棠棣之花》,直接取自《小雅·棠棣》首句;于伶戏剧《七月流火》,直接取自《豳风·七月》首句;琼瑶小说《在水一方》,直接取自《秦风·蒹葭》:"所谓伊人,在水一方。"第二,引用《诗》成句而略作变换。如汉代《古诗十九首·明月皎夜光》:"不念携手好,弃我如遗迹。南箕北有斗,牵牛不负轭。""携手好"化用《邶风·北风》:"惠而好我,携手同行。""南箕北有斗"化用《小雅·大东》"维南有箕……维北有斗"。又如旧题《苏子卿(苏武)诗》四首其三:"征夫怀往路,起视夜何其?""夜何其"化用《小雅·庭燎》"夜如何其"。又如杜甫《洗兵行》:"河广传闻一苇过,胡危命在破竹中。"其中"河广传闻一苇过"引自《卫风·河广》"谁谓河广,一苇杭之"而略作变换。第三,直接引用《诗》的篇题。如唐太宗李世民赐萧瑀诗:"疾风知劲草,板荡识忠臣。"《板》、《荡》均为《大雅》之篇,都是反映周厉王时期社会动荡的诗。再如鲁迅有一篇小说《采薇》,此名直接取自《小雅·采薇》篇题。第四,摘引《诗》的词语,如江淹《别赋》有"桑中卫女,上宫陈娥"两句,"桑中"、"上宫"出自《鄘风·桑中》:"期我乎桑中,要我乎上宫。"再如庾信《小园赋》:"可以疗饥,可以栖迟。""疗饥"、"栖迟"两词出自《陈风·衡门》:"衡门之下,可以栖迟。泌之洋洋,可以乐饥。""乐饥"即"疗饥"。

成语是人们长期相沿习用的、简洁精辟的定型词组或短句,多为4字句。《诗经》为四言诗,其中许多语言凝练概括、富有哲理,因此成为许多成语的来源,而且久用不衰,为人所爱。出自《诗经》的成语主要有3种类型。第一类是直接从《诗经》中引用来的。如"求之不得"出自首篇《关雎》,"忧心忡忡"出自《召南·草虫》,"信誓旦旦"出自《卫风·氓》,"不可救药"出自《大雅·板》,"战战兢兢"、"如履薄冰"出自《小雅·小旻》。第二类是由《诗》之成句浓缩凝练而来。如"投桃报李",由《大雅·抑》"投我以桃,报之以李"浓缩而来;"耳提面命"由《抑》"匪言命之,言提其耳"浓缩而来。第三类是从《诗》辗转变化而来,而其意已变。如在《周南·桃夭》:"桃之夭夭,灼灼其华。"后来取"桃"与"逃"谐音这一点,"桃之夭夭"遂演变为形容逃走的成语"逃之夭夭"了。《大雅·烝民》中有"既明且哲,以保其身"之句,原来是尹吉甫赞美樊侯仲山甫既明白又智慧,以保全他的美名,后世形成成语"明哲保身",意思转为贬义,指因怕犯错误或有损自己利益而对原则性问题不置可否的处世态度。这些固定词组,有的与《诗经》原句一字不差,有的只变动个别字,有的则是几个诗句的紧缩。但不管如何,都是《诗经》语言传承与发展的结果。据《汉语成语词典》(修订本)所录,出自《诗经》的成语就有一百多条,可见《诗经》语言对现代汉语的发展仍具有深远的影响。

《诗经》中一些诗篇的意境,为后世诗文所继承。《诗经》中许多篇章,开创了后世文学作品中的一些意境。如《周南·卷耳》一诗,婉转曲折,感人尤深。后世诗词名篇如杜甫《月夜》、李白《寄东鲁二稚子》、柳永《八声甘州》、周邦彦《风流子》等,均脱胎于此。再如,《豳风·东山》创造了一种远归之人既急于赶回家又有些许担忧的意境。后世许多名句,如"近乡情更怯,不敢问来人"①,"遥怜小儿女,未解忆长安"②等,即源于此。王士祯推崇《东山》"写闺阁之致,远归之情,遂为六朝唐诗之祖"③。又如,《诗·邶风·绿衣》、《唐风·无衣》都创造了一种因衣物而思亡妻的意境。宋贺铸词《鹧鸪天》曰:"重过阊门万事非,同来何事不同归?梧桐半死清霜后,白头鸳鸯失伴飞。 原上草,露初晞,旧栖新垅两依依。空床卧听南窗雨,谁复挑灯夜补衣。"这"谁复挑灯夜补衣"的意境显然源于《绿衣》、《无衣》。

后世一些传说、小说,在《诗经》中已具雏形。如,脍炙人口的牛郎织女传说,最早即源于《诗经》。《诗经·小雅·大东》写道:"维天有汉,监亦有光。跂彼织女,终日七襄。虽则七襄,不成报章。睆彼牵牛,不以服箱。"虽然诗中还没有具体的故事情节,但主要人物牛郎织女都已有了。织女虽然7次移动,却织不出好花样,似乎也暗示着她因思念隔河的牛郎而无心织布。显然,《大东》一诗,是后世牛郎织女传说的起源。

再如,清代有一部艳情小说叫《株林野史》。该书叙春秋时陈

---

① 宋之问:《渡汉江》。
② 杜甫:《月夜》。
③ 《渔洋诗话》。

夏姬事。夏姬本名素娥，少时梦浪游神授以素女采战之法，故好淫，其夫夏御叔因此纵欲而死。御叔临死将子征舒托大夫孔宁照顾，夏姬得与孔宁私通。孔宁又引同僚仪行父与夏姬往来。后事为陈灵公所知，亦与夏姬通。征舒成人，怒其母之淫行，杀灵公于株林，孔宁、仪行父逃往楚国。楚庄王兴师伐陈，车裂征舒以正其弑君之罪。楚王将夏姬赐连尹襄老。孔宁、仪行父遇鬼索命而死。11年后，连尹襄老死，夏姬归屈巫，相随至晋。夏姬改名芸香，屈巫改名巫臣。芸香与晋驸马栾书妻交好，知巫臣精房中术而羡之。栾书遂与巫臣易妻而淫，日夜宣淫。事泄，晋君发兵杀栾书、巫臣。芸香为夜游神摄走，不知所终。这部小说取名"株林"，即源自《诗经·陈风·株林》。《株林》一诗，自古以来的解说，就是刺陈灵公与夏姬淫乱的。

　　一些作家的文学创作明显受《诗经》影响，具有《诗经》遗风。如钟嵘《诗品》认为曹植之诗"其源出于国风"。在《诗品》中，《国风》一系被视为诗的正宗。曹植将《诗》"兴"的手法成功移用到五言诗创作，慷慨任气，语言自然，复兴了《国风》的传统。又如《诗品·步兵阮籍诗》条曰："其源出于《小雅》，无雕虫之巧，而《咏怀》之作，可以陶性灵，发幽思。言在耳目之内，情寄八荒之表，洋洋乎会于《风》、《雅》，使人忘其鄙近，自致远大，颇多感慨之词。"再如宋代王安石，其诗颇得《诗经》之法，故杨万里评之曰："《三百篇》之遗味，黯然犹存也。近世惟半山老人（王安石）得之。"①

　　总而言之，《诗经》是中国诗歌，乃至整个中国文学的起点。后世的作家，无一不从中汲取营养；后世的文学创作，也都或多或少、或隐或明地继承了《诗经》的文学因子。

---

① 《颐庵诗稿·序》。

四 如何阅读《诗经》

(一) 阅读《诗经》的角度

鲁迅先生曾说一部《红楼梦》因读者的眼光而有种种:"经学家看见《易》,道学家看见淫,才子看见缠绵,革命家看见排满,流言家看见宫闱秘事……在我的眼下的宝玉,却看见他看见许多死亡。"这是一段红学史上评价《红楼梦》思想的名言,是鲁迅先生概括式的精邃评价。其实,读《诗经》也是多角度的。闻一多先生指出,《诗经》有3种旧的读法:经学的、历史的、文学的。夏传才先生在《诗经研究史概要》中提出今天也有3种读法,即:文学的、历史的、经学批判的。我们认为,《诗》之《风》、《雅》、《颂》可以反映当时社会各个层面的历史真实,虽然利用《诗经》进行历史研究已成绩斐然,但与《诗经》的实际价值相比还相去甚远。《风》具有极高的文学性是无可否认的,《雅》之文学性则稍次,《颂》就很难说有多少文学性。再者,《诗》对后世文学的影响虽大,但诗歌毕竟只是文学的一种形式。因此,我们认为对《诗》从史学的角度解读应该是第一位的,从文学的角度解读应该是第二位的。近年,包括《诗经》在内的读经热似乎又在社会上悄然兴起。因此,对《诗经》从经学批判的角度解读应该是第三位的。

《诗经》具有史学价值,明清人即已有明确认识。清代史学家章学诚说:"《诗》类今之文选耳,而得与史相终始。何哉?土风殊异,人事兴废,纪传所不及详,编年所不能录,而参互考验,其合于是中者,如《鸱鸮》之于《金縢》,《乘舟》之于《左传》之类。其出于是外者,如《七月》追述周先,《周颂》兼及异代之类。岂非文章史事,固相终始者欤?"而且与其他先秦史籍相比,《诗经》作为史料的可信度更高。所以梁启超在《要籍解题及其读法》中说："现存先秦古籍,真赝杂糅,几乎无一书无问题;其精金美玉、字字可信可宝者,《诗经》其首也。"这里,我们略举几例以明《诗经》的史学价值。

例一:《史记·周本纪》记述周始祖后稷感天而生屡弃不死时写道:"弃之隘巷,马牛过者皆辟不践;徙置之林中,适会山林多人,迁之;而弃渠中冰上,飞鸟以其翼覆荐。"再看《大雅·生民》三章曰:"诞置之隘巷,牛羊腓字之。诞置之平林,会伐平林。诞置之寒冰,鸟覆翼之。"两相对照,可知《周本纪》这一段记述实即从《生民》改写而来。

例二:孙作云先生的《诗经与周代社会研究》是通过《诗经》研究周代历史的名著,孙作云先生在《后记》中自言:"本书的主要内容是讲西周的社会性质的,其所根据的材料,主要的是《周颂》和《二雅》。"其详细内容且不论,这里仅把该书部分目录列出,即可见《诗经》对研究周代历史的重要性。这部分目录是:

周先祖以熊为图腾考——《诗经·大雅·生民》、《小雅·斯干》新解

从《诗经》中所见的灭商以前的周社会

从《诗经》中所见的西周封建社会

我国历史上第一次农奴大起义——公元前842—前828年周京附近农奴反周厉王的战争及其影响,《诗经·大雅·桑柔》诸诗新解

例三:杨宽先生的《西周史》是系统记述西周历史的著作,书中引《诗经》作为史料可以说是俯拾皆是。如在记述周族相传的后稷神话部分,依据的主要史料就是《大雅·生民》;记述公刘迁都到豳部分,依据的主要史料是《大雅·公刘》;记述古公亶父迁都岐阳周原部分,依据的主要史料是《大雅·绵》、《皇矣》;记述文

王克崇部分,依据的主要史料是《大雅·文王有声》、《皇矣》;记述文王迁都于丰部分,依据的主要史料是《大雅·文王有声》;记述西周农业生产技术部分,依据的主要史料是《豳风·七月》,《大雅·生民》、《桑柔》、《瞻卬》,《小雅·信南山》、《甫田》、《大田》、《白华》,《周颂·载芟》、《良耜》、《丰年》,《鲁颂·閟宫》。

《诗》是一部歌谣选集,是中国文学的光辉起点,是我国文学发达很早的标志。因此,对《诗》的文学解读很早就开始了,而且绵延不绝。如孔子解《诗》就常使用"情"、"志"等字眼。典型的站在经学立场说《诗》的《毛诗序》也不能完全撇开《诗经》的文学性,如在论及诗的缘起时说:"诗者,志之所之也。在心为志,发言为诗。情动于中而形于言,言之不足,故嗟叹之,嗟叹之不足,故永歌之,永歌之不足,不知手之舞之、足之蹈之也。"朱熹在《朱子语类》中说:"大率古人作诗,与今人一般,其间亦自有感物道情,吟咏情性。"朱熹本人更是《诗经》文学研究的重要人物。明代则又发生了《诗经》研究从经学向文学的转变。"五四"以后,胡适、鲁迅等先驱,最终完成了恢复《诗经》本相,实现了从经学到文学的变革。总之,《诗经》的文学研究从孔子以来就进行着,但"五四"以前一直被经学所压抑而没有形成气候,只是到了"五四"以后才占了优势。今天,作为一般的读者,已经不存在经学的羁绊,自然应该从文学的角度欣赏《诗经》,从而增加个人的文学素养。

两千多年封建社会《诗》的经学研究,其实一直遵循着《毛诗序》定下的传《诗》目的:"以是经夫妇,成孝敬,厚人伦,美教化,移风俗。"为了达到这一目的,经学家们说《诗》不惜任意扭曲。《毛传》、《毛诗笺》就是用《左传》等典籍来注释诗,给每首诗搞一个历史"本事"出来,给很多民歌找出了作者,后代的人基本上都是依据这个来解诗。这就把《诗经》研究引上了歧途,给原始初民奔突激荡的诗性灵魂,死死扣上了礼教的帽子,而听不出它是朴素的歌声、野性的呼唤。因此闻一多先生说,千年来没有人把《诗经》读懂。他甚而气愤地骂毛亨为"疯子",郑玄为"呆子"。清代方玉润在《诗经原始》中说:"《诗》遇汉儒而一厄,遇宋儒又一厄,遇明儒又一厄。不知何时始能拨云雾而见青天也?"

"五四"以后由于胡适、鲁迅、蔡元培等一些干将的围攻,《诗经》与其他几经一起已被褫其华衮、示人本相——它只是一部歌谣选集。但近年读经热似乎又悄然兴起,实有警惕的必要。在这方面,经学家周予同先生有很好的意见。他说:

> 经是可以研究的,但是绝对不可以迷惑的;经是可以让国内最少数的学者去研究,好像医学者检查粪便,化学者化验尿素一样;但是绝对不可以让国内大多数的民众,更其是青年的学生去崇拜,好像教徒对于莫名其妙的《圣经》一样。如果要懂得修齐治平之道,这是对的;但是,下之有公民学,中之有政治学、伦理学,上之有哲学,用不着读经!如果你们顽强地盲目地来提倡读经,我敢作一个预言家,大声地说:经不是神灵,不是拯救苦难的神灵!只是一个僵尸;穿戴着古衣冠的僵尸!它将伸出可怖的手爪,给你们或你们的子弟以不测的祸患。

周予同先生之所以如此说,最主要的原因是经学具有国定宗教性质,只许信仰,不许怀疑,而在这一过程中人的活跃思维也就被悄无声息地扼杀了。因此,在阅读《诗经》时,尤其是经学家的注解时,批判的眼光是要时时有的。

(二) 阅读《诗经》应注意的问题

《诗经》离我们的时代已相当久远,要读它自然不易。有三个问题应予注意。

首先,应注意《诗》的字词的解释。《诗经》的字词解释,向来有"《诗》无达诂"之说,就是说《诗》的字词很难有准确解释。但是对字词的准确理解,又是读《诗经》的基础,否则失之毫厘,差之千里,其他的一切赏析都是空中楼阁。如《诗经》首篇《关雎》"窈窕淑女"一句,一般读者会想当然地认为"窈窕"是苗条之意,但实际上这个词与苗条毫不相干,其含意是文静而美好。上古时期,由于生产力低下,对女性审美的取向也是高大壮硕而绝不是纤细苗条。因此,《卫风·硕人》等诗篇往往称女性为硕人。今天,注释、今译、赏析类的《诗经》普及读物很多,一般读者在选择时应该十分慎重。王力先生在为向熹《诗经词典》所写的序中曾说:

> 我个人的意见,关于《诗经》的词义,当以毛传、郑笺为主;毛郑不同者,当以朱熹《诗集传》为断。《诗集传》与毛传不同者当以《诗集传》为准(王力自注:这是指一般情况而言,容许有例外)。参以王引之《经义述闻》和《经传释词》,则"思过半矣"。孔疏与毛郑龃龉之处,当从毛郑。马瑞辰《毛诗传笺通释》颇有新义,也可以略予采用。其他各家新说,采用时应十分慎重,以免贻误后学。

当然,王力先生所提及的这些书,对一般读者而言还是过于繁难,那么向熹的《诗经词典》一书完全可以解决问题。

其次,要了解一些最基本的《诗经》语言艺术。文学是语言的艺术,诗则是这一艺术的最高境界。了解《诗经》的语言艺术,是准确理解诗的关键。否则即使我们准确解释了诗中的每一个字词,也仍然不能准确理解诗意,不能体会其妙处。

第一是重章复沓。所谓重章复沓,就是一首诗的每一章或某几章的结构和语言大体雷同,只在几处相应的地方为避免重复而换字,这是民歌常用的形式,这种形式使《诗经》中形成了一些套语。这样一种重复的方式,造成一唱三叹的效果,可以加强诗的感染力。这一艺术手法主要在《国风》和《小雅》的民歌中使用,《颂》和《大雅》,以及《小雅》的政治诗中几乎没有。典型的例子,如《周南·芣苢》,全篇3章12句,只变换了"采"、"有"、"掇"、"捋"、"袺"、"襭"6个动词,不但写出采摘的过程,而且通过不断重复,表现出生动活泼的气氛,似乎有一种反复咏叹的味道。再如《王风·采葛》,全诗3章,只是更换了"葛"、"萧"、"艾"、"月"、"秋"、"岁"6个字,从采摘东西的变化和时间的延伸,表现出愈浓愈强的思念。

第二是赋、比、兴的艺术手法。所谓赋,就是客观地铺陈直叙,以达到叙事、写景、抒情等目的。这包括一般陈述和铺排陈述两种情况。大体在《国风》中,除《七月》等个别篇章,用铺排陈述的较少。如《七月》中第二章写采桑:"春日载阳,有鸣仓庚。女执懿筐,遵彼微行,爰求柔桑。春日迟迟,采蘩祁祁。女心伤悲,殆及公子同归。"就全是赋笔,无论是对季节风物、采桑姑娘的行动及其心理的描写陈述,都是"直陈其事"。大、小《雅》中,尤其是史诗,铺陈的场面较多。

所谓比,就是比喻或比拟,用形象的事物打比方,使被比喻的事物生动形象,真实感人。如,《卫风·硕人》写庄姜容貌之美:"手如柔荑,肤如凝脂,领如蝤蛴,齿如瓠犀,螓首蛾眉。"这里把手比做柔荑、肤比做凝脂、领比做蝤蛴、齿比做瓠犀,中间有一"如"字把前面的本体和后面的喻体连接起来,称为明喻。再如,《周南·汉广》首章:"南有乔木,不可休息。汉有游女,不可求思。"这里实际是把"汉有游女,不可求思"比做"南有乔木,不可休息",本体和喻体关系更为密切,但并没有"如"、"像"一类的喻词出现,称隐喻。又如《魏风·硕鼠》一诗表面只是写贪吃的大老鼠,实际是比喻贪婪的剥削者,这里喻体出现,本体隐去,称为借喻。

所谓兴,即起兴,朱熹说:"兴者,先言他物以引起所咏之词也。"兴有引起联想、烘托渲染气氛的作用。如《秦风·蒹葭》中的"蒹葭苍苍,白露为霜"。也有些"兴",只是一种发端,同下文并无意义上的关联,表现出思绪无端地飘移联想。就像秦风的《晨风》,开头"鴥彼晨风,郁彼北林",与下文"未见君子,忧心钦钦",并无直接联系。因此兴是空灵生动的,而不是凝固僵化的。如《关雎》开头的"关关雎鸠,在河之洲",原是诗人借眼前景物以兴起下文"窈窕淑女,君子好逑"的,但关雎和鸣,也可以比喻男女求偶,或男女间的卿卿我我,只是它的喻意不那么明白确定。又如《桃夭》一诗,开头的"桃之夭夭,灼灼其华",既可以说是实写春天桃花开放时的明艳美丽,但也可以理解为对新娘美貌的暗喻,又可说这是在烘托结婚时的热烈气氛。

再次,要注意原生态地把握《诗经》。20世纪初以来,运用文化人类学(包括神话学、宗教学、民俗学等)的理论研究《诗经》蔚然兴起。由于文化人类学和《诗经》似乎有某种天然的、神秘的联系,这种方法一经运用,立即给人耳目一新的感觉。如闻一多先生运用文化人类学研究《诗经》,认为《诗经》中的"鱼"是隐语,表示匹偶和情侣。再如叶舒宪先生运用文化人类学的知识,研究与《诗经》有直接关系的远古宗教文化以及原始性文化与《风》诗的关系,王巍先生运用文化人类学的知识对《诗经》中的民俗文化进行阐释。但是近年来,文化人类学在《诗经》研究领域的运用,似乎有泛滥之势,因此针对整部《诗经》的,或针对某些具体篇章的"新解"、"臆解"大量出现。这些研究或简单地把一些古老的民俗现象与《诗经》作对比,或简单地把与中华文化不同质的异国风情作为解读《诗经》的钥匙,或简单地把《诗经》宗教化。从一定意义上来说,这些研究已使《诗经》研究发生了偏转。因此,一般读者在阅读这些文章时应特别注意。我们认为,只有把《诗经》放在它所发生的历史时空的研究,只有原生态地把握《诗经》,也即闻一多先生主张的"缩短时间距离……带读者到《诗经》的时代","用'《诗经》时代'的眼光读《诗经》",才可能真正理解《诗经》。

(三) 阅读《诗经》的相关参考书

《诗经》的研究,迄今已有两千余年,研究的著作亦不下三千种,再加上难以精确统计的论文,其数量之多,用汗牛充栋来形容实不为过。如此浩繁的著述,即使是《诗经》学专家,毕其一生,也难以一一涉猎。对于一般读者而言,更没有可能,也无必要去一一阅读。因此,这里仅介绍8种简明可靠的《诗经》学著作及史学著作并略加评说,以供读者学习《诗经》时参考。

1. 杨宽《西周史》(上海人民出版社1999年版),顾德融、朱胜龙《春秋史》(上海人民出版社2001年版)。该书系统论述了自公元前11世纪末叶周武王克商、创建周朝,迄公元前771年周幽王被杀、平王东迁洛邑约二百八十年西周时代的历史。对西周的井田制度、社会结构、军事制度以及政治、文化制度等方面做了细密的考证和深刻的论述,全面、系统、准确地阐述了中国奴隶社会在西周时代从发展到衰亡的过程。尤其值得一提的是,该书有大量的篇幅讲解西周时期的礼制,如:大蒐礼、射礼、乡饮酒礼、飨礼、冠礼、贽见礼、册命礼、出征礼、出猎礼、执驹礼、祭礼等。《春秋史》一书亦全面、系统地论述了春秋时期凡317年间各诸侯国的政治、军事、经济、思想、文化礼俗、社会阶层等状况及其发展变化,叙述了中国从奴隶社会向封建社会过渡的历史轨迹。最后一章还对春秋时期的天地星辰山川崇拜与祭祀、宾军嘉礼、鬼魂祖灵崇拜与祭祀、丧葬制度、生活礼俗、社会风尚进行了讲解。因此,这两本史学著作,既有利于我们对《诗经》从时代背景上进行总体把握,也有利于我们对具体诗篇的理解。

2. 孔颖达《毛诗正义》(北京大学出版社1999年版)。该书实际上包括《毛诗序》、《毛传》、《诗谱》、《郑笺》及孔《疏》。今本《毛诗》,各篇之首都有一题解性质的序文,主要阐述诗篇创作的时代、作者和意旨,这就是所谓的《毛诗序》。《毛诗序》应是从先秦就有流传,经秦汉学者加工,至汉代定型。从学派立场上说,《毛诗序》是典型的从经学立场说诗的著作。因此,《毛诗序》作为早期的解《诗》著作,虽不能一概信从,但自有无可替代的价值。《毛传》是早期的《诗经》训释著作,法度严谨,造诣精深,是此后《诗经》研究的基础,为后代人理解和研究《诗经》架起了一座不可替代的桥梁。郑玄《诗谱》在《诗序》的基础上,论述诗篇时代,排列诗篇世次,说明各诗的世代和某些作者,甚至作诗缘由,展示了《诗经》创作的时代背景,为理解诗义提供了最基本的依据。《郑笺》与《毛传》一脉相承,并且加以发展,既对《毛传》进行了充实、提高,又吸取、综合了齐、鲁、韩三家今文诗说,集中了汉代《诗经》注说的成果。总之,《毛诗传笺》是先秦至两汉《诗经》研究的集大成之作,是《诗经》研究史上的第一个里程碑。孔《疏》是唐代孔颖达以《毛传郑笺》为基础,同时吸取综合汉魏六朝以来《诗经》研究的成就,对《诗经》所作的疏解,它使得《诗经》的训诂义疏得到极大的丰富与提高,成为《诗经》汉学的集大成之作,是《诗经》研究史上的第二个里程碑。

3. 朱熹《诗集传》(20卷本,上海古籍出版社1980年版)。该书批判地继承了汉代学者注解《诗经》的成果,本着实事求是的精神进行考证解释。这部书文字比较浅显平易,解释方式一般有题解,有词句的解释,有对于诗的表现手法的简单评论,还标出读音,颇便于学习参考。另外,该书还初步突破经学的樊篱,对《诗经》进行了文学研究,从而为一些诗篇的理解指出了正确的方向。总之,该书把《诗经》研究向前大大地推进了一步,是《诗经》宋学的代表作,是《诗经》研究的第三个里程碑。

4. 夏传才《诗经研究史概要》(清华大学出版社2007年版)。该书是第一部记述《诗经》研究史的专著。书中把《诗经》研究史分为先秦、汉学(汉至唐)、宋学(宋至明)、新汉学(清)、"五四"及以后等 5 个时期,从介绍《诗经》的基本概念及《诗经》研究的基本知识入手,史论结合,运用唯物史观,以重点评介各个时期的名家名著的方式,理清了《诗经》研究发展的脉络。

5. 夏传才《二十世纪诗经学》(学苑出版社 2005 年版)。这是作者继《诗经研究史概要》后第一部记述 20 世纪《诗经》研究史的专著,实际已涉及 21 世纪前几年的一些最新成果,与前书珠联璧合。该书分为 10 章,即:绪论、从传统向现代的过渡、现代诗经学的创始期、战火中的现代诗经学建设时期、新中国前十七年《诗经》研究的得失、新时期的《三百篇》研究、诗经学全方位深化和拓展、四大学案的新进展、出土文献和古籍整理、台港的《诗经》研究,把 20 世纪《诗经》研究的概貌清晰地勾勒出来。

6. 陈子展《诗经直解》(复旦大学出版社 1983 年版)。该书前有《关于诗经》一文代序,略述《诗经》的性质、流传、分类、创作等问题。随后是"附录",分别是《论〈诗序〉作者》、《〈国风选译〉内容提要》、《〈雅颂选译〉内容提要》与《〈楚辞直解〉凡例十则》。再后是《赘语》一篇以代跋,简述《诗》之汉宋旧学名家,并自言:"今复治是书,别为种。批判、继承,自知谢短。但求总结旧学,融会新知,往往以现代知识解之。"正文部分,各诗篇题之下,有简短数语作为题解;其后是诗文,每句下是直解;最后是今按,评析关于本诗的各家之说,并提出己见。由于作者研究《诗经》有年,且搜罗广泛,又融以现代知识,故该书是一部高水平的今注今译著作。

7. 向熹《诗经词典》(修订本,四川人民出版社 1997 年版)。该书是一部音义兼备的《诗经》专书词典。书中给《诗经》的每一个字词释义和注音,字头总数达 3 336 个。释义采用"首出已见,择要兼收"的方式,博采众说,择善而从,因此阅读该书时既有所主,不会无所适从;既能了解多家观点,又不会拘于一家之言。字头下所有义项,著者力求解释准确、精练、通俗,除名物解释外,一般有古今对译。注音既包括反切、中古音和上古音,满足了专业人士的需要,又包括拼音,兼顾了普通读者翻检的需要。

五　校注说明

一、本书原文以中华书局1980年影印清阮元校《十三经注疏》之唐孔颖达《毛诗正义》为底本,以中华书局1987年版王先谦《诗三家义集疏》、上海古籍出版社1980年版宋朱熹《诗集传》(20卷本)参校,简体字横排。

五、底本中的明显误字,据参校本直接改正。底本中的古体、异体字,直接改为正体。

二、本书注释,以唐孔颖达《毛诗正义》、宋朱熹《诗集传》为主要依据,同时吸收当代学者的注释研究成果,如陈子展《诗经直解》、向熹《诗经词典》。

三、注释力求通俗简明,以适合于更广大的读者。注释内容主要包括:难解字词、地理名物、典章制度、文化常识等。

四、本书对诗中的词、句进行疏通解释,以疏通文字为主,必要时通释全句。

五、为避免重复,对于不同的诗中注释词句相同而注的内容又较多者,则仅在一处作注,他处则标明见此处。对于他处对此处注有参考意义的,则标明参见他处注。

六、生僻字用现代汉语拼音注音,直接标在该字之后。对于注释语中出现的生僻而必须注音的字,则在其后用现代汉语拼音注音并加小括号。

风

周　南

关　雎

[题解]小伙子追求姑娘的恋歌。

关关雎鸠①,在河之洲②;窈窕淑女③,君子好逑④。

[注释]①关关雎鸠:关关,象声词,形容鸟雌雄和鸣声。雎,音 jū。雎鸠,鱼鹰。古人认为这种鸟雌雄间感情专一,本诗是爱情诗,故诗人以此起兴。　②在河之洲:河,黄河。在上古时代,"河"专指黄河。洲,水中的陆地,鱼鹰之类的水鸟常出没栖息其间。　③窈窕淑女:窈窕,纯洁美丽。淑女,纯朴善良的姑娘。　④君子好逑:君子,贵族男子的通称。逑,音 qiú,配偶。

参差荇菜①,左右流之②;窈窕淑女,寤寐求之③。

[注释]①参差荇菜:参差,音 cēn cī,长短不齐。荇菜,金莲子,水生,嫩叶可食。荇,音 xìng。　②流:采摘。　③寤寐:音 wù mèi,犹言"梦寐"。寤,觉醒。寐,入睡。

求之不得,寤寐思服①。悠哉悠哉②,辗转反侧③。

[注释]①思服:思念。 ②悠哉:悠悠,思念、忧思绵长的样子。③辗转反侧:翻来覆去睡不着。

参差荇菜,左右采之①。窈窕淑女,琴瑟友之②。

[注释]①采:采摘。 ②琴瑟友之:琴瑟,两种弦乐器。琴有五弦或七弦,瑟有二十五弦。友之,向姑娘示爱。这句是说男子想像弹琴鼓瑟向姑娘示爱,后世也多以琴瑟和鸣比喻夫妻关系好。

参差荇菜,左右芼之①。窈窕淑女,钟鼓乐之②。

[注释]①芼:音 mào,采摘。 ②钟鼓乐之:这句想像如能同姑娘结婚就敲钟击鼓使她快乐。

葛 覃

[题解]已嫁女子准备回家探望父母。

葛之覃兮①,施于中谷②,维叶萋萋③。黄鸟于飞④,集于灌木⑤,其鸣喈喈⑥。

[注释]①葛之覃兮:葛,葛藤,多年生草本植物,皮可制成纤维织布,制作夏装。覃,延伸。兮,语气词,相当于"啊"。《诗》中皆为此用法。 ②施于中谷:施,音 yì,蔓延。中谷,谷中。 ③维叶萋萋:维,发语词。萋萋,音 qī qī,繁茂。 ④黄鸟于飞:黄鸟,黄雀。于,动词词头。 ⑤集:栖息。 ⑥喈喈:音 jiē jiē,象声词,禽类相和的叫声、乐器声。

葛之覃兮,施于中谷,维叶莫莫①。是刈是濩②,为绤为绤③,服之无斁④。

[注释]①莫莫:繁盛。 ②是刈是濩:刈,音 yì,割。濩,音 huò,煮。将葛煮制抽取纤维以织布。 ③为絺为绤:絺,音 zhī,细葛布。绤,音 xì,粗葛布。 ④斁:音 yì,厌弃。

言告师氏①,言告言归②。薄污我私③,薄澣我衣④。害澣害否⑤,归宁父母⑥。

[注释]①言告师氏:言,动词词头。师氏,负有教导责任的保姆。 ②言告言归:告,告诉公婆与丈夫。归,即下文"归宁"的省语。 ③薄污我私:薄,语气助词。污,揉搓着洗。私,内衣。 ④澣:音 huàn,洗。 ⑤害澣害否:害,音义与"曷"同,何,哪些。否,不要。 ⑥归宁:古代女子回娘家探亲。

卷　　耳

[题解]女子思念远行的丈夫。

采采卷耳①,不盈顷筐②。嗟我怀人③,寘彼周行④。

[注释]①采采卷耳:采采,采了又采。卷耳,苍耳,嫩时可食,亦可入药。 ②不盈顷筐:盈,满。顷筐,浅的大筐。 ③嗟我怀人:犹"我怀人"。嗟,语气助词,不是叹词。 ④寘彼周行:寘,音 zhì,通"置",放下。彼,那。行,音 háng。周行,大道。

陟彼崔嵬①,我马虺隤②。我姑酌彼金罍③,维以不永怀④。

[注释]①陟彼崔嵬:陟,音 zhì,升、登。崔嵬,音 cuī wéi,高而不平的土

石山。 ②虺隤:音 huǐ tuí,腿软的病。虺,通"瘣"。隤,通"颓"。 ③我姑酌彼金罍:姑,姑且、只好。酌,斟酒。金罍,当时贵族用的酒器。金,青铜。 ④维以不永怀:维,发语词。以,借此。永,长。怀,思念。

陟彼高冈,我马玄黄①。我姑酌彼兕觥②,维以不永伤。

[注释]①玄黄:马病的样子。 ②兕觥:用犀牛角制的大型酒杯。一说是铜制伏兕形酒杯。兕,古代犀牛一类的兽。觥,音 gōng。

陟彼砠矣①,我马瘏矣②,我仆痡矣③,云何吁矣④。

[注释]①砠:音 zū,多石的山。 ②瘏:音 tú,马疲不能前进。 ③痡:音 pū,疲倦、劳累。 ④云何吁矣:云,语气助词。何,多么。吁,忧。

樛　木

[题解]婚礼祝福。

南有樛木①,葛藟累之②。乐只君子③,福履绥之④。

[注释]①南有樛木:南,南方。樛,音 jiū。樛木,弯曲的树枝。 ②葛藟累之:藟,音 lěi。葛藟,野葡萄。累,攀缘。 ③只:语气助词。 ④福履绥之:福履,幸福。绥,降临。

南有樛木,葛藟荒之①。乐只君子,福履将之②。

[注释]①荒:掩盖。 ②将:扶助。

南有樛木,葛藟萦之①。乐只君子,福履成之②。

[注释]①萦:缠绕。 ②成:成就。

螽　斯

[题解]婚礼上贺新郎新娘子孙繁衍、家庭兴旺。

螽斯羽①,诜诜兮②。宜尔子孙③,振振兮④。

[注释]①螽斯羽:螽斯,蝗虫的一种,多子。螽,音 zhōng。羽,翼。 ②诜诜:音 shēn shēn,众多群集的样子。 ③宜:有利于。 ④振振:繁盛兴旺。

螽斯羽,薨薨兮①。宜尔子孙,绳绳兮②。

[注释]①薨薨:音 hōng hōng,昆虫群飞的声音。 ②绳绳:谨慎的样子。

螽斯羽,揖揖兮①。宜尔子孙,蛰蛰兮②。

[注释]①揖揖:聚集。 ②蛰蛰:安静和睦。

桃　夭

[题解]姑娘出嫁。

桃之夭夭①,灼灼其华②。之子于归③,宜其室家④。

[注释]①夭夭:茂盛。 ②灼灼:花儿怒放鲜艳的样子。 ③之子于归:之子,那个人。这里指这位出嫁的姑娘。于归,女子出嫁,也单称"归",是归往夫家之意。对照前诗《葛覃》,可知女子在夫家言"归",则是回娘家探望父母,也称"归宁"。 ④宜其室家:宜,有利于。室家,家庭、家人。

桃之夭夭,有蕡其实①。之子于归,宜其家室。

[注释]①有蕡:犹"蕡蕡",音 fén fén,肥硕。

桃之夭夭,其叶蓁蓁①。之子于归,宜其家人。

[注释]①蓁蓁:树叶茂盛的样子。蓁,音 zhēn。

兔罝

[题解]猎人勇武。

肃肃兔罝①,椓之丁丁②。赳赳武夫③,公侯干城④。

[注释]①肃肃兔罝:肃肃,繁密整齐。兔,实作"菟",虎。罝,音 jū,网。 ②椓之丁丁:椓,音 zhuó,打。丁丁,音 zhēng zhēng,伐木声。 ③赳赳:威武有力。 ④公侯干城:公侯,周代的爵位。天子下面,有公、侯、伯、子、男五等爵位。干,盾。盾和城都是防卫用的,此处借喻能御外卫内的人才。

肃肃兔罝,施于中逵①。赳赳武夫,公侯好仇②。

[注释]①施于中逵:中逵,逵中,交叉路口。施,音 yì,蔓延。 ②仇:通"逑",匹偶,此处指助手。

肃肃兔罝,施于中林①。赳赳武夫,公侯腹心②。

[注释]①中林:林中。 ②腹心:心腹,亲信。

芣苢

[题解]妇女采摘车前草。

采采芣苢①,薄言采之②。采采芣苢,薄言有之③。

[注释]①芣苢:音 fú yǐ,车前草,可入药,治妇女难产。 ②薄言:语气助词。 ③有:采到。

采采芣苢,薄言掇之①。采采芣苢,薄言捋之②。

[注释]①掇:拾。 ②捋:音 lǔ,用手自上而下成把勒取。

采采芣苢,薄言袺之①。采采芣苢,薄言襭之②。

[注释]①袺:音 jié,用手提着衣襟。 ②襭:音 xié,用衣襟兜着。

汉　广

[题解]姑娘出嫁。

南有乔木,不可休息①。汉有游女②,不可求思。汉之广矣,不可泳思。江之永矣③,不可方思④。

[注释]①休息:实作"休思"。思,语气助词,下同。 ②汉有游女:汉,汉水。游,游玩。 ③永:长。 ④方:通"舫",筏子,此处用作动词,意为撑着筏子。

翘翘错薪①,言刈其楚②。之子于归,言秣其马③。汉之广矣,不可泳思。江之永矣,不可方思。

[注释]①翘翘错薪:翘翘,高高的样子。错薪,杂乱的柴草。 ②言刈其楚:言,动词词头。刈,音 yì,割。楚,植物名,亦称荆。 ③秣:音 mò,草料,此处用作动词,意为用草料喂。

翘翘错薪,言刈其蒌①。之子于归,言秣其驹②。汉之广矣,不可泳思。江之永矣,不可方思。

[注释]①蒌:蒌蒿,叶似艾,青白色,水生。 ②驹:通"骄",5尺高以上的马。

汝坟

[题解]女子思念远役在外的丈夫。

遵彼汝坟①,伐其条枚②。未见君子③,惄如调饥④。

[注释]①遵彼汝坟:遵,沿着。汝,汝水。坟,通"濆",堤岸。 ②伐其条枚:条,枝条。枚,树干。 ③君子:古代妻子对丈夫的敬称。 ④惄如调饥:惄,音nì,思念惆怅。调饥,早上饥饿。调,通"朝"。

遵彼汝坟,伐其条肄①。既见君子,不我遐弃②。

[注释]①肄:次生的小树枝。 ②遐弃:疏远遗弃。

鲂鱼赪尾①,王室如毁。虽则如毁,父母孔迩。

[注释]①鲂鱼赪尾:鲂,音fáng。鲂鱼,鳊鱼。赪尾,红尾。鲂鱼尾本不赤,劳则赤,形容服役者的劳累。赪,音chēng,红尾。

麟之趾

[题解]赞颂贵族子孙贤德。

麟之趾①,振振公子②,于嗟麟兮③。

[注释]①麟:麒麟,古代传说中的神奇动物,古人认为是一种仁兽。②振振:振奋的样子。 ③于嗟:犹"吁嗟",感叹词,表赞美。于,通"吁"。

麟之定①,振振公姓②,于嗟麟兮。

[注释]①定:顶的假借字,额。 ②公姓:公的孙子。

麟之角,振振公族①,于嗟麟兮。

[注释]①公族:诸侯曾孙以下的概称。

召 南

鹊 巢

[题解]姑娘出嫁盛况。

维鹊有巢①,维鸠居之。之子于归,百两御之②。

[注释]①维:发语词。 ②百两御之:百,虚数,表许多。两,通"辆"。御,音yà,通"迓",迎接。

维鹊有巢,维鸠方之①。之子于归,百两将之②。

[注释]①方:占有。 ②将:护送。

维鹊有巢,维鸠盈之①。之子于归,百两成之②。

[注释]①盈:满,指陪嫁者之多。 ②成:指结婚礼成。

采 蘩

[**题解**]祭祀准备。

于以采蘩①？于沼于沚②。于以用之？公侯之事。

[**注释**]①于以采蘩：于以，犹"于何"，在什么地方。蘩，音 fán，白蒿，菊科植物，叶似嫩艾，茎赤白相间，有刺激性气味，根茎可食，古时用作祭品；养蚕时置于蚕室，可驱蚊虫。 ②于沼于沚：沼，池。沚，音 zhǐ，小沙洲。

于以采蘩？于涧之中。于以用之？公侯之宫。

被之僮僮①，夙夜在公②。被之祁祁③，薄言还归④。

[**注释**]①被之僮僮：被，通"髲"，妇女的首饰，即假发。僮僮，发髻高耸的样子。 ②夙夜在公：从早到晚忙公事。 ③祁祁：众多。 ④薄言：语气助词。

草 虫

[**题解**]忧思的姑娘想像见到情人后的喜悦。

喓喓草虫①，趯趯阜螽②。未见君子，忧心忡忡。亦既见止，亦既觏止③，我心则降④。

[**注释**]①喓喓草虫：喓喓，音 yāo yāo，昆虫鸣叫。草虫，蝈蝈。 ②趯趯阜螽：趯趯，音 yuè yuè，虫跳跃的样子。阜螽，音 fù zhōng，蝗虫。 ③觏止：觏，音 gòu，遇到。止，语气助词。 ④降：放下。

陟彼南山①,言采其蕨②。未见君子,忧心惙惙③。亦既见止,亦既觏止,我心则说④。

[注释]①陟:音 zhì,升、登。　②言采其蕨:言,动词词头。蕨,蕨菜。③惙惙:焦虑不安。惙,音 chuò。　④说:通"悦",喜悦。

陟彼南山,言采其薇①。未见君子,我心伤悲。亦既见止,亦既觏止,我心则夷②。

[注释]①薇:野豌豆。　②夷:平,此处指心中平静。

采　蘋

[题解]祭祀准备。

于以采蘋①?南涧之滨。于以采藻②?于彼行潦③。

[注释]①蘋:音 píng,浮萍。　②藻:水藻,古时供食用。　③行潦:山涧中的流水。

于以盛之?维筐及筥①。于以湘之②?维锜及釜③。

[注释]①筐、筥:竹筐,方的叫筐,圆的叫筥。筥,音 jǔ。　②湘:通"鬺(音 shāng)",煮。　③维锜及釜:锜,音 yǐ,三只脚的锅。釜,音 fǔ,没脚的锅。

于以奠之①?宗室牖下②。谁其尸之③?有齐季女④。

[注释]①奠:放置,此处指在神前陈设祭品。　②宗室牖下:宗室,宗

庙。牖,音yǒu,天窗。 ③尸:主持祭祀。 ④有齐季女:齐,美而庄重恭敬。季女,少女。

甘 棠

[题解]民众怀念召伯之德。

蔽芾甘棠①,勿翦勿伐②,召伯所茇③。

[注释]①蔽芾甘棠:蔽芾,音bì fèi,高大茂盛。甘棠,棠梨,《诗经》中也称杜、堂、常、常棣。 ②勿翦勿伐:翦,通"剪"。伐,砍。 ③召伯所茇:召,音shào。召伯,西周宣王时的中兴名臣,姬姓,名虎,伯爵,周初名臣召公奭之后,封邑在召。茇,音bá,本义是草舍,此处用作动词,意为住。

蔽芾甘棠,勿翦勿败①,召伯所憩②。

[注释]①败:毁坏。 ②憩:休息。

蔽芾甘棠,勿翦勿拜①,召伯所说②。

[注释]①拜:拔掉。 ②说:音shuì,通"税",停车歇息。

行 露

[题解]女子抗拒逼婚。

厌浥行露①,岂不夙夜②,谓行多露③。

[注释]①厌浥:露水沾湿的样子。厌,音yì。 ②夙夜,早夜,即黎明时分。 ③谓行多露:谓,通"畏",与下文"谁谓"之"谓"不同。行,音háng,道路。

谁谓雀无角①？何以穿我屋？谁谓女无家②？何以速我狱③？虽速我狱,室家不足④！

[注释]①角:鸟嘴。 ②女:通"汝",你。 ③速我狱:让我吃官司。速,招致。狱,打官司。 ④室家不足:这逼婚的理由也不够。室家,古代男以女为室,女以男为家,故室家代指夫妇,也代指结为夫妇、结婚。

谁谓鼠无牙？何以穿我墉①？谁谓女无家？何以速我讼？虽速我讼,亦不女从②！

[注释]①墉:音 yōng,墙壁、城墙。 ②女从:即"从女"的倒文,顺从你,嫁给你。女,同前章"谁谓女无家"之"女"。

羔羊

[题解]写官员衣着神态。

羔羊之皮①,素丝五紽②。退食自公③,委蛇委蛇④。

[注释]①羔羊之皮:皮,皮袍的面子。 ②素丝五紽:素丝,白丝。五紽,精心密密缝制,下文"五緎(音 yù)"、"五总"义同。五,义同"午",有"交叉"之义,非数名。紽,音 tuó,缝制。 ③退食自公:即"自公食而退",从公家吃过酒饭回家。公,公门。 ④委蛇:音 wěi yí,亦作"逶迤",形容步态弯曲摇摆的样子。

羔羊之革①,素丝五緎。委蛇委蛇,自公退食。

[注释]①革:皮袍的里子。

羔羊之缝①,素丝五总。委蛇委蛇,退食自公。

[注释]①缝:皮袍的面子附着于里子。"皮"、"革"、"缝"分开来说,用语变化,实皆指羔羊皮袍。

殷 其 雷

[题解]女子思夫。

殷其雷①,在南山之阳②。何斯违斯③,莫敢或遑④?振振君子,归哉归哉!

[注释]①殷其:犹"殷殷",雷声。 ②阳:山之南水之北。山之北水之南为阴。 ③何斯违斯:为何这人离开家。斯,此,前"斯"指人,后"斯"指地。违,离。 ④遑:闲暇。

殷其雷,在南山之侧。何斯违斯,莫敢遑息?振振君子,归哉归哉!

殷其雷,在南山之下。何斯违斯,莫或遑处?振振君子,归哉归哉!

摽 有 梅

[题解]姑娘急切待嫁。

摽有梅①,其实七兮②。求我庶士③,迨其吉兮④。

[注释]①摽有梅:摽,音 biào,果实熟透而落。有,名词词头。 ②七:七成。梅盛极则落,喻女子盛年而色始衰,欲其为妻者,宜及时求取。 ③求我庶士:庶,众多。士,古代下层官僚或知识分子的通称。此处特指其中的未婚者。 ④迨及吉兮:迨,音 dài,趁机、及时。吉,吉辰良日。

摽有梅,其实三兮①。求我庶士,迨其今兮②。

[注释]①三:三成,喻青春多半已逝,韶华不再。 ②今:今天,意思是不必再等待吉日,急不可待之辞。

摽有梅,顷筐墍之①。求我庶士,迨其谓之②。

[注释]①顷筐墍之:顷筐,浅的大筐。墍,音 xì,取。 ②谓:通"会"。当时男子30岁,女子20岁,如尚未婚配,则可以不必举行正式婚礼而同居。

小　　星

[题解]小吏出差,奔波在途。

嘒彼小星①,三五在东②。肃肃宵征③,夙夜在公④。寔命不同⑤!

[注释]①嘒:音 huì,亦作"暳",星辰光芒微弱的样子。 ②三五:小星稀疏的样子。 ③肃肃宵征:肃肃,走路急匆匆地样子。宵征,夜里赶路。 ④夙夜在公:从早到晚忙公事。 ⑤寔命不同:寔,音 shí,亦作"实",是、此。命,命运。

嘒彼小星,维参与昴①。肃肃宵征,抱衾与裯②。寔命不犹③!

[注释]①维参与昴:维,通"惟"、"唯"。参、昴,音 sān mǎo,二十八宿之二,即前言"三五在东"之星,因两星相距不远,故得俱见于东。 ②抱衾与裯:衾,音 qīn,被子。裯,音 dāo,床帐。 ③不犹:不如。

江　有　汜

[题解]弃妇哀怨。

江有汜①,之子归②,不我以③。不我以,其后也悔。

[注释]①汜:音 sì,从主流分出又汇入主流的支流。 ②之子归:之子,那个人。此处指丈夫的新欢。归,归往夫家,即来嫁。 ③不我以:即"不以我",不需要我。以,用。

江有渚①,之子归,不我与②。不我与,其后也处③。

[注释]①渚:音 zhǔ,河中小洲。 ②与:同,同住。 ③处:停止。

江有沱①,之子归,不我过②。不我过,其啸也歌③。

[注释]①沱:音 tuó,沱江,长江的支流。 ②过:到。 ③其啸也歌:也,语气助词。啸歌,号哭。

野 有 死 麕

[题解]小伙子追求姑娘。

野有死麕①,白茅包之②。有女怀春,吉士诱之③。

[注释]①麕:音 qún,獐子,似鹿而小的兽。古代多以鹿皮送给女方作为求婚的礼物。 ②白茅:多年生草本植物,轻柔洁白。以之包裹鹿肉,象征纯洁。 ③吉士:犹"善士",男子美称,此处指年轻英俊的猎手。

林有朴樕①,野有死鹿。白茅纯束②,有女如玉。

[注释]①朴樕:青杠树,落叶乔木。古代婚娶,时在傍晚至夜,束朴樕以为烛,以照明并烘托气氛。樕,音 sù。 ②纯束:捆扎。纯,音 tún。

舒而脱脱兮①,无感我帨兮②,无使尨也吠③。

[注释]①舒而脱脱兮:舒,舒缓。脱脱,音tuì tuì,徐缓。 ②无感我帨兮:无,勿,不要。感,亦作"撼",动。帨,音shuì,古时女子系在腰间的佩巾,犹今之围裙。古时佩巾上当有金玉之类饰物,动时相撞则有声。 ③无使尨也吠:尨,音méng,长毛狮子狗。

何 彼 秾 矣

[题解]王室之女出嫁。

何彼秾矣①,唐棣之华②?曷不肃雍③?王姬之车④。

[注释]①秾:音nóng,繁密茂盛。 ②唐棣之华:唐棣,即郁、郁李、棣、扶苏,落叶小乔木,花或红或白,果实似李而小,酸甜可食。华,花。 ③曷不肃雍:曷不,何不。肃雍,严肃和睦。 ④王姬:周王姬姓,宗室之女称王姬。

何彼秾矣,华如桃李?平王之孙①,齐侯之子。

[注释]①平王之孙:指武王女儿、文王的孙女。平王,正王,指文王。注意此平王不是周室东迁洛邑之平王。

其钓维何①?维丝伊缗②。齐侯之子,平王之孙。

[注释]①维:通"为",做。 ②维丝伊缗:维,语气助词,帮助判断,起着系词作用。伊,同维。缗,音mín,钓鱼的丝线。

驺 虞

[题解]狩猎诗。

彼茁者葭①,壹发五豝②,于嗟乎驺虞③!

[**注释**]①彼茁者葭:茁,长势旺盛。葭,音 jiā,芦苇。 ②壹发五豝:壹,发语词,无实义。五,虚数词,多。豝,音 bā,两岁的野兽。 ③于嗟乎驺虞:于嗟,犹"吁嗟",感叹词,表赞美。驺虞,古代为国君掌管豢养鸟兽牲畜的官。驺,音 zōu,国君养禽兽的园林。虞,虞人,管理园林鸟兽的官。

彼茁者蓬①,壹发五豵②,于嗟乎驺虞!

[**注释**]①蓬:蓬草。 ②豵:音 zōng,一岁的野兽。

邶　风

柏　舟

[**题解**]君子为群小所困。

泛彼柏舟①,亦泛其流②。耿耿不寐③,如有隐忧④。微我无酒⑤,以敖以游⑥。

[**注释**]①泛彼柏舟:泛,飘荡。柏舟,用柏木造的船。 ②亦泛:犹"泛泛",飘荡的样子。 ③耿耿:心中忧虑不安的样子。 ④如有隐忧:如,犹"而"。隐,亦作"殷",痛。 ⑤微:非、不是。 ⑥敖:通"遨",游逛。

我心匪鉴①,不可以茹②。亦有兄弟,不可以据③。薄言往愬④,逢彼之怒。

[**注释**]①我心匪鉴:匪,通"非"。鉴,镜子。 ②茹:容纳。 ③据:依靠。 ④薄言往愬:薄言,语气助词。愬,音 sù,通"诉",倾诉。

我心匪石,不可转也。我心匪席,不可卷也。威仪棣棣①,不可选也②。

[注释]①威仪棣棣:威仪,仪节礼容。棣棣,音 dì dì,严肃庄重的样子。②选:数、计算。

忧心悄悄①,愠于群小②。觏闵既多③,受侮不少。静言思之④,寤辟有摽⑤。

[注释]①悄悄:忧虑的样子。 ②愠于群小:愠,怨情。群小,一撮小人。 ③觏闵:觏,音 gòu,通"遘",遇到。闵,忧患。 ④静言:犹"静静",冷静地。 ⑤寤辟有摽:寤,醒。辟,亦作"擗",以手拍胸。有摽,犹"嘌嘌",砰砰响。

日居月诸①,胡迭而微②?心之忧矣,如匪浣衣③。静言思之,不能奋飞。

[注释]①日居月诸:犹"日乎月乎"。居、诸,语气助词。 ②胡迭而微:胡,何。迭,轮流更迭。微,昏暗不明。 ③浣:洗。

绿　　衣

[题解]见衣思亡妻。

绿兮衣兮①,绿衣黄里②。心之忧矣,曷维其已③!

[注释]①绿兮衣兮:绿衣啊绿衣。兮,语气助词。 ②里:衣服的衬里。 ③曷维其已:曷,何。维,语气助词。已,停止。

绿兮衣兮,绿衣黄裳①。心之忧矣,曷维其亡②!

[注释]①裳:下衣,类似现在的裙子。当时的服装中没有裤子,男女都穿裳。 ②亡:通"忘"。

绿兮丝兮,女所治兮①。我思古人②,俾无訧兮③!

[注释]①女:通"汝",你。 ②古人:故人,指妻子。古,通"故"。③俾无訧兮:俾,使。訧,音yóu,过错。

絺兮绤兮①,凄其以风②。我思古人,实获我心!

[注释]①絺兮绤兮:絺,音zhǐ,细葛布。绤,音xì,粗葛布。 ②凄其以风:凄其,犹"凄凄",凉爽。以,通"似",像。

燕　　燕

[题解]国君送姐妹出嫁。

燕燕于飞①,差池其羽②。之子于归③,远送于野④。瞻望弗及,泣涕如雨。

[注释]①燕燕:一对燕子。于,语气助词。 ②差池:参差不齐的样子。差,音cēn。 ③之子:那个人。这里指这位出嫁的姑娘。 ④野:郊外。

燕燕于飞,颉之颃之①。之子于归,远于将之②。瞻望弗及,伫立以泣。

[注释]①颉之颃之:燕子上下翻飞。颉,音jié,向上飞。颃,音háng,向下飞。之,语气助词。 ②将:送。

燕燕于飞,下上其音①。之子于归,远送于南②。瞻望弗及,实劳我心③。

[注释]①下上其音:犹"其音上下"。燕子上下翻飞,它的叫声也就随之高低变化。 ②南:南郊。 ③实劳我心:实,即"是",这。劳,忧伤愁苦。

仲氏任只①,其心塞渊②。终温且惠③,淑慎其身④。先君之思⑤,以勖寡人⑥。

[注释]①仲氏任只:仲氏,此处指出嫁的姑娘。任,依赖可靠。只,语气助词。 ②塞渊:塞,诚实。渊,深厚。 ③终温且惠:终,既。温,温和。惠,温顺。 ④淑慎其身:淑,善良。慎,谨慎。 ⑤先君之思:先君,死去的国君先父。思,思慕。 ⑥以勖寡人:勖,音xù,勉励。寡人,寡德之人,国君自称。

日　　月

[题解]弃妇哀怨。

日居月诸①,照临下土②。乃如之人兮③,逝不古处④?胡能有定⑤?宁不我顾⑥。

[注释]①日居月诸:犹"日乎月乎"。居、诸,语气助词。 ②下土:天下。 ③乃如之人:乃,竟。如,像。之人,这个人。 ④逝不古处:逝不,即"不逝",不及,不思念。古处,故处,故居。 ⑤胡能有定:胡,何。定,停止。 ⑥宁不我顾:即"宁不顾我",曾不思量我的话。

日居月诸,下土是冒①。乃如之人兮,逝不相好。胡能有定?宁不我报。

[注释]①下土是冒:即"冒下土"。冒,普照。"是"起着把宾语"下土"前置的作用。

日居月诸,出自东方。乃如之人兮,德音无良①。胡能有定?俾也可忘②。

[注释]①德音无良:德音,道德品行。良,善。 ②俾:使。

日居月诸,东方自出。父兮母兮,畜我不卒①。胡能有定?报我不述②。

[注释]①畜我不卒:爱我不终。 ②述:倾诉。

终　　风

[题解]弃妇哀怨。

终风且暴①,顾我则笑②,谑浪笑敖③,中心是悼④。

[注释]①终风且暴:终风,终日风。暴,疾。 ②顾:顾盼。 ③谑浪笑敖:谑,音xuè。谑浪,戏弄放荡。笑敖,调笑胡闹。 ④中心是悼:中心,心中。悼,伤心。

终风且霾①,惠然肯来②,莫往莫来③,悠悠我思④。

[注释]①霾:音mái,大风扬尘。 ②惠然:顺心。然,语气助词。 ③莫:不。 ④悠悠:思念、悠思绵长的样子。

终风且曀①,不日有曀,寤言不寐②,愿言则嚏③。

[注释]①曀:音yì,天空阴沉。 ②寤言不寐:我醒来不能睡。言,我。寤言,即"言寤"。 ③愿言则嚏:我思念他,他应该打喷嚏。这是弃妇的想像,下同。

曀曀其阴,虺虺其雷①,寤言不寐,愿言则怀②。

[注释]①虺虺:音huǐ huǐ,雷声。 ②愿言则怀:我思念他,他也想我。

击　　鼓

[题解]卫国士卒久戍不得归而思念家室。

击鼓其镗①,踊跃用兵②。土国城漕③,我独南行④。

[注释]①镗:音táng,鼓声。 ②踊跃用兵:踊跃,跳跃进退。用兵,操练兵器。 ③土国城漕:在首都和漕邑筑土修城。土、城,名词用作动词,以土筑城。漕,卫邑,在河南滑县东南。 ④独:偏偏。

从孙子仲①,平陈与宋②。不我以归③,忧心有忡。

[注释]①孙子仲:卫国带兵将领,事迹不详。 ②平:调解矛盾。③不我以归:即"不以我归"的倒文,不让我回国。以,犹"与",让。

爰居爰处①？爰丧其马②？于以求之③？于林之下。

[注释]①爰:与"于何"同意,在何处。 ②丧:走失。 ③以:何。

死生契阔①,与子成说②。执子之手,与子偕老。

[注释]①死生契阔:死生聚散。意思是不管生死离合,都矢志不渝地

相爱。　②与子成说:子,指妻子。成说,先前的誓言。

于嗟阔兮①,不我活兮②。于嗟洵兮③,不我信兮④。

[注释]①于嗟阔兮:于嗟,犹"吁嗟",感叹词,表赞美。阔,分离。②活:聚合。　③洵:远离。　④不我信:即"不信我",不能信守我们先前的誓言。意思是分离远隔,不能聚首,无法实现先前的誓言。

凯　　风

[题解]儿女们颂扬母亲抚育辛劳。

凯风自南①,吹彼棘心②。棘心夭夭③,母氏劬劳④。

[注释]①凯风:南风。此处喻母亲。　②棘:酸枣树。此处喻儿女们。③夭夭:小树嫩壮的样子。　④劬劳:辛苦劳作。劬,音 qú。

凯风自南,吹彼棘薪①。母氏圣善②,我无令人③。

[注释]①棘薪:酸枣树长到可以做柴禾。　②圣善:明智的美德。③令:善。

爰有寒泉①,在浚之下②。有子七人,母氏劳苦。

[注释]①爰有寒泉:爰,发语词。寒泉,冬夏常冷之泉。　②浚:卫邑。

睍睆黄鸟①,载好其音。有子七人,莫慰母心。

[注释]①睍睆黄鸟:睍睆,音 xiàn huǎn,清扬宛转的鸟鸣声。黄鸟,黄雀。

雄　雉

[**题解**]妇女思念远行的丈夫。

雄雉于飞①,泄泄其羽②。我之怀矣,自诒伊阻③。

[**注释**]①雉:野鸡。此处比喻丈夫。　②泄泄:音 yì yì,通"洩洩",振翅舒展的样子。　③自诒伊阻:诒,音 yí,遗留、留给。伊,通"繄",此、这。阻,隔。

雄雉于飞,下上其音。展矣君子①,实劳我心。

[**注释**]①展矣君子:展,诚、确实。君子,此处指丈夫。

瞻彼日月,悠悠我思①。道之云远②,曷云能来?

[**注释**]①悠悠:思念、悠思绵长的样子。　②云:语气助词。下句同。

百尔君子①,不知德行。不忮不求②,何用不臧③。

[**注释**]①百尔君子:百,凡。君子,此处指包括自己丈夫在内的统治者。　②不忮不求:忮,音 zhì,害人。求,贪求。　③臧:善。

匏 有 苦 叶

[**题解**]女子盼心上人渡过济水来娶自己。

匏有苦叶①,济有深涉②。深则厉③,浅则揭④。

[**注释**]①匏有苦叶:匏,音 páo,葫芦。古人涉水系在腰间可增加浮力。

苦,通"枯"。　②济:水名,源出河南济源王屋山。　③厉:系上匏瓜涉水。
④揭:音 qì,揽起衣服涉水。

有㳽济盈①,有鷕雉鸣②。济盈不濡轨③,雉鸣求其牡④。

[注释]①有㳽:犹"㳽㳽",大水茫茫。㳽,音 mí。　②有鷕:犹"鷕鷕",雌性野鸡的鸣叫声。鷕,音 yǎo。　③济盈不濡轨:濡,沾湿。轨,车轴的两端。　④牡:本义是雄性鸟兽,此处指公雉。

雍雍鸣雁①,旭日始旦②。士如归妻③,迨冰未泮④。

[注释]①雍雍鸣雁:雍雍,鸟鸣叫声、乐器清脆的声音。鸣雁,即"雁鸣"。　②旭日:初升的太阳。　③归妻:使妻归于己、娶妻。　④迨冰未泮:迨,音 dài,等到、趁着。泮,音 pàn,融化。

招招舟子①,人涉卬否②。不涉卬否,卬须我友③。

[注释]①招招舟子:招招,摆手相招。舟子,船夫。　②卬:音 ǎng,我。
③须:等待。

谷　风

[题解]弃妇自诉当初和丈夫一起勤苦持家,后来却被抛弃。

习习谷风①,以阴以雨②。黾勉同心③,不宜有怒。采葑采菲④,无以下体⑤?德音莫违⑥,及尔同死⑦。

[注释]①习习谷风:习习,犹"飒飒",风声。谷风,从山谷吹来的风。
②以阴以雨:又阴又雨,比喻丈夫发脾气,寻衅滋事。　③黾勉:勉力。黾,音

mǐn。　④采葑采菲:葑,音 fēng,蔓菁,大头菜。菲,萝卜。　⑤无以下体:以,用。下体,菜根。大头菜、萝卜之类,根叶皆可食而主要食根;不能弃根而但食叶,比喻丈夫不应该重新欢而弃旧妻。　⑥德音莫违:德音,美好的言辞,此指以前的山盟海誓。莫违,不可背弃。　⑦及尔同死:与你白头偕老。

行道迟迟①,中心有违②。不远伊迩③,薄送我畿④。谁谓荼苦⑤,其甘如荠⑥。宴尔新婚⑦,如兄如弟。

[注释]①迟迟:缓慢。此句写妇人被弃,于路前思后想,缓缓而行。②中心有违:心中矛盾,写妇人内心往昔之爱与今日之恨交织。　③不远伊尔:不望远送只近送。伊,是。迩,近。　④薄送我畿:勉强送我到门口。薄,语气助词。畿,门槛。　⑤荼:苦菜。　⑥荠:荠菜。　⑦宴尔新婚:宴,快乐。新婚,丈夫的新欢。

泾以渭浊①,湜湜其沚②。宴尔新婚,不我屑以③。毋逝我梁④,毋发我笱⑤。我躬不阅⑥,遑恤我后⑦。

[注释]①泾以渭浊:泾水因渭水流入而变浑。　②湜湜其沚:湜湜,音 shí shí,水清的样子。沚,音 zhǐ,小沙洲。　③不我屑以:即"不屑以我",不屑于与我同住。　④毋逝我梁:逝,到。梁,在河中筑起的堤坝,可以过人,中留过水口,捕鱼的笱就嵌在上面。　⑤毋发我笱:发,通"拔",打开。笱,音 gǒu,捕鱼竹笼,口有倒刺,鱼只能进而不能出。　⑥我躬不阅:躬,自身。阅,容。　⑦遑恤我后:遑,何暇。恤,顾及。

就其深矣,方之舟之①。就其浅矣,泳之游之。何有何亡②,黾勉求之。凡民有丧③,匍匐救之④。

[注释]①方:筏子,此处活用作动词,撑筏子。本句的舟亦然。②亡:通"无"。　③凡民有丧:民,邻居。丧,灾祸。　④匍匐:手足着地而

行,此处比喻尽力。上两句说即使邻居有了灾难,还要尽力帮助,你现在却完全不管我。

不我能慉①,反以我为雠②。既阻我德③,贾用不售④。昔育恐育鞫⑤,及尔颠覆⑥。既生既育,比予于毒⑦。

[注释]①不我能慉:即"不能慉我",竟然不爱我。能,乃。慉,音 xù,爱。 ②雠:通"仇"。 ③既阻我德:阻,拒绝。德,情意。 ④贾用不售:贾,音 gǔ,卖。用,货物。不售,卖不出去。上两句说你既不理会我的好心,我之于你就如难以脱手的货物。 ⑤昔育恐育鞫:育恐,生活窘迫。育鞫,生活贫困。鞫,音 jū。 ⑥颠覆:挫折困苦。 ⑦比予于毒:把我看做害人的毒物。

我有旨蓄①,亦以御冬②。宴尔新婚,以我御穷。有洸有溃③,既诒我肄④。不念昔者,伊余来墍⑤。

[注释]①旨蓄:旨,美味。蓄,腌的干菜。 ②御:抵挡。 ③有洸有溃:犹"洸洸溃溃",水流激荡汹涌的样子,比喻丈夫乱发脾气粗暴对待的样子。洸,音 huàng。 ④既诒我肄:又马上要我去干苦活。既,立即。诒,通"遗",交给。肄,苦活。 ⑤伊余来墍:伊,语气助词,犹"惟"。来,句中语气助词,相当于"是"。墍,音 xì,爱。伊余来墍,犹"惟余是爱","惟爱余",曾经只爱我一人。

式　　微

[题解]妻子盼夫早归。

式微,式微①,胡不归②?微君之故③,胡为乎中露④!

[注释]①式微:式,发语词。微,昏黑、天黑。 ②胡:为什么。 ③微:非。 ④中露:即"露中"。

式微,式微,胡不归?微君之躬①,胡为乎泥中!

[注释]①躬:身体。

旄　丘

[题解]流浪之人得不到同宗贵族救济而哀怨。

旄丘之葛兮①,何诞之节兮②。叔兮伯兮③,何多日也?

[注释]①旄丘之葛兮:旄,音máo。旄丘,山名,其山前高后低,属卫国,在今河南濮阳。 ②何诞之节兮:诞,通"延",伸长。之,它的。节,指葛的枝节。 ③叔、伯:分别是对同辈男子中年少者、年长者的称呼。有时是女子对情人的爱称。

何其处也?必有与也①!何其久也?必有以也②!

[注释]①与:指同伴或盟国。 ②以:原因。

狐裘蒙戎①,匪车不东②。叔兮伯兮,靡所与同③。

[注释]①狐裘蒙戎:狐裘,狐皮袍子,大夫以上的官穿的冬服。蒙戎,亦作"尨茸",蓬松的样子。 ②匪:彼,指大夫。 ③靡所与同:靡,无。同,同心。

琐兮尾兮①,流离之子②。叔兮伯兮,褎如充耳③。

[注释]①琐兮尾兮:琐,细小。尾,通"微",渺小。 ②流离:流亡。之子,这人。 ③褎如充耳:褎,音 yòu,服饰繁盛华丽。充耳,古代贵族冠冕两旁悬挂的玉,下垂至耳,用以塞耳避听,又作饰品。系在冠上的丝线叫纮,丝线垂到耳边打成一个绵球样的结叫纩,纩下悬玉叫瑱。此处意为充耳不闻。

简　兮

[题解]女子观看舞师表演并对他产生爱慕。

简兮简兮①,方将万舞②。日之方中③,在前上处④。

[注释]①简兮简兮:犹"简简兮",象声词,鼓声。 ②方将万舞:方将,正要。万舞,一种规模宏大的舞,分武舞和文舞。武舞者手持盾、枪、斧等兵器,模拟战斗。文舞者手握雉羽和乐器,模拟野鸡春情。 ③日之方中:太阳在天正中央,即正午。 ④在前上处:舞师排在最前面。

硕人俣俣①,公庭万舞②。有力如虎,执辔如组③。

[注释]①硕人俣俣:硕人,大人,与美人、贤人,都是当时赞美男性、女性的通用词。此处指舞师。俣俣,音 yǔ yǔ,魁梧。 ②公庭:公堂或庙堂前的庭院。 ③执辔如组:辔,音 pèi,指驾驭牲口用的嚼子和缰绳。组,用丝织成的宽带。

左手执籥①,右手秉翟②。赫如渥赭③,公言锡爵④。

[注释]①籥:音 yuè,古时吹奏乐器,形状像笛。 ②秉翟:秉,握着。翟,音 dí,野鸡尾巴上的羽毛。 ③赫如渥赭:面庞通红如红土。赫,形容色红而有光的样子。渥,wò,湿润。赭,音 zhě,红土。 ④公言锡爵:公,指卫国君主。锡,赐、赏给。爵,古代一种酒器名,作用相当于酒杯,此处指一酒

杯。

山有榛①,隰有苓②。云谁之思③?西方美人④。彼美人兮,西方之人兮。

[注释]①榛:音 zhēn,木名,榛栗。 ②隰有苓:隰,音 xí,低湿的地方。苓,甘草。 ③云谁之思:心里想着谁。云,语气助词。 ④西方:指周,因周在卫国西。

泉　　水

[题解]卫女嫁到国外而思归。

毖彼泉水①,亦流于淇②。有怀于卫,靡日不思③。娈彼诸姬④,聊与之谋⑤。

[注释]①毖彼泉水:毖,音 bì,通"泌",形容水流的样子。泉水,即泉源水,为末章肥泉源流之一。肥泉最后注入淇水。 ②淇:淇水,属卫,古黄河支流之一,在河南淇县入河。 ③靡:无、不。 ④娈彼诸姬:娈,音 luán。娈彼,犹"娈娈",相貌美好。诸姬,当时诸侯娶,一国嫁女,两同姓国以女陪嫁,即媵婚制度。卫女姬姓,陪嫁之女亦姓姬,故曰诸姬。 ⑤聊与之谋:姑且与她们商量。

出宿于泲①,饮饯于祢②。女子有行③,远父母兄弟,问我诸姑④,遂及伯姊⑤。

[注释]①泲:音 jǐ,卫地名。 ②饮饯于祢:饯,饯行。祢,音 nǐ,卫地名。 ③行:出嫁。 ④问我诸姑:问,告别。诸姑,诸位未嫁姐妹。 ⑤伯姊:大姐。

出宿于干①,饮饯于言②。载脂载舝③,还车言迈④。遄臻于卫⑤,不瑕有害⑥?

[注释]①干:地名。 ②言:地名。 ③载脂载舝:载,则、就。脂,脂膏,此处指抹油于车轴上。舝,指车轴两头的金属键,此处做动词,指安上键。 ④还车言迈:还车,指调转车头向回走。言,语气助词。迈,行。 ⑤遄臻于卫:遄,音 chuán,迅疾。臻,音 zhēn,到达。 ⑥不瑕有害:不会有害。瑕,无。

我思肥泉①,兹之永叹②。思须与漕③,我心悠悠④。驾言出游⑤,以写我忧⑥。

[注释]①肥泉:卫国水名,即首章提到的泉水。 ②兹之永叹:兹,通"滋",增加、更加。永,长。 ③须、漕:均卫国地名。 ④悠悠:思念、忧思绵长的样子。 ⑤驾言:驾,驾车。言,语气助词。 ⑥写:音 xiè,通"泻",宣泄。

北　门

[题解]小官吏自诉其苦楚。

出自北门,忧心殷殷①。终窭且贫②,莫知我艰。已焉哉③!天实为之④,谓之何哉⑤!

[注释]①殷殷:深深忧虑的样子。 ②终窭且贫:终,既。窭,音 lóu,贫困而无法讲究礼节。 ③已焉哉:就这样算了吧。表既无奈又决绝的感情色彩,有承上启下的作用。 ④天实为之:这是老天的安排。 ⑤谓之何哉:犹"奈之何哉"。

王事适我①,政事一埤益我②。我入自外,室人交遍谪我③。已焉哉！天实为之,谓之何哉！

[注释]①王事适我:王室的差事推给我。 ②政事一埤益我:一,全部。埤,音pí。埤益,犹"埤遗",强加。 ③室人交遍谪我:室人,家人。交遍,交相。谪,讽刺。

王事敦我①,政事一埤遗我。我入自外,室人交遍摧我。已焉哉！天实为之,谓之何哉！

[注释]①敦:促迫。

北　风

[题解]卫国民众不堪暴政而相与号召逃亡。

北风其凉,雨雪其雱①。惠而好我②,携手同行。其虚其邪③？既亟只且④！

[注释]①雨雪其雱:雨,此处作动词用,降落。其雱,犹"雱雱",大雪纷飞的样子。雱,音pāng。上两句比喻政治暴虐。 ②惠而好我:惠而,犹"惠然",赞同。好我,与我交好。 ③其虚其邪:犹"舒舒徐徐",走路缓慢犹豫不决的样子。虚,通"舒"。邪,通"徐"。 ④既亟只且:既亟,已经很紧急。且,音jū。只且,语气助词,相当于"也哉"。

北风其喈①,雨雪其霏②。惠而好我,携手同归③。其虚其邪？既亟只且！

[注释]①其喈:犹"喈喈",北风刮得很紧的声音。喈,音jiē。 ②其霏:犹"霏霏",纷纷。 ③同归:一同去政治清明的国家。

莫赤匪狐①,莫黑匪乌②。惠而好我,携手同车。其虚其邪?既亟只且!

[注释]①莫赤匪狐:没有穿红色的不是狐狸。 ②莫黑匪乌:没有穿黑色的不是乌鸦。以上两句言周的大官穿红衣似狐狸,小官穿黑衣似乌鸦,而狐狸与乌鸦都是不祥之物,以此比喻大官小官都干坏事。

静 女

[题解]情人约会。

静女其姝①,俟我于城隅②。爱而不见③,搔首踟蹰④。

[注释]①静女其姝:静,端正庄重。姝,音shū。其姝,犹"姝姝",美丽。 ②俟我于城隅:俟,等候。城隅,城墙角。 ③爱而:犹"薆然",隐而不见。 ④搔首踟蹰:搔首,挠头。踟蹰,音chí chú,来回走动。上两句说男子故意隐藏起来逗着玩,女子焦急等待,挠头,并来回走动。

静女其娈①,贻我彤管②。彤管有炜③,说怿女美④。

[注释]①娈:漂亮。 ②贻我彤管:贻,赠送。彤管,赤管的笔。 ③有炜:犹"炜炜",鲜艳光亮。炜,音wěi。 ④说怿女美:说怿,喜爱。说,通"悦"。女,通"汝",指彤管。

自牧归荑①,洵美且异②。匪女之为美③,美人之贻。

[注释]①自牧归荑:牧,郊外。归,通"馈",赠送。荑,音yí,柔嫩的白茅。 ②洵美且异:洵,确实。异,奇异。 ③匪女之为美:匪,通"非"。女,通"汝",指荑。

新 台

[**题解**]讽刺卫宣公霸占儿媳。

新台有泚①,河水浼浼②。燕婉之求③,籧篨不鲜④。

[**注释**]①新台有泚:新台,卫宣公为霸占儿媳而筑的台,故址在今山东甄城县黄河北岸。泚,音 zǐ。有泚,犹"泚泚",即"玼玼",鲜明。 ②浼浼:水盛大的样子。浼,音 mí。 ③燕婉:安和温顺的样子。 ④籧篨不鲜:籧篨,音 qú chú,癞蛤蟆、蟾蜍一类的东西。鲜,善、好。上两句是说伋之妻来嫁于卫,其心本求燕婉之伋,不意反得籧篨不鲜之宣公。

新台有洒①,河水浼浼②。燕婉之求,籧篨不殄③。

[**注释**]①有洒:犹"洒洒",高峻的样子。洒,音 cuǐ。 ②浼浼:音 měi měi,水浩荡的样子。 ③殄:音 tiǎn,亦作"腆",善。

鱼网之设,鸿则离之①。燕婉之求,得此戚施。

[**注释**]①鸿则离之:鸿,即籧篨。离,通"罹",遭遇。上两句是说伋之妻本想嫁个少年郎,结果却遇到个糟老头。

二 子 乘 舟

[**题解**]思念乘舟远行之人。

二子乘舟,泛泛其景①。愿言思子②,中心养养③!

[**注释**]①泛泛其景:泛泛,飘荡的样子。景,通"憬",远行的样子。 ②愿:每。 ③养养:忧虑不安的样子。

二子乘舟,泛泛其逝①。愿言思子,不瑕有害②?

[注释]①逝:往。 ②不瑕有害:不会有害。瑕,无。

鄘风
柏舟

[题解]少女违抗父母之命,追求自由恋爱。

泛彼柏舟①,在彼中河②。髧彼两髦③,实维我仪④。之死矢靡它⑤。母也天只⑥,不谅人只⑦!

[注释]①泛彼:犹"泛泛",飘荡的样子。 ②中河:河中。 ③髧彼两髦:髧,音 dàn,头发下垂的样子。髦,音 máo,古代未成年男子垂在前额的齐眉头发。 ④实维我仪:实、维,语气助词。仪,配偶。 ⑤之死矢靡它:之,到。矢,通"誓",发誓。靡,无。 ⑥也、只:都是语气词。 ⑦谅:体谅。上两句是女子发出的呼喊:娘呀,我的天呀,你们怎么不体谅我。

泛彼柏舟,在彼河侧。髧彼两髦,实维我特①。之死矢靡慝②。母也天只,不谅人只!

[注释]①特:配偶。 ②慝:音 tè,改变。

墙有茨

[题解]卫国人民讥讽统治集团荒淫无耻。

墙有茨①,不可埽也②。中冓之言③,不可道也④。所可道也,言之丑也。

[注释]①茨:蒺藜。 ②埽:通"扫",扫除。上两句是比喻性地说墙上蒺藜有防宫内丑闻外传的作用,故不可扫。 ③中冓:宫廷之内。冓,音gòu。 ④道:说。

墙有茨,不可襄也①。中冓之言,不可详也②。所可详也,言之长也。

[注释]①襄:通"攘",除去。 ②详:细说。

墙有茨,不可束也①。中冓之言,不可读也②。所可读也,言之辱也。

[注释]①束:收拾打扫干净。 ②读:宣读。

君子偕老

[题解]卫夫人宣姜仪容美丽。

君子偕老①,副笄六珈②。委委佗佗③,如山如河④。象服是宜⑤。子之不淑⑥,云如之何⑦?

[注释]①君子偕老:与君子同到老的人,即贵族夫人。君子,对贵族统治者的统称。偕老,同老之人,即妻子。 ②副笄六珈:副,假发编成的髻。笄,音jī,簪子。六珈,首饰名,加在笄下,缀以珠玉,走动时则摇动,其数有六,故称"六珈",汉时称为"步摇"。 ③委委佗佗:步行沉稳镇定、举止得体的样子。佗,音tuó。 ④如山如河:像山一样稳重,像河一样深沉,形容宣姜举止沉稳。 ⑤象服:王后之服。 ⑥子之不淑:子,指宣姜。淑,幸。 ⑦云如之何:云,语气助词。如之何,犹"奈之何"。

玼兮玼兮①,其之翟也②。鬒发如云③,不屑髢也④。玉之瑱也⑤,象之揥也⑥。扬且之皙也⑦。胡然而天也⑧!胡然而帝也⑨!

[注释]①玼:音 cǐ,玉色鲜明的样子,此处形容翟衣鲜亮。 ②翟:音 dí,翟衣,即前言之"象服"。 ③鬒发:油黑浓密的长发。鬒,音 zhěn。 ④不屑髢也:不屑,用不着。髢,音 dì,假发。 ⑤瑱:音 tiàn,即充耳。详见《邶风·旄丘》第四章注③。 ⑥象之揥:象牙制的簪,后世谓之"搔头"。揥,音 tì。 ⑦扬且之皙也:扬,眉宇宽广。且,音 jū,语气助词。皙,白皙。 ⑧胡然而天也:为何如此漂亮似天仙。胡然,为何如此,表赞叹。 ⑨帝:义同"天"。

瑳兮瑳兮①,其之展也②,蒙彼绉绤③,是绁袢也④。子之清扬⑤,扬且之颜也,展如之人兮⑥,邦之媛也⑦!

[注释]①瑳:音 cuō,义同"玼"。 ②展:展衣,夏天见君及贵客时所穿礼服。 ③蒙彼绉绤:蒙,罩上。彼,指代后面的绉绤。绉绤,音 zhòu zhǐ,细葛布。 ④绁袢:音 xiè pàn,内衣。 ⑤清扬:眉清目秀。 ⑥展如之人兮:展,确实。之人,这个人,指宣姜。 ⑦邦之媛也:邦,国。媛,美人。此处的美包括形容动静。

桑　中

[题解]男女约会。

爰采唐矣①?沬之乡矣②。云谁之思③?美孟姜矣④。期我乎桑中⑤,要我乎上宫⑥,送我乎淇之上矣。

[注释]①爰采唐矣:爰,哪里。唐,菟丝草。 ②沬:即朝歌、牧野,在今河南淇县。 ③云谁之思:心里想着谁。云,语气助词。 ④美孟姜兮:

孟,兄弟姐妹中排行第一的。姜,贵族姓。 ⑤期:约会。 ⑥要我乎上宫:要,通"邀"。上宫,地名。

爰采麦矣?沬之北矣。云谁之思?美孟弋矣①。期我乎桑中,要我乎上宫,送我乎淇之上矣。

[注释]①弋:贵族姓。

爰采葑矣①?沬之东矣。云谁之思?美孟庸矣②。期我乎桑中,要我乎上宫,送我乎淇之上矣。

[注释]①葑:音 fēng,蔓菁,大头菜。 ②庸:贵族姓。

鹑之奔奔

[题解]讽谏不该轻信坏人。其中的"我"是诗人模拟轻信者的立场而言,实即轻信者。

鹑之奔奔①,鹊之彊彊②。人之无良③,我以为兄④!

[注释]①鹑之奔奔:鹑,鹌鹑。奔奔,争斗狠恶的样子。 ②彊彊:暴虐的样子。 ③无良:不善。 ④兄:兄长。

鹊之彊彊,鹑之奔奔。人之无良,我以为君①!

[注释]①君:尊长。

定之方中

[题解]卫人赞扬卫文公重建为狄所灭的卫,营造宫室,恢复生产。

定之方中①,作于楚宫②。揆之以日③,作于楚室。树之榛栗,椅桐梓漆④,爰伐琴瑟⑤。

[**注释**]①定之方中:定,二十八之一的营室星。方中,正中的位置。约在夏历十月十五到十一月初,定星于黄昏时出现在正南天空,古人多于此时兴建宫室。 ②作于楚宫:作于,亦作"作为",楚宫,楚丘的宫室、宗庙,在今河南滑县。 ③揆:音 kuí,度量。 ④树之榛栗,椅桐梓漆:种上榛、栗、椅、桐、梓、漆。古人建筑城市,要在宗庙、宫室种树以美化环境,并兼实用,如榛、栗结实可食,椅、桐、梓、漆之材可制琴瑟。椅,山桐子。桐,梧桐。 ⑤爰伐琴瑟:(成材)就砍下制琴瑟。爰,乃,于是。这是想像树长成之后的事,也就是远景规划,并非实有。

升彼虚矣①,以望楚矣。望楚与堂②,景山与京③。降观于桑④,卜云其吉⑤,终焉允臧⑥。

[**注释**]①升彼虚矣:升,登上。虚,亦作"墟",指卫人被狄灭后流亡所居之漕邑旧墟,址在今河南滑县东,近楚丘。 ②堂:堂邑。 ③景山与京:景,通"憬",远行遍走。京,高丘。 ④降观于桑:降,自上而下。桑,桑蚕。 ⑤卜:占卜。 ⑥终焉允臧:终焉,亦作"终然",结果。允臧,确实妥当。

灵雨既零①,命彼倌人②,星言夙驾③,说于桑田④。匪直也人⑤,秉心塞渊⑥,騋牝三千⑦。

[**注释**]①灵雨既零:灵雨,好雨。零,落。 ②倌人:掌管车马的小官。 ③星言夙驾:星,亦作"晴",晴。夙驾,清晨驾车出行。 ④说:通"税",停歇。上两句是说天一晴卫文公就早早驾车外出视察生产。 ⑤匪直也人:匪,彼,那个。直,正直。也,语气助词。 ⑥秉心塞渊:秉心,操心、用心。塞渊,笃实深远。 ⑦騋牝三千:騋牝,騋,音 lái,高头大马。牝,音 pìn,母马。騋牝代指良马。三千,约数,泛指马多。古代马对于国防具有重要价值,所以

此处夸言马之多。

蝃 蛛

[题解]指责女子私奔伤风败俗。

蝃蛛在东①,莫之敢指②。女子有行③,远父母兄弟。

[注释]①蝃蛛:音 dì dōng,虹的别称。 ②莫之敢指:没有人敢用手去指点。古人忌讳虹,不敢指点。 ③行:出嫁。

朝隮于西①,崇朝其雨②。女子有行,远兄弟父母。

[注释]①朝隮于西:早上虹在西。朝,早晨。隮,音 jī,虹。 ②崇朝其雨:崇,通"终"。崇朝,整个早晨、一个早晨。

乃如之人也①,怀昏姻也②。大无信也③,不知命也④!

[注释]①乃如之人也:竟有这样的人。 ②怀昏姻也:怀,通"坏",败坏。 ③信:贞洁。 ④不知命也:不知婚姻当待父母之命。

相 鼠

[题解]讽刺卫国统治者无礼仪。

相鼠有皮①,人而无仪②!人而无仪,不死何为③?

[注释]①相:看。 ②仪:威仪。 ③何为:即"为何"的倒文。

相鼠有齿,人而无止①!人而无止,不死何俟②?

[注释]①止:节止,言行有所约束,符合礼法规范。 ②俟:等待。

相鼠有体①,人而无礼,人而无礼!胡不遄死②?

[注释]①体:身体。 ②胡不遄死:胡,为何。遄,音 chuán,速。

干 旄

[题解]赞美卫文公礼聘贤士。

孑孑干旄①,在浚之郊②。素丝纰之③,良马四之。彼姝者子④,何以畀之⑤?

[注释]①孑孑干旄:孑孑,jié jié,高挂显眼的样子。干,通"竿",竹竿。旄,音 máo,旗杆头上用旄牛尾做装饰的旗。 ②浚:卫邑。 ③素丝纰之:素丝,白丝。纰,音 pí,在衣冠或旗帜上绣缝花边作为装饰。 ④彼姝者子:姝,音 shū,美好,这里意为贤能。子,对男子的尊称。 ⑤何以畀之:用啥聘请他前来。畀,音 bì,给予。

孑孑干旟①,在浚之都②。素丝组之③,良马五之。彼姝者子,何以予之?

[注释]①旟:音 yú,画有鸟隼的旗。 ②都:近郊。 ③组:绕丝成束以为装饰。

孑孑干旌,在浚之城①。素丝祝之②,良马六之。彼姝者子,何以告之③?

[注释]①旌:古代用牦牛尾或兼五彩羽毛饰竿头的旗子。城,都城。 ②祝:编连。 ③告:给予。

载　　驰

[题解]爱国的许穆夫人哀宗国卫为狄所灭而回国慰问其兄卫侯。

载驰载驱①,归唁卫侯②。驱马悠悠③,言至于漕④。大夫跋涉⑤,我心则忧。

[注释]①载驰载驱:载,犹"乃",发语词,无实义。驰驱,快马加鞭疾行。　②唁:慰问死者家属,或吊人失国。　③悠悠:悠远绵长的样子。④言至于漕:言,语气助词。漕,卫邑名。　⑤大夫跋涉:大夫,指卫国来许告难的大夫。跋涉,登山涉水急急奔走。

既不我嘉①,不能旋反②。视尔不臧③,我思不远④。

[注释]①既不我嘉:既,都。不我嘉,即"不嘉我",不赞成我。这句是说许人都不赞成许穆夫人归唁卫侯。　②旋反:转身回去。旋,回转。反,通"返"。　③视尔不臧:视尔,看看你们这些"不嘉我"的许大夫。不臧,无良策,指没有办法救卫之难。　④我思不远:我的思谋不迂远而可行。

既不我嘉,不能旋济①?视尔不臧,我思不閟②。

[注释]①济:渡河。　②閟:音 bì,闭塞。

陟彼阿丘①,言采其蝱②。女子善怀③,亦各有行④。许人尤之⑤,众稚且狂⑥。

[注释]①陟彼阿丘:陟,音 zhì,升、登。阿丘,卫国丘名。　②言采其蝱:言,动词词头。蝱,音 méng,中药贝母,有治郁结的功效。　③善怀:多思

念,指常思念卫国。　④行:音 háng,道,此处指道理。　⑤尤:责难。
⑥众稚且狂:众,通"终",既。稚,幼稚。狂,狂妄。

我行其野①,芃芃其麦②。控于大邦③,谁因谁极④?大夫君子⑤,无我有尤⑥。百尔所思⑦,不如我所之⑧。

[注释]①野:卫国郊外的田野。　②芃芃:音 péng péng,茂盛的样子。③控:赴告。　④谁因谁极:即"因谁极谁",依靠哪国求告哪国。因,依靠。极,通"亟",急。　⑤大夫君子:指许国的当权者。　⑥尤:错误。　⑦百尔所思:即"尔所百思",你们千思百虑,讽刺许国当权者担心太多,思虑过当。⑧之:往。

卫　风

淇　奥

[题解]赞美卫武公品行才华兼美。

瞻彼淇奥①,绿竹猗猗②。有匪君子③,如切如磋④,如琢如磨,瑟兮僴兮⑤,赫兮咺兮⑥。有匪君子,终不可谖兮⑦。

[注释]①瞻彼淇奥:瞻,看。奥,通"澳",水流拐弯处。　②绿竹猗猗:绿,通"菉",草名,即王刍,可以染绿。竹,萹竹。猗猗,美盛的样子。　③有匪:即"有斐",犹"斐斐",文华的样子。　④如切如磋:切、磋,古代攻治玉石器、骨器的工艺方法。下文的"琢"、"磨"亦然。这是比喻人要刻苦勤学、锻炼品德。　⑤瑟兮僴兮:瑟,庄重的样子。僴,音 xiàn,威武的样子。　⑥赫兮咺兮:赫,光明。咺,音 xuān,坦诚。　⑦终不可谖兮:终,永远。谖,音 xuān,忘记。

瞻彼淇奥,绿竹青青①。有匪君子,充耳琇莹②,会弁如星③。瑟兮僴兮。赫兮咺兮,有匪君子,终不可谖兮。

[注释]①青青:亦作"菁菁",茂盛的样子。 ②充耳琇莹:充耳,见《邶风·旄丘》第四章注。琇,音 xiù,一种像玉的美石。莹,色泽光润。 ③会弁如星:会,音 kuài,皮帽缝合的地方。弁,音 biàn,古时男人穿礼服时戴的一种帽子。

瞻彼淇奥,绿竹如箦①。有匪君子,如金如锡,如圭如璧②。宽兮绰兮③,猗重较兮④。善戏谑兮⑤,不为虐兮⑥。

[注释]①箦:音 zé,床席。 ②如圭如璧:圭,音 guī,古代帝王诸侯朝聘、祭祀、丧葬等举行隆重仪式时所用的玉制礼器。长条形,上尖下方。其名称、大小因爵位及用途不同而异。璧,古代一种玉器,扁平的圆板,中间有孔。③宽兮绰兮:宽,宽宏。绰,温和。 ④猗重较兮:猗,音 yī,通"倚",依靠。重,双。较,古代车上供人扶靠的横木。 ⑤戏谑:幽默、开玩笑。 ⑥虐:粗暴。

考　　槃

[题解]隐者自得其乐。

考槃在涧①,硕人之宽②。独寐寤言③,永矢弗谖④。

[注释]①考槃在涧:考,筑成。槃,音 pán,木屋。 ②硕人之宽:硕人,见《邶风·简兮》第二章注①。宽,宽敞。 ③独寐寤言:独睡独醒独自语。寐寤,音 mèi wù,犹言"梦寐"。 ④永矢弗谖:永远不忘此中乐。矢,发誓。谖,音 xuān,忘记。

考槃在阿①,硕人之薖②。独寐寤歌,永矢弗过③。

[**注释**]①阿:山坳。　②薖:音 kē,宽大。　③弗过:不与外人来往。

考槃在陆①,硕人之轴②。独寐寤宿,永矢弗告③。

[**注释**]①陆:高平之地。　②轴:盘桓。　③弗告:不告知他人。

硕　　人

[**题解**]卫人赞扬初嫁的庄姜贵夫人形象。

硕人其颀①,衣锦褧衣②。齐侯之子③,卫侯之妻④。东宫之妹⑤,邢侯之姨⑥,谭公维私⑦。

[**注释**]①硕人其颀:硕人,见《邶风·简兮》第二章注①。此处指庄姜。其颀,犹"颀颀",身材修长的样子。　②衣锦褧衣:衣,穿衣。锦,有彩色花纹的纺织品。褧,音 jiǒng。褧衣,用麻纱做的单罩衣。　③齐侯之子:齐侯,齐庄公。子,女儿。　④卫侯:卫庄公。　⑤东宫:太子所居之宫,常作太子的代称,此处指齐太子得臣。　⑥邢侯之姨:邢,国名,在今河北邢台。姨,男子对妻的姐妹的称呼。　⑦谭公维私:谭,国名,在今山东历城。维,犹"其",她。私,女子对姐妹之夫的称呼。

手如柔荑①,肤如凝脂②,领如蝤蛴③,齿如瓠犀④,螓首蛾眉⑤,巧笑倩兮⑥,美目盼兮⑦。

[**注释**]①荑:白茅的嫩芽。　②凝脂:凝固的脂膏,洁白润滑,形容女子皮肤之嫩白。　③领如蝤蛴:领,脖子。蝤蛴,音 yóu qí,天牛的幼虫,体圆长嫩白,形容女子脖颈长而嫩白。　④齿如瓠犀:瓠犀,音 hù xī,葫芦籽,形容女子牙齿整齐洁白。　⑤螓首蛾眉:螓,音 qín,虫名,似蝉而小,额广且方,

形容女子额头宽广。蛾,蚕蛾,其触须弯曲细长,形容女子眉毛秀美。
⑥倩:笑时脸上出现的酒窝。 ⑦盼:眼睛黑白分明、流动有神的样子。

硕人敖敖①,说于农郊②。四牡有骄③,朱幩镳镳④。
翟茀以朝⑤。大夫夙退⑥,无使君劳⑦。

[注释]①敖敖:身材高大。 ②说于农郊:说,音 shuì,通"税",停下车驾休息。农郊,近郊。 ③四牡有骄:四牡,驾车的4匹公马。有骄,犹"骄骄",高大雄壮的样子。 ④朱幩镳镳:朱幩,系在马衔两边作装饰用的红绸。幩,音 fèn。镳镳,音 biāo biāo,美盛的样子。 ⑤翟茀以朝:翟,音 dí,山鸡,此处指山鸡毛,用以装饰车子。茀,音 bì,亦作"蔽",车蔽,遮蔽车子的竹苇席。翟茀,山鸡毛装饰的车蔽。朝,朝见,指庄姜自齐来卫嫁于庄公。 ⑥大夫夙退:大夫,指卫国来见庄姜的大夫。夙退,早点退朝。 ⑦君:臣子对国君的夫人也称君,此处指庄姜。

河水洋洋①,北流活活②。施罛濊濊③,鳣鲔发发④。
葭菼揭揭⑤,庶姜孽孽⑥,庶士有朅⑦。

[注释]①河水洋洋:河,黄河。洋洋,水势浩荡的样子。 ②北流活活:北流,黄河在齐西卫东段大致向北流,由齐入卫必须渡河。活活,音 kuò kuò,水流哗哗声。 ③施罛濊濊:施,布设。罛,音 gū,渔网。濊濊,音 wèi wèi,撒网入水声。 ④鳣鲔发发:鳣,音 zhān,鳇鱼。鲔,音 wěi,鲟鱼。发发,音 pō pō,通"泼泼",鱼尾摆动击水声。 ⑤葭菼揭揭:葭,音 jiā,芦苇。菼,音 tǎn,初生的荻,似苇而小,茎秆可以编席箔等。揭揭,长而上扬的样子。 ⑥庶姜孽孽:庶姜,众姜姓女子。孽孽,高大美丽的样子。 ⑦庶士有朅:庶士,指随庄姜到卫的齐国诸臣。朅,音 qiè,亦作"桀"。有朅,犹"朅朅",威武壮健的样子。

氓

[题解]女子自述恋爱、结婚,婚后勤俭持家,但随着岁月流逝

而终为丈夫所厌弃。

氓之蚩蚩①,抱布贸丝。匪来贸丝②,来即我谋③。送子涉淇④,至于顿丘⑤。匪我愆期⑥,子无良媒。将子无怒⑦,秋以为期。

[注释]①氓之蚩蚩:氓,民。蚩蚩,音 chī chī,笑嘻嘻的样子。 ②匪:通"非"。 ③来即我谋:谋,商议,此处指商量婚事。即,就,接近。 ④涉淇:渡过淇水。 ⑤顿丘:地名,在今河南清丰。 ⑥愆期:拖延婚期。 ⑦将:音 qiāng,希望。

乘彼垝垣①,以望复关②。不见复关,泣涕涟涟③。既见复关,载笑载言④。尔卜尔筮⑤,体无咎言⑥。以尔车来,以我贿迁⑦。

[注释]①乘彼垝垣:乘,登上。垝垣,倒塌的土墙。垝,音 guǐ,毁。②复关:地名,氓所居之地,此处即代指氓。 ③泣涕涟涟:泣,无声流泪或低声而哭。涕,眼泪。涟涟,涕泪连续流下的样子。 ④载笑载言:又是笑又是说。载,则、就。 ⑤尔卜尔筮:尔,你,指氓。卜,占卜,古人每行大事,先将龟甲钻孔,再用火灼龟甲,然后据其裂纹以预测吉凶,并将卜辞刻于其上。筮,音 shì,用蓍草排比推算占卜。 ⑥体无咎言:体,卦体,龟蓍占卜所显示的现象。咎言,不吉利的话。按当时求婚必占卜以定吉凶。 ⑦贿:财物,指嫁妆。

桑之未落,其叶沃若①。于嗟鸠兮②!无食桑葚③。于嗟女兮!无与士耽④。士之耽兮,犹可说也⑤。女之耽兮,不可说也。

[注释]①沃若:犹"沃然",光泽润滑的样子。 ②于嗟:犹"吁嗟",感叹词,表赞美。于,通"吁"。 ③桑葚:桑树的果实。古代传说鸠食桑葚过多,则醉而伤其性。比喻女子若沉迷于恋爱中,则会为男子欺骗,不辨其好坏。 ④耽:通"酖",沉溺迷恋。 ⑤说:音义同"脱",解脱。

桑之落矣,其黄而陨①。自我徂尔②,三岁食贫③。淇水汤汤④,渐车帷裳⑤。女也不爽⑥,士贰其行⑦。士也罔极⑧,二三其德⑨。

[注释]①陨:落下。上两句是女子自伤如桑叶枯落一样因人老珠黄而被抛弃。 ②徂:音 cú,往、到,此处意为嫁。 ③三岁食贫:三岁,多年,不是实指。食贫,过苦日子。 ④淇水汤汤:淇,淇水。汤汤,音 shāng shāng,水势浩大的样子。 ⑤渐车帷裳:渐,音 jiān,水沾湿。帷裳,车厢两边的布幔。 ⑥爽:过失。 ⑦贰其行:前后言行不一致,指丈夫背弃当初誓言。⑧罔极:没有定准,变化无常。 ⑨二三其德:三心二意、变心。

三岁为妇,靡室劳矣①。夙兴夜寐②,靡有朝矣③。言既遂矣④,至于暴矣⑤。兄弟不知,咥其笑矣⑥。静言思之⑦,躬自悼矣⑧。

[注释]①靡室劳矣:家务事无不为之操劳。靡,无。室劳,家务劳动。②夙兴夜寐:早起晚睡。 ③靡有朝矣:不是哪一天这样,而是天天如此。④言既遂矣:言,语气助词。既,已经。遂,生活安定顺心。 ⑤暴:虐待。⑥咥:音 xì,张口大笑。 ⑦言:语气助词。 ⑧躬自悼矣:躬,自身。悼,伤感。

及尔偕老①,老使我怨。淇则有岸,隰则有泮②。总角之宴③,言笑晏晏④,信誓旦旦,不思其反⑤。反是不思,亦已焉哉⑥!

[注释]①及尔偕老:与你恩爱同到老。这是婚前氓对女子的许诺。②隰则有泮:隰,音 xí,低湿的地方。泮,涯岸边。 ③总角之宴:总角,古时男女幼时把头发扎成两个角的样子,此处代指童年。宴,欢笑快乐。 ④晏晏:相处相得融洽的样子。 ⑤反:反复、变心。 ⑥已焉哉:就这样算了吧。表既无奈又决绝的感情色彩。

竹　　竿

[题解]卫女嫁到国外而思归。当参考《邶风·泉水》以读之。

籊籊竹竿①,以钓于淇。岂不尔思?远莫致之②。

[注释]①籊籊:音 dì dì,细长光滑的样子。 ②远莫致之:莫,不能。致,到达。

泉源在左①,淇水在右。女子有行②,远兄弟父母。

[注释]①泉源:见《邶风·泉水》第一章注。 ②行:出嫁。

淇水在右,泉源在左。巧笑之瑳①,佩玉之傩②。

[注释]①之瑳:犹"瑳瑳",巧笑的样子。瑳,音 cuō。 ②之傩:犹"傩傩",婀娜。傩,音 nuó。

淇水滺滺①,桧楫松舟②。驾言出游,以写我忧。

[注释]①滺滺:音 yōu yōu,水缓流的样子。 ②桧楫松舟:桧木楫,松木舟。

芄　兰

[**题解**] 讽刺统治者服饰虽好却无能。

芄兰之支①,童子佩觿②。虽则佩觿,能不我知③。容兮遂兮④,垂带悸兮⑤。

[**注释**]①芄兰之支:芄兰,草本植物名,即"萝藦",俗称"婆婆针线包"。芄,音 wán。支,芄兰的实。　②觿:音 xī,解结的锥,骨制,头尖尾粗,似牛角,俗称角锥,也用作装饰品,一般为成人佩戴,象征成人。　③能不我知:而不了解我。　④容兮遂兮:容,雍容。遂,优雅。　⑤悸:音 jì,衣带下垂的样子。

芄兰之叶,童子佩韘①。虽则佩韘,能不我甲②。容兮遂兮,垂带悸兮。

[**注释**]①韘:音 shè,抉,俗称扳指,古代射箭时套在右手大拇指上用来钩弦以保护手指的工具,用玉或骨制成,一般为成人佩戴。　②甲:通"狎",亲近。

河　广

[**题解**]卫女嫁于宋,思归不得。

谁谓河广①?一苇杭之②。谁谓宋远?跂予望之③。

[**注释**]①河:黄河。卫国在戴公之前,都于朝歌,和宋国隔黄河相望。②一苇杭之:一苇,一束芦苇。杭,通"航"。　③跂予:跂,音 qǐ,通"企",跷起脚后跟。予,我。

谁谓河广?曾不容刀①。谁谓宋远?曾不崇朝②。

[**注释**]①曾不容刀:曾,乃。刀,通"舠",一种极小的船。　②崇朝:整个早晨、一个早晨。

伯　兮

[**题解**]女子思夫远征。

伯兮朅兮①,邦之桀兮②。伯也执殳③,为王前驱④。

[**注释**]①伯兮朅兮:伯,当时女子对丈夫的称呼。朅,音 qiè,亦作"偈",威武壮健的样子。　②桀:通"傑",才智出众的人。　③殳:音 shū,古代一种撞击用兵器,竹制,长1丈2尺,头上无金属刃,八棱有尖。　④为王前驱:王,指卫君。前驱,先锋。

自伯之东①,首如飞蓬②。岂无膏沐③?谁适为容④!

[**注释**]①之:往、到。　②飞蓬:随风飞扬的蓬草,比喻女子因丈夫不在,无心梳洗,蓬头乱发的样子。　③膏沐:抹脸油、润发油。　④谁适为容:适,喜悦。容,修饰美容。

其雨其雨①,杲杲出日②。愿言思伯③,甘心首疾④。

[**注释**]①其雨其雨:其,语气助词,表祈使语气。雨,下雨。　②杲杲:音 gǎo gǎo,光明的样子。上两句是说久旱望雨,但天空反而出现了大太阳,比喻女子盼夫早回,但事与愿违,丈夫迟迟不归。　③愿:恋恋不忘的样子。④甘心首疾:甘心为此头痛。

焉得谖草①?言树之背②。愿言思伯。使我心痗③。

[注释]①焉得谖草:焉,哪里。谖草,忘忧草,即黄花菜,古人以为食之可以忘忧。谖,音 xuān,忘记。 ②言树之背:就把它种在后院里。言,乃、就。树,种。之,指谖草。背,指堂之背。古代堂坐南朝北,故称堂北为背。③痗:音 mèi,痛。

有　狐

[题解]女子见单身汉缺少衣服,想嫁给他。

有狐绥绥①,在彼淇梁②。心之忧矣,之子无裳③。

[注释]①绥绥:徐行的样子。 ②淇梁:淇水上的堤坝。梁,见《邶风·谷风》第三章注④。 ③之子:这个人。此处指女子所见无妻者。

有狐绥绥,在彼淇厉①。心之忧矣,之子无带②。

[注释]①厉:通"濑",有浅水的沙滩。 ②带:衣带。

有狐绥绥,在彼淇侧。心之忧矣,之子无服。

木　瓜

[题解]情人互赠定情信物。

投我以木瓜①,报之以琼琚②。匪报也,永以为好也③!

[注释]①投我以木瓜:投,扔、送。木瓜,果类,形椭圆。 ②报之以琼琚:美丽的佩玉。琼,美玉。琚,音 jū,佩玉的一种。 ③好:爱。

投我以木桃①,报之以琼瑶②。匪报也,永以为好也!

[**注释**]①木桃:就是桃。　②瑶:美玉。

投我以木李①,报之以琼玖②。匪报也,永以为好也!

[**注释**]①木李:就是李子。　②玖:黑色的玉。

王　风
黍　离

[**题解**]周大夫行经宗周见宗庙宫室尽废而黍稷青青,因慨叹周室之亡。

彼黍离离①,彼稷之苗②。行迈靡靡③,中心摇摇④。知我者,谓我心忧;不知我者,谓我何求⑤。悠悠苍天⑥,此何人哉⑦?

[**注释**]①彼黍离离:黍,糜子、小米。离离,茂盛的样子。　②稷:一种粮食作物,即粟。　③行迈靡靡:行迈,远行。靡靡,犹"迟迟",步行缓慢的样子。　④中心摇摇:中心,心中。摇摇,心神不定、忧伤惆怅的样子。　⑤何求:即"求何",追求什么。　⑥悠悠苍天:遥远的青天。　⑦此何人哉:这是谁造成的。

彼黍离离,彼稷之穗。行迈靡靡,中心如醉。知我者,谓我心忧;不知我者,谓我何求。悠悠苍天,此何人哉?

彼黍离离,彼稷之实。行迈靡靡,中心如噎①。知我者,谓我心忧;不知我者,谓我何求。悠悠苍天,此何人哉?

[注释]①噎:食物堵住喉咙。忧深哽咽,如物在喉。

君 子 于 役

[题解]女子思念久役不归的丈夫。

君子于役①,不知其期。曷至哉②?鸡栖于埘③。日之夕矣,羊牛下来。君子于役,如之何勿思!

[注释]①君子于役:君子,古代妻子对丈夫的敬称。于,往。 ②曷至:曷,何时。至,归家。 ③埘:音shí,在墙上挖洞做成的鸡窝。

君子于役,不日不月①。曷其有佸②?鸡栖于桀③。日之夕矣,羊牛下括④。君子于役,苟无饥渴⑤?

[注释]①不日不月:指没有定期。不,用作动词,没有。 ②曷其有佸:有,又。佸,音huó,相会。 ③桀:亦作"榤",竹木编制的鸡栅。 ④括:音义同"佸(音huó)",会合。这句是说牛羊下山会合。 ⑤苟:且、或许,表希望。

君 子 阳 阳

[题解]情人相约出游,载歌载舞。

君子阳阳①,左执簧②,右招我由房③,其乐只且④!

[注释]①君子阳阳:君子,指心上人。阳阳,快乐得意的样子。 ②簧:一种笙类乐器。 ③由房:一种舞曲。 ④只且:语气助词,相当于"也哉"。且,音jū。

君子陶陶①,左执翿②,右招我由敖③,其乐只且!

[注释]①陶陶:高兴欢乐的样子。 ②翿:音dào,一种用五彩羽毛制作的扇形舞具。 ③由敖:一种舞曲。

扬 之 水

[题解]久役的戍卒怀乡思归。

扬之水①,不流束薪②。彼其之子③,不与我戍申④。怀哉怀哉,曷月予还归哉⑤!

[注释]①扬:水流激荡的样子。 ②束薪:一捆柴。 ③彼其之子:其,语气助词。彼、之,都是第三人称代词,古汉语中常有这种重复。彼之子,那个人。此处指意中人。 ④不与我戍申:戍,驻守。申,国名,在今河南唐河。 ⑤曷月予还归哉:曷,何。予,我。

扬之水,不流束楚①。彼其之子,不与我戍甫②。怀哉怀哉,曷月予还归哉!

[注释]①楚:一捆荆条。 ②甫:国名,在今河南南阳。

扬之水,不流束蒲①。彼其之子,不与我戍许②。怀哉怀哉,曷月予还归哉!

[注释]①蒲:蒲柳。 ②许:国名,在今河南许昌。

中 谷 有 蓷

[题解]弃妇自伤无助。

中谷有蓷①,暵其干矣②。有女仳离③,嘅其叹矣④。嘅其叹矣,遇人之艰难矣。

[注释]①中谷有蓷:中谷,谷中。蓷,音 tuǐ,益母草。 ②暵:音 hàn,晒干。 ③仳离:别离,指妇女被遗弃而离去。仳,音 pǐ。 ④嘅:音 kǎi,叹息。

中谷有蓷,暵其脩矣①。有女仳离,条其啸矣②。条其啸矣,遇人之不淑矣③。

[注释]①脩,音 xiū,干。 ②啸:长叹。 ③淑:善。

中谷有蓷,暵其湿矣①。有女仳离,啜其泣矣②。啜其泣矣,何嗟及矣③。

[注释]①湿:通"㬤(音 qī)",晒干。 ②啜:哭泣时抽噎。 ③何嗟及矣:本作"嗟何及矣",悲叹又有什么用。

兔 爰

[题解]没落的旧贵族自感失落、前途渺茫。

有兔爰爰①,雉离于罗②。我生之初,尚无为③;我生之后,逢此百罹④。尚寐无吪⑤。

[注释]①爰爰:自由自在的样子。 ②雉离于罗:雉,野鸡。离,通"罹",遭遇、陷入。罗,捕鸟的网。上两句以野兔比喻自由自在的人,以野鸡比喻遭难遇困的人。 ③无为:无事。 ④罹:音 lí,忧患。 ⑤尚寐无吪:尚,庶几,表希望。寐,睡着。吪,音 huā。无吪,不想说话。

有兔爰爰,雉离于罦①。我生之初,尚无造②;我生之后,逢此百忧。尚寐无觉③。

[注释]①罦:音 fú,覆车,一种设置机关可以自动捕鸟的网。 ②无造:无劳作。 ③无觉:不醒。

有兔爰爰,雉离于罿①。我生之初,尚无庸②;我生之后,逢此百凶。尚寐无聪③。

[注释]①罿:音 chōng,捕鸟的网。 ②无庸:无劳役。 ③无聪:不想听见。

葛 藟

[题解]因战乱饥荒流亡他乡,举目无亲,求助不得。

绵绵葛藟①,在河之浒②。终远兄弟③,谓他人父④。谓他人父,亦莫我顾⑤!

[注释]①绵绵葛藟:绵绵,连续不断的样子。葛藟,野葡萄。 ②浒:水边。 ③终远兄弟:终,既。远,远走离别。兄弟,指家人。 ④谓:称、喊。 ⑤莫我顾:即"莫顾我",不理睬我。

绵绵葛藟,在河之涘①。终远兄弟,谓他人母。谓他人母,亦莫我有②!

[注释]①涘:音 sì,水边。 ②有:犹"友",亲近、慈爱。

绵绵葛藟,在河之漘①。终远兄弟,谓他人昆②。谓他人昆,亦莫我闻③!

[注释]①漘:音chún,水边。 ②昆:哥哥。 ③闻:犹"问",怜悯。

采　葛

[题解]女子思念情人。

彼采葛兮①,一日不见,如三月兮!

[注释]①葛:葛藤。

彼采萧兮①,一日不见,如三秋兮②!

[注释]①萧:草本植物,即艾蒿,有香气,古人用它祭祀。 ②三秋:犹"三季",9个月。

彼采艾兮①!一日不见,如三岁兮!

[注释]①艾:多年生草本植物,有香气,全草供药用,叶可制成艾绒,供针灸用,枝叶熏烟能驱蚊、蝇。

大　车

[题解]女子大胆追求爱情。

大车槛槛①,毳衣如菼②。岂不尔思③?畏子不敢④。

[注释]①大车槛槛:大车,大夫坐的车。槛槛,音kǎn kǎn,车行声。 ②毳衣如菼:毛衣淡青如菼。毳,音cuì。毳衣,细毛制的衣服,大夫所穿。菼,音tǎn,初生的荻。 ③岂不尔思:即"岂不思尔"。尔,指坐在大车上穿

毛衣者,即女子的意中人,与下文"子"所指同。 ④畏:害怕。

大车啍啍①,毳衣如璊②,岂不尔思? 畏子不奔③。

[注释]①啍啍:音 zhūn zhūn,车行缓慢沉重的样子。 ②璊:音 mén,红色的玉。 ③奔:私奔。

谷则异室①,死则同穴②。谓予不信③,有如皦日④。

[注释]①谷则异室:谷,生存、活着。异室,不同住一室。 ②同穴:同葬一墓穴。 ③不信:不可靠。 ④有如皦日:如,此、这。皦,通"皎",光明。

丘 中 有 麻

[题解]女子与情人在山坡上相会。

丘中有麻①,彼留子嗟②。彼留子嗟,将其来施施③。

[注释]①丘中有麻:丘中,山坡上。 ②彼留子嗟:那个刘子嗟。留,通"刘"。 ③施施:高兴的样子。

丘中有麦,彼留子国①。彼留子国,将其来食。

[注释]①留子国:即留子嗟,为同一人。

丘中有李,彼留之子。彼留之子,贻我佩玖①。

[注释]①贻我佩玖:贻,音 yí,赠。玖,比玉稍次的黑色美石。

郑 风

缁 衣

[**题解**]女子关心体贴心上人,为其制衣。

缁衣之宜兮①,敝予又改为兮②。适子之馆兮③。还予授子之粲兮④。

[**注释**]①缁衣之宜兮:缁衣,黑色的朝服。缁,音 zī。宜,合身。 ②敝予又改为兮:敝,破损。改为,改制。下文"改造"、"改作"义同。 ③适子之馆兮:适,往。馆,客舍。 ④还予授子之粲兮:还,回来。粲,餐。

缁衣之好兮,敝予又改造兮。适子之馆兮,还予授子之粲兮。

缁衣之席兮①,敝予又改作兮。适子之馆兮,还予授子之粲兮。

[**注释**]①席:宽、大。

将 仲 子

[**题解**]女子因畏惧舆论而婉拒情人。

将仲子兮①,无逾我里②,无折我树杞③。岂敢爱之④?畏我父母。仲可怀也,父母之言,亦可畏也。

[**注释**]①将仲子兮:将,音 qiāng,希望。仲子,犹言"二哥"。仲,兄弟

姐妹排行第二。子,对男子的敬称。 ②无逾我里:逾,翻越。里,古代5家为邻,5邻为里,里有院墙围着。 ③无折我树杞:折,攀折。杞,杞树,柳类。 ④岂敢爱之:爱,吝惜。之,指前言杞树。

将仲子兮,无逾我墙,无折我树桑。岂敢爱之?畏我诸兄。仲可怀也,诸兄之言,亦可畏也。

将仲子兮,无逾我园,无折我树檀。岂敢爱之?畏人之多言。仲可怀也,人之多言,亦可畏也。

叔 于 田

[题解]赞美猎人。

叔于田①,巷无居人。岂无居人?不如叔也。洵美且仁②。

[注释]①叔于田:叔,对男人的敬称。于,动词词头。田,打猎。 ②洵美且仁:确实英俊又仁爱。

叔于狩①,巷无饮酒。岂无饮酒?不如叔也。洵美且好。

[注释]①狩:冬猎。

叔适野①,巷无服马②。岂无服马?不如叔也。洵美且武。

[注释]①适:往。 ②服马:驾马。

大叔于田

[题解] 赞扬猎人威猛。

叔于田①,乘乘马②。执辔如组③,两骖如舞④。叔在薮⑤,火烈具举⑥。袒裼暴虎⑦,献于公所⑧。将叔无狃⑨,戒其伤女⑩。

[注释]①叔于田:见前首诗第一章注①。 ②乘乘马:前一个"乘",音 chéng,驾。后一个"乘",音 shèng,古代四马一车叫一乘,也作为四的代称。③执辔如组:手挽缰绳整齐如丝带。辔,音 pèi,指驾驭牲口用的嚼子和缰绳。④两骖如舞:骖,音 cān,古车独辕,辕两侧各两马,紧夹辕的两匹叫"服",远离的两匹叫"骖"。如舞,像舞蹈行列一样整齐有序。 ⑤薮:音 sǒu,水少而多草木的禽兽栖息地带。 ⑥火烈具举:火烈,放火烧草木,把群兽赶出来。具举,同时点火。 ⑦袒裼暴虎:袒裼,音 tǎn xī,掀去衣服,赤膊上阵。暴虎,空手搏虎。 ⑧公所:官府的仓库。 ⑨将叔无狃:将,音 qiāng,希望。狃,音 niǔ,熟练。无狃,不要因为熟练而疏忽。 ⑩戒其伤女:戒,当心。其,指老虎。女,通"汝",你。

叔于田,乘乘黄①。两服上襄②,两骖雁行。叔在薮,火烈具扬③。叔善射忌④,又良御忌⑤。抑磬控忌⑥,抑纵送忌⑦。

[注释]①黄:黄色的马。 ②上襄:上,前行。襄,通"骧",马首昂起。③扬:火焰飞腾。 ④忌:语气助词。 ⑤御:驾驶车马。 ⑥抑磬控忌:抑,语气助词。磬控,像磬一样弯腰控制马停下来。磬,乐器,状弯曲。忌,语气助词。 ⑦纵送:像放箭一样纵马奔驰。纵,放箭。

叔于田,乘乘鸨①。两服齐首②,两骖如手③。叔在薮,火烈具阜④。叔马慢忌⑤,叔发罕忌⑥,抑释掤忌⑦,抑鬯弓忌⑧。

[注释]①鸨:通"鸹",毛色黑白间杂的马。 ②两服齐首:两匹服马领头。齐,犹"如"。齐首,形容两匹服马像头脑一样起着带领作用。 ③两骖如手:两匹骖马协调配合 ④阜:旺盛。 ⑤慢:缓慢。 ⑥叔发罕忌:发,射箭。罕,少。 ⑦释掤:解开箭筒盖子把箭插进去。掤,音 bīng,箭筒盖子。 ⑧鬯弓:把弓装进袋子。鬯,音 chàng,弓袋。此处用作动词,装进袋子。

清　人

[题解]讽刺郑将高克带兵玩忽职守。

清人在彭①,驷介旁旁②。二矛重英③,河上乎翱翔④。

[注释]①清人在彭:清,清邑,在今河南中牟。彭,地名,属郑。 ②驷介旁旁:驷,驾一辆车的四匹马。介,铠甲。旁旁,通"彭彭",强壮的样子。 ③二矛重英:二矛,古代车战,车上甲士,左持弓,右持矛。弓、矛都备两份,以供战斗中有损坏可替换,称二矛重弓。重,重叠。英,即"缨",矛头下的红色毛羽饰物。 ④翱翔:本意是鸟在空中回旋飞。此处指驾着车遨游。

清人在消①,驷介麃麃②。二矛重乔③,河上乎逍遥。

[注释]①消:黄河岸边地名,属郑。 ②麃麃:音 biāo biāo,威武的样子。 ③乔:一种野鸡,此处指用乔羽制的缨。

清人在轴①,驷介陶陶②。左旋右抽③,中军作好④。

[注释]①轴:黄河岸边地名,属郑。　②陶陶:音 dào dào,驱驰的样子。　③左旋右抽:战车上左边驾车的人练习使车向左拐弯,右边的战士练习拔兵刃进击。　④中军作好:军中练兵阵容好。中军,军中。

羔　裘

[题解]赞美官吏正直。

羔裘如濡①,洵直且侯②。彼其之子③,舍命不渝④。

[注释]①如濡:如,而。濡,音 rú,柔软有光泽。　②洵直有侯:洵,确实。直,正直。侯,美。　③彼其之子:其,语气助词。彼、之,都是第三人称代词,古汉语中常有这种重复。彼之子,那个人。此处指所赞美的官吏。④渝:改变、变化。

羔裘豹饰①,孔武有力②。彼其之子,邦之司直③。

[注释]①豹饰:用豹皮作皮衣的饰边。　②孔:很。　③司直:官名,负责劝谏君主过失。

羔裘晏兮①,三英粲兮②。彼其之子,邦之彦兮③。

[注释]①晏:鲜艳。　②三英粲兮:三英,皮衣对襟上起纽扣作用的三排豹饰。粲,鲜明、美好。　③彦:士的美称。相当于今语俊杰、模范。

遵　大　路

[题解]弃妇请求情人不要绝情。

遵大路兮①,掺执子之祛②。无我恶兮③,不寁故也④!

[注释]①遵:循、沿。　②掺执子之袪:掺,音 shǎn,拉住。袪,音 qū,袖口。　③无我恶:即"无恶我",不要厌恶我。　④不寁故也:寁,音 jié,速离。故,故旧,是弃妇自称。

遵大路兮,掺执子之手兮。无我魗兮①,不寁好也②!

[注释]①魗:音 chǒu,"丑"的古字。　②好:相好,亦是弃妇自称。

女曰鸡鸣

[题解]夫妇凌晨对话安排一天生活,反映小家庭的温馨幸福。

女曰鸡鸣,士曰昧旦①。子兴视夜②,明星有烂③。将翱将翔④,弋凫与雁⑤。

[注释]①士曰昧旦:士,古代男子的通称。昧旦,天色将明未明时分。昧,暗。旦,天明。　②子兴视夜:你起来查看夜色。子,妻子对丈夫的敬爱之称。　③明星有烂:启明星明亮灿烂。明星,启明星。　④将翱将翔:将,且。翱翔,本意是鸟在空中回旋飞。此处借作人外出游猎。　⑤弋凫与雁:弋,用带绳子的箭射。凫,音 fú,野鸭。

弋言加之①,与子宜之②。宜言饮酒,与子偕老。琴瑟在御③,莫不静好④。

[注释]①言:句中语气助词,下同。　②宜:烹调菜肴。　③琴瑟在御:琴瑟,琴和瑟两种乐器一起合奏,声音和谐,用来比喻融洽的夫妻感情。御,弹奏。　④静好:言夫妻关系协调。

知子之来之①,杂佩以赠之②。知子之顺之,杂佩以问之。知子之好之,杂佩以报之。

[注释]①来:体贴关爱。 ②杂佩:多种玉制成的佩带饰品。

有 女 同 车

[题解]男女同车出游,赞美姑娘美丽。

有女同车,颜如舜华①。将翱将翔②,佩玉琼琚③。彼美孟姜④,洵美且都⑤。

[注释]①舜华:舜,木槿花,落叶灌木或小乔木,花形如钟,通常有白、红、紫等颜色。华,通"花"。②翱翔:本意是鸟在空中回旋飞。此处意为遨游。③琼琚:琼,赤玉,引申为美玉。琚,音 jū,一种佩玉。 ④彼美孟姜:那个美丽的姜家大姑娘。孟,长女。 ⑤洵美且都:确实美丽且文雅。

有女同行,颜如舜英①。将翱将翔,佩玉将将②。彼美孟姜,德音不忘③。

[注释]①英:花。 ②将将:音 qiāng qiāng,通"锵锵",象声词,形容玉器交击声、乐器声。 ③德音不忘:德音,美好品德。不忘,不尽。

山 有 扶 苏

[题解]女子打趣情人。

山有扶苏①,隰有荷华②。不见子都③,乃见狂且④。

[注释]①扶苏:即《召南·何彼秾矣》所言之"唐棣",落叶小乔木,花或红或白,果实似李而小,酸甜可食。 ②隰有荷华:隰,音 xí,低湿的地方。荷

华,即荷花。 ③子都:古代著名的美男子。此处指女子所思念的人。
④狂且:疯颠愚蠢,此处指疯颠愚蠢的人。且,音 jū。

山有乔松①,隰有游龙②,不见子充③,乃见狡童④。

[注释]①乔松:高大的松树。 ②游龙:游,突出。龙,通"茏",荭草。
③子充:古代的好人。此处与"子都"同指女子所思念的人。 ④狡童:狡猾
多诈的小青年。

萚　兮

[题解]民间集体歌舞,女子先唱并邀男子相和。

萚兮萚兮①,风其吹女。叔兮伯兮②,倡予和女③。

[注释]①萚,音 tuò,草木脱落的皮或叶。 ②叔兮伯兮:分别是对同
辈男子中年少者、年长者的称呼。有时是女子对情人的爱称。 ③倡予和
女:即"予倡女和",我来唱你来和。

萚兮萚兮,风其漂女①。叔兮伯兮,倡予要女②。

[注释]①漂:通"飘"。 ②倡予要女:要,通"邀",相约。女,通"汝",
你。

狡　童

[题解]女子因与情人闹别扭而苦恼。

彼狡童兮①,不与我言兮。维子之故②,使我不能餐
兮。

[注释]①狡童:狡猾多诈的小青年。 ②维:为。

彼狡童兮,不与我食兮。维子之故,使我不能息兮①。

[注释]①息:安息。

褰裳

[题解]女子责备情人变心。

子惠思我①,褰裳涉溱②。子不我思,岂无他人?狂童之狂也且③!

[注释]①惠:见爱。 ②褰裳涉溱:褰,音 qiān,撩起。溱,音 zhēn,郑国水名,源出今河南新密。 ③狂童之狂也且:童,愚昧无知。也且,语气词连用,表肯定或感叹语气。

子惠思我,褰裳涉洧①。子不我思,岂无他士?狂童之狂也且!

[注释]①洧:音 wěi,郑国水名,今河南双洎河,源出河南登封,东流经新密与溱水会合。

丰

[题解]女子后悔当初男子迎娶而自己未去。

子之丰兮①,俟我乎巷兮②,悔予不送兮③。

[注释]①丰:美好的容貌和姿态。 ②俟:音 sì,等待。此处指迎娶时等候。 ③送:从行。此处指从男子往夫家。

子之昌兮①,俟我乎堂兮②,悔予不将兮③。

[注释]①昌:魁梧。 ②堂:客堂。 ③将:义同"送"。

衣锦褧衣①,裳锦褧裳②。叔兮伯兮③,驾予与行④。

[注释]①衣锦褧衣:衣,穿衣。锦,有彩色花纹的纺织品。褧,音 jiǒng。褧衣,用麻纱做的单罩衣。 ②裳锦褧裳:意与上句同。 ③叔兮伯兮:见《郑风·萚兮》第一章注②。 ④驾予与行:驾上车我和你一起走。

裳锦褧裳,衣锦褧衣。叔兮伯兮,驾予与归。

东 门 之 墠

[题解]女子埋怨情人不来亲近。

东门之墠①,茹藘在阪②。其室则迩③,其人甚远。

[注释]①墠:音 shàn,平旷的场地。 ②茹藘在阪:茹藘,音 rú lú,茜草,多年生草本植物,根黄赤色,根可做红色染料。阪,土坡。 ③迩:近。

东门之栗①,有践家室②。岂不尔思③?子不我即④!

[注释]①栗:栗树。 ②有践:即"践践",善、好。 ③岂不尔思:即"岂不思尔",难道我不想念你。 ④不我即:即"不即我"的倒文,不亲近我。

风 雨

[题解]妻子与久别的丈夫重逢后欣喜不已。

风雨凄凄,鸡鸣喈喈①,既见君子②。云胡不夷③?

[注释]①喈喈:音 jiē jiē,象声词,禽类相和的叫声、乐器声。 ②君子:指丈夫。 ③云胡不夷:云,语气助词。胡,为什么。夷,心里平静。

风雨潇潇①,鸡鸣胶胶②。既见君子,云胡不瘳③?

[注释]①潇潇:风狂雨骤的样子。 ②胶胶:亦作"嘐嘐",鸡鸣声。③瘳:音 chōu,病愈。这句是说原来相思成病,现在丈夫回来一扫而空。

风雨如晦①,鸡鸣不已。既见君子,云胡不喜?

[注释]①风雨如晦:如,而。晦,昏暗不明。

子　　衿

[题解]女子在城楼上焦急等待情人。

青青子衿①,悠悠我心②。纵我不往,子宁不嗣音③?

[注释]①衿:音 jīn,衣领。 ②悠悠:思念、悠思绵长的样子。 ③嗣音:亦作"诒音",寄音讯。

青青子佩①,悠悠我思。纵我不往,子宁不来?

[注释]①佩:佩玉的带。

挑兮达兮①,在城阙兮②。一日不见,如三月兮。

[注释]①挑兮达兮:挑、达,来回徘徊的样子。 ②城阙:城门楼。

扬　之　水

[题解]女子劝丈夫不要听信他人挑拨离间。

扬之水①,不流束楚②。终鲜兄弟③,维予与女。无信人之言,人实迋女④。

[注释]①扬:水流激荡的样子。 ②束楚:一捆荆条。 ③终鲜兄弟:终,既、已。鲜,少。 ④迋:通"诳",欺骗。

扬之水,不流束薪。终鲜兄弟,维予二人。无信人之言,人实不信①。

[注释]①不信:不可靠。

出 其 东 门

[题解]男子表达对心上人忠贞不二。

出其东门①,有女如云。虽则如云,匪我思存②。缟衣綦巾③,聊乐我员④。

[注释]①东门:郑都东门之外。此处为交通要道,游人云集。 ②匪我思存:匪,通"非",不是。思存,思念。 ③缟衣綦巾:白色的衣服淡绿的佩巾。这是朴素的服装,此处代指衣着朴素的心上人。缟,音 gǎo,白色。綦,音 qí,淡绿色。巾,佩巾,似围裙。 ④聊乐我员:聊,且。员,亦作"魂",神魂。

出其闉阇①,有女如荼②。虽则如荼,匪我思且③。缟衣茹藘④,聊可与娱⑤。

[注释]①闉阇:音 yīn shé,古代城门外层的曲城。 ②如荼:像白茅花一样艳丽。 ③且:语气助词。 ④茹藘:音 rú lú,茜草。此处指茜草染的红色佩巾,亦代指衣着朴素的心上人。 ⑤娱:欢乐。

野 有 蔓 草

[**题解**]男女野外相会。

野有蔓草①,零露漙兮②。有美一人,清扬婉兮③。邂逅相遇④,适我愿兮⑤。

[**注释**]①蔓:蔓延。 ②零露漙兮:零:降落。漙,音 tuán,露浓重的样子。 ③清扬婉兮:清扬,眉清目秀。婉,美好。 ④邂逅:不期而遇。 ⑤适:符合

野有蔓草,零露瀼瀼①。有美一人,婉如清扬②。邂逅相遇,与子偕臧③。

[**注释**]①瀼瀼:音 ráng ráng,露浓重的样子。 ②如:而。 ③偕臧:两相悦意。臧,善。

溱 洧

[**题解**]清明节时,姑娘约小伙儿到溱洧河畔春游,并借机表达爱慕之情。

溱与洧,方涣涣兮①。士与女②,方秉蕳兮③。女曰观乎,士曰既且④。且往观乎⑤?洧之外,洵訏且乐⑥。维士与女⑦,伊其相谑⑧,赠之以勺药⑨。

[**注释**]①方涣涣兮:方,正。涣涣,春水盛大流动的样子。 ②士与女:春游男女。 ③方秉蕳兮:秉,拿。蕳,音 jiān,香草。 ④既且:既,已经。且,音 cú,"徂"的假借,去、往。 ⑤且:再。 ⑥洵訏且乐:洵,确实。訏,音

xǔ,宽广。　⑦维:语气助词。　⑧伊其相谑:伊,语气助词。相谑,互相调笑。　⑨勺药:香草名,不是现在所说的芍药。男女将别,互赠此草以结恩情。

溱与洧,浏其清矣①。士与女,殷其盈矣②。女曰观乎,士曰既且。且往观乎?洧之外,洵讦且乐。维士与女,伊其将谑③,赠之以勺药。

[注释]①浏其:犹"浏浏",水清的样子。　②殷其盈矣:殷其,犹"殷殷",众多。盈,满。　③将:犹"相",相互。

齐　风

鸡　鸣

[题解]妻子催促丈夫早朝,而丈夫贪恋妻子不愿早起。

鸡既鸣矣,朝既盈矣①。匪鸡则鸣②,苍蝇之声。

[注释]①朝既盈矣:朝,朝廷。盈,满。早朝的群臣已经到齐。上两句是妻子提醒丈夫,鸡已经叫了,大家都已上朝。　②匪鸡则鸣:匪,通"非"。则,之、的。

东方明矣,朝既昌矣①。匪东方则明,月出之光。

[注释]①昌:众多。

虫飞薨薨①,甘与子同梦②。会且归矣③,无庶予子憎④。

[注释]①薨薨:象声词,嗡嗡。 ②甘:心甘情愿。 ③会且归矣:会,朝会。且,将要。 ④无庶予子憎:即"庶无予子憎",希望不要因为我让大家憎恨你。庶,希望、但愿。

还

[题解]两位猎人相遇而互相夸赞。

子之还兮①,遭我乎峱之间兮②。并驱从两肩兮③,揖我谓我儇兮④。

[注释]①还:通"旋",敏捷。 ②峱:音 náo,齐国山名,在今山东临淄。 ③并驱从两肩兮:并驱,并马齐驱。从,追逐。肩,亦作"豜",大野猪。 ④儇:音 xuān,敏捷。

子之茂兮①,遭我乎峱之道兮。并驱从两牡兮②,揖我谓我好兮③。

[注释]①茂:矫健。 ②牡:雄兽。 ③好:能干。

子之昌兮①,遭我乎峱之阳兮。并驱从两狼兮,揖我谓我臧兮②。

[注释]①昌:强健。 ②臧:善。

著

[题解]新娘观察来迎娶自己的新郎。

俟我于著乎而①,充耳以素乎而②,尚之以琼华乎而③。

[注释]①俟我于著乎而：著，通"宁"，门屏之间，古代婚娶迎亲的地方。乎而，语气助词。 ②充耳以素乎而：帽边充耳素丝悬。充耳，古代贵族冠冕两旁悬挂的玉，下垂至耳，用以塞耳避听，又可作饰品。系在冠上的丝线叫纮，丝线垂到耳边打成一个绣球样的结叫纩，纩下悬玉叫瑱。素，白丝。③尚之以琼华乎而：尚，加。琼华，玉瑱。下"琼莹"、"琼英"义同。

俟我于庭乎而①，充耳以青乎而②，尚之以琼莹乎而。

[注释]①庭：中庭、院中。 ②青：青丝。

俟我于堂乎而①，充耳以黄乎而②，尚之以琼英乎而。

[注释]①堂：堂前。 ②黄：黄丝。

东 方 之 日

[题解]男女月夜相会于室。

东方之日兮，彼姝者子①，在我室兮。在我室兮，履我即兮②。

[注释]①彼姝者子：姝，美丽。子，姑娘。 ②履我即兮：履，踩。即，通"膝"。古人坐于席，姿势似现在的跪，故能踩到膝。

东方之月兮，彼姝者子，在我闼兮①。在我闼兮，履我发兮②。

[注释]①闼：音tà，门。 ②发：脚。

东 方 未 明

[**题解**] 政苛事繁以至人们不能正常生活。

东方未明,颠倒衣裳①。颠之倒之②,自公召之③。

[**注释**] ①颠倒衣裳:衣,上衣。裳,下身的服装,相当于今天的裤子。②之:指前文的"衣裳"。 ③自公召之:公,公家。召,召唤。

东方未晞①,颠倒裳衣。倒之颠之,自公令之。

[**注释**] ①晞:音 xī,"昕"的借字,太阳将出时分。

折柳樊圃①,狂夫瞿瞿②。不能辰夜③,不夙则莫④。

[**注释**] ①折柳樊圃:樊,篱笆。此处作动词用,编篱笆。圃,菜园。②狂夫瞿瞿:狂夫,猖狂的监工。瞿瞿,音 qú qú,瞪眼怒视的样子。 ③辰夜:守夜。辰,通"时",此处用作动词,意为"守"。 ④不夙则莫:夙,早。莫,古"暮"字。这句是说从早干到晚。

南 山

[**题解**] 讽刺齐襄公与妹文姜(鲁桓公夫人)淫乱。

南山崔崔①,雄狐绥绥②。鲁道有荡③,齐子由归④。既曰归止⑤,曷又怀止⑥?

[**注释**] ①南山崔崔:南山,齐国山名。崔崔,犹"崔嵬",山势高峻的样子。 ②雄狐绥绥:绥绥,缓慢行走的样子。 ③鲁道有荡:鲁道,去鲁国的大路。有荡,犹"荡荡",平坦。 ④齐子由归:齐子,指文姜。由归,由此路出

嫁到鲁国去。　⑤止:语气助词。　⑥曷又怀止:曷,何、为什么。怀,回来。

葛屦五两①,冠緌双止②。鲁道有荡,齐子庸止③。既曰庸止,曷又从止④?

[注释]①葛屦五两:葛屦,麻布鞋,平民所服。屦,音 jù。五两,即"两五",两只并列。五,通"伍",并列。　②緌:音 ruí,帽带的下垂的穗子,左右各一。上两句言无论是在上的冠緌还是在下的葛屦,都各自配成双,因此男女无论社会地位高下,也当有分别,不可乱来。　③齐子庸止:文姜由此道嫁于鲁。庸,由、用,由此道。　④从:跟从。这是说文姜既已嫁与鲁侯,齐襄公为什么要远送干那种苟且勾当。

艺麻如之何①?衡从其亩②。取妻如之何③?必告父母。既曰告止,曷又鞠止④?

[注释]①艺麻:种麻。　②衡从其亩:纵横精细耕作田地。衡从,亦作"横从",横纵。东西曰横,南北曰纵。亩,垄。　③取:通"娶"。　④鞠:音 jū,穷极纵欲。

析薪如之何①?匪斧不克②。取妻如之何?匪媒不得。既曰得止,曷又极止③?

[注释]①析薪:劈柴。古代多以"析薪"喻婚姻。　②匪斧不克:匪,通"非"。克,能。　③极:穷尽。

甫　田

[题解]少女想像幼时的男友已成人。

无田甫田①,维莠骄骄②。无思远人,劳心忉忉③。

[注释]①无田甫田:田,第一个作动词,耕种;第二个作名词,田地。甫,大。 ②维莠骄骄:莠,音 yǒu,狗尾草,一年生草本植物,叶子细长,穗有毛。骄骄,亦作"乔乔",挺立而高的样子。 ③忉忉:音 dāo dāo,忧愁的样子。

无田甫田,维莠桀桀①。无思远人,劳心怛怛②。

[注释]①桀桀:高。 ②怛怛:音 dá dá,忧伤不安的样子。

婉兮娈兮①。总角丱兮②。未几见兮③,突而弁兮④!

[注释]①婉、娈:年少而貌美。娈,音 luán。 ②总角丱兮:总角,古时儿童头发左右分成两个髻,形状像羊角。丱,音 guàn,象形字,形容像羊两角的小辫儿。 ③未几:不久、没多长时间。 ④突而弁兮:突而,突然。弁,音 biàn,古时男人穿礼服时戴的一种帽子。此处用作动词,戴冠。古代男子成年即行冠礼加冠。

卢　　令

[题解]赞美猎人形象英俊。

卢令令①,其人美且仁②。

[注释]①卢令令:卢,黑毛猎犬。令令,象声词,犬项下套环摇荡的声音。 ②其人美且仁:其人,指猎人。美,英俊。仁,和蔼友好。

卢重环①,其人美且鬈②。

[注释]①重环:子母环,大环上套一个小环。 ②鬈:音 quán,勇壮。

卢重鋂①,其人美且偲②。

[注释]①重鋂:一个大环上套两个小环。鋂,音 méi。 ②偲:音 cāi,多才。

敝 笱

[题解]齐文姜出嫁盛况。

敝笱在梁①,其鱼鲂鳏②。齐子归止③,其从如云。

[注释]①敝笱在梁:敝,破旧。笱,音 gǒu,捕鱼竹笼,口有倒刺,鱼只能进而不能出。梁,在河中筑起的堤坝,可以过人,中留过水口,捕鱼的笱就嵌在上面。 ②鲂鳏:鲂,鳊鱼。鳏,音 guān,鲲鱼。 ③齐子归止:齐子,指文姜。归,归往夫家,即女子出嫁。止,语气助词。

敝笱在梁,其鱼鲂鱮①。齐子归止,其从如雨。

[注释]①鱮:音 xù,鲢鱼。

敝笱在梁,其鱼唯唯①。齐子归止,其从如水。

[注释]①唯唯:鱼自由游动的样子。

载 驱

[题解]含蓄揭露文姜与其兄齐襄公相会淫乱。

载驱薄薄①,簟茀朱鞹②。鲁道有荡③,齐子发夕④。

[注释]①载驱薄薄:载,发语词。驱,驱车。薄薄,车马行动声。

②簟茀朱鞹:簟,音 diàn,方文竹席。茀,音 bì,亦作"蔽",车蔽,遮蔽车子的竹苇席。簟茀,方纹竹席制的车蔽。鞹,音 kuò。朱鞹,兽皮制的红漆车盖。 ③有荡:有,形容词词头。荡,平坦宽阔。 ④齐子发夕:文姜整夜奔驰会其兄。齐子,齐国之女,指襄公之妹、鲁桓公之妻文姜。发夕,傍晚出发。

四骊济济①,垂辔沵沵②。鲁道有荡,齐子岂弟③。

[注释]①四骊济济:骊,音 lí,纯黑色的马。济济,美好的样子。 ②垂辔沵沵:辔,音 pèi,指驾驭牲口用的嚼子和缰绳。沵沵,音 mǐ mǐ,轻柔的样子。 ③岂弟,天亮,此处指天明到。岂,音 kǎi。

汶水汤汤①,行人彭彭②。鲁道有荡,齐子翱翔③。

[注释]①汶水汤汤:汶水,水名,流经齐、鲁两国。汤汤,音 shāng shāng,水势浩大的样子。 ②彭彭:众多的样子。 ③翱翔:本意是鸟在空中回旋飞。此处指文姜为淫乱驱驰而不约束。

汶水滔滔,行人儦儦①。鲁道有荡,齐子游敖②。

[注释]①儦儦:音 biāo biāo,众多的样子。 ②游敖:即"遨游",与"翱翔"同义。

猗 嗟

[题解]赞美射手射艺高超。

猗嗟昌兮①,颀而长兮②。抑若扬兮③,美目扬兮④。巧趋跄兮⑤,射则臧兮⑥。

[注释]①猗嗟昌兮:猗嗟,音 yī jiē,感叹词。昌,身体盛美健壮的样子。

②颀而:犹"颀然",身长的样子。 ③抑若扬兮:抑,通"懿"。抑若,犹"抑然",美。扬,额。 ④扬:张眼的样子。 ⑤趋跄:趋,快步走。跄,音qiāng,步伐稳健。 ⑥臧:善、好。

猗嗟名兮①,美目清兮。仪既成兮②,终日射侯③,不出正兮④,展我甥兮⑤。

[注释]①名:通"明",昌盛。 ②仪:仪节。此处指各种射法。 ③侯:射靶。以布为之,其侧饰以虎熊豹麋之皮。侯中加上圆形或方形布块,谓之鹄,亦谓之的,鹄中谓之正,正中谓之质。中的者为胜。 ④正:见前注。 ⑤展:确实。

猗嗟娈兮①,清扬婉兮②。舞则选兮③,射则贯兮④,四矢反兮⑤,以御乱兮⑥。

[注释]①娈:音luán,壮美。 ②清扬婉兮:清扬,眉清目秀。婉,美好。 ③选:善。 ④贯:穿透。 ⑤四矢反兮:比射的4支箭都射在中心。反,反复。此处指反复射中一处。当时射箭比赛规则是每位赛手射4支箭决一次胜负。 ⑥御:抵抗。

魏 风
葛 屦

[题解]缝衣女之歌。

纠纠葛屦①,可以履霜②?掺掺女手③,可以缝裳④?要之襋之⑤,好人服之⑥。

[注释]①纠纠葛屦:纠纠,纠缠交错编结的样子。葛屦,麻布鞋,平民

所穿。屦,音 jù。 ②可以履霜:可,通"何"。履,脚踏。 ③掺掺:音 chān chān,亦作"纤纤",纤细柔弱的样子。 ④裳:本只指下裳,此处也包括上衣。 ⑤要之襋之:要,通"褑(音 yāo)",系衣服的带子,此处用作动词。襋,音 jí,衣领,此处用作动词。 ⑥好人:美人,贵妇人。

好人提提①,宛然左辟②,佩其象揥③。维是褊心④,是以为刺。

[注释]①提提:亦作"媞媞(音 shì shì)",安详的样子。 ②宛然:扭身回转的样子。辟,通"避"。左辟,向左避开让路。 ③佩其象揥:揥,音 tì。象揥,象牙制的簪子,同时也是头饰。 ④维是褊心:维,亦作"惟"。是,此,指代前"好人"。褊,音 biǎn,心胸狭窄。

汾 沮 洳

[题解]赞美劳动人民品德才智。

彼汾沮洳①,言采其莫②。彼其之子③,美无度④。美无度,殊异乎公路⑤。

[注释]①彼汾沮洳:汾,水名,在山西中部,西南流入黄河。沮洳,音 jù rù,水旁低湿处。 ②言采其莫:言,动词词头。莫,一种野菜,即酸迷,俗名牛舌头,茎叶都有酸味。 ③彼其之子:那个人,此处指所赞美的人。 ④无度:无比。 ⑤殊异乎公路:殊,非常。公路,春秋时官名,掌管国君的路车。

彼汾一方,言采其桑。彼其之子,美如英①。美如英,殊异乎公行②。

[注释]①英:花。 ②公行:春秋时官名,掌国君兵车。行,音 háng。

彼汾一曲①,言采其藚②。彼其之子,美如玉。美如玉,殊异乎公族③。

[注释]①曲:水拐弯处。 ②藚:音xù,泽泻。 ③公族:春秋时官名,掌国君宗族事务。

园 有 桃

[题解]埋怨别人不理解自己。

园有桃,其实之殽①。心之忧矣,我歌且谣②。不知我者,谓我士也骄③。彼人是哉④,子曰何其⑤?心之忧矣,其谁知之?其谁知之,盖亦勿思⑥!

[注释]①之殽:之,是。殽,通"肴",菜肴。 ②我歌且谣:歌,有乐曲的唱。谣,无曲调的唱。 ③士:古代下层官僚或知识分子的通称。 ④彼人是哉:那个人对吗?⑤子曰其何:你认为他怎么样。 ⑥盖:通"盍",何不。

园有棘①,其实之食。心之忧矣,聊以行国②。不知我者,谓我士也罔极③。彼人是哉,子曰何其?心之忧矣,其谁知之?其谁知之,盖亦勿思!

[注释]①棘:酸枣树。 ②行国:行游国中。 ③罔极:没有定准,变化无常。

陟 岵

[题解]家人思念在外的征人。

陟彼岵兮①,瞻望父兮。父曰:"嗟!予子行役②,夙夜无已③。上慎旃哉④,犹来⑤!无止⑥!"

[注释]①陟彼岵兮:陟,音 zhì,升、登。岵,音 hù,多草木的山。 ②予子:我的儿子。这是征人想像父亲对他说的话,下"母曰"、"兄曰"与此同。 ③夙夜:从早到晚。 ④上,亦作"尚",希望。慎,谨慎保重。旃,音 zhān,"之"、"焉"二字的合音,语气助词。 ⑤犹来:犹来,还是回来吧。 ⑥无止:没有停歇。

陟彼屺兮①,瞻望母兮。母曰:"嗟!予季行役②,夙夜无寐。上慎旃哉,犹来!无弃③!"

[注释]①屺:音 qǐ,草木不生的山。 ②季:小儿子。 ③无弃:不要抛开你的家人。

陟彼冈兮①,瞻望兄兮。兄曰:"嗟!予弟行役,夙夜必偕②。上慎旃哉,犹来!无死!"

[注释]①冈:山岗。 ②偕:与行伍弟兄一起行动。

十亩之间

[题解]采桑完回家。

十亩之间兮①,桑者闲闲兮②,行与子还兮③。

[注释]①十亩:非实指,仅表示面积大。 ②桑者闲闲兮:桑者,采桑。闲闲,从容不迫、悠闲的样子。 ③行与子还兮:走吧,咱们一起把家还。

十亩之外兮,桑者泄泄兮①,行与子逝兮②。

[**注释**]①泄泄:和乐、舒散的样子。一说形容人多。 ②逝:回去。

伐 檀

[**题解**]伐木者讽刺贵族不劳而获。

坎坎伐檀兮①,寘之河之干兮②。河水清且涟猗③。不稼不穑④,胡取禾三百廛兮⑤?不狩不猎⑥,胡瞻尔庭有县貆兮⑦?彼君子兮⑧,不素餐兮⑨!

[**注释**]①坎坎:拟声词,伐木声。 ②寘之河之干兮:寘,音zhì,通"置",安放。干,岸。 ③河水清且涟猗:涟,波浪。猗,通"兮",语气助词。 ④不稼不穑:稼,耕种。穑,音sè,收割。 ⑤胡取禾三百廛兮:胡,何、为什么。禾,百谷的通称。三百廛,300户。三百,泛指多,不是确指。廛,音chán,一夫之居、户。 ⑥不狩不猎:狩,冬天打猎。猎,夜里打猎。 ⑦胡瞻尔庭有县貆兮:县,通"悬",悬挂。貆,猪獾。 ⑧君子:指上文"尔",此处具有讽刺意味。 ⑨不素餐:不白吃饭,此处是反语。

坎坎伐辐兮①,寘之河之侧兮。河水清且直猗。不稼不穑,胡取禾三百亿兮②?不狩不猎,胡瞻尔庭有县特兮③?彼君子兮,不素食兮!

[**注释**]①辐:车轮中心的直木。 ②亿:10万,指禾把子的数目。 ③特:大野兽。

坎坎伐轮兮,寘之河之漘兮①。河水清且沦猗②。不稼不穑,胡取禾三百囷兮③?不狩不猎,胡瞻尔庭有县鹑兮④?彼君子兮,不素飧兮⑤!

[**注释**]①漘:音 chún,河岸边。　②沦:小波纹。　③囷:音 qūn,圆形粮仓。　④鹑:鹌鹑。　⑤飧:音 sūn,熟食。

硕　鼠

[**题解**]农民不满统治者的沉重剥削,向往美好生活。

硕鼠硕鼠①,无食我黍②！三岁贯女③,莫我肯顾④。逝将去女⑤,适彼乐土⑥。乐土乐土,爰得我所⑦。

[**注释**]①硕鼠:大老鼠,比喻贪婪的统治者。　②黍:糜子、小米。③三岁贯女:三岁,多年,不是确指。贯,亦作"宦",养活。女,通"汝",你。此处指前文"硕鼠"。　④莫我肯顾:即"莫肯顾我"的倒文。　⑤逝将去女:逝,通"誓",决绝之词。去,离开。　⑥适彼乐土:适,到、往。乐土,想像中的无压迫无剥削的地方。　⑦爰得我所:爰,乃、于是。所,处所。

硕鼠硕鼠,无食我麦！三岁贯女,莫我肯德①。逝将去女,适彼乐国。乐国乐国,爰得我直②。

[**注释**]①德:感激。　②直:通"值",价值。

硕鼠硕鼠,无食我苗！三岁贯女,莫我肯劳①。逝将去女,适彼乐郊。乐郊乐郊,谁之永号②？

[**注释**]①劳:慰劳。　②谁之永号:谁去了还会痛苦长号。之,去、往。

唐　风

蟋　蟀

[**题解**]士大夫岁暮伤时感事。

蟋蟀在堂①,岁聿其莫②。今我不乐,日月其除③。无已大康④,职思其居⑤。好乐无荒⑥,良士瞿瞿⑦。

[注释]①在堂:进入堂屋。蟋蟀本在野外,随着天气转寒,入室过冬。②岁聿其莫:聿,语助。其莫,犹"将暮",一年将尽。 ③日月其除:日月,时光。除,逝去。 ④无已大康:已,甚、过度。大康,泰康、安康。 ⑤职思其居:职,常、当。居,职位。 ⑥荒:放纵。 ⑦瞿瞿:音 qú qú,两眼警惕四顾的样子。

蟋蟀在堂,岁聿其逝①。今我不乐,日月其迈。无已大康,职思其外②。好乐无荒,良士蹶蹶③。

[注释]①逝:逝去。 ②外:本职以外的事。 ③蹶蹶:音 jué jué,敏捷勤勉的样子。

蟋蟀在堂,役车其休①。今我不乐,日月其慆②。无已大康。职思其忧③。好乐无荒,良士休休④。

[注释]①役车:担当劳役的车子。其休,将休。 ②慆:音 tāo,流逝。③忧:可忧的事。 ④休休:坦然自若的样子。

山 有 枢

[题解]劝人及时行乐。

山有枢①,隰有榆②。子有衣裳,弗曳弗娄③。子有车马,弗驰弗驱。宛其死矣④,他人是愉⑤。

[注释]①枢:刺榆。 ②隰:音 xí,低湿的地方。 ③弗曳弗娄:不穿用。弗,不。曳,衣长拖地。娄,亦作"搂",牵。两者均指穿衣。 ④宛其死

矣:有朝一日死去了。宛其,犹"宛宛",死的样子。 ⑤他人是愉:他人就来享受这些东西。

山有栲①,隰有杻②。子有廷内③,弗洒弗扫。子有钟鼓,弗鼓弗考④。宛其死矣,他人是保⑤。

[注释]①栲:音 kǎo,一种质密的乔木。 ②杻:音 niǔ,一种梓类树木。 ③廷内:中庭之内。 ④弗鼓弗考:鼓,击鼓、弹奏乐器。考,击。 ⑤他人是保:只为他人占有了。保,占有。

山有漆①,隰有栗。子有酒食,何不日鼓瑟②?且以喜乐,且以永日③。宛其死矣,他人入室④。

[注释]①漆:漆树。 ②鼓瑟:弹瑟。瑟,古代弦乐器,像琴。 ③且以永日:姑且度过这长日。 ④他人入室:他人就要占你的房产。

扬 之 水

[题解]晋人叛逃昭公,归附封于曲沃、较得民心的昭公之叔桓叔。

扬之水①,白石凿凿②。素衣朱襮③,从子于沃④。既见君子⑤,云何不乐⑥?

[注释]①扬:水流激荡的样子。 ②凿凿:鲜明的样子。 ③素衣朱襮:向桓叔献上红领素白衣。素衣,白色的衣服。襮,音 bào,衣领。 ④从子于沃:追随桓叔到曲沃。 ⑤君子:指桓叔。 ⑥云何不乐:还有什么不快乐。云,语气助词。

扬之水,白石皓皓①。素衣朱绣②,从子于鹄③。既见君子,云何其忧?

[注释]①皓皓:洁白的样子。 ②朱绣:义同"朱襮"。 ③鹄:邑名,属曲沃。

扬之水,白石粼粼①。我闻有命②,不敢以告人③。

[注释]①粼粼:水清澈的样子。 ②我闻有命:我听到了桓叔的命令。实际是晋人自己主动投奔桓叔,谦虚地说桓叔有命。 ③不敢告人:不敢把这告诉别人。

椒聊

[题解]赞美妇女多子。

椒聊之实①,蕃衍盈升②。彼其之子③,硕大无朋④。椒聊且⑤,远条且⑥。

[注释]①椒聊:椒,花椒。聊,花椒籽实密集结成球状。 ②蕃衍盈升:籽实繁多装满升。 ③彼其之子:那个人。此处指所赞美的妇女。 ④硕大无朋:身高体壮无人比。 ⑤且:音 jū,语气助词。 ⑥远条且:飘香远又远。条,本作"修",长、远。

椒聊之实,蕃衍盈匊①。彼其之子,硕大且笃②。椒聊且,远条且。

[注释]①匊:音 jū,两手合捧。 ②笃:厚,此处指壮实。

绸缪

[题解]调笑新婚夫妇。

绸缪束薪①,三星在天②。今夕何夕,见此良人③?子兮子兮④,如此良人何?

[注释]①绸缪束薪:紧扎紧勒捆干柴。绸缪,缠绕。 ②三星:天空中明亮而接近的3颗星。有参宿三星、心宿三星、织女三星等。此处所指为何,不确。 ③良人:此处指丈夫。 ④子:指新娘。

绸缪束刍①,三星在隅②。今夕何夕,见此邂逅③?子兮子兮,如此邂逅何?

[注释]①刍:草料。 ②隅:角,此处指天边。 ③邂逅:本义是不期而遇或偶然相遇。因新娘与新郎首次见面,故亦称邂逅。

绸缪束楚①,三星在户②。今夕何夕,见此粲者③?子兮子兮,如此粲者何?

[注释]①楚:荆条。 ②在户:当门前。 ③粲者:美人,此处指新郎。

杕 杜

[题解]流浪者自伤无助。

有杕之杜①,其叶湑湑②。独行踽踽③。岂无他人?不如我同父④。嗟行之人⑤,胡不比焉⑥?人无兄弟,胡不佽焉⑦?

[注释]①有杕之杜:有,形容词词头。杕,音 dì,树木孤零的样子。杜,棠梨。 ②湑湑:音 xǔ xǔ,树叶繁茂的样子。 ③踽踽:音 jǔ jǔ,孤单独行。 ④同父:兄弟。 ⑤嗟行之人:可叹流浪人。 ⑥胡不比焉:为何不帮助他?胡,何。比,帮助。 ⑦佽:音 cì,帮助。

有杕之杜,其叶菁菁①。独行睘睘②。岂无他人?不如我同姓③。嗟行之人,胡不比焉?人无兄弟,胡不佽焉?

[注释]①菁菁:音 qīng qīng,茂盛。 ②睘睘:音 qióng qióng,无依无靠。 ③同姓:同族人。

羔裘

[题解]女子埋怨丈夫对自己不好。

羔裘豹祛①,自我人居居②。岂无他人?维子之故③。

[注释]①羔裘豹祛:羔裘,羔羊皮袄。豹祛,豹皮袖。祛,音 qū,袖。②自我人居居:对我傲慢。居居,通"倨倨",傲慢。 ③维子之故:只是念着你的前情。维,通"唯"。

羔裘豹褎①,自我人究究②。岂无他人?维子之好③。

[注释]①褎:音 xiù,义同"袖"。 ②究究:义同"居居"。 ③维子之好:只是念着你的好。

鸨羽

[题解]征夫感慨差事繁多而无法照顾父母。

肃肃鸨羽①,集于苞栩②。王事靡盬③,不能艺稷黍④。父母何怙⑤?悠悠苍天,曷其有所⑥?

[注释]①肃肃鸨羽:肃肃,拟声词,飞鸟抖动翅膀声。鸨,音 bǎo,鸟类,能涉水,不能久立于树。 ②集于苞栩:集,棲息。苞,草木丛生。栩,橡树、栎树。上两句说鸨习水性,不能久立于树,比喻民众乐于平常生活,以长期征

役为苦。 ③王事靡盬:王事,指国君的官差徭役。靡盬,无休止。盬,音gù。 ④不能艺稷黍:艺,种植。稷,粟。黍,糜子、小米。 ⑤怙:音hù,依靠。 ⑥曷其有所:曷,何时。其,语气助词。所,处所。此句慨叹何时才能有安居之所。

肃肃鸨翼,集于苞棘①。王事靡盬,不能艺黍稷。父母何食?悠悠苍天,曷其有极②?

[注释]①棘:酸枣树。 ②极:终极、尽头。

肃肃鸨行①,集于苞桑,王事靡盬,不能艺稻粱。父母何尝?悠悠苍天,曷其有常②?

[注释]①鸨行:鸨鸟群飞排成的行阵。 ②常:正常。

无 衣

[题解]睹衣而思念亡妻。

岂曰无衣七兮①?不如子之衣,安且吉兮②!

[注释]①七:虚数,形容衣之多。 ②安且吉兮:安,舒适。吉,善、好,指衣服穿着舒服。

岂曰无衣六兮?不如子之衣,安且燠兮①!

[注释]①燠:音yù,暖和。

有杕之杜

[题解]女子暗慕男子。

有杕之杜,生于道左。彼君子兮①,噬肯适我②?中心好之③,曷饮食之④?

[**注释**]①君子:指女子暗慕的人。 ②噬肯适我:可愿到我这儿来。噬,通"逝",发语词。适,到、往。 ③中心好之:心里喜欢他。 ④曷饮食之:拿什么给他吃。曷,通"何"。

有杕之杜,生于道周①。彼君子兮,噬肯来游②?中心好之,曷饮食之?

[**注释**]①周:拐弯处。 ②来游:来从我游。

葛　　生

[**题解**]妇人悼念亡夫。

葛生蒙楚①,蔹蔓于野②。予美亡此③,谁与独处④?

[**注释**]①葛生蒙楚:蒙,覆盖。楚,荆树。 ②蔹:音liǎn,即五爪龙、木竹藤,多年生蔓草,葡萄科,有卷须,适于攀爬,叶分若鸡足,夏日开黄绿色小花,结球形紫黑色浆果,不可食。 ③予美亡此:予美,犹言"我爱",我所爱的人,指丈夫。亡此,离开人世。 ④谁与独处:谁和我那独眠地下的丈夫为伴。

葛生蒙棘,蔹蔓于域①。予美亡此,谁与独息?

[**注释**]①域:墓地。

角枕粲兮①,锦衾烂兮②。予美亡此,谁与独旦③?

[注释]①角枕:古枕长方形有八角,故称"角枕"。粲,通"燦",鲜艳华美。 ②锦衾烂兮:锦衾,锦缎被子。烂,义同"粲"。 ③旦:天亮。

夏之日,冬之夜①。百岁之后②,归于其居③。

[注释]①夏之日,冬之夜:想像丈夫独眠地下之漫长。 ②百岁之后:死后。 ③其居:丈夫所居之处,即墓地。

冬之夜,夏之日。百岁之后,归于其室①。

[注释]①室:犹前文"居"。

采 苓

[题解]劝人不要相信谎言。

采苓采苓①,首阳之巅②。人之为言③,苟亦无信④。舍旃舍旃⑤,苟亦无然⑥。人之为言,胡得焉⑦?

[注释]①苓:甘草。 ②首阳之巅:首阳,亦名雷首山,在山西境内,与伯夷、叔齐饿隐处同名而异地。巅,山顶。苓本生低湿处,而言采于首阳之巅,不可信。 ③为言:即"伪言",谎言。 ④苟亦无信:苟,真、确实。亦,语气助词。无,通"毋",不要。无信,不要相信。 ⑤舍旃:舍,抛弃。旃,音zhān,犹"之",指前面的"为言"。 ⑥无然:犹"无是",不真实。 ⑦胡得:即"得胡",取得什么。

采苦采苦①,首阳之下。人之为言,苟亦无与②。舍旃舍旃,苟亦无然。人之为言,胡得焉?

[注释]①苦:苦菜。 ②与:赞同。

采葑采葑①,首阳之东。人之为言,苟亦无从②。舍旃舍旃,苟亦无然。人之为言,胡得焉?

[注释]①葑:音 fēng,芜菁。 ②无从:不要听从。

秦 风
车 邻

[题解]士人拜见秦君。

有车邻邻①,有马白颠②。未见君子③,寺人之令④。

[注释]①邻邻:车马行动声。 ②颠:额头。 ③君子:指秦君。 ④寺人之令:寺人先传令。寺人,古代宫中供使唤的小臣,类似后世的宦官。

阪有漆①,隰有栗。既见君子,并坐鼓瑟。今者不乐,逝者其耋②。

[注释]①阪有漆:阪,山坡。漆,漆树。 ②逝者其耋:岁月流逝成老朽。耋,音 dié,老人。

阪有桑,隰有杨。既见君子,并坐鼓簧①。今者不乐,逝者其亡②。

[注释]①簧:一种笙类乐器。

驷 驖

[题解]贵族游猎。

驷骥孔阜①,六辔在手②。公之媚子③,从公于狩④。

[注释]①驷骥孔阜:驷骥,亦作"四铁",驾车四马,毛色如铁。孔,很、甚。阜,肥壮。 ②六辔在手:古时一车四马,一马两辔,四马当有八辔,因夹辕两马(即所谓骖马)的内辔系之于环,故驾车者手中只有六辔。 ③公之媚子:公,指秦君。媚子,宠信喜爱的人。 ④于狩:去打猎。

奉时辰牡①,辰牡孔硕②。公曰左之③,舍拔则获④。

[注释]①奉时辰牡:奉,供献。时,是、这。辰,应时。牡,公兽。谓管理苑囿的人按不同的季节,供献不同的兽群,以供秦君射猎。 ②孔硕:很肥大。 ③左之:即"之左",命令车夫驱车向野兽左边包抄过去。 ④舍拔:舍,犹"捨",放、发。拔,亦作"栝",箭的尾部。舍拔,放开箭的尾部,即放箭。

游于北园①,四马既闲②。輶车鸾镳③,载猃歇骄④。

[注释]①北园:休闲的地方。 ②闲:悠闲。 ③輶车鸾镳:輶,音yóu。輶车,轻车,指田猎的副车。鸾,音luán,亦作"銮",挂在马镳、车衡、旗帜上的铃铛。镳,音biāo,马嚼子,马口旁的勒具,铜或骨制。鸾镳,在马口外的两端所系的小铃铛。马行头动,则鸾铃和鸣有声。 ④载猃歇骄:猃,音xiǎn,长嘴猎狗。歇骄,亦作"猲獢",短嘴猎狗。谓猎毕,以车载犬,休其足力,以利再猎。

小 戎

[题解]女子怀念远征在外的夫君。

小戎俴收①,五楘梁辀②。游环胁驱③,阴靷鋈续④。文茵畅毂⑤,驾我骐馵⑥。言念君子⑦,温其如玉⑧。在其板屋⑨,乱我心曲⑩。

[**注释**]①小戎伐收:小戎,小型战车,亦称辎车、轻车。参见前首诗第三章注③。伐,音jiàn,浅、矮。收,轸,车后横木,此处代指车厢。 ②五楘梁辀:五根皮条缠车辕。楘,音mù,有花纹的皮条。梁辀,音liáng zhōu,指车辕。古时车独辕,弯曲像船,又像屋梁,故有此称。 ③游环胁驱:游环,设在服马背上的活动皮圈。骖马的缰绳从中穿过,使它不能外出。胁驱,古代驾车的用具。服马外边的两根皮带,其两端系在衡和轸上,以防骖马入内,位当服马两胁之间,故名。 ④阴靷鋈续:阴,车轼前的横板。靷,音yǐn,拉车前行的皮带。前端系在马颈的皮套上,后端系在车轴上。鋈,音wù,镀锡的环。鋈续,两段靷交合,续作一条,然后系在一个镀锡的环上,用以合两服马之力。⑤文茵畅毂:文茵,有花纹的虎皮车褥子。畅,长。毂,音gǔ,车轴伸到车外的部分。 ⑥骐骏:骐,音qí,青黑色有花纹的马。骏,音zhù,左足白色的马。⑦言念君子:言,发语词。君子,指丈夫。 ⑧温其如玉:品德温和有如玉。⑨在其板屋:他现远在西戎地。板屋,木板造的房子,西戎特色民居,此即代指西戎。 ⑩乱我心曲:让我心里乱如麻。心曲,心窝。

四牡孔阜①,六辔在手②。骐骝是中③,騧骊是骖④。龙盾之合⑤,鋈以觼軜⑥。言念君子,温其在邑⑦。方何为期⑧?胡然我念之⑨!

[**注释**]①四牡孔阜:四牡,四匹驾车的公马。孔,很。阜,肥壮。②六辔在手:见《秦风·驷驖》第一章注①。 ③骐骝是中:骐、骝在中作服马。骝,音liú,红黑色的马。 ④騧骊是骖:騧、骊在外作骖马。以上两句涉及马的驾制,参见《郑风·大叔于田》第一章注④。騧,音huā,黑嘴黄马。骊,音lí,纯黑色的马。 ⑤龙盾之合:龙盾交合遮车前。龙盾,画有龙图案的盾牌。 ⑥鋈以觼軜:鋈,见前章注④。觼,音jué,有舌的环。軜,音nà,骖马的内辔。觼置于轼前用以系軜,故曰觼軜。 ⑦在邑:在西戎之邑。⑧方可为期:何日是归期。方,将。 ⑨胡然我念:叫我怎么不想他。胡,何。

驷孔群①,厹矛鋈錞②。蒙伐有苑③,虎韔镂膺④。交韔二弓⑤,竹闭绲縢⑥。言念君子,载寝载兴⑦。厌厌良人⑧,秩秩德音⑨。

[注释]①伐驷孔群:伐驷,披薄甲的四匹马。孔群,很协调。 ②厹矛鋈錞:厹,音 róu。厹矛,一种三棱锋刃矛。鋈錞,用镀锡的环作錞。錞,音 duì,矛戟柄末的平底金属套。 ③蒙伐有苑:蒙,遮蔽。伐,中等大小的盾。苑,音 yūn。有苑,犹"苑苑",有花纹的样子。 ④虎韔镂膺:虎韔,虎皮弓袋。韔,音 chàng,即"韔",弓袋。参见《郑风·大叔于田》第三章注⑧。镂,雕刻装饰。膺,驾车的马当胸的带子。 ⑤交韔二弓:袋中正反交叉装两弓。 ⑥竹闭绲縢:竹柲反弓紧捆。弓不用时,把竹柲缚在弓背中央让弓反过来放松兼防损坏,用时再绷紧以增加射力,即所谓一张一弛。竹闭,亦作"竹柲"。绲,音 gǔn,捆。縢,音 téng,绳。 ⑦载寝载兴:睡睡起起不安心。 ⑧厌厌良人:厌厌,通"恹恹",安静、安闲的样子。 ⑨秩秩德音:秩秩,清明的样子。德音,声誉、好名声。

蒹 葭

[题解]追求意中人而有所阻隔。

蒹葭苍苍①,白露为霜。所谓伊人②,在水一方③,溯洄从之④,道阻且长⑤。溯游从之⑥,宛在水中央⑦。

[注释]①蒹葭苍苍:蒹葭,音 jiān jiā,芦苇。苍苍,茂盛苍然的样子。 ②所谓伊人:所说的那个人。伊人,犹"是人"、"这人",此处指意中人。 ③一方:一旁、一边,指水的那边。 ④溯洄从之:溯洄,逆着河流向上游走。从,寻找。 ⑤阻:险阻。 ⑥溯游:顺着河流向下游走。 ⑦宛:好像、仿佛。

蒹葭凄凄①,白露未晞②。所谓伊人,在水之湄③。溯洄从之,道阻且跻④。溯游从之,宛在水中坻⑤。

[注释]①凄凄:通"萋萋",繁茂。 ②晞:晒干。 ③湄:水草交会处,即水边。 ④跻:音jī,高起、突起。 ⑤坻:音dǐ,水中小沙洲。

蒹葭采采①,白露未已②。所谓伊人,在水之涘③。溯洄从之,道阻且右④。溯游从之,宛在水中沚⑤。

[注释]①采采:众多的样子。 ②已:止。 ③涘:音sì,水边。 ④右:向右转弯,意谓道路迂回曲折。 ⑤沚:音zhǐ,小沙洲。

终　　南

[题解]赞美贵族一表人才。

终南何有①?有条有梅②。君子至止③,锦衣狐裘④。颜如渥丹⑤,其君也哉⑥!

[注释]①终南:终南山。 ②有条有梅:条,山楸。梅,楠木。 ③君子至止:君子,指贵族。止,语气助词。 ④狐裘:狐皮袍子,大夫以上的官穿的冬服。 ⑤颜如渥丹:脸色通红如涂丹。 ⑥君:指有君子之风。

终南何有?有纪有堂①。君子至止,黻衣绣裳②。佩玉将将③,寿考不忘④!

[注释]①有纪有堂:纪,杞树。堂,棠梨。 ②黻衣绣裳:黻,音fú。黻衣,黑色与青色花纹相间的礼服。绣裳,五彩的下裳礼服。 ③将将:音qiāng qiāng,通"锵锵",象声词,形容玉器交击声、乐器声。 ④寿考不忘:长寿永无尽。不忘,不已。

黄 鸟

[**题解**]秦人哀悼"三良"(大夫子车奄息、大夫子车仲行、大夫子车针虎兄弟3人)殉葬秦穆公。

交交黄鸟①,止于棘②。谁从穆公③?子车奄息。维此奄息,百夫之特④。临其穴⑤,惴惴其栗⑥。彼苍者天,歼我良人⑦!如可赎兮⑧,人百其身⑨!

[**注释**]①交交黄鸟:交交,通"咬咬",鸟鸣声。黄鸟,黄雀。 ②止于棘:棘,酸枣树。谓黄鸟飞集于棘、桑、楚等树上,不得其所,以兴"三良"从死,亦不得其所。 ③谁从穆公:从,从死、殉葬。穆公,秦君,姓嬴,名任好,春秋五霸之一。 ④百夫之特:百夫,百人。特,匹敌。 ⑤临其穴:临,到。穴,墓穴。 ⑥惴惴其栗:惴惴,恐惧。其栗,犹"栗栗",因恐惧而战栗的样子。⑦歼我良人:歼:害死。良人,好人、能人。 ⑧赎:替换。 ⑨人百其身:以百人之身赎之。

交交黄鸟,止于桑。谁从穆公?子车仲行。维此仲行,百夫之防①。临其穴,惴惴其栗。彼苍者天,歼我良人!如可赎兮,人百其身!

[**注释**]①防:抵挡。

交交黄鸟,止于楚。谁从穆公?子车针虎。维此针虎,百夫之御①。临其穴,惴惴其栗。彼苍者天,歼我良人!如可赎兮,人百其身!

[**注释**]①御:抵御。

晨　　风

[题解]女子自忖为情人所忘。

鴥彼晨风①,郁彼北林②。未见君子,忧心钦钦③。如何如何,忘我实多!

[注释]①鴥彼晨风:鴥,音 yù。鴥彼,犹"鴥鴥",鸟疾飞的样子。晨风,亦作"鷐风",鹰隼。　②郁彼:犹"郁郁",郁郁葱葱。　③钦钦:忧心不止的样子。

山有苞栎①,隰有六驳②。未见君子,忧心靡乐③。如何如何,忘我实多!

[注释]①苞栎:苞,草木丛生。栎,栎树。　②六驳:梓榆。　③靡:不。

山有苞棣①,隰有树檖②。未见君子,忧心如醉。如何如何,忘我实多!

[注释]①棣:唐棣。　②树檖:树,直立的样子。檖,音 suì,山梨。

无　　衣

[题解]士卒互相激励,同仇敌忾。

岂曰无衣?与子同袍①。王于兴师②,修我戈矛③。与子同仇④!

[注释]①同袍:袍,长衣。类似于现在的风衣,夜晚又可作被盖。同

袍,共用长袍,表示友爱互助。 ②王于兴师:王,秦君。于,语气助词。兴师,起兵。 ③修我戈矛:修,修整。戈矛,都是古代的长兵器,戈横刃长柄,矛头尖锐。 ④同仇:共同对敌。

岂曰无衣?与子同泽①。王于兴师,修我矛戟②。与子偕作③!

[注释]①泽:亦作"襗",内衣。 ②戟:古代长兵器,形似戈,有横直两锋刃。 ③偕作:共同战斗。

岂曰无衣?与子同裳①。王于兴师,修我甲兵②。与子偕行③!

[注释]①裳:音 cháng,古人穿的下衣;裙。 ②甲兵:甲,铠甲,防卫性武器。兵,进攻性兵器。甲、兵合称泛指武器。 ③偕行:同往。

渭　　阳

[题解]外甥送别舅舅。

我送舅氏①,曰至渭阳②。何以赠之③?路车乘黄④。

[注释]①舅氏:舅父。 ②曰至渭阳:曰,语气助词。渭阳,渭水北岸。 ③何以:即"以何",拿什么。 ④路车乘黄:路车,古代诸侯所乘之车。乘黄,4匹黄马。

我送舅氏,悠悠我思。何以赠之?琼瑰玉佩①。

[注释]①琼瑰:美玉宝石。

权　舆

[**题解**]没落贵族哀叹生活每况愈下。

於我乎①,夏屋渠渠②,今也每食无余。于嗟乎,不承权舆③!

[**注释**]①於:音wū,赞叹词。　②夏屋渠渠:夏屋,古时一种较大的食具。夏,大。屋,具。　③不承权舆:承,继承。权舆,当初。

於我乎,每食四簋①,今也每食不饱。于嗟乎,不承权舆!

[**注释**]①簋:音guǐ,古代青铜或陶制食器,圆口,圈足,双耳,方座,有的带盖。

陈　风

宛　丘

[**题解**]男子爱慕舞姿妙曼的舞女。

子之汤兮①,宛丘之上兮②。洵有情兮③,而无望兮④。

[**注释**]①子之汤兮:子,指女巫。汤,亦作"荡",形容摇摆的舞姿。②宛丘:就是中央宽平的圆形高地。　③洵:真、确实。　④望:希望。

坎其击鼓①,宛丘之下。无冬无夏,值其鹭羽②。

[注释]①坎其:即"坎坎",象声词,敲击声。 ②值其鹭羽:值,通"植",持。鹭,鸟类的一种,嘴直而尖,项长,飞翔时缩颈。羽,羽毛,此处指用羽毛做的舞具。

坎其击缶①,宛丘之道。无冬无夏,值其鹭翿②。

[注释]①缶:音 fǒu,瓦质的打击乐器。 ②翿,音 dào,用羽毛做成的一种舞具,形似伞或扇。

东 门 之 枌

[题解]男子爱恋舞于枌树之下的巫女。

东门之枌①,宛丘之栩②。子仲之子③,婆娑其下④。

[注释]①枌,音 fén,木本植物,即白榆树。 ②栩:橡树、栎树。③子仲之子:仲,古时的一个姓。子,女儿。 ④婆娑:盘旋的样子,此处指舞蹈。

穀旦于差①,南方之原②。不绩其麻③,市也婆娑④。

[注释]①穀旦于差:选择一个好时光。穀,音 gǔ,善、好。旦,天、日子。差,选择。 ②原:高而平坦的地方。 ③绩:把麻纤维披开接续起来搓成线。 ④市:集市。

穀旦于逝①,越以鬷迈②。视尔如荍③,贻我握椒④。

[注释]①逝:往。 ②越以鬷迈:越以,连用语气助词。鬷,音 zōng,屡次、频繁。迈,往、去。 ③荍:音 qiáo,草本植物,花淡紫色,又名锦葵。④贻我握椒:贻,赠、送。握,一把。椒,花椒。因花椒有香味,古时人们用来

供神。一说古时做男女定情的礼物。

衡　门

[**题解**] 对娶妻必得贵族之女的风气不以为然。

衡门之下①，可以栖迟②。泌之洋洋③，可以乐饥④。

[**注释**] ①衡门：横木为门，即简陋的门，这儿代指陋室。衡，通"横"。②栖迟：游息。　③泌之洋洋：泌，音 mì，本义是泉水急流的样子，因出于泌丘，遂为泌丘之泉的代称。洋洋，大水茫茫的样子。　④乐饥：充饥。乐，亦作"疗"，治疗。

岂其食鱼，必河之鲂①？岂其取妻，必齐之姜②？

[**注释**] ①鲂：鳊鱼。它和鲤鱼在当时都被认为是鱼中的美味。　②齐之姜：齐国姜姓贵族之女。在当时娶到齐国姜姓贵族、宋国子姓贵族之女，被认为是很荣耀的。

岂其食鱼，必河之鲤？岂其取妻，必宋之子？

东　门　之　池

[**题解**] 男子思念心中的姑娘，想像与她对唱、对话互诉衷肠。

东门之池①，可以沤麻②。彼美淑姬③，可与晤歌④。

[**注释**] ①池：护城河。　②沤：音 ōu，浸泡。　③淑姬：美丽的姑娘。④晤歌：对唱。

东门之池,可以沤纻①。彼美淑姬,可与晤语。

[注释]①纻,音 zhù,通"苎",苎麻,多年生草本植物,茎皮含有洁白光泽的纤维,弹性强,可搓绳织布。

东门之池,可以沤菅①。彼美淑姬,可与晤言。

[注释]①菅,音 jiān,菅草,多年生草本植物,泡软后可编织东西。

东 门 之 杨

[题解]男女约黄昏相会。

东门之杨,其叶牂牂①。昏以为期②,明星煌煌③。

[注释]①牂牂:音 zāng zāng,茂盛的样子。 ②昏以为期:昏,黄昏。期,约定。 ③煌煌:明亮的样子。

东门之杨,其叶肺肺①。昏以为期,明星晢晢②。

[注释]①肺肺,音 pèi pèi,茂盛的样子。 ②晢晢:音 zhì zhì,明亮的样子。

墓 门

[题解]不满于坏人当道。

墓门有棘①,斧以斯之②。夫也不良③,国人知之。知而不已④,谁昔然矣⑤。

[注释]①墓门有棘:墓门,陈国都城的城门。棘,酸枣树。城门有树,

喻坏人当道。 ②斧以斯之:斧以,即"以斧"。斯,砍。 ③夫:那,那个人,作者所讽刺之人。 ④已:停止、改正。 ⑤谁昔然矣:谁昔,犹"畴昔",从前。然,这样。

墓门有梅①,有鸮萃止②。夫也不良,歌以讯之③。讯予不顾④,颠倒思予⑤。

[注释]①梅:"棘"的误字。 ②有鸮萃止:鸮,音 xiāo,猫头鹰,古代以为恶声不祥之鸟。萃止,聚集。 ③讯:亦作"谇",警诫。 ④讯予:即"予讯"。 ⑤颠倒:国家倾覆。

防 有 鹊 巢

[题解]担忧心上人为人所骗而移情别恋。

防有鹊巢①,邛有旨苕②。谁侜予美③?心焉忉忉④。

[注释]①防:堤坝。 ②邛有旨苕:邛,音 qióng,土丘。旨,味美。苕,音 tiáo,又名鼠尾,蔓生于低湿之地的植物。 ③谁侜予美:侜,音 zhōu,欺诳。予美,我所爱的人。 ④忉忉:音 dāo dāo,忧愁的样子。

中唐有甓①,邛有旨鷊②。谁侜予美?心焉惕惕③。

[注释]①中唐有甓:唐,古代朝堂前和宗庙门内的大路。中唐,中庭的大路。甓,音 pì,古代的瓦。 ②鷊:音 yì,杂色小草。又名绶草。 ③惕惕:担心害怕的样子。

月 出

[题解]男子月下等待姑娘来会。

月出皎兮①。佼人僚兮②。舒窈纠兮③。劳心悄兮④。

[注释]①皎:皎洁。 ②佼人僚兮:佼,亦作"姣",美好。僚,通"嫽",美好。 ③舒窈纠兮:舒,步态舒缓。窈纠,音 yǎo jiǎo,女子身姿苗条的样子。 ④劳心悄兮:劳心,忧心。悄,深忧的样子。

月出皓兮①。佼人懰兮②。舒忧受兮③。劳心慅兮④。

[注释]①皓:光洁。 ②懰:音 liǔ,娇美。 ③忧受:形容女子走路姿态婀娜多姿的样子。 ④慅:音 cǎo:心里焦灼不安的样子。

月出照兮①。佼人燎兮②。舒夭绍兮③。劳心惨兮④。

[注释]①照:光明。 ②燎:漂亮。 ③夭绍:女子体态轻盈的样子。 ④惨:通"懆",今作"躁",忧愁焦躁。

株　林

[题解]讽刺陈灵公荒淫无耻。

胡为乎株林①？从夏南②！匪适株林③,从夏南！

[注释]①胡为乎株林:为啥要到株林去。株,陈国邑名,大夫夏御叔的封邑,在今河南西华。林,郊。 ②夏南:指夏御叔的儿子,名夏征舒,字子南。 ③适:去、往。

驾我乘马①,说于株野②。乘我乘驹③,朝食于株④!

[注释]①驾我乘马:我,诗人以陈灵公的口吻述写。乘,音 shèng,古代四马一车叫一乘,也作为四的代称。　②说:音 shuì,停车解马。　③乘我乘驹:前一"乘"字作动词,指驾、坐。后一"乘"字,同"驾我乘马"的"乘"。驹,通"骄",5尺高以上的马。　④朝食:吃早饭。

泽　陂

[题解]思念情人。

彼泽之陂①,有蒲与荷②。有美一人,伤如之何③?寤寐无为④,涕泗滂沱⑤。

[注释]①彼泽之陂:泽,湖沼。陂,音 bēi,堤坝。　②蒲:即香蒲,水生,茎嫩时可食。　③伤如之何:伤,亦作"阳",女性的自我谦称。如之何,怎么办。　④寤寐无为:寤寐,音 wù mèi,犹言"梦寐"。寤,觉醒。寐,入睡。无为,没办法。　⑤涕泗滂沱:涕泗,眼泪与鼻涕。滂沱,本义是下大雨的样子,此处形容涕泪之多。

彼泽之陂,有蒲与蕳①。有美一人,硕大且卷②。寤寐无为,中心悁悁③。

[注释]①蕳:音 jiān,亦作"莲",莲子。　②卷:音 quán,通"婘",品行好。　③悁悁:音 yuān yuān,忧闷不乐的样子。

彼泽之陂,有蒲菡萏①。有美一人,硕大且俨②。寤寐无为,辗转伏枕。

[注释]①菡萏:音 hàn dàn,荷花。　②俨:矜持端庄。

桧 风

羔 裘

[题解]女子思念一表人才的贵族男子。

羔裘逍遥①,狐裘以朝②。岂不尔思③?劳心忉忉④。

[注释]①羔裘逍遥:穿着羔皮袍子随意闲逛。 ②朝:上朝。 ③岂不尔思:即"岂不思尔",难道我不想你。 ④忉忉:音 dāo dāo,忧愁的样子。

羔裘翱翔①,狐裘在堂。岂不尔思?我心忧伤。

[注释]①翱翔:本意是鸟在空中回旋飞。此处指驾着车遨游。

羔裘如膏①,日出有曜②。岂不尔思?中心是悼③。

[注释]①膏:凝冻的动物油脂。 ②有曜:犹"曜曜",通"耀耀",光亮。以上两句是形容羔裘光亮润泽。 ③中心是悼:中心,心中。悼,恐惧。

素 冠

[题解]对居丧者表示同情。

庶见素冠兮①,棘人栾栾兮②。劳心慱慱兮③。

[注释]①庶:希望、但愿。素冠,白帽,居丧者所服。此处即代指居丧者。 ②棘人栾栾兮:棘人,指居丧者因悲痛而消瘦。棘,通"瘠"。栾栾,消瘦的样子。 ③慱慱:音 tuán tuán,忧伤苦痛的样子。

庶见素衣兮,我心伤悲兮。聊与子同归兮①。

[注释]①聊与子同归兮:且与你一起共悲伤。

庶见素韠①兮,我心蕴结②兮。聊与子如一兮。

[注释]①韠:音 bì,蔽膝,古代官服上的装饰,用熟皮制成,上窄下宽,系在衣服前面,似今日的围裙。大官红色,小官青黑色,居丧者白色。 ②蕴结:郁结。

隰有苌楚

[题解]没落贵族感到前途无望。

隰有苌楚①,猗傩其枝②,夭之沃沃③,乐子之无知④。

[注释]①苌楚:猕猴桃。 ②猗傩:音义同"婀娜",枝叶柔长,随风摇曳的样子。 ③夭之沃沃:夭,草木初生,生命力旺盛的样子。之,语气助词。沃沃,形容果实光泽肥美的样子。 ④乐子之无知:乐,喜爱。子,指猕猴桃。知,匹配。

隰有苌楚,猗傩其华,夭之沃沃。乐子之无家①。

[注释]①家:家室。

隰有苌楚,猗傩其实,夭之沃沃。乐子之无室①。

[注释]①室:家室。

匪风

[题解]游子去国怀乡。

匪风发兮①,匪车偈兮②。顾瞻周道③,中心怛兮④。

[注释]①匪风发兮:匪,彼、那。发,风疾吹声。 ②偈:音 jié,即"偈偈",车马疾驰的样子。 ③周道:大道。 ④中心怛兮:中心,即"心中"。怛,音 dá,忧伤。

匪风飘兮①,匪车嘌兮②。顾瞻周道,中心吊兮③。

[注释]①飘:飘风,旋风。 ②嘌,音 piāo,车马跑得轻快的样子。 ③吊:悲伤。

谁能亨鱼①?溉之釜鬵②。谁将西归?怀之好音③。

[注释]①亨:音 pēng,"烹"的本字,煮。 ②溉之釜鬵:溉,犹"摡",洗刷。釜,锅。鬵,音 xín,大锅。 ③怀之好音:怀,送去。好音,好消息。

曹 风

蜉 蝣

[题解]讽刺统治者有如蜉蝣朝生暮死。

蜉蝣之羽①,衣裳楚楚②。心之忧矣,於我归处③。

[注释]①蜉蝣:节肢类昆虫,寿命极短,多朝生暮死,翅薄而半透明。 ②楚楚:整洁鲜明的样子。 ③於我归处:於,音 wū,赞叹词。我,犹"何"。归处,归宿。下"归息"、"归说"义同。

蜉蝣之翼,采采衣服①。心之忧矣,於我归息。

[注释]①采采:繁盛华美。

蜉蝣掘阅①,麻衣如雪②。心之忧矣,於我归说。

[注释]①掘阅:掘,挖。阅,通"穴"。 ②麻衣:本义是洁白的麻制衣服,此处比喻蜉蝣的羽翼。

候　　人

[题解]感慨小人当道、贤人不得其位。

彼候人兮①,何戈与祋②。彼其之子③,三百赤芾④。

[注释]①候人:在道路上迎送宾客的小官。 ②何戈与祋:何,通"荷",扛。祋,音 duì,即殳(音 shū),古代一种撞击用兵器,竹制,长1丈2尺,头上无金属刃,八棱有尖。 ③彼其之子:那个人。 ④三百赤芾:三百,众多,不是实指。芾,音 fèi。赤芾,即赤韨,参见《桧风·素冠》第三章注①。此处代指高官。

维鹈在梁①,不濡其翼②。彼其之子,不称其服③。

[注释]①维鹈在梁:维,句首或句中语气助词,表示加强或肯定语气。鹈,音 tí,水鸟鹈鹕。梁,河中堤坝。 ②濡:音 rú,沾湿。 ③不称:不配。

维鹈在梁,不濡其咮①。彼其之子,不遂其媾②。

[注释]①咮:音 zhòu,鸟嘴。 ②不遂其媾:遂,最终完成。媾,音 gòu,厚道。

荟兮蔚兮①,南山朝隮②。婉兮娈兮③,季女斯饥④。

[注释]①荟兮蔚兮:荟、蔚,彩云兴起弥漫的样子。 ②南山朝隮:南山,山名,属今山东济阴。朝隮,朝,早晨。隮,音 jī,虹。 ③婉兮娈兮:婉娈,

姣好的样子。 ④季女,小女儿。

鸤 鸠

[题解]吹捧统治者贤德。

鸤鸠在桑①,其子七兮。淑人君子②,其仪一兮③。其仪一兮,心如结兮④。

[注释]①鸤鸠:布谷鸟。 ②淑:好、善。 ③其仪一兮:他的礼节始终如一。 ④结:心里专一不变。

鸤鸠在桑,其子在梅。淑人君子,其带伊丝①。其带伊丝,其弁伊骐②。

[注释]①其带伊丝:带,束衣带。有皮制的带,用以悬挂饰物。有丝制的大带,也称绅,围在腰间,结在前面。此处指后者。 ②其弁伊骐:弁,音biàn,古时男人穿礼服时戴的一种帽子。伊,语气助词,是。骐,音qí,青黑色有花纹的马。此处指帽子的青黑色。

鸤鸠在桑,其子在棘①。淑人君子,其仪不忒②。其仪不忒,正是四国③。

[注释]①棘:酸枣树。 ②忒,差错。 ③正是四国:正,榜样、准则。四国,四方之国、四方诸侯国,即天下。

鸤鸠在桑,其子在榛①。淑人君子,正是国人。正是国人,胡不万年②?

[注释]①榛:音zhēn,木名,榛栗。 ②胡不万年:胡,何。万年,长寿。

下　泉

[**题解**]赞扬郇伯护送周敬王。

洌彼下泉①,浸彼苞稂②。忾我寤叹③,念彼周京④。

[**注释**]①洌彼下泉:洌,寒冷。下泉,地下涌出的泉水。　②苞稂:苞,丛生。稂,音láng,一种草。　③忾我寤叹:忾,音xì,叹息。寤叹,失眠而叹。　④周京:周王城,在今洛阳西。下"京周"、"京师"义同。

洌彼下泉,浸彼苞萧①。忾我寤叹,念彼京周。

[**注释**]①萧:艾蒿。

洌彼下泉,浸彼苞蓍①。忾我寤叹,念彼京师。

[**注释**]①蓍:蓍草。

芃芃黍苗①,阴雨膏之②。四国有王③,郇伯劳之④。

[**注释**]①芃芃:音péng,茂盛的样子。　②膏:雨露滋润。　③四国有王:四国,四方之国、四方诸侯国,即天下。有王,春秋时,周的王子朝作乱,王位未定。10年后,朝失败,在晋的帮助下,敬王地位确立,才算有王。　④郇伯劳之:郇伯,即晋大夫荀跞。劳,勤劳。之,指慰劳护送敬王之事。

豳　风
七　月

[**题解**]先周民族在豳地一年的农事耕作。

七月流火①,九月授衣②。一之日觱发③,二之日栗烈④。无衣无褐⑤,何以卒岁⑥?三之日于耜⑦,四之日举趾⑧。同我妇子⑨,馌彼南亩⑩。田畯至喜⑪。

[**注释**]①七月流火:七月,夏历七月。流,向下行。火,星名,即天蝎星座中之α,中国之名为心宿二,不是现在通常所说的八大行星的火星。夏历五月黄昏,这星出现在正南最上方,六月以后,渐偏西下行,而暑退将寒。②授衣:把裁制冬衣的工作,交给妇女们去做。 ③一之日觱发:一之日,周历一月,夏历十一月。这首诗前后夏历与周历错用。觱发,音 bì bó,寒风呼啸。 ④二之日栗烈:二之日,周历二月,夏历十二月。栗烈,寒风刺骨。⑤褐:音 hè,粗毛布,此处引申为粗布衣。 ⑥卒:终了。 ⑦三之日于耜:三之日,周历三月,夏历一月。耜,音 sì,古代农具名,用于耕作翻土,西周时用青铜制成锋利的尖刃,是后世犁铧的前身,此处泛指春耕农具。于,是一个意义含糊的动词,具体含义要根据上下文及后面的名词来确定,此处作"修理"讲,下面"于貉"之"于"意为"猎取"。于耜,修理农具。 ⑧四之日举趾:四之日,周历四月,夏历二月。举趾,抬脚下田春耕。 ⑨妇子:老婆和孩子。⑩馌彼南亩:馌,音 yè,祭祀田神。南亩,向阳的田地。此处泛指田地。⑪田畯:田神。畯,音 jùn。

七月流火,九月授衣。春日载阳①,有鸣仓庚②。女执懿筐③,遵彼微行④,爰求柔桑⑤。春日迟迟⑥,采蘩祁祁⑦。女心伤悲⑧,殆及公子同归⑨。

[**注释**]①载阳:载,开始。阳,天气转暖。 ②有鸣仓庚:有,动词词头。仓庚,黄莺。 ③懿:深。 ④遵彼微行:遵,沿着。微行,小路。 ⑤爰求柔桑:爰,于是。柔桑,嫩桑叶。 ⑥迟迟:白日渐长的样子。 ⑦采蘩祁祁:蘩,音 fán,白蒿。祁祁,形容采蘩人很多。 ⑧女心伤悲:采蘩姑娘心中伤悲。 ⑨殆及公子同归:担心陪公的女儿出嫁去(要远行)。殆,犹"畏"。及,与。公子,公的女儿。归,出嫁。

七月流火,八月萑苇①。蚕月条桑②,取彼斧斨③。以伐远扬④,猗彼女桑⑤。七月鸣鵙⑥,八月载绩⑦。载玄载黄⑧,我朱孔阳⑨,为公子裳。

　　[注释]①萑苇:芦荻。萑,音 huán。　②蚕月条桑:蚕月,养蚕之月,夏历三月。条,亦作"挑",选择。条桑,剪桑枝。　③斧斨:斧类工具,柄孔圆的叫斧,方的叫斨。斨,音 qiāng。　④远扬:指长得又长又高的桑枝。　⑤猗彼女桑:猗,音 yī,"掎"的借字,牵引拉下。女桑,嫩桑叶。　⑥鸣鵙:即"鵙鸣",伯劳鸟叫。鵙,音 jú。　⑦载绩:载,则、就。绩,织麻。　⑧载玄载黄:又有黑又有黄,指麻织品上染的颜色。　⑨我朱孔阳:我染的红色很鲜亮。孔,很。阳,鲜亮。

　　四月秀葽①,五月鸣蜩②。八月其获③,十月陨萚④。一之日于貉,取彼狐狸,为公子裘。二之日其同⑤,载缵武功⑥。言私其豵⑦,献豜于公⑧。

　　[注释]①秀葽:即"葽秀",远志结实。葽,音 yǎo,远志,两年生草本植物,可入药。　②鸣蜩:即"蜩鸣",蝉叫。　③其获:将要收获(农作物)。　④陨萚:即"萚陨",枯叶落下。萚,音 tuò,草木脱落的皮或叶。　⑤同:会合,指奴隶集合为奴隶主打猎。　⑥载缵武功:又继续练习武功。当时打猎用意更在于练习武备。　⑦言私其豵:言,语气助词。私,私有。豵,音 zōng,小野猪,此处泛指小兽。　⑧豜:音 jiān,大野猪,此处泛指大兽。

　　五月斯螽动股①,六月莎鸡振羽②。七月在野③,八月在宇,九月在户,十月蟋蟀入我床下。穹窒熏鼠④,塞向墐户⑤。嗟我妇子,曰为改岁⑥,入此室处。

　　[注释]①斯螽动股:斯螽,蝗虫。动股,两腿跳动。　②莎鸡振羽:莎鸡,纺织娘。振羽,振动翅膀。　③七月在野:即"七月蟋蟀在野",这是蒙后

省,下两句同。这4句写随着天气渐冷,蟋蟀也从野外,渐移到屋檐下、门槛内,最后到床底下过冬。　④穹窒熏鼠:穹窒,音qióng zhì,犹"窒穹",堵塞墙壁上的缝隙。熏鼠,用烟火熏赶老鼠。　⑤塞向墐户:向,北窗。墐户,用泥涂抹门上缝隙。当时柴竹编的门有缝,冬天用泥抹实以御风寒。　⑥曰为改岁:曰,发语词。改岁,更改年岁,即过年。

六月食郁及薁①,七月亨葵及菽②。八月剥枣③,十月获稻。为此春酒④,以介眉寿⑤。七月食瓜,八月断壶⑥,九月叔苴⑦,采荼薪樗⑧,食我农夫⑨。

[注释]①食郁及薁:郁,郁李、唐棣。薁,音yīn,野葡萄。　②亨葵及菽:亨,通"烹"。葵,葵菜。菽,音shū,大豆。　③剥:通"扑",打。　④春酒:冬酿春成之酒。　⑤以介眉寿:介,助。眉寿,高寿。人长寿则眉上生毫毛,故称高寿为"眉寿"。　⑥断壶:断,摘。壶,葫芦。　⑦叔苴:叔,拾。苴,音jū,麻子,可食。　⑧采荼薪樗:荼,苦菜。薪,柴,此处用作动词,砍柴。薪樗,砍臭椿为柴。　⑨食:养活。

九月筑场圃①,十月纳禾稼②。黍稷重穋③,禾麻菽麦④。嗟我农夫,我稼既同⑤,上入执宫功⑥。昼尔于茅⑦,宵尔索绹⑧,亟其乘屋⑨,其始播百谷⑩。

[注释]①场圃:谷场菜园。古代一地两用,春夏种菜为圃,秋冬夯实为打谷场,故称"场圃"。　②纳禾稼:收缴庄稼。　③重穋:音tóng lú,亦作"种稑",两种谷物,早种晚熟的叫"重",晚种早熟的叫"穋"。　④禾:粟。　⑤同:收齐集中。　⑥上入执宫功:上,通"尚",还要。执,做、干。宫功,修整建筑宫室之事。　⑦昼尔于茅:尔,语气助词。于茅,割茅草。　⑧索绹:搓绳。绹,音táo。　⑨亟其乘屋:亟,赶紧。乘屋,登上屋子修理。　⑩其始:将要开始。

二之日凿冰冲冲①,三之日纳于凌阴②。四之日其蚤③,献羔祭韭④。九月肃霜⑤,十月涤场⑥。朋酒斯飨⑦,曰杀羔羊⑧,跻彼公堂⑨,称彼兕觥⑩:万寿无疆!

[注释]①冲冲:凿冰声。 ②凌阴:冰窖。这两句是说在寒冬凿冰,藏于冰窖,以备贵族夏天之用,可见那时已有了冷藏和降温的技术。 ③蚤:亦作"早",早朝,古代一种祭祀仪式。 ④献羔祭韭:进献羔羊和韭菜。古代开始藏冰和取冰,都要以羔羊和韭菜祭神。 ⑤肃霜:秋高气爽。 ⑥涤场:通"涤荡"。⑦朋酒斯飨:即"飨朋酒"的倒文。斯,语气助词。飨,以酒食待客。⑧曰:语气助词。 ⑨跻彼公堂:跻,音jī,登上。公堂,公共场所。可能是乡民聚会的地方。 ⑩称彼兕觥:称,举起。兕觥,用犀牛角制的大型酒杯。也有人认为是铜制伏兕形酒杯。

鸱鸮

[题解]禽言诗,母鸟述育儿艰辛。

鸱鸮鸱鸮①,既取我子,无毁我室②。恩斯勤斯③,鬻子之闵斯④。

[注释]①鸱鸮:音 chī xiāo,猫头鹰。 ②室,鸟窝。 ③恩斯勤斯:即"恩勤斯"。恩,亦作"殷"。 ④鬻子之闵斯:鬻,通"育",养育。子,指小鸟。闵,病困。

迨天之未阴雨①,彻彼桑土②,绸缪牖户③。今女下民④,或敢侮予⑤?

[注释]①迨:趁着。 ②彻彼桑土:彻,剥取。土,亦作"杜",树根。③绸缪牖户:绸缪,缠扎。牖户,指鸟窝。 ④今女下民:女,通"汝",你们。下民,指树下的人类。 ⑤或敢侮予:或,有的人。侮,侮辱,指人类对鸟的骚

扰。

予手拮据①,予所捋荼②。予所蓄租③,予口卒瘏④,曰予未有室家⑤。

[注释]①拮据:因操劳辛苦而脚爪屈伸不灵的样子。 ②捋荼:捋,音lǚ,用手自上而下成把勒取。荼,芦、茅的花。 ③蓄租:蓄,积聚。租,亦作"苴",茅草。 ④卒瘏:卒,音义同"悴"。瘏,音tú,口病。 ⑤曰予未有室家:曰,语气助词。室家,居处、家。

予羽谯谯①,予尾翛翛②,予室翘翘③。风雨所漂摇,予维音哓哓④!

[注释]①谯谯:音qiáo,形容羽毛枯焦凋敝的样子。 ②翛翛:音xiāo xiāo,形容羽毛干枯无光泽的样子。 ③翘翘:高而不稳的样子。 ④哓哓:音xiāo xiāo,因惊惧而叫。

东　　山

[题解]征夫归途思家。

我徂东山①,慆慆不归②。我来自东,零雨其濛③。我东曰归,我心西悲④。制彼裳衣⑤,勿士行枚⑥。蜎蜎者蠋⑦,烝在桑野⑧。敦彼独宿⑨,亦在车下⑩。

[注释]①我徂东山:徂,音cú,往、到。东山,即蒙山,在今山东曲阜。 ②慆慆:音tāo tāo,犹"悠悠",长久。 ③零雨其濛:微雨。其蒙,犹"蒙蒙",濛濛。 ④西悲:因想念西边的家乡而悲伤。 ⑤制彼裳衣:制,制作。裳衣,平常穿的衣服,而非战袍。 ⑥勿士行枚:勿,不用。士,通"事",从事。行,音义同"横"。枚,古代行军时,为防止出声而让士兵衔在口中的小棍,形

似筷子。　⑦蜎蜎者蠋:蜎蜎,音 yuān yuān,蠕动的样子。蠋,音 zhú,野蚕。⑧烝:乃。　⑨敦彼:犹"敦敦",蜷缩成团。敦,音 duī。彼,指士兵。　⑩在车下:指士兵宿于车下。

我徂东山,慆慆不归。我来自东,零雨其濛。果臝之实①,亦施于宇②。伊威在室③,蠨蛸在户④。町畽鹿场⑤,熠燿宵行⑥。不可畏也,伊可怀也⑦。

[注释]①果臝:瓜蒌,蔓生葫芦科植物。臝,音 luǒ。　②亦施于宇:施,音 yì,蔓延。宇,屋檐。　③伊威:地鳖虫。　④蠨蛸:音 xiāo shāo,长脚蜘蛛,俗名"蟢子"。　⑤町畽鹿场:屋子舍旁的田地成为鹿所践踏的地方。町畽,音 dīng tuǎn,屋舍旁的田地。鹿场,鹿所践踏的地方。　⑥熠燿宵行:闪闪发光的萤火虫。熠燿,音 yì yào,闪闪发光的样子。宵行,音 xiāo háng,萤火虫。以上几句写田园荒芜,少人居住,几成虫兽乐园的凄凉景象。　⑦不可畏也,伊可怀也:这两句是说田园荒芜并不可怕,反而更加向往它。

我徂东山,慆慆不归。我来自东,零雨其濛。鹳鸣于垤①,妇叹于室②。洒扫穹窒③,我征聿至④。有敦瓜苦⑤,烝在栗薪⑥。自我不见,于今三年。

[注释]①鹳鸣于垤:鹳,音 guàn,水鸟,似鹤,嘴长而直,羽毛灰色、白色或黑色,吃鱼虾。垤,音 dié,小土堆。　②妇叹于室:妇,征人之妻。叹,念叨。此句以下至章末,为征人想像妻子在家想念自己的情形。　③穹窒:音 qióng zhì,犹"窒穹",堵塞墙壁上的缝隙。　④我征聿至:我,妇自称。征,征人。聿,即将。　⑤有敦瓜苦:有敦,犹"敦敦",一堆堆。瓜苦,即"苦瓜"。　⑥栗薪:柴堆。

我徂东山,慆慆不归。我来自东,零雨其濛。仓庚于飞①,熠耀其羽。之子于归,皇驳其马②。亲结其缡③,九十其仪④。其新孔嘉⑤,其旧如之何⑥?

[注释]①仓庚于飞:仓庚,黄莺。于飞,在飞。 ②皇驳其马:皇,亦作"騜",黄白间杂。驳,红白间杂。 ③亲结其缡:亲,指妇的母亲。缡,音lí,佩巾的带。古时女子出嫁,母亲要亲自为她把佩巾结在带子上,谓之结缡。 ④九十其仪:九十,形容繁多,不是确指。仪,仪式、仪节。 ⑤其新孔嘉:新,指新婚时。孔嘉,很美满。 ⑥旧:久,久别。

破　　斧

[题解]随周公东征士兵哀伤九死一生。

既破我斧①,又缺我斨②。周公东征③,四国是皇④。哀我人斯,亦孔之将⑤。

[注释]①破:破坏。 ②又缺我斨:缺,缺损、损毁。斧斨本不宜损毁,损毁说明战争之长。 ③周公:武王弟,姓姬名旦。 ④四国是皇:即"皇四国"。四国,天下。此处主要指以管、蔡、商、奄为代表的叛国。是,语气助词,表宾语前置。皇,匡正。 ⑤亦孔之将:孔,很。将,大,大幸。上两句言诗人庆幸生还。

既破我斧,又缺我锜①。周公东征,四国是吪②。哀我人斯,亦孔之嘉③。

[注释]①锜:音qí,三齿耙,可作农具、兵器两用。 ②吪:音huā,亦作"讹",感化。 ③嘉:善。

既破我斧,又缺我銶①。周公东征,四国是遒②。哀我人斯,亦孔之休③。

[注释]①銶:音qiú,也是农具、兵器两用的器具,形似铁锹。 ②遒:音qiú,安定。 ③休:幸运。

伐　柯

[题解]以伐柯喻娶妻要有媒人。

伐柯如何①?匪斧不克②。取妻如何?匪媒不得。

[注释]①柯:斧柄。 ②匪斧不克:匪,没有。克,能。

伐柯伐柯,其则不远①。我觏之子②,笾豆有践③。

[注释]①则:式样、准则。 ②我觏之子:觏,音gòu,遇到。之子,那个人。此处指心爱的姑娘。 ③笾豆有践:笾,音biān,古代祭祀时盛果脯的竹器,形似高脚盘。豆,古代盛肉或熟菜的食器,木制,也有陶制或铜制,形制与笾相似。有践,犹"践践",整齐。

九　罭

[题解]贵族留客宴饮。

九罭之鱼鳟鲂①。我觏之子,衮衣绣裳②。

[注释]①九罭之鱼鳟鲂:九罭:网眼很小的网。九,形容网眼之密。罭,音yù,渔网。鳟:音zūn。赤眼鳟。 ②衮衣绣裳:衮衣,古代王或公侯穿的绣龙的上衣礼服。绣裳,五彩的下裳礼服。

鸿飞遵渚①,公归无所②?於女信处③。

[注释]①鸿飞遵渚:鸿,天鹅。遵,沿着。渚,音 zhǔ,河中小洲。②公归无所:你要回去,难道我这没住处。 ③於女信处:你在哪里住两晚。於,何。女,通"汝",你。信,住两夜。

鸿飞遵陆①,公归不复②,於女信宿③。

[注释]①陆:高平之地。 ②不复:不再来。 ③宿:犹"住"。

是以有衮衣兮,无以我公归兮,无使我心悲兮。

狼　跋

[题解]赞美贵族身材肥硕,道德品行无瑕。

狼跋其胡①,载疐其尾②。公孙硕肤③,赤舄几几④。

[注释]①狼跋其胡:老狼前行踩下颔。跋,踩。胡,某些动物颔下悬肉。 ②载疐其尾:后退则踩尾巴。载,则。疐,音 zhì,踩。 ③公孙硕肤:豳公之孙大肚皮。 ④赤舄几几:舄,音 xì。赤舄,配礼服穿的金饰红色铜头鞋。几几,鞋头弯曲的样子。

狼疐其尾,载跋其胡。公孙硕肤,德音不瑕①?

[注释]①德音不瑕:道德品行无污点。德音,道德品行。

雅

小　雅

鹿　鸣

[题解]国君宴饮群臣。

呦呦鹿鸣①,食野之苹②。我有嘉宾,鼓瑟吹笙③。吹笙鼓簧④,承筐是将⑤。人之好我⑥,示我周行⑦。

[注释]①呦呦:音yōu yōu,鹿群相鸣声。　②苹:即藾蒿,多年生草本植物,菊科,可蒸食。　③鼓瑟吹笙:鼓,弹。笙,乐器名。用若干根装有簧的竹管和一根吹气管装在一个锅形的座子上制成。　④簧,乐器里用竹箬或铜制成的发声薄片。　⑤承筐是将:承,奉上。筐,盛币帛的方形竹器。将,赠送。　⑥人之好我:人,客人。好,友爱。　⑦示我周行:示,告知。周行,大道,喻大道理。

呦呦鹿鸣,食野之蒿①。我有嘉宾,德音孔昭②,视民不恌③,君子是则是傚④。我有旨酒⑤,嘉宾式燕以敖⑥。

[注释]①蒿:即青蒿、香蒿,菊科,隔年生草本植物。 ②德音孔昭:德音,美好品德。孔,很。昭,光明。 ③视民不恌:视,昭示。恌,音tiáo,轻佻,轻薄。 ④君子是则是傚:君子,德行高尚者。则,准则。傚,音xiào,仿效。这句是说君子注重品行修养,并互相学习仿效。 ⑤旨酒:美酒。⑥嘉宾式燕以敖:式,语气助词。燕,通"宴",宴会。敖,逍遥自在。

呦呦鹿鸣,食野之芩①。我有嘉宾,鼓瑟鼓琴。鼓瑟鼓琴,和乐且湛②。我有旨酒,以燕乐嘉宾之心。

[注释]①芩,蔓苇,多年生草本植物,禾本科。 ②湛:音dān,通"媅(音dān)",逸乐尽兴。

四　牡

[题解]小臣忙于差事而无法照顾家庭。

四牡騑騑①,周道倭迟②。岂不怀归③?王事靡盬④,我心伤悲。

[注释]①四牡騑騑:四牡,驾车的4匹公马。騑騑,音fēi fēi,马跑不停。 ②周道倭迟:周道,大路。倭迟,遥远。 ③岂不怀归:难道我不想回去。 ④王事靡盬:王事,指国君的官差徭役。靡盬,无休止。盬,音gǔ。

四牡騑騑,啴啴骆马①。岂不怀归?王事靡盬,不遑启处②。

[注释]①啴啴骆马:啴啴,音tān tān,喘息的样子。骆马,黑鬣的白马。②不遑启处:遑,闲暇。不遑,没有空闲。启,跪。古人席地而坐,跪和坐的姿势很接近。处,居。启处,在家安闲休息。

翩翩者鵻①,载飞载下②,集于苞栩③。王事靡盬,不遑将父④。

[注释]①翩翩者鵻:翩翩,飞翔的样子。鵻,音 zhuī,鸽子。 ②载飞载下:飞上飞下。载,则、就。 ③集于苞栩:集,栖息。苞,草木丛生。栩,橡树、栎树。 ④将:扶助,此处意为侍奉。

翩翩者鵻,载飞载止①,集于苞杞②。王事靡盬,不遑将母。

[注释]①载飞载止:一会飞起一会停。止,停下。 ②杞:枸杞。

驾彼四骆,载骤骎骎①。岂不怀归?是用作歌②,将母来谂③。

[注释]①载骤骎骎:载,发语词。骤,马快跑。骎骎,音 qīn qīn,马奔驰的样子。 ②是用:即"用是",因此。 ③将母来谂:将,惟。来,句中语气助词,相当于"是"。谂,通"念"。将母来谂,犹"惟母是念",惟念母。

皇皇者华

[题解]君王使者外出访问咨询。

皇皇者华①,于彼原隰②。駪駪征夫③,每怀靡及④。

[注释]①皇皇者华:皇皇,绚丽多彩。华,花。 ②原隰:原,高而平的广阔地块。隰,低而平的阔地块。 ③駪駪征夫:駪駪,音 shēn shēn,众多。征夫,出行的人。 ④每怀靡及:每怀,怀私,顾念私事。靡及,无济于事。

我马维驹①,六辔如濡②。载驰载驱,周爰咨诹③。

[注释]①驹:通"骄",5尺高以上的马。 ②六辔如濡:六辔,6条缰绳。濡,浸润。 ③周爱咨诹:因忠诚而去咨询。咨,向贤人咨询。诹,音zōu,就事件进行咨询。

我马维骐①,六辔如丝。载驰载驱,周爱咨谋②。

[注释]①骐:音 qí,青黑色有花纹的马。 ②谋:就办事难易进行咨询。

我马维骆①,六辔沃若②。载驰载驱,周爱咨度③。

[注释]①骆:黑鬣的白马。 ②沃若:犹"沃然",光泽润滑的样子。 ③度:就如何做才能符合礼进行咨询。

我马维骃①,六辔既均②。载驰载驱,周爱咨询③。

[注释]①骃:音 yīn,浅黑带白的马。 ②均:均匀协调。 ③询:向亲戚咨询。

常　　棣

[题解]号召兄弟应团结。

常棣①之华,鄂不韡韡②。凡今之人,莫如兄弟。

[注释]①常棣:常,通"棠"。常棣,棠梨。 ②鄂不韡韡:鄂,通"萼",花萼。不,花蒂。韡韡,音 wěi wěi,花鲜艳的样子。

死丧之威①,兄弟孔怀②。原隰裒矣③,兄弟求矣④。

[注释]①威,畏。 ②孔怀:孔,很。怀,关心。 ③原隰裒矣:假如原与隰相遇,即地震,此处比喻出现大的坏事情。裒,音póu,会聚。 ④兄弟求矣:只有兄弟可求助。

脊令在原①,兄弟急难。每有良朋,况也永叹②。

[注释]①脊令:鹡鸰。 ②况也永叹:况,此。永叹,长叹。

兄弟阋于墙①,外御其务②。每有良朋,烝也无戎③。

[注释]①兄弟阋于墙:兄弟争吵在家中。阋,音xì,争吵、闹矛盾。②外御其务:御,抵抗。务,通"侮",欺负。 ③烝也无戎:烝,通"陈",久。戎,帮助。

丧乱既平,既安且宁。虽有兄弟,不如友生①?

[注释]①生:语气助词。

傧尔笾豆①,饮酒之饫②。兄弟既具③,和乐且孺④。

[注释]①傧:陈列。 ②饮酒之饫:举行家宴把酒喝。饫,音yù,家宴、私宴。 ③具:通"俱",都,此处指都来到。 ④和乐且孺:和睦快乐相亲近。

妻子好合①,如鼓瑟琴②。兄弟既翕③,和乐且湛④。

[注释]①妻子好合:妻子贤惠两情好。 ②如鼓瑟琴:如弹琴瑟真协调。 ③翕:和睦。 ④湛:音dān,通"媅",逸乐尽兴。

宜尔室家①,乐尔妻帑②。是究是图③,亶其然乎④?

[注释]①宜:有利于。 ②帑:音 nú,儿女。 ③是究是图:是,于是、乃。究、图,谋划、研究。 ④亶其然乎:兄弟关系确实应该是这样。亶,音 dǎn,确实。其,兄弟关系。然,这样,指以上所讲的和睦情形。

伐　木

[题解]朋友宴饮。

伐木丁丁①,鸟鸣嘤嘤②。出自幽谷,迁于乔木。嘤其鸣矣③,求其友声。相彼鸟矣,犹求友声。矧伊人矣④,不求友生?神之听之⑤,终和且平⑥。

[注释]①丁丁:音 zhēng zhēng,砍树的声音。 ②嘤嘤:鸟鸣声。 ③嘤其:犹"嘤嘤"。 ④矧伊人矣:矧,音 shěn,何况。伊人,这人。 ⑤神之听之:神,慎。听,听从。 ⑥终:既。

伐木许许①,酾酒有藇②!既有肥羜③,以速诸父④。宁适不来⑤,微我弗顾⑥。於粲洒扫⑦,陈馈八簋⑧。既有肥牡⑨,以速诸舅⑩。宁适不来,微我有咎⑪。

[注释]①许许:音 hǔ hǔ,伐木时一齐呼喊号子的声音。 ②酾酒有藇:酾,音 shì,滤。藇,音 xù。有藇,犹"藇藇",酒味醇美。 ③羜:音 zhù,5个月的羔羊。 ④以速诸父:速,邀请。诸父,对同姓长辈的敬称。 ⑤宁适不来:宁,为何。适,偶尔。 ⑥微我弗顾:微,非。顾,照顾。上两句言为可他们偶尔不来,可不是我不想尊重照顾他们。 ⑦於粲洒扫:於,音 wū,赞叹词。粲,鲜明干净。 ⑧陈馈八簋:陈,陈列、摆设。馈,食物。簋,音 guǐ,古代青铜或陶制食器,圆口,圈足,双耳,方座,有的带盖。 ⑨牡:雄性的鸟兽。这里指公羊。 ⑩诸舅:对异姓长辈的敬称。 ⑪咎:过错。

伐木于阪①,酾酒有衍②。笾豆有践③,兄弟无远④。民之失德⑤,干糇以愆⑥。有酒湑我⑦,无酒酤我⑧。坎坎鼓我⑨,蹲蹲舞我⑩。迨我暇矣⑪,饮此湑矣。

[注释]①阪:山坡。 ②有衍:犹"衍衍",本义是水多,此处形容酒满溢。 ③笾豆有践:竹笾木豆摆整齐。详见《豳风·伐柯》第二章注③。 ④兄弟无远:兄弟,同辈亲友。无远,不要疏远。 ⑤失德:失去亲友的情谊。 ⑥干糇以愆:糇,音 hóu。干糇,干粮。此处指粗薄的食品。愆,过失。上两句言亲友之间失去情谊,往往是因为饮食上的不周而引起。 ⑦湑我:即"我湑"。湑,音 xū,义同酾。 ⑧酤:音 gū,通"沽",买酒。 ⑨坎坎:击鼓声。 ⑩蹲蹲:音 cūn cūn,形容伴随鼓乐声起舞的姿态。 ⑪迨:及、趁。

天　保

[题解]祝贵族福寿双全。

天保定尔①,亦孔之固②。俾尔单厚③,何福不除④?俾尔多益,以莫不庶⑤。

[注释]①保定:保佑安定。 ②亦孔之固:孔,很。固,牢固。 ③俾尔单厚:俾,使。单,厚。 ④除:音 zhù,赐予。 ⑤以莫不庶:因此没有不富庶。

天保定尔,俾尔戬穀①。罄无不宜②,受天百禄。降尔遐福③,维日不足④。

[注释]①戬穀:戬,音 jiǎn,福。穀,禄。 ②罄无不宜:罄,所有的。宜,合宜。 ③遐福:长久的福。 ④维日不足:惟恐一天不足。维,通"惟"。

天保定尔,以莫不兴。如山如阜①,如冈如陵②,如川之方至③,以莫不增④。

[注释]①阜:音 fù,土山。 ②冈:山冈。 ③如川之方至:有如大河正涨水。 ④增:增进、增加。

吉蠲为饎①,是用孝享②。禴祠烝尝③,于公先王④。君曰卜尔⑤,万寿无疆。

[注释]①吉蠲为饎:清爽净洁办酒食。吉蠲,干净清爽。蠲,音 juān。饎,音 chì,酒食。 ②是用孝享:是用,即"用是",因此。孝享,祭祀、献祭。 ③禴祠烝尝:禴,音 yuè,夏祭于宗庙。祠,春祭于宗庙。烝,音 zhēng,冬祭于宗庙。尝,秋祭于宗庙。 ④于公先王:于,对于,表指向。公,先公。 ⑤君曰卜尔:先公先王说赐予你。君,指先公先王。祭祀时,以活人代神受祭,故可以说话。卜,赐予。

神之吊矣①,诒尔多福②。民之质矣③,日用饮食。群黎百姓④,遍为尔德⑤。

[注释]①吊:至、到来。 ②诒,通"遗",赐予。 ③质:质朴。 ④群黎百姓:普通民众。百姓,百官,与现在所说"百姓"迥然不同,是对立的两个社会阶层,故此处与群黎对举。 ⑤遍为尔德:个个都承受你的恩德。

如月之恒①,如日之升。如南山之寿,不骞不崩②。如松柏之茂,无不尔或承③。

[注释]①如月之恒:像上弦月一样日渐圆满。 ②骞:音 qiān,崩塌。 ③无不尔或承:无一不继承你的事业。或,语气助词。

采 薇

[题解]士兵远征还归感慨万端。

采薇采薇①,薇亦作止②。曰归曰归,岁亦莫止③。靡室靡家④,狁之故⑤。不遑启居⑥,狁之故。

[注释]①薇:野豌豆苗,冬天发芽,春天长成,嫩苗可食。 ②薇亦作止:亦,语气助词。作,初生。止,语气助词。 ③莫:古"暮"字。 ④靡室靡家:即"靡室家"。靡,无。诗人终年从役在外,与妻子久别,有家等于没有。 ⑤狁:音 xiǎn yǔn,古代西北地区的少数民族,春秋时称"戎"、"狄",秦汉时称"匈奴"、"胡"。 ⑥不遑启居:不遑,没有闲暇。启居,休息。古人席地而坐,两膝着席,与"跪"同义,跪时腰挺立,称"启";腰不挺立,臀部落于脚跟,称"居"。

采薇采薇,薇亦柔止①。曰归曰归,心亦忧止。忧心烈烈②,载饥载渴③。我戍未定④,靡使归聘⑤。

[注释]①柔:幼苗肥嫩。 ②忧心烈烈:忧心如焚。 ③载:又。 ④戍:驻守。 ⑤靡使归聘:使者。聘,探问。上两句言因战况随时变化,驻地无法确定,不能派人回家通消息。

采薇采薇,薇亦刚止①。曰归曰归,岁亦阳止②。王事靡盬③,不遑启处④。忧心孔疚⑤,我行不来⑥!

[注释]①刚:坚硬。指薇菜茎叶渐老变硬。 ②阳:十月为阳,即小阳春。 ③王事靡盬:王事,指国君的官差徭役。靡盬,无休止。 ④启处:义同"启居"。 ⑤孔疚:很痛苦。 ⑥来:回、归。

彼尔维何①？维常之华②。彼路斯何③？君子之车④。戎车既驾⑤,四牡业业⑥。岂敢定居？一月三捷。

[注释]①彼尔维何:尔,亦作"苶",花盛开的样子。维何,是什么。②常:通"棠",棠梨树。 ③彼路斯何:路,车子高敞的样子。斯何,犹"维何"。 ④君子:指将帅。 ⑤戎车:战车。 ⑥业业:高大壮健的样子。

驾彼四牡,四牡骙骙①。君子所依②,小人所腓③。四牡翼翼,象弭鱼服④。岂不日戒⑤？狁孔棘⑥!

[注释]①骙骙,音 kuí kuí,马威武强壮的样子。 ②依:凭依。 ③小人所腓:小人,指士兵。腓,音 féi,亦作"芘",覆庇、掩蔽。 ④象弭鱼服:弭,音 mǐ,弓的两头缚弦处,有时即代指弓。象弭,象牙镶饰的弓。鱼服,鱼皮做的箭袋。 ⑤日戒:天天戒备。 ⑥孔棘:很紧急。棘,通"亟",紧急。

昔我往矣,杨柳依依①。今我来思②,雨雪霏霏③。行道迟迟④,载渴载饥。我心伤悲,莫知我哀!

[注释]①依依:柳条纤弱随风飘拂的样子。 ②思:语末语气助词。③雨雪霏霏:雨,下、降。霏霏,大雪纷飞。 ④迟迟:缓慢。

出　　车

[题解]南仲出征狁。

我出我车,于彼牧矣①。自天子所②,谓我来矣③。召彼仆夫④,谓之载矣⑤。王事多难⑥,维其棘矣⑦。

[注释]①牧:放牧的地方。 ②自天子所:从天子那里传来命令。③谓我来矣:让我为将去出征。 ④召彼仆夫:召集那些驾车人。 ⑤谓之

载矣:告诉他们快装载。 ⑥王事多难:国家大事正艰难。 ⑦维其棘矣:维,发语词,加强语气。其,指前句"王事"。棘,紧急。

我出我车,于彼郊矣①。设此旐矣②,建彼旄矣③。彼旟旐斯④,胡不旆旆⑤?忧心悄悄⑥,仆夫况瘁⑦。

[注释]①郊:城外。 ②设此旐矣:设,挂起。旐,音zhào,古代一种画有龟蛇图案的旗。 ③建彼旄矣:建,树起。旄,音máo,旗杆头上用旄牛尾做装饰的旗。 ④旟:音yú,画有鸟隼的旗。 ⑤胡不旆旆:为何不高高飘扬。胡,何。旆旆,音pèi pèi,旗帜飘扬的样子。 ⑥悄悄:忧虑的样子。 ⑦况瘁:憔悴。

王命南仲①,往城于方②。出车彭彭③,旂旐央央④。天子命我,城彼朔方。赫赫南仲⑤,猃狁于襄⑥。

[注释]①南仲:周宣王时大臣,在宣王中兴中立有大功。 ②往城于方:城,筑城。方,即下文"朔方",北方。 ③彭彭:威武雄壮有力的样子。 ④旂旐央央:旂,音qí,一种画有交龙图形的旗。央央,鲜明的样子。 ⑤赫赫:声威盛大的样子。 ⑥猃狁于襄:即"襄于猃狁",扫除猃狁。

昔我往矣,黍稷方华①。今我来思②,雨雪载途③。王事多难,不遑启居④。岂不怀归⑤?畏此简书⑥。

[注释]①方华:方,正在。华,通"花",开花。 ②思:语气助词。 ③载:充满。 ④不遑启居:没有闲暇来休息。 ⑤岂不怀归:难道我不想回去。 ⑥简书:写在竹简上的文书。

喓喓草虫,趯趯阜螽①。未见君子,忧心忡忡。既见君子,我心则降②。赫赫南仲,薄伐西戎③。

[注释]①喓喓草虫,趯趯阜螽:蝈蝈鸣叫蝗虫跳。详见《召南·草虫》第一章注①。 ②降:放下来。 ③薄伐西戎:薄,动词词头。西戎,中国古代西北一个少数民族。

春日迟迟①,卉木萋萋②。仓庚喈喈③,采蘩祁祁④。执讯获丑⑤,薄言还归⑥。赫赫南仲,狁于夷⑦。

[注释]①春日迟迟:春天白日渐渐长。 ②卉木萋萋:卉木,草木。萋萋,音 qī qī,繁茂。 ③仓庚喈喈:仓庚,黄莺。喈喈,音 jiē jiē,象声词,禽类相和的叫声、乐器声。 ④采蘩祁祁:采蘩人很多。 ⑤执讯获丑:执,擒获。讯,间谍。获,通"聝(音 guó)",古代战争中割取所杀敌人的左耳以计功,也指所割下的敌人左耳。丑,本指禽兽,此处是对敌人的蔑称。 ⑥薄言:语气助词。 ⑦夷:平定。

杕　杜

[题解]征夫怀归。

有杕之杜,有睆其实①。王事靡盬,继嗣我日②。日月阳止③,女心伤止,征夫遑止④。

[注释]①有睆:犹"睆睆",果实圆实的样子。 ②继嗣我日:继嗣,延续。日,服役的日期。 ③日月阳止:时节已到十月份。日月,时节。阳,十月。止,语气助词。 ④征夫遑止:征夫已闲咋不回。征夫,出行的人,此处指丈夫。遑,闲暇。

有杕之杜,其叶萋萋。王事靡盬,我心伤悲。卉木萋止,女心悲止,征夫归止!

陟彼北山,言采其杞①。王事靡盬,忧我父母。檀车幝幝②,四牡痯痯③,征夫不远!

[注释]①杞:枸杞。 ②幝幝:音 chǎn chǎn,破。 ③痯痯:音 guǎn guǎn,疲乏的样子。

匪载匪来①,忧心孔疚②。期逝不至③,而多为恤④。卜筮偕止⑤,会言近止⑥,征夫迩止⑦!

[注释]①匪载匪来:车未装载人未回。匪,通"非",不。 ②孔疚:孔,很、甚。疚,忧思苦痛的样子。 ③斯逝不至:归期已过不回来。 ④恤:忧愁。 ⑤卜筮偕止:龟卜蓍占都用过。偕,都。 ⑥会言近止:合当离家已近。会,合当,指按规定应该。 ⑦迩:近。

鱼　丽

[题解]贵族宴饮。

鱼丽于罶①,鲿鲨②。君子有酒,旨且多③。

[注释]①鱼丽于罶:丽,通"罹",遭遇、落入。罶,音 liú,即"笱"。 ②鲿鲨:鲿,音 cháng,黄颊鱼。鲨,鮀,一种体圆带黑点纹的淡水小鱼。 ③旨:美。

鱼丽于罶,鲂鳢①。君子有酒,多且旨。

[注释]①鳢:音 lǐ,黑鱼。

鱼丽于罶,鰋鲤①。君子有酒,旨且有②。

[注释]①鳠:音yǎn,鲇。 ②有:多。

物其多矣,维其嘉矣①!

[注释]①嘉:善。

物其旨矣,维其偕矣①!

[注释]①偕:义同"嘉"。

物其有矣,维其时矣①!

[注释]①时:时鲜。

南有嘉鱼

[题解]贵族宴饮。

南有嘉鱼①,烝然罩罩②。君子有酒,嘉宾式燕以乐③。

[注释]①南有嘉鱼:南,南方江汉一带。嘉,好。 ②烝然罩罩:烝,众多。罩罩,用细竹编成的捕鱼用的罩。 ③式燕以乐:式,语气词。燕,宴会。以,而。

南有嘉鱼,烝然汕汕①。君子有酒,嘉宾式燕以衎②。

[注释]①汕汕:鱼在水中自由游动的样子。 ②衎,音kàn,乐。

南有樛木①,甘瓠累之②。君子有酒,嘉宾式燕绥之③。

[注释]①南有樛木:南,南方。樛,音jiū。樛木,弯曲的树枝。 ②甘瓠累之:甘瓠,葫芦。累,缠绕。 ③绥:安乐。

翩翩者鵻①,烝然来思②。君子有酒,嘉宾式燕又思③。

[注释]①翩翩者鵻:翩翩,飞翔的样子。鵻,音zhuī,鸽子。 ②烝然来思:大群飞过来。思,语气助词。 ③又:通"侑",主人宴宾并赠以财物。

南 山 有 台

[题解]为贵族祝寿。

南山有台①,北山有莱②。乐只君子③,邦家之基④。乐只君子,万寿无期。

[注释]①台:莎草,可用来做蓑衣、斗笠。 ②莱:草名,即胭脂菜。 ③只:语气助词。 ④邦家:国家。

南山有桑,北山有杨。乐只君子,邦家之光①。乐只君子,万寿无疆。

[注释]①光:荣耀、骄傲。

南山有杞①,北山有李。乐只君子,民之父母。乐只君子,德音不已②。

[注释]①杞:枸杞。 ②德音:声誉、好名声。

南山有栲①,北山有杻②。乐只君子,遐不眉寿③。乐只君子,德音是茂④。

[注释]①栲:音 kǎo,栲树。 ②杻:音 niǔ,檍树。 ③遐不眉寿:怎能不长寿。遐,通"何"。眉寿,高寿。 ④茂:品德高尚的样子。

南山有枸①,北山有楰②。乐只君子,遐不黄耇③。乐只君子,保艾尔后④。

[注释]①枸:音 jǔ,枳椇,俗名拐枣。 ②楰:音 yú,苦楸树。 ③黄耇:年老则头发黄,故即作为长寿、高寿的代称。 ④保艾尔后:保艾,保佑。后,子孙后代。

蓼　萧

[题解]诸侯赞颂周王。

蓼彼萧斯①,零露湑兮②。既见君子,我心写兮③。燕笑语兮④,是以有誉处兮⑤。

[注释]①蓼彼萧斯:蓼,音 lù。蓼彼,犹"蓼蓼",长大的样子。萧,艾蒿。斯,语气助词。 ②零露湑兮:零,降落。湑,音 xù,晶莹清亮的样子。③写:通"泻",宣泄、舒畅。 ④燕:通"宴"。 ⑤是以有誉处兮:大家同欢乐。是以,即"以是",因此。有,语气助词。誉,通"豫",欢乐。

蓼彼萧斯,零露瀼瀼①。既见君子,为龙为光②。其德不爽③,寿考不忘④。

[注释]①瀼瀼:ráng ráng,露浓重的样子。 ②为龙为光:真是荣宠真是光耀。龙,通"宠"。 ③爽:差错。 ④寿考不忘:长寿永无尽。不忘,不

已。

蓼彼萧斯,零露泥泥①。既见君子,孔燕岂弟②。宜兄宜弟③,令德寿岂④。

[注释]①泥泥:沾湿濡润。 ②孔燕岂弟:孔,很。燕,安。岂弟,音 kǎi tì,通"恺悌",和蔼亲近。 ③宜兄宜弟:和睦融洽兄弟情。 ④令德寿岂:你德高寿长享欢乐。令,美。岂,乐。

蓼彼萧斯,零露浓浓。既见君子,鞗革冲冲①。和鸾雍雍②,万福攸同③。

[注释]①鞗革冲冲:鞗,音 tiáo,马笼头上连接缰绳和嚼子的小铜环。因以指辔,即马缰绳。革,通"勒",带嚼口的马笼头。冲冲,垂饰的样子。②和鸾雍雍:和,挂在车轼上的铃。鸾,音 luán,亦作"銮",挂在马镳、车衡、旗帜上的铃铛。雍雍,鸟鸣叫声、乐器清脆的声音。 ③攸同:攸,所。同,会聚。

湛　露

[题解]周王与诸侯夜宴。

湛湛露斯①,匪阳不晞②。厌厌夜饮③,不醉无归。

[注释]①湛湛:露水浓重的样子。 ②匪阳不晞:匪,没有。晞,干。③厌厌:通"愔愔",安静、安闲的样子。

湛湛露斯,在彼丰草①。厌厌夜饮,在宗载考②。

[注释]①丰:茂盛。 ②在宗载考:同姓宗室完成夜饮之礼。在宗,属

于宗室的人。载,则。考,成。夜饮之礼,宗室同姓共同完成,异姓诸侯则不参与。

湛湛露斯,在彼杞棘①。显允君子②,莫不令德。

[注释]①杞棘:杞,枸杞。棘,酸枣。　②显允:显,英明。允,忠贞。

其桐其椅①,其实离离②。岂弟君子③,莫不令仪④。

[注释]①其桐其椅:桐,梧桐。椅,山桐子。　②离离:果实累累的样子。　③岂弟:音 kǎi tì,通"恺悌",和蔼亲近。　④令仪:令,美、善。仪,威仪。

彤　　弓

[题解]周王宴饮诸侯并赐彤弓。

彤弓弨兮①,受言藏之②。我有嘉宾,中心贶之③。钟鼓既设,一朝飨之④。

[注释]①彤弓弨兮:彤弓,朱红色的弓。弨,音 chāo,松弛。　②受言藏之:受,接受,指受赐。言,语气助词。藏,收藏。　③中心贶之:中心,心中。贶,音 kuàng,恩赐。　④一朝飨之:一朝,早朝。飨,设宴款待。

彤弓弨兮,受言载之①。我有嘉宾,中心喜之。钟鼓既设,一朝右之②。

[注释]①载:车载,此处指用车载带回家。　②右:通"侑",主人宴宾并赠以财物。

彤弓弨兮,受言櫜之①。我有嘉宾,中心好之②。钟鼓既设,一朝酬之③。

[注释]①櫜:音gāo,古代盛弓矢的袋,也指把弓矢装进袋里。 ②好:喜欢。 ③酬:宴会上主人第二次先饮并劝客饮。详见《小雅·瓠叶》第二章注②。

菁菁者莪

[题解]见君子可作为学习榜样而欣喜不已。

菁菁者莪①,在彼中阿②。既见君子,乐且有仪③。

[注释]①菁菁者莪:菁菁,茂盛。莪,音é,萝蒿。 ②中阿:即"阿中",土山上。阿,大土山。 ③乐且有仪:心中高兴有了好楷模。仪,楷模、榜样。

菁菁者莪,在彼中沚①。既见君子,我心则喜。

[注释]①沚:音zhǐ,小沙洲。

菁菁者莪,在彼中陵①。既见君子,锡我百朋②。

[注释]①陵:土山。 ②锡我百朋:锡,赐。朋,古代以贝为币,五贝为一朋。

泛泛杨舟①,载沉载浮②。既见君子,我心则休③。

[注释]①泛泛杨舟:泛泛,飘荡的样子。杨舟,杨树做的船。 ②载沉载浮:船儿随浪上下起伏。 ③休:快乐。

六　月

[**题解**]尹吉甫出征狁。

六月栖栖①,戎车既饬②。四牡骙骙③,载是常服④。狁孔炽⑤,我是用急⑥。王于出征⑦,以匡王国⑧。

[**注释**]①栖栖:不安定的样子,此处形容盛夏出兵的繁忙紧张。②戎车既饬:戎车,兵车。饬,音 chì,整顿准备。　③骙骙,音 kuí kuí,马威武强壮的样子。　④载是常服:载,装载。是,此。常服,战争中常穿之服,即军装。　⑤孔炽:孔,很。炽,本义是火势盛,此处义为猖獗。　⑥是用:即"用是",因此。　⑦王于出征:王,指王师、周师。于,语气助词,无实义。⑧匡:正、保卫。

比物四骊①,闲之维则②。维此六月,既成我服③。我服既成,于三十里④。王于出征,以佐天子⑤。

[**注释**]①比物四骊:四匹相当的骊马配合协调。比,配合一致。物,指力量相当的马。骊,音 lí,纯黑色的马。　②闲之维则:四马熟练符合驾车要求。闲,熟练。则,马驾车的要求。　③既成我服:已经做好我们的军装。④于三十里:日行 30 里。于,往。　⑤以佐天子:以辅佐天子保江山。

四牡修广①,其大有颙②。薄伐狁③,以奏肤公④。有严有翼⑤,共武之服⑥。共武之服,以定王国。

[**注释**]①修广:又长又宽,此处形容马体型高大。　②有颙:犹"颙颙",大。　③薄:语气助词。　④以奏肤公:奏,建立。肤,大。公,功。⑤有严有翼:有严,犹"严严",军容威严。有翼,犹"翼翼",军心端正恭敬。⑥共武之服:大家全心全意打这场战争。共,通"恭",恭敬,犹现在说有敬业

精神。武,武事,指战争。服,事。

狁匪茹①,整居焦获②。侵镐及方③,至于泾阳④。织文鸟章⑤,白旆央央⑥。元戎十乘⑦,以先启行⑧。

[注释]①匪茹:不自量力。匪,不。茹,度量、估计。 ②整居焦获:进犯焦获。整,通"征",往。焦获,地名,近狁之地,在今陕西泾阳。 ③侵镐及方:镐,音 hào,镐京,不是周都镐京,在今甘肃宁武。方,地名,不详,当与镐京相去不远。 ④泾阳:泾水以北。 ⑤织文鸟章:旗帜上绘有鸟形花纹。织,通"帜",旗帜。文,通"纹",花纹。鸟章,鸟形花纹。 ⑥白旆央央:旆,音 pèi,大旗。央央,鲜明的样子。 ⑦元戎十乘:元戎,大型战车,与"小戎"相对而言。乘,音 shèng,古代四马一车叫一乘。 ⑧启行:开道。

戎车既安①,如轾如轩②。四牡既佶③,既佶且闲。薄伐狁,至于大原④。文武吉甫⑤,万邦为宪⑥。

[注释]①戎车既安:戎车都已安排好。 ②如轾如轩:犹"或轾或轩",有的车子向前倾有的车子向上扬。轾,车子前低后高向前倾。轩,车子前高后低向上扬。 ③佶:音 jí,强壮。 ④大原:在今甘肃平凉,不是今之太原。 ⑤文武吉甫:文武双全尹吉甫。吉甫,人名,即尹吉甫,宣王中兴的重臣,此次出征的统帅。《大雅·崧高》为其所作。 ⑥宪:准则。

吉甫燕喜①,既多受祉②。来归自镐,我行永久③。饮御诸友④,炰鳖脍鲤⑤。侯谁在矣⑥?张仲孝友⑦。

[注释]①吉甫燕喜:即"喜燕吉甫",周王喜庆宴吉甫。燕,宴。 ②祉:音 zhǐ,福。 ③我行永久:我在外出征日已久。 ④饮御:款待。 ⑤炰鳖脍鲤:炰,音 páo,烹煮。脍,把鱼、肉切成薄片。 ⑥侯谁在矣:宴会座上都是谁。侯,发语词。 ⑦张仲孝友:都是张仲一类孝敬父母友爱兄弟

采　芑

[题解]方叔南征。

薄言采芑①,于彼新田②,于此菑亩③。方叔涖止④,其车三千。师干之试⑤,方叔率止⑥。乘其四骐⑦,四骐翼翼⑧。路车有奭⑨,簟茀鱼服⑩,钩膺鞗革⑪。

[注释]①芑:音 qǐ,一种野菜,即水芹。　②新田:开垦了两年的田。③菑亩:开垦了一年的田。菑,音 zī。　④方叔涖止:方叔,人名,宣王卿士,出生荆蛮。涖,音 lì,亲临。止,语气助词。　⑤师干之试:师干,甲兵。试,练习。　⑥率止:率,统率。止,语气助词。　⑦骐:音 qí,青黑色有花纹的马。⑧翼翼:强壮的样子。　⑨路车有奭:路车,古代诸侯所乘之车。奭,音 shì,赤色。　⑩簟茀鱼服:簟茀,方纹竹席制的车蔽。鱼服,鱼皮制的车厢蒙皮。⑪钩膺鞗革:钩膺,套在马颈上和胸前的革带,上有金属饰物。鞗革,马缰绳和马笼头。详见《小雅·蓼萧》第四章注①。

薄言采芑,于彼新田,于此中乡①。方叔涖止,其车三千。旂旐央央②,方叔率止。约𫐄错衡③,八鸾玱玱④。服其命服⑤,朱芾斯皇⑥,有玱葱珩⑦。

[注释]①乡中:即"乡中",田野中。　②旂旐央央:详见《小雅·出车》第二章注②和第三章注④。　③约𫐄错衡:约,缠束、捆扎。𫐄,音 qí,车毂两端用皮革装饰的部分,有时即指车毂。错,花纹。衡,车辕前端的横木。④玱玱:音 qiāng qiāng,铃声、玉器撞击声。　⑤服其命服:服,穿用。命服,天子所赐之服。　⑥朱芾斯皇:芾,音 fú,即韨。详见《桧风·素冠》第三章注。斯皇,犹"皇皇",鲜艳。　⑦有玱葱珩:玱,音 qiāng。有玱,犹"玱玱"。

葱,葱色,青绿色。珩,音 héng,佩玉。

鴥彼飞隼①,其飞戾天②,亦集爰止③。方叔涖止,其车三千。师干之试,方叔率止。钲人伐鼓④,陈师鞠旅⑤。显允方叔⑥,伐鼓渊渊⑦,振旅阗阗⑧。

[注释]①鴥彼:"鴥鴥",鸟疾飞的样子。 ②戾:至。 ③亦集爰止:集,聚集。爰,于、在。止,所、地方。 ④钲人伐鼓:击钲就停止进攻,擂鼓则向前冲锋。钲与鼓,各有专人负责,因语句高度浓缩,故互文以见义。钲,音 zhēng,一种似铎的乐器,摇之能鸣,表示停止进攻。 ⑤陈师鞠旅:陈,通"阵",把部队摆好阵势。鞠,向士兵讲话,即誓师。师、旅,部队。 ⑥显允:显,英明。允,忠贞。 ⑦渊渊:鼓声深远宏大的样子。 ⑧振旅阗阗:振旅,整顿部队。阗阗,音 tián tián,声势盛大的样子。

蠢尔蛮荆①,大邦为仇②。方叔元老,克壮其犹③。方叔率止,执讯获丑④。戎车啴啴⑤,啴啴焞焞⑥,如霆如雷。显允方叔,征伐狁,蛮荆来威⑦。

[注释]①蠢尔蛮荆:蠢,虫蠕动的样子,此处形容蠢蠢欲动。蛮荆,即"荆蛮",南方的蛮人。荆,楚,也泛指楚一带的南方。蛮,周人对南方少数民族的蔑称。 ②大邦为仇:竟敢与大国为敌。仇,匹、对。 ③克壮其犹:能大展宏图。克,能。壮,宏大。犹,通"猷",谋划。 ④执讯获丑:执,擒获。讯,间谍。获,通"馘(音 guó)",古代战争中割取所杀敌人的左耳以计功,也指所割下的敌人左耳。丑,本指禽兽,此处是对敌人的蔑称。 ⑤啴啴:音 tān tān,车行发出巨大轰鸣。 ⑥焞焞:音 tūn tūn,形容车行发出的巨大轰鸣。 ⑦蛮荆来威:犹"蛮荆是威",威震南蛮。来,句中语气助词,犹"是"。

车　攻

[题解]周王会同诸侯田猎。

我车既攻①,我马既同②。四牡庞庞③,驾言徂东④。

[注释]①攻:修缮。 ②同:步调一致。 ③庞庞:壮实的样子。 ④徂:音cú,往、到。

田车既好①,四牡孔阜②。东有甫草③,驾言行狩④。

[注释]①田车既好:田车,猎车。好,备好。 ②孔阜:孔,很、甚。阜,肥壮。 ③甫草:广大的草地。 ④驾言行狩:驾,驾车。言,语气助词。行,举行。狩,放火烧地以猎。

之子于苗①,选徒嚣嚣②。建旐设旄③,搏兽于敖④。

[注释]①之子于苗:之子,那个人。苗,夏猎。 ②选徒嚣嚣:选徒,点选随从。嚣嚣,音 āo āo,闹嚷嚷。 ③建旐设旄:建、设,插置。 ④敖:地名,在今河南开封。

驾彼四牡,四牡奕奕①。赤芾金舄②,会同有绎③。

[注释]①奕奕:高大壮观华盛的样子。 ②赤芾金舄:赤芾,红色的蔽膝。芾,音 fèi。金,铜。舄,音 xì,铜头鞋。 ③会同有绎:会同,古代诸侯一同朝见天子。也泛指会合、聚集。有绎,犹"绎绎",络绎不绝。

决拾既佽①,弓矢既调②。射夫既同③,助我举柴④。

[注释]①决拾既佽:决,通"抉",即"韘",音 shè,扳指。详见《卫风·芄兰》第二章注①。拾,古代射箭时套在左臂上的皮制护袖。佽,音 cì,适宜。 ②调:调试。 ③射夫既同:射夫,射手。同,会齐。 ④举柴:举,取。柴,音 zǐ,堆积的禽兽。

四黄既驾①,两骖不猗②。不失其驰③,舍矢如破④。

[注释]①黄:黄马。 ②两骖不猗:骖,音 cān,驾车四马中在外的两匹马。猗,通"倚",偏斜。 ③不失其驰:驾车娴熟不紊乱。 ④舍矢如破:舍矢,放箭。如破,如椎破物,形容箭射中时的有力。

萧萧马鸣①,悠悠旆旌②。徒御不惊③,大庖不盈④。

[注释]①萧萧:象声词,形容马嘶鸣声。 ②悠悠旆旌:悠悠,旗子悠扬飘荡的样子。 ③徒御不惊:徒,步卒。御,车夫。不,通"丕",大。惊,通"警",机警。 ④大庖不盈:大庖,大厨房。不,见前注。盈,满。

之子于征①,有闻无声②。允矣君子③,展也大成④。

[注释]①之子于征:之子,那个人,此处指主猎手。征,出征,此处指打猎。 ②有闻无声:声誉虽高不自夸。 ③允:确实。 ④展也大成:展,确实。大成,大有所成。

吉　日

[题解]周王田猎。

吉日维戊①,既伯既祷②。田车既好③,四牡孔阜。升彼大阜④,从其群丑⑤。

[注释]①吉日维戊:吉日是戊辰日。戊,戊辰日。古时以十天干(甲、乙、丙、丁、戊、己、庚、辛、壬、癸)与十二地支(子、丑、寅、卯、辰、巳、午、未、申、酉、戌、亥)相配记日。因为下章有庚午,推知此戊当为戊辰。 ②既伯既祷:祭祀马祖祈祷打到猎物多。伯,通"祃(音 mà)",祭祀马祖。 ③田车既好:猎车准备好。 ④升彼大阜:驾车登上大土坡。 ⑤从其群丑:从,跟踪追

击。丑,禽兽。

吉日庚午,既差我马①。兽之所同②,麀鹿麌麌③。漆沮之从④,天子之所⑤。

[注释]①差:选择。 ②同:聚集。 ③麀鹿麌麌:麀,音 yōu,母鹿。鹿,公鹿。麌麌,音 yǔ yǔ,兽类众多的样子。 ④漆沮之从:漆水、沮水驱赶野兽。漆、沮,两水名,均在今陕西境内。 ⑤天子之所:赶到天子所在处。

瞻彼中原①,其祁孔有②。儦儦俟俟③,或群或友④。悉率左右⑤,以燕天子⑥。

[注释]①瞻彼中原:瞻,看。中原,即"原中",大平原上。 ②其祁孔有:真是辽阔野兽多。其祁,犹"祁祁",辽阔。有,富饶。 ③儦儦俟俟:儦儦,音 biāo biāo,野兽快跑的样子。俟俟,音 sì sì,野兽行走的样子。 ④或群或友:野兽三五成群。 ⑤悉率左右:全都驱赶到天子左右。 ⑥燕:本义是安乐,此处义为安待。

既张我弓,既挟我矢①。发彼小豝②,殪此大兕③。以御宾客④,且以酌醴⑤。

[注释]①挟:搭箭上弦。 ②发彼小豝:发箭射中那小野兽。豝,音 bā,两岁的野兽。 ③殪此大兕:殪,音 yì,发箭射杀。兕,古代犀牛一类的兽。 ④御:招待。 ⑤且以酌醴:且,并且。醴,音 lǐ,未去糟之酒,用蘗酿成,如今之酒酿。

鸿　雁

[题解]周王派使臣救济穷人。

鸿雁于飞①,肃肃其羽②。之子于征③,劬劳于野④。爰及矜人⑤,哀此鳏寡⑥。

[**注释**]①鸿雁于飞:鸿雁,大雁。于,语气助词。 ②肃肃:象声词,鸟拍动翅膀飞行的声音。 ③之子于征:之子,这个人,指周王派出救济穷人的使臣。于,往。征,远行。 ④劬劳:辛苦劳作。劬,音 qú。 ⑤爰及矜人:爰,乃、于是。矜人,可怜的穷苦人。 ⑥哀此鳏寡:哀,怜悯。鳏,音 guān,老而无妻的人。寡,寡妇。

鸿雁于飞,集于中泽①。之子于垣②,百堵皆作③。虽则劬劳,其究安宅④?

[**注释**]①集于中泽:集,停息。中泽,即"泽中"。 ②之子于垣:垣,墙。此处用作动词,筑城墙。 ③百堵皆作:百,泛言其多,不是确指。堵,墙一丈为版,五版为堵。皆作,同时筑墙。 ④其究安宅:究,究竟。安,何处。宅,居住。

鸿雁于飞,哀鸣嗷嗷①。维此哲人②,谓我劬劳。维彼愚人,谓我宣骄③。

[**注释**]①嗷嗷:鸟哀鸣声。 ②哲人:智者、明事理的人。 ③谓我宣骄:宣,宣泄、发泄。骄,放纵。

庭　燎

[**题解**]诸侯早朝天子。

夜如何其①?夜未央②,庭燎之光③。君子至止④,鸾声将将。

[注释]①夜如何其:现在夜里啥时候。夜,夜色。如何,什么时候。其,语气助词。 ②央:尽、了。 ③庭燎之光:庭中烛放光芒。庭燎,庭中照明的大烛,多用麻秆等易燃物制成。 ④止:语气助词。

夜如何其?夜未艾①,庭燎晣晣②。君子至止,鸾声哕哕③。

[注释]①艾:停止。 ②晣晣:音 zhé zhé,明亮。 ③哕哕:音 huì huì,和悦而有节奏的铃声。

夜如何其?夜乡晨①,庭燎有辉。君子至止,言观其旂②。

[注释]①夜乡晨:黑夜正在变黎明。乡,通"向"。 ②旂:音 qí,一种画有交龙图形的旗。

沔 水

[题解]远游之人感社会动荡而告诫朋友警惕。

沔彼流水①,朝宗于海②。鴥彼飞隼③,载飞载止④。嗟我兄弟,邦人诸友。莫肯念乱⑤,谁无父母?

[注释]①沔彼:犹"沔沔",河水满满荡荡的样子。 ②朝宗:本义是诸侯春见天子与夏见天子,此处义为百川归海。 ③鴥彼:犹"鴥鴥",鸟疾飞的样子。 ④载飞载止:一会儿飞起一会儿停。 ⑤莫肯念乱:没人肯考虑天下大乱。

沔彼流水,其流汤汤①。鴥彼飞隼,载飞载扬②。念彼不迹③,载起载行④。心之忧矣,不可弭忘⑤。

[注释]①汤汤:音 shāng shāng,水势浩大的样子。 ②扬:鸟冲天而起的样子。 ③不迹:不遵守正道。 ④载起载行:一会儿站起一会儿走。形容坐立不安。 ⑤弭:音 mǐ,止、息。

鴥彼飞隼,率彼中陵①。民之讹言②,宁莫之惩③?我友敬矣④,谗言其兴⑤。

[注释]①率彼中陵:沿着土山坡。率,沿着。中陵,即"陵中"。陵,土山。 ②讹言:流言。 ③宁莫之惩:难道不加以制止。宁,难道。莫,不。惩,制止。 ④敬:通"儆",警惕。 ⑤其:将。

鹤　鸣

[题解]以借喻的手法告诫周王要关注在野贤人。

鹤鸣于九皋①,声闻于野。鱼潜在渊,或在于渚②。乐彼之园,爰有树檀③,其下维萚④。他山之石,可以为错⑤。

[注释]①九皋:深远的大泽。九,形容泽之深远。皋,泽。 ②渚:音 zhǔ,河中小洲。 ③爰有树檀:爰,助动词。树,高大挺拔。檀,檀树。 ④萚:音 tuò,草木脱落的皮或叶。 ⑤错:可以磨制玉器的石头。

鹤鸣于九皋,声闻于天。鱼在于渚,或潜在渊。乐彼之园,爰有树檀,其下维榖①。他山之石,可以攻玉②。

[注释]①榖:音 gǔ,楮树。 ②攻玉:治玉。

祈　父

[**题解**]士卒辛劳,斥责司马。

祈父①,予王之爪牙②。胡转予于恤③,靡所止居④?

[**注释**]①祈父:即司马,古代首都地区的最高武官。　②予王之爪牙:予,我。爪牙,爪与牙是禽兽自卫和觅食的武器,喻武臣、卫士,是褒义,与现在贬义的爪牙完全不同。　③胡转予于恤:为何致我于凄惨的境地。胡,何。转,使转入。恤,本义忧患,此处指凄惨境地。　④靡所止居:而且看不到尽头。靡,无。止居,停止。

祈父,予王之爪士①。胡转予于恤,靡所厎止②?

[**注释**]①爪士:爪牙之士。　②厎止:终止。厎,音 dǐ,止。

祈父,亶不聪①。胡转予于恤?有母之尸饔②。

[**注释**]①亶:音 dàn,确实。　②有母之尸饔:虽有母亲只能回去时祭祀她。之,则。尸,陈设。饔,音 yōng,包括饭菜的熟食。尸饔,设供品以祭。这句是哀叹母亲生时不得供养,等自己回去时已死,只能祭祀。

白　驹

[**题解**]贵族宴会留客。

皎皎白驹①,食我场苗②。絷之维之③,以永今朝④。所谓伊人⑤,于焉逍遥⑥?

[**注释**]①皎皎白驹:皎皎,形容白马毛色洁白且油光可鉴。驹,通

"骄",5尺高以上的马。 ②场:谷场。古代一地两用,春夏种菜,秋冬夯实为打谷场。 ③絷之维之:绊住它的腿脚。絷,音 zhí,绊。维,拴。 ④以永今朝:以延长这好时光。朝,当与下章"夕"连在一起理解,当指日子、时光,犹"春秋"代一年。 ⑤所谓伊人:所说的那个人。伊人,犹"是人"、"这人"。 ⑥焉:此。

皎皎白驹,食我场藿①。絷之维之,以永今夕。所谓伊人,于焉嘉客?

[注释]①藿:音 huò,豆苗。

皎皎白驹,贲然来思①。尔公尔侯②,逸豫无期③?慎尔优游④,勉尔遁思⑤。

[注释]①贲然来思:贲然,马急驰的样子。思,语气助词。 ②尔公尔侯:你们这些公爷与侯爷。 ③逸豫无期:逍遥游乐无尽头。 ④慎尔优游:慎,珍视。优游,逍遥游乐。 ⑤勉尔遁思:勉,通"免",打消。遁,逃席。

皎皎白驹,在彼空谷。生刍一束①,其人如玉。毋金玉尔音②,而有遐心③。

[注释]①生刍一束:生刍,青草,马饲料。束,把。 ②毋金玉尔音:不要吝啬你的好嗓音。金玉,把……当做金玉,宝贵。这是鼓励客人唱一曲。 ③而有遐心:好好轻松放宽心。遐心,游乐之心。

黄　　鸟

[题解]流浪的人思归本国本宗族。

黄鸟黄鸟①,无集于穀②,无啄我粟③。此邦之人,不我肯穀④。言旋言归⑤,复我邦族⑥。

[注释]①黄鸟:黄雀。 ②无集于穀:集,停落。穀,楮树。 ③粟:谷类总称,包括黍、稷、粱、秫等。 ④不我肯穀:即"不肯穀我"。穀,善待。 ⑤言旋言归:言,语气助词。旋、归,回还。 ⑥复我邦族:回到本国本宗族。

黄鸟黄鸟,无集于桑,无啄我粱①。此邦之人,不可与明②。言旋言归,复我诸兄③。

[注释]①粱:高粱。 ②明:通"盟",约定。 ③诸兄:同宗兄弟。

黄鸟黄鸟,无集于栩①,无啄我黍。此邦之人,不可与处。言旋言归,复我诸父②。

[注释]①栩:橡树、栎树。 ②诸父:同族叔伯。

我 行 其 野

[题解]弃妇回娘家途中感慨哀怨。

我行其野,蔽芾其樗①。昏姻之故②,言就尔居③。尔不我畜④,复我邦家⑤。

[注释]①蔽芾其樗:蔽芾,草木茂盛的样子。樗,音 chū,臭椿树。 ②昏姻之故:因双方父母结亲的缘故。古代,男女结婚是因奉父母之命,而不是为了私欲,故夫之父、妇之父相谓昏姻。 ③言就尔居:才到你家同住。言,发语词。 ④尔不我畜:即"尔不畜我",你不好好待我。畜,善待。 ⑤复我邦家:我还是回到我娘家。

我行其野,言采其蓫①。昏姻之故,言就尔宿②。尔不我畜,言归斯复③。

[注释]①蓫:音zhú,羊蹄菜。 ②宿:犹"居"。 ③言归斯复:言、斯,语气助词。归,大归,指妇女被休回娘家。

我行其野,言采其葍①。不思旧姻②,求尔新特③。成不以富④,亦祗以异⑤。

[注释]①葍:音fú,即小旋花,一种多年生蔓草。 ②旧姻:你的老父原来的命令。姻,夫之父为姻。旧姻,托名老父,实指夫妻旧情。 ③新特:新配偶。 ④成不以富:亦作"诚不以富",确实不是因为你家富有才与你结婚。 ⑤亦祗以异:只是你现在变了心。祗,音zhī,只。异,异心。以上两句言下之意是:我与你结婚时你家还很穷,现在富了,你就变了心。

斯　干

[题解]贵族建筑宫室,雄伟宽朗,并祝他生下贵男贤女。

秩秩斯干①,幽幽南山②。如竹苞矣③,如松茂矣。兄及弟矣,式相好矣④,无相犹矣⑤。

[注释]①秩秩斯干:秩秩,水清而流动的样子。斯,此。干,古通"涧"。 ②幽幽南山:幽幽,深远的样子。南山,即终南山,在镐京之南。 ③如竹苞矣:如,有。苞,植物丛生稠密的样子。竹苞及下句松茂都是比喻兄弟相好。 ④式:发语词。 ⑤犹:欺诈。

似续妣祖①,筑室百堵②,西南其户③。爰居爰处,爰笑爰语。

[注释]①似续妣祖:似续,继承。妣,音 bǐ,亡母之称。此处的"妣祖"等于说先妣、先祖,指远祖。 ②筑室百堵:是说房屋四面的墙共合100方丈。堵,方丈为堵。一说一丈为版,五版为堵。见《小雅·鸿雁》第2章注③。 ③西南其户:古人堂寝的制度,有正户有侧户,正户南向,侧户东西向。

约之阁阁①,椓之橐橐②。风雨攸除③,鸟鼠攸去,君子攸芋④。

[注释]①约之阁阁:约之,以绳捆束筑墙板。阁阁,捆板声。 ②椓之橐橐:椓,音 zhuó,夯击墙上。橐橐,音 tuó tuó,夯土的声音。 ③攸:语气助词。 ④芋:读为"宇",居住。

如跂斯翼①,如矢斯棘②,如鸟斯革,如翚斯飞③,君子攸跻④。

[注释]①如跂斯翼:跂,跂,音 qí,通"企",跷起脚后跟。翼,端正的样子。 ②棘:鸟翅。 ③翚:音 huī,雉名。 ④跻:音 jī,登、升。

殖殖其庭①,有觉其楹②。哙哙其正③,哕哕其冥④。君子攸宁。

[注释]①殖殖:平正的样子。 ②有觉其楹:有觉,高大直立的样子。楹,音 yíng,柱子。 ③哙哙其正:哙哙,音 kuài kuài,形容宽敞明亮。正,白昼。 ④哕哕:音 huì huì,深暗的样子。

下莞上簟①,乃安斯寝。乃寝乃兴②,乃占我梦。吉梦维何?维熊维罴③,维虺维蛇④。

[注释]①下莞上簟:莞,蒲席。簟,音 diàn,竹席。 ②兴:起床。

③罴:音 pí,兽名,似熊而高大。　④虺:音 huǐ,四脚蛇蜥蜴类。此句及以上两句言主人梦中见熊罴与虺蛇。

大人占之①:维熊维罴,男子之祥②;维虺维蛇,女子之祥。

[注释]①大人:太卜之属,指占梦官。　②祥:征兆。

乃生男子,载寝之床①。载衣之裳,载弄之璋②。其泣喤喤③,朱芾斯皇④,室家君王⑤。

[注释]①载:则,就。　②载弄之璋:弄,是说放在手边作玩弄状。璋,玉器名,状如半圭,古代朝聘、祭祀、丧葬、治军时用作礼器或信玉。　③喤喤:音 huáng huáng,婴儿哭声洪亮的样子。　④朱芾斯皇:朱芾,天子及诸侯的服饰,天子所用的芾是纯朱色,诸侯用黄朱色。芾,音 fú。皇,犹"煌",色彩辉煌。　⑤室家:家庭。

乃生女子,载寝之地。载衣之裼①,载弄之瓦②。无非无仪③,唯酒食是议,无父母诒罹④。

[注释]①裼:音 tì,褓衣,即婴儿的包被。　②瓦:指古人纺线时所用的陶制纺锤。　③无非无仪:无非,即无违,指女子婚后不要违背公婆和丈夫的意旨。仪,通"议"。无仪,指女子不要议论是非,说长道短。　④无父母诒罹:诒,通"贻",给予。罹,音 lí,忧。

无　羊

[题解]赞贵族牲畜繁盛。

谁谓尔无羊①？三百维群②。谁谓尔无牛？九十其犉③。尔羊来思④,其角濈濈⑤。尔牛来思,其耳湿湿⑥。

[注释]①尔:你。 ②三百维群:三百,形容多,非实指。维,为。 ③九十其犉:九十,形容多,非实指。犉,音 chún,黑唇大黄牛。 ④思:语气助词。下同。 ⑤濈濈:音 jí jí,亦作"戢戢",羊群聚集,头角挨挤在一起的样子。 ⑥湿湿:牛因反刍咀嚼而两耳晃动的样子。

或降于阿①,或饮于池,或寝或讹②。尔牧来思③,何蓑何笠④,或负其糇⑤。三十维物⑥,尔牲则具。

[注释]①或降于阿:或,有的。降,下来。阿,大土山。 ②讹:通"吪",动。 ③牧:牧人。 ④何:通"荷",披戴。 ⑤糇:音 hóu,干粮。 ⑥三十维物:三十,形容多,非确指。物,牛羊的毛色。古代祭祀,因对象不同而用不同毛色的牲畜。有多种毛色,就有可供选择的。

尔牧来思,以薪以蒸①,以雌以雄②。尔羊来思,矜矜兢兢③,不骞不崩④。麾之以肱⑤,毕来既升⑥。

[注释]①以薪以蒸:有的喂粗饲料,有的喂细饲料。薪,粗饲料。蒸,细饲料。 ②以雌以雄:牲畜公的与母的分开放。 ③矜矜兢兢:矜矜,坚定。兢兢,小心翼翼。 ④不骞不崩:骞,音 qiǎn,亏损、走失。崩,羊群生病。 ⑤麾之以肱:伸开手臂来指挥。麾,挥动、指挥。肱,音 gōng,手臂。 ⑥毕来既升:羊来齐了都赶进羊圈。毕,全、都。既,尽。升,进入。

牧人乃梦,众维鱼矣①,旐维旟矣,大人占之;众维鱼矣,实维丰年②;旐维旟矣,室家溱溱③。

[注释]①众维鱼矣:众,蝗虫。维,变成。 ②实、维:语气词。 ③溱

溱:音 qín qín,众多的样子。

节 南 山

[题解]讽刺周幽王时太师尹氏误国。

节彼南山①,维石岩岩②。赫赫师尹③,民具尔瞻④。忧心如惔⑤,不敢戏谈。国既卒斩⑥,何用不监⑦!

[注释]①节彼南山:节,山高峻的样子。南山:终南山。 ②岩岩:山石堆积的样子。 ③赫赫师尹:赫赫,位高权重。师,太师。太师为三公之一,是周王朝执政官之最尊者。尹,尹氏,周王朝的贵族,大概是周宣王中兴之臣尹吉甫的后裔。 ④民具尔瞻:具,通"俱"。瞻,关注。 ⑤惔:音 tán,亦作"炎",焚。 ⑥国既卒斩:卒,尽、完全。斩,断绝。 ⑦何用不监:何以不察。

节彼南山,有实其猗①。赫赫师尹,不平谓何②。天方荐瘥③,丧乱弘多④。民言无嘉⑤,憯莫惩嗟⑥。

[注释]①有实其猗:有实,犹"实实",广大宽阔。猗,通"阿",山坡。②谓何:为何。 ③荐瘥:荐,加重。瘥,音 cuó,疾疫。 ④弘多:很多。⑤嘉:善。 ⑥憯莫惩嗟:憯,音 cǎn,曾、乃。惩,儆戒。嗟,语气助词。

尹氏大师,维周之氐①;秉国之均②,四方是维③。天子是毗④,俾民不迷⑤。不吊昊天⑥,不宜空我师⑦。

[注释]①氐:亦作"底",通"柢",柱石、柱础。 ②秉国之均:秉,掌握。均,亦作"钧"。钧本是制陶器模子下面的圆盘。做模子时,只有善于掌握调整托盘,才能做出好模子。以此比喻尹氏执政,只有善于处理政事,才能国泰民安。 ③四方是维:即"维四方"。维,维系、维持。是,指示代词,复指前置

词。下句同。四方,四方之国,天下。 ④毗:音 pí,辅助。 ⑤俾:使。 ⑥不吊昊天:不吊,不善、不好。昊天,上天。 ⑦不宜空我师:空,穷困。师,民众。

弗躬弗亲①,庶民弗信。弗问弗仕②,勿罔君子③。式夷式已④,无小人殆⑤。琐琐姻亚⑥,则无膴仕⑦。

[注释]①弗躬弗亲:即"弗躬亲",不亲自管理国事。 ②弗问弗仕:问,考察。仕,任用。 ③勿罔君子:罔,欺骗。君子,贤人。 ④式夷式已:式,语气助词。夷,消除。已,制止。 ⑤殆:危害。 ⑥琐琐姻亚:琐琐,渺小卑微。姻亚,泛指裙带关系。姻,儿女亲家。亚,通"娅",连襟。 ⑦膴仕:高官厚禄。膴,音 wǔ,厚、大。仕,借作"事"。

昊天不佣①,降此鞠讻②。昊天不惠③,降此大戾④。君子如届⑤,俾民心阕⑥。君子如夷⑦,恶怒是违⑧。

[注释]①佣:亦作"庸",善、公平。 ②鞠讻:鞠,穷、极。讻,通"凶"。 ③惠:恩惠。 ④戾:灾。 ⑤届:至、止。 ⑥阕:音 què,止息。 ⑦夷:平。 ⑧违:去除、消除。

不吊昊天,乱靡有定。式月斯生①,俾民不宁。忧心如酲②,谁秉国成③?不自为政,卒劳百姓④。

[注释]①式月斯生:月月都会发生。式、斯,语气助词。 ②酲:音 chéng,因醉酒而神志不清。 ③国成:国政。 ④卒:通"瘁",疾苦。

驾彼四牡,四牡项领①。我瞻四方,蹙蹙靡所骋②。

[注释]①项领:项,肥大。领,脖颈。 ②蹙蹙靡所骋:蹙蹙,音 cù cù,

局促的样子。靡,无。骋,奔驰。

方茂尔恶①,相尔矛矣②。既夷既怿③,如相酬矣④。

[注释]①方茂尔恶:茂,盛。尔,指尹氏。 ②相:视。 ③既夷既怿:夷,和平。怿,喜悦。 ④相酬:互相劝酒。

昊天不平,我王不宁。不惩其心①,覆怨其正②。

[注释]①惩:改正。 ②覆怨其正:覆,反而。正,谏正、规劝。

家父作诵①,以究王讻②。式讹尔心③,以畜万邦④。

[注释]①家父作诵:家父,亦作"嘉父",周大夫,本诗的作者。作诵,作诗讽谏。 ②以究王讻:究,穷究。王讻,周王的罪人,实指尹氏。 ③式讹尔心:式,语气助词。讹,感化。尔,指周王。 ④以畜万邦:畜,养。万邦,众诸侯国。

正　月

[题解]忧天灾人祸。

正月繁霜①,我心忧伤。民之讹言②,亦孔之将③。念我独兮④,忧心京京⑤。哀我小心,癙忧以痒⑥。

[注释]①正月繁霜:夏令之时多霜。古人认为反常的自然现象,是政治不明的反映,是灾荒饥疫、社会动荡的征兆。正月,"正阳纯乾之月"的简称,即夏历的四月,周历的六月。 ②讹言:谣言。 ③亦孔之将:流传很广。亦、之,语气助词。将,大、盛。 ④独,孤独,意为独以国事为忧。 ⑤京京:忧虑很深的样子。 ⑥癙忧以痒:郁闷得病了一场。癙,音 shǔ,隐、幽。痒,

病。

父母生我,胡俾我瘉①?不自我先,不自我后。好言自口,莠言自口②。忧心愈愈③,是以有侮④。

[注释]①胡俾我瘉:胡,何。俾,使。瘉,音 yù,病。 ②莠言:坏话。 ③愈愈:亦作"瘐瘐",忧惧的样子。 ④是以有侮:是以,即"以是",因此。有侮,遭欺侮。

忧心惸惸①,念我无禄②。民之无辜③,并其臣仆④。哀我人斯⑤,于何从禄⑥?瞻乌爰止⑦,于谁之屋?

[注释]①惸惸:音 qióng qióng,忧愁的样子。 ②无禄:无福、不幸。 ③辜:罪。 ④并其臣仆:并,皆。臣仆,臣妾、奴仆。 ⑤哀我人斯:我人,我们这些人。斯,语气词。 ⑥于何从禄:于,在。从,取得。禄,指享受的官爵、土地等。 ⑦瞻乌爰止:瞻,看。爰,何处。止,停落。

瞻彼中林①,侯薪侯蒸②。民今方殆③,视天梦梦④。既克有定⑤,靡人弗胜⑥。有皇上帝⑦,伊谁云憎⑧?

[注释]①中林,林中。 ②侯薪侯蒸:侯,乃、就。薪,大柴枝。蒸,小草棍。上两句以林中仅有大柴枝、小草棍而无乔木喻朝廷小人当道而贤人见逐。 ③殆:危难。 ④梦梦:亦作"芒芒",犹"茫茫",昏暗不明的样子。 ⑤既克有定:克,能。定,定准。 ⑥靡人弗胜:靡,无。弗,不。 ⑦有皇:犹"皇皇",光辉伟大。 ⑧伊谁云憎:伊、云,语气助词。谁憎,即"憎谁"。

谓山盖卑①,为冈为陵。民之讹言,宁莫之惩②。召彼故老③,讯之占梦④。具曰予圣⑤,谁知乌之雌雄!

[注释]①谓山盖卑:谓,说。盖,通"盍",何、怎么。卑,低矮。 ②宁莫之惩:即"宁莫惩之",难道不警惕民众的谣言。 ③故老:元老旧臣。 ④讯之占梦:讯,问。占梦,官名,掌占梦以预测吉凶者。 ⑤具曰予圣:具,通"俱"。予圣,我是圣人。

谓天盖高,不敢不局①。谓地盖厚,不敢不蹐②。维号斯言③,有伦有脊④。哀今之人,胡为虺蜴⑤?

[注释]①局,亦作"跼",弓腰曲背。 ②蹐:音 jí,轻手轻脚行走。上四句言天虽高地虽厚,但不敢不弓腰曲背、轻手轻脚而行。表示要谨慎小心。 ③维号斯言:维,语气助词。号,呼号。斯言,指前面四句。 ④有伦有脊:伦,理。脊,亦作"迹",道。 ⑤胡为虺蜴:胡为,何为。虺,音 huǐ,毒蛇。蜴,音 yì,蜥蜴。

瞻彼阪田①,有菀其特②。天之抓我③,如不我克④。彼求我则⑤,如不我得。执我仇仇⑥,亦不我力⑦。

[注释]①阪田:山坡田。 ②有菀其特:有菀,即"菀菀",枯萎的样子。特,特出,指禾苗茂盛。 ③抓,音 wù,摧残。 ④不我克:即"不克我"。克,压垮。 ⑤彼求我则:彼,指周王。则,句尾语气助词。 ⑥执我仇仇:执,得到。仇仇,犹"謷謷",傲慢、漫不经心。 ⑦力:重用。

心之忧矣,如或结之①。今兹之正②,胡然厉矣③?燎之方扬④,宁或灭之⑤?赫赫宗周⑥,褒姒灭之⑦!

[注释]①如或结之:或,有人。结,打结。 ②正:通"政"。 ③胡然厉矣:胡然,为何这样。厉,暴虐。 ④燎之方扬:燎,野火。方扬,正旺盛凶猛。 ⑤宁或灭之:宁,难道。或,有人。 ⑥赫赫宗周:赫赫,强大兴旺。宗周,西周。西周为天下所宗,故称宗周。 ⑦褒姒:音 bāo sì,褒国姒姓女子,

西周末幽王宠妃,幽王虽百计悦之而不笑。幽王乃点烽火以征诸侯,诸侯徒劳往返而无寇,为幽王所戏,褒姒遂大笑。后犬戎实至,幽王举火而诸侯不来,幽王被杀于骊山下。

终其永怀①,又窘阴雨②。其车既载,乃弃尔辅③。载输尔载④,将伯助予⑤!

[注释]①终其永怀:终,既。永怀,深忧。 ②窘:困。 ③辅:车子两边的拦板。上两句以车载物不可去辅喻治国不可无贤臣。 ④载输尔载:前"载"为语气助词,后"载"指车所载之物。输,掉下。 ⑤将伯助予:将,音qiāng,请。伯,对年辈相当的男子的敬称。

无弃尔辅,员于尔辐①。屡顾尔仆②,不输尔载。终逾绝险③,曾是不意④。

[注释]①员于尔辐:员,音yùn,加固。辐,车轮轴。 ②屡顾尔仆:屡顾,经常关注。仆,车夫。 ③终逾绝险:逾,跨越。绝险,险要的道路。 ④曾是不意:曾,乃。是,指前面提及的几项措施。不意,不在意。

鱼在于沼,亦匪克乐①。潜虽伏矣②,亦孔之炤③。忧心惨惨,念国之为虐!

[注释]①亦匪克乐:匪,通"非"。克,能。 ②潜虽伏矣:即"伏虽潜矣"。潜,深。伏,潜伏。 ③炤:音zhào,亦作"昭",明显。

彼有旨酒①,又有嘉殽②。洽比其邻③,昏姻孔云④。念我独兮,忧心慇慇⑤。

[注释]①旨酒:美酒。 ②嘉殽:好菜。殽,通"肴"。 ③洽比其邻:

洽,融洽。比,亲近。邻,情投意合的人。 ④昏姻孔云:亲戚之间相互很关照。昏姻,亲戚。云,通"员",周旋。 ⑤慇慇:深忧的样子。

佌佌彼有屋①,蔌蔌方有谷②。民今之无禄,天夭是椓③。哿矣富人④,哀此惸独⑤。

[注释]①佌佌彼有屋:佌佌,音 cǐ cǐ,本义是卑微下贱,此处指此类人。②蔌蔌:音 sù sù,本义是鄙陋丑恶,此处指此类人。 ③天夭是椓:天夭,天灾。椓,音 zhuó,打击。 ④哿:音 kě,快乐。 ⑤惸独:孤独无助的人。惸,音 qióng。

十 月 之 交

[题解]讽刺朝廷上下昏庸致人民受苦难。

十月之交①,朔月辛卯②。日有食之③,亦孔之丑④。彼月而微⑤,此日而微;今此下民,亦孔之哀。

[注释]①十月之交:十月,指周历十月,夏历八月。之交,九月开始进入十月。 ②朔月辛卯:朔月,即"月朔",每月的初一。朔,月光复苏之日,即初一。辛卯,干支计日这一天是辛卯日。据天文学家推算,这一天是周幽王六年十月初一(周历),即公元前776年9月6日。 ③日有食之:有,通"又"。食,通"蚀"。 ④亦孔之丑:亦、之,语气助词。丑,恶。古人迷信,认为日食是恶兆。 ⑤彼月而微:彼,此前。微,昏暗不明。指日食、月食。

日月告凶①,不用其行②。四国无政③,不用其良。彼月而食,则维其常;此日而食,於何不臧④。

[注释]①告凶:预告凶兆。 ②行:音 háng,轨道、正轨。 ③无政:无善政。 ④於何不臧:於,音 wū,赞叹词。何,多么。臧,善。

烨烨震电①,不宁不令②。百川沸腾③,山冢崒崩④。高岸为谷⑤,深谷为陵⑥。哀今之人,胡憯莫惩⑦?

[注释]①烨烨:音 yè yè,电光闪烁。 ②不宁不令:宁,安。令,善。 ③沸腾:地震时河水激荡的样子。 ④山冢崒崩:山冢,山顶。崒,通"碎"。 ⑤岸:山崖。 ⑥陵:大土山。 ⑦胡憯莫惩:憯,音 cǎn,曾、乃。惩,戒慎自做。本句言为何不引以为戒。

皇父卿士①,番维司徒②,家伯维宰③,仲允膳夫④,棸子内史⑤,蹶维趣马⑥,楀维师氏⑦。艳妻煽方处⑧。

[注释]①皇父卿士:皇父,人名,宣王臣。卿士,官名,六卿之首,掌管中央各官署和地方的高级官员,类似后世的相。 ②番维司徒:番,人名。维,是。司徒,官名,掌人口、土地。 ③家伯维宰:家伯,人名。宰,官名,掌典籍。 ④仲允膳夫:仲允,人名。膳夫,官名,掌王室饮食。 ⑤棸子内史:棸,音 zōu。棸子,人名。内史,官名,掌法令。 ⑥蹶维趣马:蹶,音 guì,人名。趣马,官名,掌王室马匹。趣,音 cù。 ⑦楀维师氏:楀,音 jǔ,人名。师氏,官名,掌督察。 ⑧艳妻煽方处:艳妻,指幽王宠妃褒姒。煽,炽盛。方,并、共。处,指褒姒蛊惑幽王与上述7人同恶相处。

抑此皇父①,岂曰不时②?胡为我作③,不即我谋④?彻我墙屋⑤,田卒汙莱⑥。曰:"予不戕⑦,礼则然矣。"

[注释]①抑:通"噫",叹词。 ②时:是,对。 ③作:服役劳作。 ④不即我谋:即,就。谋,商量。 ⑤彻:通"撤",拆毁。 ⑥田卒汙莱:卒,尽、完全。汙,音 wū,犹"污",流水壅塞不通。莱,荒芜。 ⑦戕:音 qiāng,残害。

皇父孔圣①,作都于向②。择三有事③,亶侯多藏④。

不憖遗一老⑤,俾守我王⑥。择有车马⑦,以居徂向⑧。

[注释]①孔圣:很圣明。反语讽刺。 ②作都于向:都,都城。向,邑名,在今河南济源。 ③三有事:即"三有司",指司徒、司马、司空。 ④亶侯多藏:亶,音dǎn,确实。侯,语气助词。藏,蓄积的钱财。 ⑤不憖遗一老:憖,音yìn,愿、肯。遗,留下。老,元老旧臣。 ⑥俾守我王:俾,使。守,保卫。 ⑦有车马:指有厚禄的高官。 ⑧徂向:徂,音cú,往、到。向,向邑。

黾勉从事①,不敢告劳②。无罪无辜,谗口嚣嚣③。下民之孽④,匪降自天。噂沓背憎⑤,职竞由人⑥。

[注释]①黾勉:尽力。黾,音mǐn。 ②告劳:倾诉辛苦。 ③嚣嚣:音áo áo,亦作"嗸嗸",众口毁谤中伤的样子。 ④孽:灾难。 ⑤噂沓背憎:噂沓,音zǔn tà,聚议纷纭。背憎,背后互相憎恨。 ⑥职竞由人:职,只、主要。竞,争。

悠悠我里①,亦孔之痗②。四方有羡③,我独居忧。民莫不逸④,我独不敢休。天命不彻⑤,我不敢效我友自逸⑥。

[注释]①悠悠我里:悠悠,忧愁深长的样子。里,通"悝",忧伤。 ②痗:音mèi,积忧成疾。 ③羡:余裕。 ④逸:安逸。 ⑤不彻:不循轨道、不循常道。 ⑥効:音xiào,效法、模仿。

雨　无　正

[题解]周王侍臣讽刺周王及诸臣误国。

浩浩昊天①,不骏其德②。降丧饥馑,斩伐四国③。旻天疾威④,弗虑弗图⑤。舍彼有罪⑥,既伏其辜⑦。若此无罪,沦胥以铺⑧。

[注释]①浩浩昊天:浩浩,广大浩渺。昊天,上天。 ②不骏其德:骏,通"峻",长久。德,恩惠。 ③斩伐四国:斩伐,残害。四国,天下。 ④旻天疾威:旻天,犹"昊天"。旻,音 mín。疾威,暴虐。 ⑤弗虑弗图:虑,考虑。图,思量。 ⑥舍:通"捨",放过。 ⑦既伏其辜:既,尽。辜,罪行。 ⑧沦胥以铺:沦胥,相率、牵连。铺,亦作"痡(音 pū)",病苦。

周宗既灭①,靡所止戾②。正大夫离居③,莫知我勩④。三事大夫⑤,莫肯夙夜⑥。邦君诸侯,莫肯朝夕⑦。庶曰式臧⑧,覆出为恶⑨。

[注释]①周宗既灭:周宗,指镐京。既灭,指犬戎攻破镐京。 ②靡所止戾:靡,无。止戾,安居定处。 ③正大夫离居:正大夫,上大夫。离居,离开原来的居处,即逃离镐京。 ④勩:音 yì,劳苦。 ⑤三事:即"三司",指司徒、司马、司空。 ⑥莫肯夙夜:不肯早起晚睡辅佐君王。夙夜,早晚。 ⑦朝夕:犹"夙夜"。 ⑧庶曰式臧:庶,庶,希望、但愿,希幸之词。曰、式,语气助词。臧,善、好,此处意为改好。 ⑨覆出为恶:覆,反而。恶,变得更坏。

如何昊天,辟言不信①。如彼行迈②,则靡所臻③。凡百君子④,各敬尔身⑤。胡不相畏,不畏于天?

[注释]①辟言不信:辟言,正确合理的话。不信,不可靠。 ②行迈:远行。 ③臻:至。 ④凡百君子:众臣百官。 ⑤敬:谨慎、自重。

戎成不退①,饥成不遂②。曾我暬御③,憯憯日瘁④。凡百君子,莫肯用讯⑤。听言则答⑥,谮言则退⑦。

[注释]①戎成不退:戎成,战乱。退,平息。 ②遂:消除。 ③曾我暬御:曾,只有。暬御,侍卫近臣。 ④憯憯日瘁:憯憯,音 cǎn cǎn,犹"惨惨",忧愁的样子。瘁,憔悴。 ⑤讯:亦作"谇",谏诤。 ⑥听言则答:听言,阿谀奉承的话。答,亦作"对",进用。 ⑦譖言则退:譖,音 zèn。譖言,批评劝谏的话。退,斥退。

哀哉不能言,匪舌是出①,维躬是瘁②。哿矣能言③,巧言如流④,俾躬处休⑤!

[注释]①匪舌是出:匪,不是。出,通"绌",病。 ②维躬是瘁:即"维瘁躬"的倒文。躬,自身。瘁,损害。 ③哿:音 gě,嘉、善。 ④巧言:花言巧语。 ⑤俾躬处休:俾,使。休,安乐。

维曰予仕①,孔棘且殆②。云不何使③,得罪于天子④;亦云可使,怨及朋友⑤。

[注释]①于仕:出仕做官。于,去。 ②孔棘且殆:孔,很。棘,紧急。殆,危险。 ③云不可使:云,动词词头。不可使,使不得、坏事干不得。 ④天子:王。 ⑤怨及朋友:为朋友所怨。怨,恨、骂。

谓尔迁于王都①。曰予未有室家②。鼠思泣血③,无言不疾④。昔尔出居⑤,谁从作尔室⑥?

[注释]①谓尔迁于王都:尔,指离居的皇父、正大夫等权贵。王都,指镐京。 ②曰予未有室家:予,前句权贵的自称。室家,家庭。 ③鼠思泣血:鼠,通"癙(音 shǔ)",忧郁。鼠思,忧思成疾。泣血,哀痛至极至眼中出血。 ④疾,通"嫉",忌恨。 ⑤出居:逃离王都。 ⑥作尔室:建造你们的宫室。

小　旻

[题解]讽刺统治者不能采纳善谋,为政邪僻。

旻天疾威①,敷于下土②。谋犹回遹③,何日斯沮④?谋臧不从⑤,不臧覆用⑥。我视谋犹,亦孔之邛⑦。

[注释]①旻天疾威:旻天,犹"昊天",上天。疾威,暴虐。　②敷于下土:敷,遍布。下土,天下。　③谋犹回遹:犹,通"猷",谋划。谋犹,即谋略。遹,音 yù。回遹,邪僻。　④何日斯沮:何,语气助词。沮,停止。　⑤谋臧不从:臧,善、好。不从,不采纳。　⑥覆:反而。　⑦邛:音 qióng,毛病、过错。

潝潝訿訿①,亦孔之哀。谋之其臧,则具是违②。谋之不臧,则具是依③。我视谋犹,伊于胡厎④。

[注释]①潝潝訿訿:潝潝,音 xī xī,亦作"翕翕"、"歙歙",同气相投、随声附和。訿訿,音 zǐ zǐ,诋毁、诽谤。　②则具是违:具,通"俱"。违,违背。　③依:依从。　④伊于胡厎:将把国家引往什么境地。伊,语气助词。于,往。胡,什么。厎,止。

我龟既厌①,不我告犹②。谋夫孔多③,是用不集④。发言盈庭⑤,谁敢执其咎⑥?如匪行迈谋⑦,是用不得于道⑧。

[注释]①我龟既厌:龟,龟甲,古人用以占卜吉凶。参见《卫风·氓》第二章注⑤。厌,厌烦。　②不我告犹:即"不告我犹"的倒文。犹,谋,这里指谋的结果,即吉还是凶。　③谋夫:谋划的人。　④是用不集:是用,即"用是",因此。不集,不成功。　⑤发言盈庭:满朝议论纷纷。庭,朝廷。　⑥谁敢执其咎:执,承担。咎,责任。　⑦如匪行迈谋:如同与那过路人商量。匪,

通"彼",那。行迈,过路人。 ⑧道:正确的道路。

哀哉为犹,匪先民是程①,匪大犹是经②。维迩言是听③,维迩言是争④。如彼筑室于道谋⑤,是用不溃于成⑥。

[注释]①匪先民是程:匪,通"非"。先民是程,即"程先民"。先民,前人、古人。是,语气助词。程,效法。 ②大犹是经:即"经大犹",做大的谋划。经,进行、作。 ③维迩言是听:即"维听迩言",只听些没有远见的话。维,通"唯"。迩言,浅近而无远见的话。 ④争:争论。 ⑤如彼筑室于道谋:筑室,建房子。道,路人。 ⑥溃:达到。

国虽靡止①,或圣或否②。民虽靡膴③,或哲或谋④,或肃或艾⑤。如彼泉流,无沦胥以败⑥。

[注释]①靡止:不大。 ②或圣或否:或,有的人。圣,睿智。否,贤能。 ③膴:音 wǔ,肥、厚,此处引申为"多"。 ④或哲或谋:哲,明哲。谋,多谋。 ⑤或肃或艾:肃,严肃认真。艾,音 yì,善于管理。 ⑥无沦胥以败:沦胥,相率、牵连。败,腐烂。

不敢暴虎①,不敢冯河②。人知其一③,莫知其他。战战兢兢,如临深渊,如履薄冰。

[注释]①暴虎:赤手空拳打虎。暴,通"搏"。 ②冯河:不乘船而徒步过河。冯,音 píng,通"淜",无船渡河。 ③其一:道理中的一部分,即指前两句。

小　　宛

[题解]宗室告诫周王要体恤民情,勿失民心。

宛彼鸣鸠①,翰飞戾天②。我心忧伤,念昔先人。明发不寐③,有怀二人④。

[注释]①宛彼鸣鸠:宛彼,犹"宛宛",小而短尾的样子。鸣鸠,斑鸠。②翰飞戾天:翰飞,高飞。戾,到。 ③明发不寐:明发,通宵达旦。不寐,没睡觉。 ④二人:指死去的父母。

人之齐圣①,饮酒温克②。彼昏不知③,壹醉日富④。各敬尔仪⑤,天命不又⑥。

[注释]①齐圣:正派睿智。 ②温克:温和克制。 ③彼昏不知:那些昏庸不智人。知,通"智"。 ④壹醉日富:壹,语气助词。富,甚、厉害。⑤各敬尔仪:各自谨慎你们的行为。敬,通"儆",谨慎。仪,仪容,实指行为。⑥天命不又:天命一去不再回。

中原有菽①,庶民采之②。螟蛉有子③,蜾蠃负之④。教诲尔子,式谷似之⑤。

[注释]①中原有菽:中原,原中,原野上。菽,音shū,大豆。 ②庶民:普通老百姓。 ③螟蛉:螟蛾幼虫。 ④蜾蠃负之:细腰蜂把它背去做儿子。蠃,音luǒ。蜾蠃,细腰蜂。蜾蠃常捕螟蛉喂它的幼虫,古人误认为蜾蠃养螟蛉为己子,后因以为养子的代称。 ⑤式谷似之:后人要以善行来继承。式,发语词。谷,善。似,通"嗣",继承。本章告诫统治者如果不善待民众,将会有人争取民心取而代之。

题彼脊令①,载飞载鸣②。我日斯迈③,而月斯征④。夙兴夜寐⑤,毋忝尔所生⑥。

[注释]①题彼脊令:题,看。脊令,鹡鸰。 ②载:则,就。 ③我日斯

迈:我一天比一天老迈。　④而月斯征:时光一月一月在流逝。斯,语气助词。征,行。　⑤夙兴夜寐:早起晚睡。　⑥毋忝尔所生:忝,辱没。尔所生,即"尔所自生",指父母。

交交桑扈①,率场啄粟②。哀我填寡③,宜岸宜狱④。握粟出卜⑤,自何能谷⑥?

[注释]①交交桑扈:小小青雀(本肉食)。交交,小的样子。桑扈,青雀。　②率场啄粟:现在满场啄粟米。率,沿着。　③哀我填寡:可怜我这穷困寡财之人。填,通"殄",穷困。寡,指财尽。　④宜岸宜狱:仍得吃官司坐大牢。岸,官司。　⑤握粟出卜:抓把粟米占卜官司吉凶。　⑥自何能谷:如何能得善终。谷,善。

温温恭人①,如集于木②。惴惴小心③,如临于谷④。战战兢兢,如履薄冰。

[注释]①温温恭人:温良谦恭一个人。　②如集于木:处境却如同站在树上怕随时掉下来。集,立。　③惴惴小心:惴惴不安多小心。　④如临于谷:如立深谷边怕摔下。

小　弁

[题解]被父亲赶出家门的人忧伤哀怨。

弁彼鸒斯①,归飞提提②。民莫不谷③,我独于罹④。何辜于天⑤?我罪伊何⑥?心之忧矣,云如之何⑦?

[注释]①弁彼鸒斯:弁,音 pán,快乐。鸒,音 yù,乌鸦。斯,语气助词。②提提:群鸟安闲的样子。　③谷:音 gū,善,指生活美好。　④罹:音 lí,苦难。　⑤辜:罪。　⑥伊:是。　⑦云如之何:云,语气助词。如之何,怎么

办。

踧踧周道①,鞫为茂草②。我心忧伤,怒焉如捣③。假寐永叹④,维忧用老⑤。心之忧矣,疢如疾首⑥。

[注释]①踧踧周道:踧踧,音 jí jí,坦荡易行。周道,大路。 ②鞫:音 jū,尽、全。 ③怒焉如捣:怒,音 nì,忧思。焉,于之,及于此。捣,音 dǎo,舂、捣。 ④假寐永叹:假寐,不脱衣服而睡。永叹,长叹。 ⑤维忧用老:维,通"唯",只因。用,犹"而"。 ⑥疢如疾首:疢,音 chèn,即"首疾",头痛。

维桑与梓①,必恭敬止。靡瞻匪父②,靡依匪母③。不属于毛④?不离于里⑤?天之生我,我辰安在⑥?

[注释]①维桑与梓:维,语气助词。古人宅旁常种桑、梓,桑可养蚕,梓可制器。东汉后引申为故里父老的代称。 ②靡瞻匪父:靡,没有。瞻,仰望,引申为尊敬。匪,通"非",不是。 ③依:依恋。 ④不属于毛:属,附属。毛,表面,指父亲。 ⑤不离于里:离,通"丽",附着。里,指母亲。 ⑥我辰安在:辰,时运。安,何。

菀彼柳斯①,鸣蜩嘒嘒②,有漼者渊③,萑苇淠淠④。譬彼舟流⑤,不知所届⑥,心之忧矣,不遑假寐⑦。

[注释]①菀彼柳斯:菀彼,犹"菀菀",茂盛。斯,语气助词。 ②鸣蜩嘒嘒:鸣蜩,即"蜩鸣",蝉叫。嘒嘒,音 huì huì,形容清亮的乐器声、昆虫鸣叫声。 ③有漼:犹"漼漼",水深。漼,音 cuǐ。 ④萑苇淠淠:萑苇,芦荻。萑,音 huán。淠淠,音 pèi pèi,众多。 ⑤舟流:小船随水飘荡。 ⑥届:至。 ⑦不遑:无暇。

鹿斯之奔,维足伎伎①。雉之朝雊②,尚求其雌。譬彼坏木③,疾用无枝④。心之忧矣,宁莫之知⑤?

[注释]①伎伎:音jì jì,快走疾行。 ②雉之朝雊:雉,野鸡。朝,早晨。雊,音gòu,野鸡叫。 ③坏木:生病的树。 ④疾用无枝:即"用疾无枝"。用,因。 ⑤宁莫之知:宁,难道。之,语气助词。

相彼投兔①,尚或先之②。行有死人③,尚或墐之④。君子秉心⑤,维其忍之⑥。心之忧矣,涕既陨之⑦。

[注释]①相彼投兔:相,瞧。投兔,投入罗网的兔子。 ②尚或先之:尚,尚且。或,有人。先之,纵放。 ③行:道路。 ④墐:音jìn,亦作"殣",埋葬。 ⑤君子秉心:君子,这里指父亲。秉心,居心。 ⑥维其忍之:维,犹"何"。忍,忍心。 ⑦涕既陨之:涕,眼泪。既,已。陨,下、落。

君子信谗,如或酬之①。君子不惠②,不舒究之③。伐木掎矣④,析薪扡矣⑤。舍彼有罪⑥,予之佗矣⑦。

[注释]①酬:互相敬酒。 ②惠:爱护。 ③不舒究之:舒,从容。究,详察。 ④掎:音jǐ,牵引,伐木时用绳子拉着树梢,以控制下倒的方向与速度。 ⑤析薪扡矣:析薪,劈柴。扡,音chǐ,顺木柴纹理劈。 ⑥有罪:这里指造谣中伤的人。 ⑦佗:音tuó,加。

莫高匪山①,莫浚匪泉②。君子无易由言③,耳属于垣④。无逝我梁⑤,无发我笱。我躬不阅,遑恤我后。

[注释]①莫高匪山:不高大不成其为山。匪,通"非"。 ②浚:深。 ③君子无易由言:无易,不要轻易。由,于。 ④耳属于垣:耳,指窃听者之耳。属,贴近。垣,墙壁。 ⑤无逝我梁:此句及以下3句见《邶风·谷风》第三章注④⑤⑥⑦。

巧　言

[**题解**]劝谏在位的人不要听信谗言而误国。

悠悠昊天①,曰父母且②。无罪无辜,乱如此帄③。昊天已威④,予慎无罪⑤。昊天泰帄⑥,予慎无辜。

[**注释**]①悠悠:遥远。　②曰父母且:曰,语气助词。且,音 jū,语气助词。　③帄:音 hū,大。　④已威:已,太、甚。威,可畏。　⑤慎:确实。⑥泰帄:泰,太。帄,严酷。

乱之初生,僭始既涵①。乱之又生,君子信谗②。君子如怒③,乱庶遄沮④。君子如祉⑤,乱庶遄已⑥。

[**注释**]①僭始既涵:僭,亦作"譖",谗言。涵,接纳。　②君子:指周王。　③怒:这里意为怒斥谗言。　④乱庶遄沮:庶,庶几、大概。遄,音 chuán,很快。沮,止。　⑤祉:音 zhǐ,福。　⑥已:停止。

君子屡盟①,乱是用长②。君子信盗③,乱是用暴。盗言孔甘④,乱是用餤⑤。匪其止共⑥,维王之邛⑦。

[**注释**]①屡盟:多次订约。　②乱是用长:是用,即"用是",因此。长,增加。　③盗:指谗谀之人。　④孔甘:很甜蜜。　⑤餤:音 tán,进食,引申为加剧、增进。　⑥匪其止共:匪,通"非"。其,指前文的"盗"。止,达到。共,通"恭",指忠于职守。　⑦维,是。

奕奕寝庙①,君子作之②。秩秩大猷③,圣人莫之④。他人有心⑤,予忖度之⑥。跃跃毚兔⑦,遇犬获之。

[注释]①奕奕寝庙:奕奕,高大雄伟。寝庙,古代宗庙建筑分两部分,即前庙后寝。庙是用来祭祀的地方,寝是用来停放牌位和先人遗物的地方。②君子:指武王、周公等先公先王。 ③秩秩大猷:秩秩,沉稳睿智。大猷,治国方略。 ④圣人莫之:圣人,义同前文"君子"。莫,亦作"谟",谋划。⑤他人有心:他人,指前文"盗"。有心,别有用心。 ⑥忖度:揣测。度,音 duó。 ⑦跃跃毚兔:毚,音 chán,狡猾。跳跃的狡兔。

荏染柔木①,君子树之。往来行言②,心焉数之③。蛇蛇硕言④,出自口矣。巧言如簧⑤,颜之厚矣。

[注释]①荏染柔木:荏染,柔韧。柔木,善木,指椅、桐、梓、漆等制作乐器的木材。 ②往来行言:指流言蜚语传来传去。 ③心焉数之:焉,于是。数,辨识。 ④蛇蛇硕言:蛇蛇,音 yí yí,浮夸虚华。硕言,大话。 ⑤巧言如簧:巧言,花言巧语。如簧,像簧发出的声音那样好听。

彼何人斯?居河之麋①。无拳无勇②,职为乱阶③。既微且尰④,尔勇伊何?为犹将多⑤,尔居徒几何⑥?

[注释]①麋:亦作"湄",水边。 ②拳:气力。 ③职为乱阶:职,只。阶,阶梯。 ④既微且尰:微,亦作"癓",小腿生湿疮。尰,音 zhǒng,脚肿。⑤为犹将多:犹,犹"猷",诈谋诡计。将多,很多。 ⑥尔居徒劳几何:居,语气助词。徒,同党。

何 人 斯

[题解]劝诫老友不要轻信他人而猜疑自己。

彼何人斯①?其心孔艰②。胡逝我梁③,不入我门④?伊谁云从⑤?维暴之云⑥。

[注释]①彼何人斯:那究竟是个什么人。斯,语气助词。 ②孔艰:孔,很。艰,阴险。 ③胡逝我梁:为何去到我的拦鱼坝。梁,河中筑起的堤坝。 ④不入我门:却不上我的门。 ⑤伊谁云从:诽谤我的话究竟从何来? 伊、云,语气助词。 ⑥维暴之云:乃暴公之所言。

二人从行①,谁为此祸②?胡逝我梁,不入唁我③?始者不如今④,云不我可⑤。

[注释]①二人从行:你们两人同步行。二人,指老友及进谗言者。从行,本义是并肩而行。 ②谁为此祸:究竟是谁制造这场纠纷。 ③唁:安抚。 ④始者不如今:当初不像现在这样不信任。 ⑤云不我可:即"云我不可",说我如何如何不行。可,善、好。

彼何人斯?胡逝我陈①?我闻其声,不见其身。不愧于人②?不畏于天③?

[注释]①陈:堂前路。 ②不愧于人:难道你不愧对正直人。 ③不畏于天:难道你不害怕天报应。

彼何人斯?其为飘风①。胡不自北②?胡不自南?胡逝我梁?祇搅我心③。

[注释]①飘风:旋风。 ②胡不自北:为何不从北边走。胡,何。 ③祇搅我心:只管搅动我的心。祇,音 zhī,只。

尔之安行①,亦不遑舍②。尔之亟行③,遑脂尔车④。壹者之来⑤,云何其盱⑥。

[注释]①尔之安行:你的车子缓慢行。 ②亦不遑舍:也不消停消停。

遑,闲暇。舍,停息。 ③尔之亟行:你这么急急忙忙行。亟,急忙。 ④遑脂尔车:还是抽空给车涂涂油。 ⑤壹者之来:往昔你曾来一次。壹者,从前。 ⑥云何其盱:让我心中也生忧愁。云,发语词。盱,通"吁",忧愁。

尔还而入①,我心易也②。还而不入,否难知也③。壹者之来,俾我祇也④。

[注释]①尔还而入:你转身还入我的门。 ②我心易也:我心中也就无芥蒂。易,喜悦。 ③否难知也:(我们的关系)隔阂形成难预知。否,隔阂。 ④俾我祇也:使我心忧生大病。祇,音zhī,通"疧(音zhī)",病。

伯氏吹埙①,仲氏吹篪②。及尔如贯③,谅不我知④。出此三物⑤,以诅尔斯⑥。

[注释]①伯氏吹埙:大哥吹起埙。埙,音xūn,古代吹奏乐器,多用陶土烧制而成,形状像鸡蛋,有1~6个孔。 ②仲氏吹篪:二哥吹起篪。篪,音chí,古代竹制的管乐器之一,像笛,有八孔,横吹。以上两句以兄弟吹奏协调,比喻朋友应互相信任。 ③及尔如贯:你我本是紧相连。贯,本义是钱贝穿在一条绳上,此处指两人紧密相连。 ④谅不我知:即"谅不知我",你确实不理解我。谅,诚。知,理解。 ⑤出此三物:拿出三牲鸡、猪、狗。三物,指鸡、猪、狗。 ⑥以诅尔斯:和你盟誓在神前。

为鬼为蜮①,则不可得②。有靦面目③,视人罔极④。作此好歌,以极反侧⑤。

[注释]①为鬼为蜮:为鬼为蜮残害人。蜮,音yù,短狐,水神。 ②不可得:指鬼暗中害人却不可得见。 ③有靦:犹"靦靦",狡猾。靦,音tiǎn。 ④罔极:没有定准,变化无常。 ⑤以极反侧:以揪出反复无常的人。极,穷究。反侧,本义是辗转,此处义为反复无常。

巷　伯

[题解]寺人孟子怨恨谗人。

萋兮斐兮①,成是贝锦②。彼谮人者③,亦已大甚④!

[注释]①萋兮斐兮:犹"萋斐",花纹错杂的样子。　②贝锦:仿贝壳上的花纹而织成的锦。　③谮人:谗言诋毁别人的人。　④大:通"太"。

哆兮侈兮①,成是南箕②。彼谮人者,谁适与谋③。

[注释]①哆兮侈兮:哆,音 chǐ,张口的样子。侈,大。　②南箕:位于南方的箕星。因其四星相连,形成梯形,犹如簸箕,又位于天之南,故名。③适:往。

缉缉翩翩①,谋欲谮人。慎尔言也,谓尔不信②。

[注释]①缉缉翩翩:缉缉,亦作"咠咠",附耳私语。翩翩,亦作"谝谝",花言巧语。　②不信:不可靠。

捷捷幡幡①,谋欲谮言。岂不尔受②?既其女迁③。

[注释]①捷捷幡幡:捷捷,亦作"喋喋",能说会道的样子。幡幡,音 fān fān,义同"翩翩",反复无常的样子。　②岂不尔受:即"岂不受尔",怎会不受你的欺骗。　③既其女迁:即"既其迁女",最终把对被谮者的憎恶迁移到你身上。既,终于。

骄人好好①,劳人草草②。苍天苍天,视彼骄人,矜此劳人③。

[注释]①骄人好好:骄人,得志而傲慢的小人。好好,得意忘形的样子。 ②劳人草草:劳人,忧劳失意之人,指被谗害者。草草,忧劳苦闷的样子。 ③矜:怜悯。

彼谮人者,谁适与谋?取彼谮人,投畀豺虎①。豺虎不食,投畀有北②。有北不受,投畀有昊③!

[注释]①畀:音 bì,给予。 ②有北:寒冷荒凉的北方。有,词头,无实义。 ③有昊:即"昊天",上天。

杨园之道①,猗于亩丘②。寺人孟子③,作为此诗④。凡百君子,敬而听之。

[注释]①杨园:园名。 ②猗于亩丘:猗,音 yī,连接。亩丘,丘名。 ③寺人孟子:寺人,古代宫中供使唤的小臣,类似后世的宦官。孟子,人名,不是通常所说的大儒孟子。 ④作为此诗:即"为作此诗",为受谗而作此诗。

谷　　风

[题解]女子怨恨丈夫在走出困境后抛弃自己。

习习谷风①,维风及雨。将恐将惧②,维予与女③。将安将乐,女转弃予④。

[注释]①习习谷风:习习,大风声。谷风,山谷大风。 ②将:方。 ③维予与女:只有我来陪伴你。与,亲近。 ④女转弃予:你转而抛弃我。

习习谷风,维风及颓①。将恐将惧,置予于怀②。将安将乐,弃予如遗③。

[注释]①颓:旋风。 ②置予于怀:把我搂在怀抱里。 ③遗:遗忘的东西。

习习谷风,维山崔嵬①。无草不死,无木不萎。忘我大德,思我小怨②。

[注释]①崔嵬:犹"崔嵬",山势高峻的样子。 ②小怨:小缺陷。

蓼 莪

[题解]感慨做苦役而不能照顾父母。

蓼蓼者莪①,匪莪伊蒿②。哀哀父母,生我劬劳③。

[注释]①蓼蓼:音 lù lù,长大的样子。莪,莪蒿,欲称"抱娘蒿"。②匪莪伊蒿:匪,非。伊,是。 ③劬劳:辛苦劳作。

蓼蓼者莪,匪莪伊蔚①。哀哀父母,生我劳瘁②。

[注释]①蔚:牡蒿,可入药。 ②瘁:憔悴。

瓶之罄矣①,维罍之耻②。鲜民之生③,不如死之久矣。无父何怙④?无母何恃⑤?出则衔恤⑥,入则靡至⑦。

[注释]①罄:器物中空。 ②罍:音 léi,大肚小口的坛子。 ③鲜民:孤儿。鲜,孤独。 ④怙:音 hù,依靠。 ⑤恃:依靠。 ⑥出则衔恤:出,离家。衔,含。恤,深忧。 ⑦入则靡至:入,回家。靡,无。至,亲人。

父兮生我,母兮鞠我①。拊我畜我②,长我育我③,顾我复我④,出入腹我⑤。欲报之德⑥,昊天罔极⑦!

[注释]①鞠:扶养。 ②拊我畜我:拊,通"抚",抚摸。畜,音 xū,爱。③长我育我:长我,养我长大。育我,教育我。 ④顾我复我:顾,照顾。复,挂念。 ⑤腹:怀抱。 ⑥之:这,指父母。 ⑦罔极:没有定准,变化无常。

南山烈烈①,飘风发发②。民莫不穀③,我独何害④!

[注释]①烈烈:山高险峻崎岖的样子。 ②飘风发发:飘风,旋风。发发,大风呼呼声。 ③穀:善,指对父母好,即赡养父母。 ④何:通"荷",负荷、承受。

南山律律①,飘风弗弗②。民莫不穀,我独不卒③!

[注释]①律律:山势突兀高耸。 ②弗弗:大风扬尘。 ③不卒:不终,指不能终养父母。

大　东

[题解]东方诸侯指责周朝廷搜刮无厌。

有饛簋飧①,有捄棘匕②。周道如砥③,其直如矢④。君子所履⑤,小人所视⑥。睠言顾之⑦,潸焉出涕⑧。

[注释]①有饛簋飧:饛,音 méng。有饛,犹"饛饛",满盛的样子。簋,音 guǐ,古代青铜或陶制食器,圆口,圈足,双耳,方座,有的带盖。飧,音 sūn,熟食。 ②有捄棘匕:有捄,犹"捄捄",长而弯曲的样子。棘,酸枣木。匕,勺子。 ③周道如砥:周道,大路。砥,磨刀石。 ④矢:箭。 ⑤君子所履:君子,指贵族。履,行走。 ⑥小人:指人民。 ⑦睠言顾之:睠,音 juàn。睠言,犹"睠睠",回头的样子。顾,看。 ⑧潸焉出涕:潸,音 shān,出泪的样

子。涕,眼泪。

小东大东①,杼柚其空②。纠纠葛屦③,可以履霜。佻佻公子④,行彼周行⑤。既往既来⑥,使我心疚⑦。

[注释]①小东大东:小东,离周京近的东方诸侯国。大东,离周京远的东方诸侯国。 ②杼柚其空:杼柚,音 zhù zhú,梭子和机轴,这是织机上两个主要部件,经线纬线经此而织成布。 ③纠纠葛屦:纠纠,纠缠交错编结的样子。葛屦,麻布鞋,平民所穿。屦,音 jù。 ④佻佻:音 tiāo tiāo,轻佻。 ⑤周行:大路。 ⑥既:又。 ⑦疚:忧愁。

有冽氿泉①,无浸获薪②。契契寤叹③,哀我惮人④。薪是获薪⑤,尚可载也⑥。哀我惮人,亦可息也。

[注释]①有冽氿泉:有冽,即"冽冽",寒冷。氿泉,上涌不畅从旁流出的泉水。 ②获薪:割下的干草。 ③契契寤叹:忧伤愁苦的样子。寤叹,失眠而叹。 ④惮:通"瘅(音 dàn)",劳苦。 ⑤薪是获薪:前一个"薪",用作动词,烧。是,这。 ⑥尚可载也:尚,还。载,装载。

东人之子①,职劳不来②。西人之子③,粲粲衣服④。舟人之子⑤,熊罴是裘⑥。私人之子⑦,百僚是试⑧。

[注释]①子:子弟。 ②职劳不来:职,只。劳,服劳役。来,音 lài,亦作"勑",慰劳。 ③西人:周人。西相对于东方诸侯国而言。 ④粲粲:鲜艳华丽。 ⑤舟人:犹"周人"。舟,通"周"。 ⑥熊罴是裘:即"裘熊罴"。裘,皮袄。此处用作动词,制成皮袄。 ⑦私人:周贵族们的亲属。 ⑧百僚是试:即"试百僚"。试,任用。百僚,百官。

或以其酒①,不以其浆②。鞙鞙佩璲③,不以其长。维天有汉④,监亦有光⑤。跂彼织女⑥,终日七襄⑦。

[注释]①或:有的人。 ②浆:薄酒。 ③鞙鞙佩璲:鞙鞙,音 xuàn xuàn,形容系珮的线长而漂亮。佩,亦作"珮"。璲,当作"繸",系珮的丝带。上三句并下一句意为东人献美酒,西人却认为连薄酒都算不上;东人献上玉珮,西人却认为不够长。 ④汉:银河。 ⑤监:通"鉴",镜子。 ⑥跂彼织女:跂,音 qí,三角形。此处指织女星座由3颗星组成,鼎足而立。织女,织女星座。 ⑦七襄:每日自卯至酉7个时辰,每个时辰织女星移位一次,称"七襄"。

虽则七襄,不成报章①。睆彼牵牛②,不以服箱③。东有启明④,西有长庚。有捄天毕⑤,载施之行⑥。

[注释]①报章:布帛。报,织布时梭子引纬线往复运动。章,布帛上的纹理。 ②睆彼牵牛:睆,音 huǎn,明亮闪烁。 ③服箱:服,驾。箱,车辆。 ④启明:启明星,亦称金星、长庚星,早上出现在东方,傍晚出现在西方。 ⑤天毕:毕星,二十八宿之一,共有8颗星组成,形似古代田猎时用的长柄网。 ⑥载施之行:载,则。施,音 yí,斜挂。行,音 háng,行列。

维南有箕①,不可以簸扬②。维北有斗③,不可以挹酒浆④。

[注释]①维南有箕:天空南边有箕星。 ②簸扬:用箕簸动米谷以扬去糠、杂物。 ③斗:北极星,由7颗星组成,似勺。 ④挹:音 yì,舀。

维南有箕,载翕其舌①。维北有斗,西柄之揭②。

[注释]①翕:向内收缩。 ②西柄之揭:西柄,柄向西。揭,高举。

四　月

[题解]小吏行役江汉,遭乱而自伤。

四月维夏①,六月徂暑②。先祖匪人③,胡宁忍予④?

[注释]①维:是。　②六月徂暑:六月暑期将过去。徂,音cú,往、到。　③先祖匪人:先祖真是没人性。　④胡宁忍予:何能忍心让我遭大罪。胡,何。

秋日凄凄①,百卉具腓②。乱离瘼矣③,爰其适归④?

[注释]①凄凄:萧瑟凄清的样子。　②百卉具腓:卉,草木。具,通"俱"。腓,音féi,本义是病,此处义为枯萎。　③乱离瘼矣:乱世忧伤人困苦。离,忧。瘼,音mò,疾苦。　④爰其适归:我将何去何从。爰,发语词。适,往。

冬日烈烈①,飘风发发②。民莫不谷③,我独何害④?

[注释]①烈烈:寒风刺骨。　②飘风发发:飘风,旋风。发发,大风呼呼声。　③民莫不谷:人们过得都很好。谷,音gǔ,好。　④我独何害:唯独我要受苦难。

山有嘉卉①,侯栗侯梅②。废为残贼③,莫知其尤④!

[注释]①嘉:好。　②侯:维、是。　③废为残贼:大肆加以摧残。废,大。残贼,残害、毁坏。　④尤:罪过。

相彼泉水,载清载浊①。我日构祸②,曷云能谷③?

[注释]①载清载浊:时清时浊。载,又。 ②我日构祸:我天天遭祸殃。构,通"遘",遇。 ③曷云能穀:如何能得好结果。曷,通"何"。

滔滔江汉①,南国之纪②。尽瘁以仕③,宁莫我有④?

[注释]①江汉:长江与汉水。 ②南国之纪:可为南方众河流的统领。纪,纲纪、统领。 ③尽瘁以仕:忠于职守尽心力。尽瘁,尽心尽力。仕,事。 ④宁莫我有:即"宁莫有我",难道还不肯对我好。宁,难道。有,通"友"。

匪鹑匪鸢①,翰飞戾天②。匪鳣匪鲔③,潜逃于渊。

[注释]①匪鹑匪鸢:匪,不。鹑,音chún,雕。鸢,音yuān,老鹰。 ②翰飞戾天:翰飞,高飞。戾,到。 ③匪鳣匪鲔:鳣,音zhān,鳡鱼。鲔,音wěi,鲟鱼。

山有蕨薇①,隰有杞桋②。君子作歌,维以告哀。

[注释]①蕨薇:蕨,蕨菜。薇,野豌豆。 ②隰有杞桋:杞,杞柳。桋,音yí,木名,即赤楝。

北　　山

[题解]士人怨恨苦劳不均。

陟彼北山①,言采其杞②。偕偕士子③,朝夕从事。王事靡盬④,忧我父母。

[注释]①陟:音zhì,升、登。 ②言采其杞:言,语气助词。杞,枸杞。 ③偕偕士子:偕偕,强壮的样子。士子,作者自称。 ④王事靡盬:王事,指国君的官差徭役。靡盬,无休止。盬,音gǔ。

溥天之下①,莫非王土;率土之滨②,莫非王臣。大夫不均,我从事独贤③。

[注释]①溥:通"普",普遍。 ②率土之滨:率,沿着。滨,水边。 ③贤,劳苦。

四牡彭彭①,王事傍傍②。嘉我未老③,鲜我方将④。旅力方刚⑤,经营四方⑥。

[注释]①彭彭:马奔走不息的样子。 ②傍傍:紧张奔走应付的样子。 ③嘉:夸奖。 ④鲜我方将:鲜,称许。方将,正强壮。 ⑤旅力方刚:旅力,即"膂力",体力。刚,健。 ⑥经营:对……采取行动。

或燕燕居息①,或尽瘁事国②;或息偃在床③,或不已于行④。

[注释]①或燕燕居息:或,有的人。燕燕,悠闲安逸的样子。居息,在家休息。 ②或尽瘁事国:尽瘁,竭尽全力。事国,报效国家。 ③息偃:躺着休息。 ④不已于行:不已,不停。行,音 háng,道路。

或不知叫号①,或惨惨劬劳②;或栖迟偃仰③,或王事鞅掌④。

[注释]①叫号:号叫哭喊。 ②或惨惨劬劳:惨惨,焦虑不安的样子。劬劳,辛苦劳作。劬,音 qú。 ③栖迟偃仰:栖迟,游息。偃仰,安居。 ④鞅掌:忙乱繁杂的样子。

或湛乐饮酒①,或惨惨畏咎②;或出入风议③,或靡事不为。

[注释]①湛乐:通"耽乐",沉湎享乐。湛,音 dān,通"媅(音 dān)",逸乐尽兴。 ②咎:罪责。 ③风议:空发议论而不负责任。

无 将 大 车

[题解]虽感时伤乱而心情旷达。

无将大车①,祇自尘兮②。无思百忧③,祇自疧兮④。

[注释]①将:手推。 ②祇自尘兮:只会自己蒙灰尘。祇,音 zhǐ,只。 ③无思百忧:不要多想种种愁。 ④祇自疧兮:只会自己生疾病。疧,音 qí,病。

无将大车,维尘冥冥①。无思百忧,不出于颎②。

[注释]①维尘冥冥:尘土一片灰蒙蒙。 ②不出于颎:不要陷在忧愁中。颎,音 jiǒng。

无将大车,维尘雍兮①。无思百忧,祇自重兮②。

[注释]①维尘雍兮:尘土迷漫遮住天。雍,遮蔽。 ②重:病加重。

小 明

[题解]小吏长期出差在外而怨在位者。

明明上天,照临下土①。我征徂西②,至于艽野③。二月初吉④,载离寒暑⑤。心之忧矣,其毒大苦⑥。念彼共人⑦,涕零如雨⑧。岂不怀归⑨?畏此罪罟⑩!

[注释]①下土:天下。 ②徂:音 cú,往、到。 ③艽野:荒远的边地。

芁,音 qiú。 ④二月初吉:二月,周历二月,即夏历十二月。初吉,上旬。 ⑤载离寒暑:载,语气助词。离,经过。寒暑,一年。 ⑥毒:药。 ⑦共:通"恭",恭敬谨慎。 ⑧涕零:涕,泪。零,落。 ⑨岂不怀归:难道我不想回。 ⑩罪罟:遭罪的罗网、禁锢民众的法网。罟,音 gǔ,网。

昔我往矣,日月方除①。曷云其还②?岁聿云莫③。念我独兮④,我事孔庶⑤。心之忧矣,惮我不暇⑥。念彼共人,眷眷怀顾⑦!岂不怀归?畏此谴怒⑧。

[注释]①除:除去旧岁,即岁末年初。 ②曷云其还:什么时候能回还。曷,何时。 ③岁聿云莫:大约要到年底时。聿、云,语气助词。 ④独:独处。 ⑤孔庶:孔,很。庶,繁多。 ⑥惮我不暇:筋疲力尽无闲暇。惮,劳累。 ⑦眷眷:反顾依恋的样子。 ⑧谴怒:责备。

昔我往矣,日月方奥①。曷云其还?政事愈蹙②。岁聿云莫,采萧获菽③。心之忧矣,自诒伊戚④。念彼共人,兴言出宿⑤。岂不怀归?畏此反覆⑥。

[注释]①奥:通"燠(音 yù)",暖。 ②蹙:急迫。 ③采萧获菽:萧,艾蒿。菽,音 shū,大豆。 ④自诒伊戚:自寻烦恼。诒,通"贻",留。伊,此。戚,忧戚。 ⑤兴言出宿:起身去到外面住。兴,起身。 ⑥反覆:反复无常。

嗟尔君子①,无恒安处②。靖共尔位③,正直是与④。神之听之⑤,式谷以女⑥。

[注释]①嗟:唉,表感叹。 ②无恒安处:不要长期享安乐。 ③靖共尔位:靖,思量。共,通"恭",敬奉。位,职位。 ④正直是与:即"与正直"。与,亲近。正,正直。直,纠正别人的错误。 ⑤神之听之:神,慎。听,听从。 ⑥式谷以女:式,发语词。谷,善。

嗟尔君子,无恒安息①。靖共尔位,好是正直。神之听之,介尔景福②。

[**注释**]①安息:犹"安处"。 ②介尔景福:助你大福。介,助。景,大。

鼓　　钟

[**题解**]观乐舞而思古代圣贤。

鼓钟将将①,淮水汤汤②,忧心且伤。淑人君子③,怀允不忘④。

[**注释**]①将将:通"锵锵",象声词,形容玉器交击声、乐器声。 ②汤汤:音 shāng shāng,水势浩大的样子。 ③淑:好。 ④怀允:怀,思念。允,确实。

鼓钟喈喈①,淮水湝湝②,忧心且悲。淑人君子,其德不回③。

[**注释**]①喈喈:音 jiē jiē,象声词,禽类相和的叫声、乐器声。 ②湝湝:音 xié xié,汪洋浩荡。 ③回:违、邪僻。

鼓钟伐鼛①,淮有三洲②,忧心且妯③。淑人君子,其德不犹④。

[**注释**]①鼓钟伐鼛:敲起钟来打起鼓。鼓,敲击。伐,擂。鼛,音 gāo,大鼓。 ②洲:沙洲。 ③妯:音 chóu,伤悼。 ④犹:病,此处指缺点。

鼓钟钦钦①,鼓瑟鼓琴,笙磬同音②。以雅以南③,以龠不僭④。

[注释]①钦钦:象声词,钟声。 ②笙磬同音:磬,玉制打击乐器,状似曲尺,悬挂在架上,古乐队以磬声止众乐。同音,和谐。 ③以雅以南:演奏的有雅乐和南乐。 ④以龠不僭:龠舞配合得天衣无缝。僭,差失。

楚　茨

[题解]周王于庙中祭祀先祖。

楚楚者茨①,言抽其棘②,自昔何为③?我艺黍稷④。我黍与与⑤,我稷翼翼⑥。我仓既盈⑦,我庾维亿⑧。以为酒食,以享以祀⑨,以妥以侑⑩,以介景福⑪。

[注释]①楚楚者茨:楚楚,荆棘丛生的样子。茨,蒺藜。 ②言抽其棘:抽,去除。棘,刺。 ③自昔何为:从前披荆斩棘都为何。 ④艺:种植。 ⑤与与:茂盛。 ⑥翼翼:繁茂。 ⑦盈:满。 ⑧我庾维亿:庾,音yǔ,露天堆积谷物。亿,虚数,形容多。 ⑨以享以祀:用作奉献祭品,用作祭祀。以,用。享,进献。 ⑩以妥以侑:妥,祭祀时,请尸(尸,见本诗章五注⑤)安坐。侑,音yòu,劝尸喝酒。 ⑪以介景福:助你大福。介,助。景,大。

济济跄跄①,絜尔牛羊②,以往烝尝③。或剥或亨④,或肆或将⑤。祝祭于祊⑥,祀事孔明⑦。先祖是皇⑧,神保是飨⑨。孝孙有庆⑩,报以介福⑪,万寿无疆!

[注释]①济济跄跄:整齐美好严肃庄重。跄,音qiàng。 ②絜:干净,此处指收拾干净。 ③烝尝:烝,音zhēng,冬祭于宗庙。尝,秋祭于宗庙。 ④或剥或亨:或,有的人。剥,宰剥。亨,通"烹",烹煮。 ⑤或肆或将:肆,摆放。将,端上。 ⑥祝祭于祊:祝,祭祀时司祭礼向神祷告的人。祊,音bēng,门内。 ⑦祀事孔明:祭祀之事于是准备好。孔,很。明,周详。

⑧先祖是皇:先祖前来受祭祀。皇,往。 ⑨神保是飨:神保,对先祖神灵的美称。 ⑩庆:善、善事。 ⑪介:大。

执爨踖踖①,为俎孔硕②,或燔或炙③。君妇莫莫④,为豆孔庶⑤。为宾为客,献酬交错⑥。礼仪卒度⑦,笑语卒获⑧。神保是格⑨,报以介福,万寿攸酢⑩!

[注释]①执爨踖踖:执,掌。爨,音cuàn,厨事。踖踖,音jí jí,敏捷且合于礼节。 ②为俎孔硕:俎,音zǔ,古代祭祀、燕飨时陈置牲体或其他食物的礼器,形似小几,铜制,有四脚。 ③或燔或炙:燔,音fán,把肉放在火里烧。炙,把肉放在火上烤。 ④君妇莫莫:君妇,周王后。莫莫,清静恭敬。 ⑤为豆孔庶:豆,古代盛肉或熟菜的食器,木制,也有陶制或铜制,形制与笾相似。孔,很。庶,丰盛。 ⑥献酬交错:宴会时主人先进客人一杯,称献;主人再先饮,劝宾饮,称酬。 ⑦礼仪卒度:礼仪都合乎法度。卒,尽。度,法度。 ⑧获:适当。 ⑨格:至。 ⑩攸酢:攸,语气助词。酢,音zuò,回报。

我孔熯矣①,式礼莫愆②。工祝致告③,徂赉孝孙④。苾芬孝祀⑤,神嗜饮食⑥。卜尔百福⑦,如几如式⑧。既齐既稷⑨,既匡既敕⑩。永锡尔极⑪,时万时亿⑫!

[注释]①我孔熯矣:孔,很。熯,音hàn,恭敬。 ②式礼莫愆:仪节无差失。式,发语词。愆,差失。 ③工祝致告:太祝官传达先祖的话。工,官。祝,太祝,即第一章之"祝"。致,给与。 ④徂赉:徂,音cú,往、到。赉,音lài,赏赐。 ⑤苾芬孝祀:苾芬,馨香,此处代指馨香的祭品。孝祀,享祀,享受祭品。 ⑥嗜:喜欢享用。 ⑦卜:给予。 ⑧如几如式:如,合。几,法则。式,制度。 ⑨既齐既稷:既,已经。齐、稷,迅速。 ⑩既匡既敕:匡,端正。敕,整齐。 ⑪永锡尔极:锡,赐。极,无尽的福祉。 ⑫时:是。

礼仪既备①,钟鼓既戒②,孝孙徂位,工祝致告,神具醉止③,皇尸载起④。鼓钟送尸⑤,神保聿归⑥。诸宰君妇⑦,废彻不迟⑧。诸父兄弟⑨,备言燕私⑩。

[注释]①备:完备、完毕。 ②戒:准备好。 ③神具醉止:具,通"俱"。止,语气助词。 ④皇:光辉伟大。尸,祭祀时代替神主受祭的活人。 ⑤鼓:敲。 ⑥聿:语气助词。 ⑦宰:厨师。 ⑧废彻不迟:撤去祭品不拖沓。废、彻,撤去。 ⑨诸父兄弟:众位叔伯和兄弟。 ⑩备言燕私:备,齐。言,语气助词。燕私,家宴。

乐具入奏,以绥后禄①。尔殽既将②,莫怨具庆③。既醉既饱,小大稽首④。神嗜饮食,使君寿考。孔惠孔时⑤,维其尽之⑥。子子孙孙,勿替引之⑦!

[注释]①以绥后禄:绥,安享。后禄,尸吃剩的祭品。 ②将:美好。 ③莫怨具庆:没有怨言齐欢庆。 ④小大稽首:小大,指参加宴会的老老少少。稽首,叩首。 ⑤孔惠孔时:孔,很。惠,顺理。时,善。 ⑥维其尽之:其,指主人。尽,指祭祀完全合乎礼节。 ⑦勿替引之:替引,废除。之,指祭祀。

信　南　山

[题解]丰收后周王祭祀先祖。

信彼南山①,维禹甸之②。畇畇原隰③,曾孙田之④。我疆我理⑤,南东其亩⑥。

[注释]①信:连绵不断。 ②维禹甸之:禹,人名,即大禹,奉舜命治洪水,有大功,继承舜位。甸,治理。 ③畇畇:音 yún yún,垦辟的样子。 ④曾孙田之:曾孙,文王、武王孙辈的周王,不能确指。田,耕种。 ⑤我疆我

理:我画田界,我分地理。 ⑥南东其亩:向南向东开辟田地。

上天同云①。雨雪雰雰②,益之以霡霂③。既优既渥④,既沾既足⑤。生我百谷⑥。

[注释]①同云:遮天乌云。 ②雨雪雰雰:雨,降落。雰雰,音 fēn fēn,雪花纷飞的样子。 ③益之以霡霂:益,加上。霡霂,音 mài mù,细雨。 ④既优既渥:优、渥,浓厚,此处指雨量充足。 ⑤既沾既足:沾、足,湿润、湿透。 ⑥生:促进生长。

疆场翼翼①,黍稷彧彧②。曾孙之穑③,以为酒食。畀我尸宾④,寿考万年⑤。

[注释]①疆场翼翼:田界整整齐齐。场,音 yì。 ②彧彧:音 yù yù,茂盛。 ③穑:粮食。 ④畀我尸宾:招待尸和宾客。尸,祭祀时代替神主受祭的活人。 ⑤寿考:长寿。

中田有庐①,疆场有瓜。是剥是菹②,献之皇祖③。曾孙寿考,受天之祜④。

[注释]①中田有庐:中田,田中。庐,草棚。 ②是剥是菹:剥,剥皮。菹,音 zū,腌渍。 ③皇:光辉伟大。 ④祜:福。

祭以清酒①,从以骍牡②,享于祖考③。执其鸾刀④,以启其毛⑤,取其血膋⑥。

[注释]①清酒:酿造时日最久、味最醇厚的酒。 ②骍牡:赤色大公牛。 ③享于祖考:祭祀。祖,先祖。考,死去的父亲。 ④鸾刀:带铃的刀。 ⑤以启其毛:启,剖开。毛,毛皮。 ⑥血膋:血和脂肪。膋,音 liáo。

是烝是享①,苾苾芬芬②。祀事孔明③,先祖是皇。报以介福,万寿无疆。

[注释]①是烝是享:烝享,进献。 ②苾苾芬芬:芳香。 ③祀事孔明:此句及以下3句见前诗第二章注⑦⑧⑪。

甫　田

[题解]咏农事及祭神祈福。

倬彼甫田①,岁取十千②。我取其陈③,食我农人④。自古有年⑤。今适南亩⑥,或耘或耔⑦。黍稷薿薿⑧,攸介攸止⑨,烝我髦士⑩。

[注释]①倬彼甫田:倬,音zhuō,广阔。甫田,大田。 ②岁取十千:每年收获多又多。十千,形容多。 ③陈:此处指陈粮。 ④食:养活。 ⑤年:好收成。 ⑥今适南亩:适,到、往。南亩,向阳的田地。此处泛指田地。 ⑦或耘或耔:耘,锄草。耔,培土。 ⑧薿薿:音nǐ nǐ,茂盛。 ⑨攸介攸止:攸,语气助词。介,大,此指黍稷长大。止,至,此指庄稼生长达到得谷阶段。 ⑩烝我髦士:烝,进献。髦士,田官。

以我齐明①,与我牺羊②,以社以方③。我田既臧④,农夫之庆⑤。琴瑟击鼓⑥,以御田祖⑦。以祈甘雨,以介我稷黍⑧,以谷我士女⑨。

[注释]①齐明:洁净丰盛,此处指洁净丰盛的祭品。 ②牺羊:纯色的羊。 ③以社以方:社,祭祀土神。方,祭祀四方神。 ④臧:善、好。 ⑤庆:喜庆。 ⑥琴瑟击鼓:弹起琴瑟又击鼓。 ⑦御:迎接。 ⑧介:助长。 ⑨谷:养活。

曾孙来止①,以其妇子。馌彼南亩②,田畯至喜③。攘其左右④,尝其旨否⑤。禾易长亩⑥,终善且有⑦。曾孙不怒,农夫克敏⑧。

[注释]①曾孙,文王、武王孙辈的周王,不能确指。 ②馌:音 yè,祭祀田神。 ③田畯:田神。畯,音 jùn。 ④攘其左右:攘,通"饷"。左右,指妇子等跟随的人。 ⑤旨:味美。 ⑥禾易长亩:易,茂盛。长亩,竟亩,长满整个田。 ⑦终善且有:长势好且籽实饱满。 ⑧克敏:克,能。敏,勤快。

曾孙之稼,如茨如梁①。曾孙之庾②,如坻如京③。乃求千斯仓④,乃求万斯箱⑤。黍稷稻粱,农夫之庆。报以介福,万寿无疆。

[注释]①如茨如梁:茨,屋顶。梁,桥梁。 ②庾:音 yǔ,露天堆积谷物。 ③如坻如京:坻,音 dǐ,小岛。京,山冈。 ④乃求千斯仓:寻求千万个粮仓。 ⑤箱:车厢,此处代指车子。

大　田

[题解]咏农事,祭诸神,祈大福。

大田多稼,既种既戒①,既备乃事②。以我覃耜③,俶载南亩④。播厥百谷⑤,既庭且硕⑥,曾孙是若⑦。

[注释]①既种既戒:既,已经。种,选择良种。戒,音义同"械",修理农具。 ②乃事:这些事。 ③覃耜:覃,锐利。耜,音 sì,古代农具名,用于耕作翻土,西周时用青铜制成锋利的尖刃,是后世犁铧的前身,此处泛指春耕农具。 ④俶载南亩:俶,音 chù,开始。载,读作"菑(音 zī)",用农具把草翻埋到地下。 ⑤厥:其,那。 ⑥既庭且硕:庭,通"挺",挺直。硕,肥壮。 ⑦曾孙是若:即"顺曾孙",顺了曾孙的心意。

既方既皁①,既坚既好,不稂不莠②。去其螟螣③,及其蟊贼④,无害我田稚⑤。田祖有神⑥,秉畀炎火⑦。

[注释]①既方既皁:方,通"房",谷物扬花后尚未灌浆的空壳。皁,音 zào,指谷物已灌浆而壳尚未坚实。 ②不稂不莠:稂,公禾,一种长穗而不结实的禾。莠,音 yǒu,狗尾草,一年生草本植物,叶子细长,穗有毛。 ③螟螣:螟,音 míng,吃禾心的虫。螣,音 téng,吃禾根的虫。 ④蟊贼:蟊,音 máo,吃禾根的虫。贼,吃禾节的虫。 ⑤稚:幼苗。 ⑥田祖:农神。 ⑦秉畀:秉,手持。畀,音 bì,投付。

有渰萋萋①,兴雨祁祁②。雨我公田,遂及我私③。彼有不获稚,此有不敛穧④,彼有遗秉⑤,此有滞穗⑥,伊寡妇之利⑦。

[注释]①有渰萋萋:渰,音 yǎn。有渰,即"渰渰",阴云密布。萋萋,通"凄凄",天气清冷。 ②祁祁:缓慢绵长。 ③私:私田。 ④不敛穧:漏割的禾谷。敛,收。穧,音 jì,禾把子。 ⑤秉:禾把。 ⑥滞:落。 ⑦伊寡妇之利:伊,是。利,好处。

曾孙来止,以其妇子。馌彼南亩,田畯至喜。来方禋祀①,以其骍黑②,与其黍稷。以享以祀③,以介景福④。

[注释]①禋祀:音 yīn sì,礼天神之名。以玉帛及牲牷加于柴上焚之,使升烟,以祭天神。礼昊天上帝曰禋祀;引申之则凡祀日月星辰等天神,统称禋祀。 ②骍黑:骍,赤黄色的牛。黑,黑猪。 ③以享以祀:用作奉献祭品,用作祭祀。以,用。享,进献。 ④以介景福:助你大福。介,助。景,大。

瞻彼洛矣

[题解]周王在洛水边检阅六军,诸侯为之祝福。

瞻彼洛矣①,维水泱泱②。君子至止,福禄如茨③。韎韐有奭④,以作六师⑤。

[注释]①瞻彼洛矣:瞻,看。洛,洛水,源于陕西,经河南洛阳入黄河。②维水泱泱:维,其。泱泱,水深广的样子。 ③茨:屋顶。 ④韎韐有奭:韎韐,音 mèi gé,即韠、蔽膝。奭,音 shì,赤色。 ⑤以作六师:作,奋起振作。六师,六军。周制,天子六军,诸侯大国三军。12500人为军。

瞻彼洛矣,维水泱泱。君子至止,鞞琫有珌①。君子万年②,保其家室③。

[注释]①鞞琫有珌:鞞,音 bǐ,刀鞘。琫,音 běng,刀鞘上的玉饰。有珌,即"珌珌",形容刀鞘玉饰花纹繁富美丽。珌,音 bì。 ②君子万年:君子长寿享万年。 ③家室:家庭。

瞻彼洛矣,维水泱泱。君子至止,福禄既同①。君子万年,保其家邦②。

[注释]①同:聚集。 ②家邦:家国。

裳裳者华

[题解]盛赞人有才干。

裳裳者华①,其叶湑②兮。我觏之子③,我心写兮④。我心写兮,是以有誉处兮⑤。

[注释]①裳裳者华:裳裳,花色艳丽的样子。华,花。 ②湑:音 xù,繁盛的样子。 ③我觏之子:觏,音 gòu,遇到。之子,那个人。此处指姑娘心目中的那位男子。 ④写:通"泻",舒畅。 ⑤是以有誉处:是以,即"以

是",因此。誉处,相处欢洽。

裳裳者华,芸其黄矣①。我觏之子,维其有章矣②。维其有章矣,是以有庆矣③。

[注释]①芸其黄矣:云其,犹"芸芸",花叶繁盛的样子。黄,花色黄。 ②章:章法、规矩。 ③有庆:有喜。

裳裳者华,或黄或白。我觏之子,乘其四骆①。乘其四骆,六辔沃若②。

[注释]①骆:黑鬣的白马。 ②六辔沃若:6条马缰绳光滑润泽。

左之左之①,君子宜之②。右之右之③,君子有之④。维其有之,是以似之⑤。

[注释]①左之左之:本义是向左向左,此处指遇到一种情况。 ②宜:适宜。 ③右之右之:本义是向右向右,此处指遇到另一种情况。 ④有之:有这种才能。 ⑤是以似之:是以,即"以是",因此。似,通"嗣",继承。

桑 扈

[题解]周王诫诸侯。

交交桑扈①,有莺其羽②。君子乐胥③,受天之祜④。

[注释]①交交桑扈:交交,小。桑扈,青雀。 ②有莺:犹"莺莺",文采斑斓的样子。 ③胥:语气助词。 ④祜:福。

交交桑扈,有莺其领。君子乐胥,万邦之屏①。

[注释]①屏:屏障。

之屏之翰①,百辟为宪②。不戢不难③,受福不那④。

[注释]①之屏之翰:之,是。翰,筑墙时支在两边的立柱。 ②百辟为宪:百辟,畿内诸侯。宪,准则。 ③不戢不难:不,通"丕",大。戢,音 jí,收敛、克制。难,守礼。 ④不那:不,通"丕",大。那,多。

兕觥其觩①,旨酒思柔②。彼交匪敖③,万福来求④。

[注释]①兕觥其觩:兕觥,用犀牛角制的大型酒杯,也有人认为是铜制伏兕形酒杯。觩,音 qiú,兽角弯曲的样子。 ②旨酒思柔:旨酒,美酒。思柔,犹"柔柔",指酒醇正柔和。 ③彼交匪敖:即"匪交匪敖",不傲慢不骄矜。 ④求:通"逑",聚。

鸳　　鸯

[题解]为新婚贵族祝福。

鸳鸯于飞,毕之罗之①。君子万年②,福禄宜之③。

[注释]①毕之罗之:毕,捕鸟的有长柄的网,此处指用这种网捕鸟。罗,网,此处指用网捕。 ②君子万年:君子长寿享万年。 ③宜:应该享有。

鸳鸯在梁①,戢其左翼②。君子万年,宜其遐福③。乘马在厩④,摧之秣之⑤。君子万年,福禄艾之⑥。

[注释]①梁,在河中筑起的堤坝。 ②戢其左翼:把嘴插进左翅膀。戢,音 jí,插。 ③遐福:远福、长久的福。 ④乘马在厩:厩,音 jiù,马棚。 ⑤摧之秣之:摧,铡草,此处指铡草喂马。秣,音 mò,草料,此处用作动词,意

为用草料喂。 ⑥艾:助。

乘马在厩,秣之摧之。君子万年,福禄绥之①。

[注释]①绥:安。

頍　弁

[题解]周王宴宗室。

有頍者弁①,实维伊何②?尔酒既旨③,尔肴既嘉④。岂伊异人⑤?兄弟匪他⑥。茑与女萝⑦,施于松柏⑧。未见君子,忧心弈弈⑨;既见君子,庶几说怿⑩。

[注释]①有頍者弁:頍,音 kuǐ。有頍,犹"頍頍",皮帽尖角挺立的样子。弁,音 biàn,古时男人穿礼服时戴的一种帽子。 ②实维伊何:为何要把它戴着。实,是。维,为。伊,语气助词。 ③旨:美。 ④嘉:美、好。 ⑤岂伊异人:难道来的是不相干的人。岂,难道。异人,不相干的人。 ⑥兄弟匪他:兄弟不是旁人。 ⑦茑与女萝:茑,音 niǎo,常绿寄生灌木名。茎蔓生,寄生于桑、枫等树上。秋初结实如豆,可入药。女萝,即菟丝子,一年生草本植物。茎细长,卷络他物而上升。夏季开花,色有红有白,为观赏植物。 ⑧施:音 yì,蔓延。 ⑨弈弈:忧心忡忡的样子。 ⑩庶几说怿:庶几,大概、应该,表希冀。说,通"悦"。说怿,即"悦怿",欢喜。

有頍者弁,实维何期①?尔酒既旨,尔肴既时②。岂伊异人?兄弟具来。茑与女萝,施于松上。未见君子,忧心怲怲③;既见君子,庶几有臧④。

[注释]①期:通"其",语气助词。 ②时:时鲜。 ③怲怲:深忧的样子。 ④有臧:有益处。

有頍者弁,实维在首。尔酒既旨,尔殽既阜①。岂伊异人?兄弟甥舅②。如彼雨雪③,先集维霰④。死丧无日,无几相见⑤。乐酒今夕,君子维宴。

[注释]①阜:丰盛。 ②甥舅:此处泛指异姓亲戚。 ③雨雪:下雪。 ④先集维霰:集,聚。霰,雪珠。 ⑤无几:没有几次。

车 舝

[题解]婚娶亲迎。

间关车之舝兮①,思娈季女逝兮②。匪饥匪渴③,德音来括④。虽无好友,式燕且喜⑤。

[注释]①间关车之舝:间关,车轮转动时的车辖声。舝,音 xiá,通"辖",车轴两头的金属键,用以挡住车轮,不使脱落。 ②思娈季女逝兮:娈,音 luán,美丽。季女,少女。逝,往。 ③匪:通"非"。 ④德音来括:德音,指有美德的人。括,聚会,此处指婚配。 ⑤式燕且喜:式,语气助词。燕,欢乐。

依彼平林①,有集维鷮②。辰彼硕女③,令德来教④。式燕且誉⑤,好尔无射⑥。

[注释]①依彼平林:依彼,犹"依依",林木茂盛的样子。平林,平地的林子。 ②有集维鷮:集,栖息。鷮,音 jiāo,野鸡。 ③辰彼硕女:辰彼,犹"辰辰",壮实。硕,高大。 ④令德来教:令德,美德,此处指有美德的季女。教,影响。 ⑤誉:通"豫",欢乐。 ⑥射:音 yì,厌倦。

虽无旨酒?式饮庶几①。虽无嘉殽,式食庶几。虽无德与女②,式歌且舞。

[注释]①庶几:一些,表希冀。 ②德:恩惠。

陟彼高冈①,析其柞薪②。析其柞薪,其叶湑兮③。鲜我觏尔④,我心写兮⑤。

[注释]①陟:音 zhì,升、登。 ②析其柞薪:析,劈开。柞,橡树。③湑:音 xù,树叶茂盛。 ④鲜我觏尔:鲜,幸好。觏,遇到。 ⑤写:通"泻",忧闷消解。

高山仰止①,景行行止②。四牡骓骓③,六辔如琴④。觏尔新昏⑤,以慰我心。

[注释]①高山仰止:仰,仰望。止,语气助词。 ②景行行止:景,大。景,前一个"行",路。后一个"行",行走。 ③骓骓:音 fēi fēi,马跑不停。④六辔如琴:六辔,6条马缰绳。如琴,如琴弦。 ⑤觏尔新昏:与你会合结新婚。昏,通"婚"。

青　　蝇

[题解]劝朋友不要轻信他人的离间。

营营青蝇①,止于樊②。岂弟君子,无信谗言。

[注释]①营营:苍蝇乱飞的样子。 ②樊:篱笆。

营营青蝇,止于棘①。谗人罔极②,交乱四国③。

[注释]①棘:酸枣树。 ②罔极:没有定准,变化无常。 ③交:俱。

营营青蝇,止于榛。谗人罔极,构我二人①。

[**注释**]①构:陷害。

宾之初筵

[**题解**]贵族大射宴饮。

宾之初筵①,左右秩秩②。笾豆有楚③,殽核维旅④。酒既和旨⑤,饮酒孔偕⑥。钟鼓既设,举酬逸逸⑦。大侯既抗⑧,弓矢斯张⑨。射夫既同⑩,献尔发功⑪。发彼有的⑫,以祈尔爵⑬。

[**注释**]①初筵:初入席。 ②左右秩秩:左右,指筵席东边的主位和西边的客位。秩秩,恭敬有次序。 ③有楚:犹"楚楚",摆设整齐的样子。 ④殽核维旅:殽,盛在豆里的鱼肉。核,盛在笾里的果蔬。维,是。旅,陈设。 ⑤和旨:醇香甜美。 ⑥偕:快乐和谐。 ⑦举酬逸逸:酬,宴会时,主人第二次先饮,劝宾饮,称酬。逸逸,通"绎绎",往来不绝的样子。 ⑧大侯既抗:侯,射靶。以布为之,其侧饰以虎熊豹麋之皮。侯中加上圆形或方形布块,谓之鹄,亦谓之的,鹄中谓之正,正中谓之质。中的者为胜。抗,竖起、张挂。 ⑨斯张:斯,语气助词。张,搭箭开弓。 ⑩射夫既同:射夫,射手。同,会齐。 ⑪献尔发功:献,表现。发功,射技。 ⑫发彼有的:一箭射中靶心。 ⑬以祈尔爵:以使对手喝酒。祈,求。爵,古代一种酒器名,作用相当于酒杯,此处指一酒杯。

籥舞笙鼓①,乐既和奏②。烝衎烈祖③,以洽百礼④。百礼既至,有壬有林⑤。锡尔纯嘏⑥,子孙其湛⑦。其湛曰乐⑧,各奏尔能⑨。宾载手仇⑩,室人入又⑪。酌彼康爵⑫,以奏尔时⑬。

[注释]①籥舞笙鼓:执籥起舞笙鼓伴奏。籥,音yuè,一种古乐器,编管制成,为排箫的前身。 ②乐既和奏:众乐齐奏。 ③烝衎烈祖:烝,进献。衎,音kàn,娱乐。烈祖,创业有大功的祖先。 ④洽:配合。 ⑤有壬有林:有,通"又"。壬,礼节规模宏大。林,(礼节项目)繁多。 ⑥锡尔纯嘏:锡,赐。纯,大。嘏,音gǔ,福。 ⑦湛,音dān,通"媅",逸乐尽兴。 ⑧曰:语气助词。 ⑨各奏尔能:奏,献。能,射技。 ⑩宾载手仇:载,就。手,选择。仇,音qiú,匹偶、对手。 ⑪室人入又:室人,主人。入又,又进入场地陪射。 ⑫康:大。 ⑬时:是、善,指善射者。

宾之初筵,温温其恭①。其未醉止②,威仪反反③。曰既醉止,威仪幡幡④。舍其坐迁⑤,屡舞仙仙⑥。其未醉止,威仪抑抑⑦。曰既醉止,威仪怭怭⑧。是曰既醉,不知其秩⑨。

[注释]①温温:温文尔雅。 ②止:语气助词。 ③反反:音fàn fàn,谨慎庄重。 ④幡幡:犹"翻翻",轻佻的样子。 ⑤舍其坐迁:舍,离开。坐,座位。迁,走动。 ⑥仙仙:通"跹跹",舞而晃动不稳的样子。 ⑦抑抑:谨慎庄严。 ⑧怭怭:音bì bì,轻薄粗鄙的样子。 ⑨秩:规矩。

宾既醉止,载号载呶①。乱我笾豆,屡舞僛僛②。是曰既醉,不知其邮③。侧弁之俄④,屡舞傞傞⑤。既醉而出,并受其福。醉而不出,是谓伐德⑥。饮酒孔嘉⑦,维其令仪⑧。

[注释]①载号载呶:载,则、就。号,大喊大叫。呶,音náo,喧哗。 ②僛僛:音qī qī,身体东倒西斜的样子。 ③邮:通"尤",过失。 ④侧弁之俄:侧,歪戴。弁,音biàn,古时男人穿礼服时戴的一种帽子。俄,倾斜。 ⑤傞傞:音suō suō,醉舞旋转不止失态的样子。 ⑥伐德:伤德。 ⑦孔嘉:

很好。 ⑧令仪:好礼节。

凡此饮酒,或醉或否。既立之监①,或佐之史②。彼醉不臧③,不醉反耻。式勿从谓④,无俾大怠⑤。匪言勿言⑥,匪由勿语⑦。由醉之言⑧,俾出童羖⑨。三爵不识⑩,矧敢多又⑪。

[注释]①监:酒监,宴会上掌督察礼仪。 ②史:酒史,掌记录宴会进行情况。 ③臧:善、好。 ④式勿从谓:式,发语词。勿,不要。从,跟随。谓,劝酒。 ⑤无俾大怠:俾,使。大怠,大大地疏忽失礼。 ⑥匪言勿言:别人不问就不要乱说。 ⑦匪由勿语:不合理的话不要乱讲。 ⑧由醉之言:由,听从。醉,醉酒者。 ⑨俾出童羖:强让人拿出没有角的公羊。俾,使。童,牛羊无角。羖,音gǔ,黑色公羊。 ⑩三爵不识:三爵,古代君臣小宴以三爵为限,即所谓一献之礼。详见《小雅·瓠叶》第二章注②。不识,不知三爵之礼。 ⑪矧敢多又:矧,音shěn,况且。多又,又多喝。

鱼　藻

[题解]周王在镐宴饮。

鱼在在藻,有颁其首①。王在在镐②,岂乐饮酒③。

[注释]①有颁:犹"颁颁",头大的样子。 ②镐:镐京,西周都城,在今西安附近。 ③岂:通"恺",欢乐。

鱼在在藻,有莘其尾①。王在在镐,饮酒乐岂。

[注释]①有莘:犹"莘莘",尾巴长长的样子。

鱼在在藻,依于其蒲①。王在在镐,有那其居②。

[注释]①蒲:香蒲。 ②有那:犹"那那",安逸的样子。

采　菽

[题解]诸侯朝见周天子的盛况。

采菽采菽①,筐之筥之②。君子来朝,何锡予之③?虽无予之?路车乘马④。又何予之?玄衮及黼⑤。

[注释]①菽:音 shū,大豆。 ②筐之筥之:竹筐,方的叫筐,圆的叫筥。筥,音 jǔ。 ③锡:赐。 ④路车乘马:路车,古代诸侯所乘之车。乘马,4匹马。 ⑤玄衮及黼:玄,黑色。衮,古代王或公侯穿的绣龙的上衣礼服。黼,音 fǔ,绣有黑白斧形的礼服。

觱沸槛泉①,言采其芹②。君子来朝,言观其旂③。其旂淠淠④,鸾声嘒嘒⑤。载骖载驷⑥,君子所届⑦。

[注释]①觱沸槛泉:觱沸,翻腾、翻涌。觱,音 bì。槛,通"滥",泛滥。②言采其芹:言,动词词头。芹,芹菜。 ③旂:音 qí,一种画有交龙图形的旗。 ④淠淠:音 pèi pèi,众多。 ⑤嘒嘒:音 huì huì,形容清亮的乐器声、昆虫鸣叫声。 ⑥载骖载驷:载,则、就。骖,通"参",陪乘。驷,驾一辆车的四匹马。 ⑦届:到。

赤芾在股①,邪幅在下②。彼交匪纾③,天子所予④。乐只君子⑤,天子命之。乐只君子,福禄申之。

[注释]①赤芾在股:赤芾,即赤韨,赤色的蔽膝。股,大腿。 ②邪幅:绑腿。 ③彼交匪纾:即"匪交匪纾",不傲慢不懈息。 ④予:赐予。

⑤只:语气助词。

维柞之枝,其叶蓬蓬。乐只君子,殿天子之邦①。乐只君子,万福攸同②。平平左右③,亦是率从④。

[注释]①殿:辅助。 ②攸同:攸,所。同,会聚。 ③平平左右:平平,优雅有礼。左右,辅臣。 ④率从:全都顺从。

泛泛杨舟①,绋纚维之②。乐只君子,天子葵之③。乐只君子,福禄膍之④。优哉游哉⑤,亦是戾矣⑥。

[注释]①泛泛:飘荡的样子。 ②绋纚维之:绋纚,音 fú xǐ,船缆。维,系。 ③葵:通"揆",揣度,此指量人之能力而使用。 ④膍:音 pí,厚。 ⑤优哉游哉:逍遥悠闲。 ⑥戾:安定。

角 弓

[题解]告诫贵族要团结宗族。

骍骍角弓①,翩其反矣②。兄弟昏姻③,无胥远矣④。

[注释]①骍骍角弓:骍骍,音 xīng xīng,调试、整好。角弓,牛角做的弓。 ②翩其反矣:弓弦松弛弓干反。翩,通"偏"。翩其,犹"偏偏",背反弯曲的样子。参见《秦风·小戎》第三章注⑥。 ③兄弟昏姻:同宗兄弟异姓姻戚。昏姻,亲戚。 ④胥:通"疏"。

尔之远矣,民胥然矣①。尔之教矣②,民胥效矣③。

[注释]①民胥然矣:胥,都。然,这样。 ②教:教化。 ③效:效仿。

此令兄弟①,绰绰有裕②。不令兄弟,交相为瘉③。

[注释]①令:好,指关系好。 ②绰绰有裕:指兄弟间宽容谦让。③交相为瘉:互相制造麻烦。瘉,音yù,病。

民之无良①,相怨一方②。受爵不让,至于己斯亡③。

[注释]①民之无良:有人不善良。 ②相怨一方:互相埋怨对方。③至于己斯亡:利关自己大义丧。

老马反为驹,不顾其后。如食宜饇①,如酌孔取②。

[注释]①饇:音yù,饱。 ②如酌孔取:如果斟酒应该满当当。孔,很。

毋教猱升木①,如涂涂附②。君子有徽猷③,小人与属④。

[注释]①猱:音náo,猴子。 ②如涂涂附:如,而。涂,泥土。涂附,用泥浆涂抹。 ③徽猷:徽,美好。猷,谋略。 ④与属:依附。

雨雪瀌瀌①,见晛曰消②。莫肯下遗③,式居娄骄④。

[注释]①雨雪瀌瀌:雨,降落。瀌瀌,音biāo biāo,雪大的样子。②见晛曰消:晛,音xiàn,日气。曰,语气助词。消,融化。 ③莫肯下遗:对下不肯示谦虚。 ④式居娄骄:式,发语词。居,通"倨",骄傲。

雨雪浮浮①,见晛曰流。如蛮如髦②,我是用忧③。

[注释]①浮浮:大雪飘飘的样子。 ②如蛮如髦:如蛮似髦无礼仪。蛮,南方的蛮人。髦,通"髳(音máo)",在今山西南端黄河北岸的少数民族。

③是用:即"用是",因此。

菀 柳

[题解]失意臣子怨周王变化无常。

有菀者柳①,不尚息焉②。上帝甚蹈③,无自暱焉④。俾予靖之⑤,后予极焉⑥。

[注释]①有菀:即"菀菀",枯萎的样子。菀,音 yùn。 ②不尚息焉:不尚,不可。息,休息。 ③上帝甚蹈:上帝,实指周王。蹈,动,此处指性格乖戾。 ④暱:音 nì,病,此处指麻烦。 ⑤俾予靖之:俾,使。予,我。靖,治理。 ⑥极:惩罚。

有菀者柳,不尚愒焉①。上帝甚蹈,无自瘵焉②。俾予靖之,后予迈焉③。

[注释]①愒:音 qì,休息。 ②瘵:音 zhài,病,此处指祸害。 ③迈:行,放逐。

有鸟高飞,亦傅于天①。彼人之心,于何其臻②。曷予靖之③,居以凶矜④。

[注释]①傅:至。 ②于何其臻:要达到什么地步。臻,至。 ③曷:通"何",为何。 ④居以凶矜:陷我于凶险之中。居,处。凶矜,祸殃灾害。

都 人 士

[题解]赞京城贵族男女形象气质高雅。

彼都人士①,狐裘黄黄。其容不改②,出言有章③。行归于周④,万民所望。

[注释]①彼都人士:都,都城。人士,人中之士,相当于君子。 ②其容不改:遇事仪容不变,指从容。 ③出言有章:说话文雅。章,有文采。 ④行归于周:行为符合周的礼制。

彼都人士,台笠缁撮①。彼君子女②,绸直如发③。我不见兮,我心不说④。

[注释]①台笠缁撮:台笠,草帽。缁,音 zī,黑色。撮,古代一种束发小帽。 ②君子女:君子之女。 ③绸直如发:即"发直如绸"。 ④说:通"悦"。

彼都人士,充耳琇实①。彼君子女,谓之尹吉②。我不见兮,我心苑结③。

[注释]①充耳琇实:充耳,古代贵族冠冕两旁悬挂的玉,下垂至耳,用以塞耳避听,又可作饰品。系在冠上的丝线叫纮,丝线垂到耳边打成一个绵球样的结叫纩,纩下悬玉叫瑱。琇,音 xiù,一种像玉的美石。实,坚实。 ②尹、吉:两个姓氏。 ③苑结:忧愁郁闷。

彼都人士,垂带而厉①。彼君子女,卷发如虿②。我不见兮,言从之迈③。

[注释]①厉:下垂的丝带。 ②虿:音 dǔn,蝎子,此处形容发如蝎尾上翘。 ③言从之迈:言,发语词。迈,行。

匪伊垂之①,带则有余②。匪伊卷之③,发则有旟④。

我不见兮,云何盱矣⑤。

[注释]①匪伊垂之:不是有意让带垂。匪,不。伊,语气助词。②余:余长。　③匪伊卷之:不是有意卷起发。　④有旟:犹"旟旟",高扬的样子。旟,音 yú。　⑤盱:通"吁",叹气。

采　　绿

[题解]女子思夫。

终朝采绿①,不盈一匊②。予发曲局③,薄言归沐④。

[注释]①终朝采绿:终朝,整个早晨。绿,即荩草、王刍,可作黄色染料。　②不盈一匊:盈,满。匊,音 jū,通"掬",手的一捧。　③曲局:卷曲蓬乱。　④薄言:语气助词。

终朝采蓝①,不盈一襜②。五日为期③,六日不詹④。

[注释]①蓝:即靛草,可作青色染料。　②襜:音 dān,衣服前襟撩起后形成的兜。　③五日为期:说好5天你就回。　④詹:到。

之子于狩①,言韔其弓②。之子于钓,言纶之绳③。

[注释]①之子于狩:之子,那个人,此处指丈夫。狩,打猎。　②韔:弓袋,此处指装入弓袋。　③纶:钓绳,此处指制作钓绳。

其钓维何?维鲂及鱮①。维鲂及鱮,薄言观者。

[注释]①维鲂及鱮:鲂,音 fáng,鳊鱼。鱮,音 xù,鲢鱼。

黍　　苗

[题解]召伯受封营建谢邑。

芃芃黍苗①,阴雨膏之②。悠悠南行,召伯劳之③。

[**注释**]①芃芃:音 péng péng,茂盛的样子。 ②膏:润泽。 ③召伯:西周宣王时的中兴名臣,姬姓,名虎,伯爵,周初名臣召公奭之后,封邑在召。召,音 shào。

我任我辇①,我车我牛②。我行既集③,盖云归哉④。

[**注释**]①我任我辇:我们有的挑担有的拉车。任,挑担。辇,音 niǎn,拉车。 ②我车我牛:车,推车。牛,挽牛。 ③我行既集:这趟差事已完成。行,行程,此处指差事。集,完成。 ④盖云归哉:何不回家乡。盖,通"盍",何不。

我徒我御①,我师我旅②。我行既集,盖云归处。

[**注释**]①我徒我御:徒,徒步。御,驾车。 ②我师我旅:师、旅,部队,此处指大众编队。

肃肃谢功①,召伯营之②。烈烈征师③,召伯成之。

[**注释**]①肃肃谢功:肃肃,快速。谢,谢邑,在今河南信阳。功,工程。 ②营:营建。 ③烈烈征师:烈烈,威武雄壮。征师,指参加此项工程的人众。

原隰既平,泉流既清。召伯有成,王心则宁。

隰　桑

[**题解**]女子思念久不相见的丈夫。

隰桑有阿①,其叶有难②。既见君子,其乐如何。

[注释]①有阿:犹"阿阿",柔美的样子。 ②有难:犹"难难",茂盛。难,音nuó。

隰桑有阿,其叶有沃①。既见君子,云何不乐。

[注释]①有沃:犹"沃沃",肥嫩光润。

隰桑有阿,其叶有幽①。既见君子,德音孔胶②。

[注释]①有幽:犹"幽幽",青黑而泛明的样子。 ②德音:美好的言辞,此指以前的山盟海誓。

心乎爱矣,遐不谓矣①?中心藏之,何日忘之!

[注释]①遐不谓矣:遐,通"何"。谓,告诉。

白　　华

[题解]弃妇哀怨。

白华菅兮①,白茅束兮②。之子之远③,俾我独兮④。

[注释]①白华菅兮:华,花。菅,音jiān,多年生草本植物,叶子细长而尖,花绿色。 ②束:捆。 ③之子:指丈夫。 ④俾:使。

英英白云①,露彼菅茅②。天步艰难③,之子不犹④。

[注释]①英英:云洁白轻盈的样子。 ②露:露湿。 ③天步艰难:天步,天灾。艰难:不幸。 ④犹:善。

滮池北流①,浸彼稻田。啸歌伤怀,念彼硕人②。

[注释]①滮池:古水名,在今西安附近。滮,音 biāo。 ②硕人:亦指丈夫。

樵彼桑薪①,卬烘于煁②。维彼硕人,实劳我心。

[注释]①樵:砍柴、打柴。 ②卬烘于煁:卬,音 ǎng,我。烘,烤。煁,音 chén,火炉。

鼓钟于宫,声闻于外。念子懆懆①,视我迈迈②。

[注释]①懆懆:忧愁焦躁。懆,今作"躁"。 ②迈迈:恼恨。

有鹙在梁①,有鹤在林。维彼硕人,实劳我心。

[注释]①有鹙在梁:鹙,音 qiū,秃鹙。梁,在河中筑起的堤坝。

鸳鸯在梁,戢其左翼①。之子无良②,二三其德③。

[注释]①戢其左翼:把嘴插进左翅膀。戢,音 jí,插。 ②良:善。 ③二三其德:三心二意。

有扁斯石①,履之卑兮②。之子之远,俾我疧兮③。

[注释]①有扁:犹"扁扁",扁平。 ②履之卑兮:履,踩。卑,下贱。 ③疧:音 qí,病。

绵 蛮

[题解]行役者饥疲难耐,幻想得到上级怜悯。

绵蛮黄鸟①,止于丘阿②。道之云远③,我劳如何④。饮之食之,教之诲之。命彼后车⑤,谓之载之⑥。

[注释]①绵蛮:小巧的样子。 ②丘阿:小土山。 ③道之云远:道路很遥远。云,语气助词。 ④我劳如何:我是多么辛劳。 ⑤后车:副车。 ⑥谓之载之:告知载上他。

绵蛮黄鸟,止于丘隅①。岂敢惮行②,畏不能趋③。饮之食之。教之诲之。命彼后车,谓之载之。

[注释]①丘隅:土山角。 ②岂敢惮行:怎么敢害怕远行。 ③趋:快步走。

绵蛮黄鸟,止于丘侧①。岂敢惮行,畏不能极②。饮之食之,教之诲之。命彼后车,谓之载之。

[注释]①丘侧:小山边。 ②极:终极,走到尽头。

瓠　叶

[题解]贵族宴饮宾客。

幡幡瓠叶①,采之亨之②。君子有酒,酌言尝之③。

[注释]①幡幡:犹"翩翩",风吹乱动的样子。瓠,音 hù,葫芦。 ②亨:通"烹",烹煮。 ③言:语气助词。

有兔斯首,炮之燔之①。君子有酒,酌言献之②。

[注释]①炮之燔之:炮,用烂泥涂裹食物置火中煨烤。燔,音 fán,把肉

放在火里烧。　②献:古代宴会有所谓一献之礼,即主人先进客人一杯,称献;客人回敬主人一杯,称酢;主人再先饮,劝宾饮,称酬。

有兔斯首,燔之炙之①。君子有酒,酌言酢之。

[注释]①炙:炙,把肉放在火上烤。

有兔斯首,燔之炮之。君子有酒,酌言酬之。

渐渐之石

[题解]部队急行军,沿途路况及天气。

渐渐之石①,维其高矣。山川悠远,维其劳矣。武人东征②,不皇朝矣③。

[注释]①渐渐:通"巉巉",山石高峻陡峭的样子。　②武人:出征将士。　③不皇朝矣:没有闲过一早晨。皇,通"遑",空闲。朝,早晨。

渐渐之石,维其卒矣①。山川悠远,曷其没矣②?武人东征,不皇出矣③。

[注释]①卒:音 cuì,通"崒(音 zú)",险峻的样子。　②曷其没矣:为何没有尽头。曷,何。　③出:外出。

有豕白蹢①,烝涉波矣②。月离于毕③,俾滂沱矣④。武人东征,不皇他矣⑤。

[注释]①有豕白蹢:本义是黑猪白蹄,此处比喻天上黑云下边白。蹢,音 tí,蹄。　②烝涉波矣:快速移动过天河。烝,进。　③月离于毕:月亮附

丽于毕星。离,通"丽",附丽、靠近。毕,毕星。 ④俾滂沱矣:使得大雨滂沱。 ⑤他:其他,指顾及其他。

苕 之 华

[题解]大饥荒年月,感慨生之艰难。

苕之华①,芸其黄矣②。心之忧矣,维其伤矣!

[注释]①苕之华:苕,音tiáo,凌霄花,藤本,蔓生,花外橙黄而内朱红。华,花。 ②芸其:犹"芸芸",花叶繁盛的样子。

苕之华,其叶青青①。知我如此,不如无生②!

[注释]①青青:通"菁菁",茂盛。 ②无生:不出生。

牂羊坟首①,三星在罶②。人可以食,鲜可以饱!

[注释]①牂羊坟首:牂羊,母羊。牂,音zāng。坟,大。 ②三星在罶:星光映昭鱼笼静悄悄。三星,天空中明亮而接近的3颗星。有参宿三星、心宿三星、织女三星等。此处所指为何,不确。罶,音liǔ,捕鱼的竹篓。上两句言母羊因野无青草饥饿羸瘦而显得头大,水无鱼鳖星光映照鱼笼而显得冷清。

何 草 不 黄

[题解]征人辛苦哀怨。

何草不黄?何日不行?何人不将①?经营四方②。

[注释]①将:行、出征。 ②经营:对……采取行动。

何草不玄①？何人不矜②？哀我征夫,独为匪民③。

[注释]①玄:黑色,此处指草进一步枯败成黑色。 ②矜:音 guān,劳苦。 ③匪民:不是人。匪,通"非"。

匪兕匪虎,率彼旷野①。哀我征夫,朝夕不暇。

[注释]①率:沿着。

有芃者狐①,率彼幽草②。有栈之车③,行彼周道。

[注释]①有芃:犹"芃芃",草茂盛,此处形容狐毛蓬松。 ②幽:深。 ③有栈:犹"栈栈",高大。

大　　雅

文　　王

[题解]追述赞颂文王事迹以诫嗣王。

文王在上①,於昭于天②,周虽旧邦③,其命维新④。有周不显⑤,帝命不时⑥,文王陟降⑦,在帝左右。

[注释]①文王:周文王姬昌。 ②於昭于天:於,音 wū,赞叹词。昭,光明。 ③旧邦:旧国。周从文王的祖父古公亶父由幽迁岐就开始建国(见《大雅·绵》),历时久长,故称旧邦。 ④其命维新:命,天命。维,是。⑤有周不显:有,词头,无实义,如"有汉"、"有宋"。不,通"丕",大。显,光明。 ⑥帝命不时:帝命,上帝让周为天子之命。时,通"是",善、好。⑦陟:音 zhì,升、登。

亹亹文王①,令闻不已②,陈锡哉周③,侯文王孙子④。
文王孙子,本支百世⑤,凡周之士⑥,不显亦世⑦。

[注释]①亹亹:音 wěi wěi,勤勉。 ②令闻:好声誉。 ③陈锡哉周:陈,通"申",一再、重复。锡,通"赐"。哉,通"载",开创。 ④侯:只有。 ⑤本支:干枝,引申为本宗和支系。 ⑥士,指周的贵族。 ⑦亦世,通"奕世",累世。

世之不显,厥犹翼翼①,思皇多士②,生此王国。王国克生③,维周之桢④,济济多士⑤,文王以宁。

[注释]①厥犹翼翼:厥,他的。犹,谋略、计策。翼翼,恭敬的样子。②思皇:思,语气助词。皇,美好。 ③克:能。 ④维周之桢:维,是。桢,筑土墙时夹板两端立的木柱,引申为骨干。 ⑤济济:众多。

穆穆文王①,於缉熙敬止②,假哉天命③,有商孙子。
商之孙子,其丽不亿④,上帝既命,侯于周服⑤。

[注释]①穆穆:端庄恭敬的样子。 ②於缉熙敬止:於,音 wū,赞叹词。缉熙,光明。敬,谨慎。这一句是赞叹文王品德正大光明,行为谨慎负责。 ③假:伟大。 ④其丽不亿:丽,数目。不,语气助词。 ⑤侯于周服:即"侯服于周"。侯,乃、就。服,臣服。

侯服于周,天命靡常①,殷士肤敏②,祼将于京③。厥作祼将,常服黼冔④,王之荩臣⑤,无念尔祖⑥。

[注释]①靡常:无常。 ②殷士肤敏:殷士,殷人的后代。肤,美。敏,敏捷。 ③祼将于京:祼将,即"将祼"。将,举行。祼,一种祭祀仪式。在神主前铺上白茅,祭主以鬯酒献尸(尸,祭祀时代替神主受祭的活人),尸把酒浇

在茅上,像神饮酒。于,往。京,周国都。 ④常服黼冔:常,与"尚"通,还是。服,穿戴。黼,音 fǔ,古代礼服上绣或绘的黑白相间的斧形花纹,此处指殷代绣有这种花纹的礼服。冔,音 xú,殷代贵族礼帽。 ⑤王之荩臣:王所用的大臣。王,指成王。荩,通"进",进用。 ⑥无:发语词。

无念尔祖,聿修厥德①,永言配命②,自求多福。殷之未丧师③,克配上帝,宜鉴于殷④,骏命不易⑤。

[注释]①聿:遵循。 ②永言配命:言,语气助词。配命,配合天命。 ③师:民众和军队。 ④鉴:镜子,引申为借鉴。 ⑤骏命不易:骏命,大命、天命。易,改变。

命之不易,无遏尔躬①,宣昭义问②,有虞殷自天③。上天之载④,无声无臭⑤,仪刑文王⑥,万邦作孚⑦。

[注释]①无遏尔躬:遏,中止、断绝。躬,身体、自身。 ②宣昭义问:宣昭,发扬光大。义问,通"义闻",好名声。 ③有虞殷自天:有,词头。虞,考虑、预料。殷,忧伤。 ④载:事。 ⑤臭:气息。 ⑥仪刑:仿效、效法。 ⑦万邦作孚:作,则、就。孚,信任。

大　　明

[题解]周族史诗,叙王季、文王各得贤淑之妻以及武王伐商而有天下。

明明在下①,赫赫在上②。天难忱斯③,不易维王④。天位殷適⑤,使不挟四方⑥。

[注释]①明明:勤勉,此处指勤勉的王。 ②赫赫:威严,此处指威严的上天。 ③忱斯:忱,亦作"谌(音 chén)",相信。斯,语气助词。 ④维:

为。　⑤天位殷適:天位,天子之位,此处用作动词,使某人居天子之位。適,通"嫡",嫡子。殷適,殷的嫡嗣,指纣王。　⑥挟:拥有。

挚仲氏任①,自彼殷商,来嫁于周,曰嫔于京②。乃及王季③,维德之行④。

[注释]①挚仲氏任:挚君次女姓任。挚,殷的属国,在今河南汝南。仲,次女。　②曰嫔于京:曰,语气助词。嫔,为妇。京,周京。　③王季:文王之父。　④维德之行:只做有德的事。维,通"唯"。

大任有身①,生此文王。维此文王,小心翼翼②。昭事上帝③,聿怀多福④。厥德不回⑤,以受方国⑥。

[注释]①有身:怀孕。　②翼翼:恭敬谨慎。　③昭事:明白如何侍奉。　④聿怀:聿,语气助词。怀,招来。　⑤回:邪僻。　⑥以受方国:因而受到四方诸侯国的拥戴。

天监在下①,有命既集②。文王初载③,天作之合④。在洽之阳⑤,在渭之涘⑥。

[注释]①监:监视。　②有命既集:有命,天命。集,归属。　③初载:即位初年。　④天作之合:作,介绍。合,配偶。　⑤在洽之阳:洽,亦作"郃",水名,在今陕西合阳县。阳,山之南水之北。　⑥涘:音 sì,水边。

文王嘉止①,大邦有子②。大邦有子,俔天之妹③。文定厥祥④,亲迎于渭。造舟为梁⑤,不显其光⑥。

[注释]①嘉止:嘉,美好。止,礼,此处指婚礼。　②大邦有子:大邦,指莘国。子,女儿,指莘君之女。　③俔:音 qiàn,好比。　④文定:文,指婚

礼中的纳币礼。定,订婚。先秦时期,士婚礼主要有以下礼节:一、纳采。纳,交。采,采择,这是女方的谦虚说法,意思是说自己的女儿仅是供男方选择的对象之一,实际此前双方经媒人已沟通好了,初步同意结为婚姻。纳采用雁。二、问名。男方派媒人至女方问女子之名,以备占卜吉凶。三、纳吉。媒人向女方告知占卜吉利。四、纳征。媒人向女方送聘礼。五、请期。媒人向女方告知迎娶日期。六、亲迎。新郎亲往女方迎娶女子回家完成婚礼。 ⑤造舟为梁:联舟以为浮桥。梁,在河中筑起的堤坝。 ⑥丕:通"伾",大。

有命自天,命此文王。于周于京,缵女维莘①。长子维行②,笃生武王③。保右命尔④,燮伐大商⑤。

[注释]①缵女维莘:缵,音 zuǎn,通"䊨(音 zàn)",美好。维,是。②长子维行:长子,长女。行,退。 ③笃:语气助词。 ④保右命尔:保右,即"保佑"。命,命令。尔,指武王。 ⑤燮:音 xiè,协同。

殷商之旅①,其会如林②。矢于牧野③,维予侯兴④。上帝临女⑤,无贰尔心⑥。

[注释]①旅:军队。 ②会:亦作"旝",指挥军队进退的旗帜,此处代指军队。 ③矢于牧野:矢,誓。牧野,商都郊外之地,在今河南淇县。④维予侯兴:维,发语词。予,指周。侯,乃。 ⑤临女:监视着你们。 ⑥无贰尔心:你们不要怀有二心。

牧野洋洋①,檀车煌煌②,驷騵彭彭③。维师尚父④,时维鹰扬⑤。凉彼武王⑥,肆伐大商⑦,会朝清明⑧。

[注释]①洋洋:宽阔。 ②檀车煌煌:檀木战车明又亮。 ③驷騵彭彭:驷,通"四"。騵,音 yuán,赤毛白腹的马。彭彭,威武雄壮有力的样子。④维师尚父:师,太师。尚父,吕望,俗称姜太公。 ⑤时维鹰扬:时,是、这。

维,为。鹰扬,像鹰一样搏击飞翔,此处形容尚父指挥作战英勇果敢。⑥凉:协助。 ⑦肆伐:亦作"袭伐",突然袭击。 ⑧会朝清明:会,适。朝,清晨。清明,天晴。

绵

[题解]先周史诗,叙古公亶父率周族人迁居岐山。

绵绵瓜瓞①。民之初生②,自土沮漆③。古公亶父④,陶复陶穴⑤,未有家室⑥。

[注释]①绵绵瓜瓞:绵绵,连绵不断的样子。瓜,大瓜。瓞,音dié,小瓜。 ②民之初生:民,周人。初生,初兴。 ③自土沮漆:土,亦作"杜",古水名,在今陕西麟游、武功之间。沮,通"徂",往。漆,古水名,在今陕西彬县。 ④古公亶父:即太王,文王祖父。古公是号,亶父是名。他初居豳,后为犬戎所侵,迁岐山下,定国号周。 ⑤陶复陶穴:陶,通"掏"。复,从土崖往里掏的洞,用以住人。穴,向地下掏的洞,用以储物。 ⑥家室,家庭。

古公亶父,来朝走马①。率西水浒②,至于岐下③。爰及姜女④,聿来胥宇⑤。

[注释]①来朝走马:来朝,次日清晨。走马,驰马。 ②率西水浒:率,沿着。西,豳之西。浒,水边。 ③岐:岐山,在今陕西岐山。 ④爰及姜女:与姜姓女子结为夫妻。爰,于是。姜女,姜姓女子。 ⑤聿来胥宇:聿,发语词。胥,勘察。宇,居住的地方。

周原膴膴①,堇荼如饴②。爰始爰谋③,爰契我龟④,曰止曰时⑤,筑室于兹。

[注释]①周原膴膴:周,地名,在今岐山南。膴膴,音wǔ wǔ,肥美。②堇荼如饴:堇,音jǐn,苦堇,即乌头,有毒。荼,苦菜。饴,麦芽糖。 ③爰始

爰谋:爰,于是。始,谋划。 ④爰契我龟:契,钻刻。龟,占卜用的龟甲。
⑤曰止曰时:曰,发语词。止,居住。时,适宜。

乃慰乃止①,乃左乃右②,乃疆乃理③,乃宣乃亩④。自西徂东,周爰执事⑤。

[注释]①乃慰乃止:乃,于是。慰,定居。止,住下。 ②乃左乃右:定下左右(前后)界限。 ③乃疆乃理:疆,规划田地疆界。理,整治土地。 ④乃宣乃亩:宣,疏通沟渠。亩,整治田垄。 ⑤周爰执事:大家都忙着各干各的事。周,普遍。爰,语气助词。执事,从事工作。

乃召司空①,乃召司徒②,俾立室家。其绳则直③,缩版以载④,作庙翼翼⑤。

[注释]①司空:官名,掌城市基建。 ②司徒:官名,掌调配劳役。③绳:准绳,用以取直。 ④缩版以载:缩,捆扎。版,亦作"板"。载,通"栽",立墙。 ⑤作庙翼翼:庙,宗庙。翼翼,规模宏大完美。

捄之陾陾①,度之薨薨②,筑之登登③,削屡冯冯④。百堵皆兴⑤,鼛鼓弗胜⑥。

[注释]①捄之陾陾:捄,音 jiú,铲土入筐。陾陾,音 réng réng,铲土声。②度之薨薨:度,音 duó,投土入筑板槽中。薨薨,倒土声。 ③登登:捣土声。筑,用杵捣土使墙坚实。 ④削屡冯冯:屡,古"娄",通"隆"。削屡,把土墙隆起之处削平。冯冯,音 píng píng,削墙声。 ⑤兴:动工。 ⑥鼛鼓弗胜:大鼓声、小鼓声都压不过百堵皆兴的筑墙、削墙的嘈杂声。鼛,大鼓。

乃立皋门①,皋门有伉②。乃立应门③,应门将将④。乃立冢土⑤,戎丑攸行⑥。

[注释]①皋门:王都的外城门。 ②有伉:犹"伉伉",高大雄伟。③应门:王宫正门。 ④将将:音qiāng qiāng,庄严堂皇。 ⑤冢土:大社,祭土神的坛。冢,大。 ⑥戎丑攸行:大众前往祭祀。戎,大。丑,众。攸,所。行,前往。

肆不殄厥愠①,亦不陨厥问②。柞棫拔矣③,行道兑矣④。混夷駾矣⑤,维其喙矣⑥!

[注释]①肆不殄厥愠:肆,所以。殄,杜绝。厥,指狄人。愠,愤怒。②亦不陨厥问:陨,丧失。厥,指文王。问,声誉。 ③柞棫拔矣:柞,音zhà,柞树,丛生灌木,有刺。棫,音yù,桋树,亦丛生灌木,有刺。拔,茂盛。④兑:畅通。 ⑤混夷駾矣:混夷,即"昆夷",古代西方少数民族。駾,音tuì,亦作"突",受惊溃逃。 ⑥维其喙矣:维其,何其。喙,音huì,气喘吁吁的样子。

虞芮质厥成①,文王蹶厥生②。予曰有疏附③,予曰有先后④。予曰有奔奏⑤,予曰有御侮⑥!

[注释]①虞芮质厥成:对虞国、芮国争田的评判已完成。虞、芮,均为今山西古姬姓国,虞在平陆,芮在芮城。据说两国争田,欲诉之文王。入周境,见周人礼让成风。两君惭,遂退而不争。质,评断。 ②文王蹶厥生:蹶,音guì,感动。生,通"性",天性、本性。 ③予曰有疏附:予,周人自称。曰,语气助词。疏附,本来疏远的人归附。 ④先后:前后有辅助之臣。 ⑤奔奏:奔赴效力之臣。 ⑥御侮:抵御外侮之臣。

棫　朴

[题解]周王祭天出征。

芃芃棫朴①,薪之槱之②。济济辟王③,左右趣之④。

[注释]①芃芃棫朴:芃芃,音péng péng,蓬勃茂盛。棫,音yù,桵树,亦丛生灌木,有刺。朴,即枹树,落叶乔木。 ②薪之槱之:薪,砍柴。槱,音yǒu,堆积木柴,点火以祭天神。 ③济济辟王:济济,庄严的样子。辟王,君王。 ④左右趣之:左右,指周王身边的大臣。趣,通"趋",快步走。

济济辟王,左右奉璋①。奉璋峨峨②,髦士攸宜③。

[注释]①奉璋:奉,捧。璋,玉器名,状如半圭,古代朝聘、祭祀、丧葬、治军时用作礼器或信玉。 ②峨峨:盛服端庄的样子。 ③髦士攸宜:髦士,俊士,即前文的"左右"。攸,所。宜,适合。

淠彼泾舟①,烝徒楫之②。周王于迈③,六师及之④。

[注释]①淠彼泾舟:淠,音pèi。淠彼,犹"淠淠",舟行飘荡的样子。泾,泾水。 ②烝徒楫之:烝徒,众人。楫,划桨。 ③于迈:出征。于,往。迈,行。 ④六师及之:六师,六军。及,从。

倬彼云汉①,为章于天②。周王寿考③,遐不作人④?

[注释]①倬彼云汉:倬彼,犹"倬倬",宽阔。云汉,银河。 ②章,花纹。 ③寿考:长寿。 ④遐不作人:遐,通"何"。作,培养。

追琢其章①,金玉其相②。勉勉我王③,纲纪四方④。

[注释]①追琢其章:追琢,亦作"雕琢"。章,文采。 ②相:本质。 ③勉勉:勤勉。 ④纲纪:治理。

旱麓

[题解]歌颂文王祭祖得福。

瞻彼旱麓①,榛楛济济②。岂弟君子③,干禄岂弟④。

[注释]①旱:旱山,在今陕西南郑。 ②榛楛济济:榛,音 zhēn,木名,榛栗。楛,音 kǔ,木名,荆属。茎坚韧,可制箭杆。济济,丛生茂盛。 ③岂弟:音 kǎi tì,通"恺悌",和蔼亲近。 ④干:求。

瑟彼玉瓒①,黄流在中②。岂弟君子,福禄攸降③。

[注释]①瑟彼玉瓒:瑟彼,犹"瑟瑟",鲜明洁净的样子。玉瓒,古代祭祀用的玉制酒勺。 ②黄流:金黄的美酒。 ③福禄攸降:福禄应降临他身上。攸,所。

鸢飞戾天①,鱼跃于渊。岂弟君子,遐不作人②?

[注释]①鸢飞戾天:鸢,音 yuān,鹞鹰。戾,至。 ②遐不作人:遐,通"何"。作,培养。

清酒既载①,骍牡既备②。以享以祀③,以介景福④。

[注释]①清酒既载:清酒,酿造时日最久、味最醇厚之酒。载,摆放好。 ②骍牡:赤色大公牛。 ③以享以祀:用作奉献祭品,用作祭祀。以,用。享,进献。 ④以介景福:助你大福。介,助。景,大。

瑟彼柞棫①,民所燎矣②。岂弟君子,神所劳矣③。

[注释]①瑟彼柞棫:瑟彼,犹"瑟瑟",茂密。柞,橡树。棫,音 yù,桷树。 ②燎:音 liáo,烧柴祭天。 ③劳:慰劳,此处指保佑。

莫莫葛藟①,施于条枚②。岂弟君子,求福不回③。

[注释]①莫莫葛藟:莫莫,茂密。葛藟,野葡萄。 ②施于条枚:施,音yì,蔓延。条,树枝。枚,树干。 ③回:违。

思　　齐

[题解]歌颂文王善于修身、齐家、治国。

思齐大任①,文王之母。思媚周姜②,京室之妇③。大姒嗣徽音④,则百斯男⑤。

[注释]①思齐大任:思,发语词。齐,端庄。大任,太任,王季妻、文王母。 ②思媚周姜:思,发语词。媚,美好。周姜,古公亶父妻、王季母。 ③京室:王室。 ④大姒嗣徽音:大姒,太姒,文王妻。嗣,继承。徽音,美德。 ⑤则百斯男:生下多个好儿子。百,虚数,众多。斯,语气助词。

惠于宗公①,神罔时怨②,神罔时恫③。刑于寡妻④,至于兄弟,以御于家邦⑤。

[注释]①惠于宗公:惠,孝顺。宗公,先公先祖。 ②神罔时怨:神,指前句"宗公"。罔,无。时,所。 ③恫:悲伤。 ④刑于寡妻:刑,示范。寡妻,寡德之妻。这里谦虚的说法。 ⑤御:治理。

雍雍在宫①,肃肃在庙②。不显亦临③,无射亦保④。

[注释]①雍雍:和睦的样子。 ②肃肃:庄严恭敬的样子。 ③不显亦临:不,通"丕",大。不显,明显,此处指明显的事。临,亲临考察。 ④无射亦保:无,语气助词。射,隐幽,此处指隐秘的事。保,警惕。

肆戎疾不殄①,烈假不瑕②。不闻亦式③,不谏亦人④。

[注释]①肆戎疾不殄：大病已经消除。肆，语气助词。戎，大。不，语气助词。殄，灭绝。 ②烈假不瑕：亦作"厉蛊不瑕"。厉，瘟疫。蛊，伤害人的热恶毒气。不，通"丕"，大。瑕，通"遐"，远。不瑕，远离。 ③不闻亦式：听到良言采用。不、亦，语气助词。闻，听到。式，用。 ④不谏亦入：听到劝谏就接受。

肆成人有德，小子有造②。古之人无斁③，誉髦斯士④。

[注释]①成人：成年人。 ②小子有造：小子，儿童。有，语气助词。造，作为。 ③古之人无斁：古之人，指文王。斁，音yì，厌。 ④誉髦斯士：即"誉斯髦士"。誉，称赞。斯，此。髦士，俊士。

皇 矣

[题解]周族史诗，叙太王、王季、文王开国功业。

皇矣上帝①，临下有赫②。监观四方③，求民之莫④。维此二国⑤，其政不获⑥。维彼四国⑦，爰究爰度⑧。上帝耆之⑨，憎其式廓⑩。乃眷西顾⑪，此维与宅⑫。

[注释]①皇：光辉伟大。 ②临下有赫：临，俯视、监视。有赫，犹"赫赫"，威严。 ③监观：监视察看。 ④求民之莫：求，探求。莫，通"瘼"，疾苦。 ⑤二国：指夏、商。 ⑥不获：不得民心。 ⑦四国：天下。 ⑧爰究爰度：都在思量谁将得天命。爰，于是。究，考虑。度，估计。 ⑨上帝耆之：上帝，上天。耆，憎恶。 ⑩憎其式廓：憎恶两国罪无边。式，语气助词。廓，广大。 ⑪乃眷西顾：于是把注意力转移到西方。眷，关心。 ⑫此维与宅：亦作"此维予宅"，这里是我的住处。维，是。予，我。

作之屏之①,其菑其翳②。修之平之③,其灌其栵④。启之辟之⑤,其柽其椐⑥。攘之剔之⑦,其檿其柘⑧。帝迁明德⑨,串夷载路⑩。天立厥配⑪,受命既固⑫。

[注释]①作之屏之:作,通"柞",斩伐。屏,除去。之,指树木。 ②其菑其翳:菑,音 zī,直立未倒的枯木。翳,音 yì,亦作"殪",树木枯死。 ③修之平之:修,修剪。平,平整。 ④其灌其栵:灌,灌木。栵,音 liè,老树桩上新发的树。 ⑤启之辟之:辟开道拓展路。 ⑥其柽其椐:柽,音 chēng,河柳。椐,音 jū,灵寿木。 ⑦攘之剔之:除掉它,剔开它。 ⑧其檿其柘:檿,音 yǎn,山桑。柘,黄桑。 ⑨帝迁明德:上天把天命转移给太王。迁,迁就、降格相就。明德,光明之德,此处指太王。 ⑩串夷载路:串夷,即犬戎。载,则。路,通"露",疲困。 ⑪天立厥配:上天立他以配己,即授予天命。配,配天。 ⑫受命既固:承受天命天下稳固。

帝省其山①,柞棫斯拔②,松柏斯兑③。帝作邦作对④,自大伯王季⑤。维此王季,因心则友⑥。则友其兄,则笃其庆⑦,载锡之光⑧。受禄无丧,奄有四方⑨。

[注释]①帝省其山:帝,上天。省,审视。山,指岐山。 ②柞棫斯拔:柞,音 zhà,柞树。棫,音 yù,桵树。斯,助词,放在形容词前。拔,茂盛。 ③兑:挺拔。 ④帝作邦作对:作邦,建立周国。对,配,指配天的君主。 ⑤大伯王季:大伯,太伯。古公亶父有三子,即长子太伯,次子仲雍,少子王季。太伯、仲雍皆让位,王季继位,后传子姬昌,即文王。 ⑥因心则友:因心,仁爱之心。友,友爱。 ⑦则笃其庆:笃,厚。庆,福。 ⑧载锡之光:载,则。锡,赐。光,荣宠。 ⑨奄有四方:席卷据有天下。

维此王季,帝度其心。貊其德音①,其德克明②。克明克类③,克长克君④。王此大邦⑤,克顺克比⑥。比于文王⑦,其德靡悔⑧。既受帝祉⑨,施于孙子⑩。

[注释]①貊其德音:貊,音mò,亦作"莫",通"漠",广大。德音,声誉、好名声。 ②克明:能光明。 ③克类:分类,指分别好人与坏人。 ④克长克君:能做长者能为君主。 ⑤王此大邦:做这大国的君主。王,称王。 ⑥克顺克比:能服从天意能顺从民心。比,顺从。 ⑦比:影响。 ⑧靡:无。 ⑨帝祉:上天所予之福。 ⑩施,音yì,延续。

帝谓文王:无然畔援①,无然歆羡②,诞先登于岸③。密人不恭④,敢距大邦⑤,侵阮徂共⑥。王赫斯怒⑦,爰整其旅⑧,以按徂旅⑨。以笃于周祜⑩,以对于天下⑪。

[注释]①无然畔援:无然,不可如此。畔援,跋扈,此处指急躁冒进。 ②歆羡:贪图,此处指贪占敌方土地。 ③诞先登于岸:诞,语气助词。岸,制高点。 ④密人不恭:密人如此不顺从。密,密须,古国名,在今甘肃灵台。 ⑤距:通"拒",抵抗。 ⑥侵阮徂共:侵略阮国与共国。阮、共,两国名,均在今甘肃泾阳。 ⑦赫:怒气冲天的样子。 ⑧爰整其旅:爰,于是。整,整顿。旅,军队。 ⑨以按徂旅:前往旅地进行阻击。按,通"遏",阻击。旅,地名。 ⑩以笃于周祜:笃,厚。祜,福。 ⑪对:答,此处意为回报各国对周所寄予的希望。

依其在京①,侵自阮疆②。陟我高冈③,无矢我陵④。我陵我阿,无饮我泉,我泉我池。度其鲜原⑤,居岐之阳⑥,在渭之将⑦。万邦之方⑧,下民之王。

[注释]①依其在京:周京军队真强大。依其,犹"依依",茂盛,此处指强大。京,地名,周京。 ②侵自阮疆:在阮国边境结束了战斗。侵,通"寝",指停战。 ③陟:音zhì,升、登。 ④矢:陈,此处指陈兵。 ⑤度其鲜原:度,规划。鲜,通"巇",小山。 ⑥阳:山之南水之北。 ⑦将:旁。 ⑧方:

榜样。

　　帝谓文王:予怀明德①,不大声以色②,不长夏以革③。不识不知④,顺帝之则⑤。帝谓文王:询尔仇方⑥,同尔弟兄⑦。以尔钩援⑧,与尔临冲⑨,以伐崇墉⑩。

　　[注释]①予怀明德:怀,眷念,此处指倾向于。明德,光明之德,此处指太王。　②大声以色:大声呵斥且怒形于色,即脾气暴躁、性格乖戾。以,与。色,严厉的脸色。　③不长夏以革:长,擅长,此处指总是用。夏,杖刑。革,鞭刑。　④不识不知:不,通"丕",大。识,了解,此处指明察。知,通"智",睿智。　⑤顺帝之则:顺,遵循。则,准则。　⑥询尔仇方:询,商量。仇,匹。仇方,盟国。　⑦弟兄:兄弟之国。　⑧钩援:钩,兵器名,似剑而曲。援,戈的横刃。　⑨临冲:临,从上往下攻击的战车。冲,从旁冲突的战车。　⑩崇墉:崇,国名,在今西安附近。墉,音 yōng,墙壁、城墙。

　　临冲闲闲①,崇墉言言②。执讯连连③,攸馘安安④。是类是祃⑤,是致是附⑥,四方以无侮⑦。临冲茀茀⑧,崇墉仡仡⑨。是伐是肆⑩,是绝是忽⑪。四方以无拂⑫。

　　[注释]①闲闲:战车陈容庞大的样子。　②言言:高大的样子。　③执讯:执,擒获。讯,间谍。　④攸馘安安:攸,所。馘,音 guó,古代战争中割取所杀敌人的左耳以计功,也指所割下的敌人左耳。安安,从容。　⑤是类是祃:是,于是。类,出师祭天。祃,音 mà,军队至所征伐之地祭天。　⑥是致是附:致,招来敌人投降。附,通"拊",抚慰。　⑦四方以无侮:天下因此没有欺凌。　⑧茀茀:音 fú fú,战车攻击力强的样子。　⑨仡仡:音,通"屹屹",高大的样子。　⑩肆:攻击。　⑪忽:消灭。　⑫拂:违抗。

灵　　台

　　[题解]文王建灵台及游赏观览。

经始灵台①,经之营之②。庶民攻之③,不日成之④。经始勿亟⑤,庶民子来⑥。

[注释]①经始灵台:开始建造灵台。经始,开始。灵台,台名,在今西安附近。 ②经之营之:经,度量、规划。营,营建。 ③庶民攻之:庶民,老百姓。攻,建造。 ④不日成之:没多久就建成。 ⑤经始勿亟:开始要求不紧。亟,紧急。 ⑥子来:像儿子孝敬父亲一样自动来。

王在灵囿①,麀鹿攸伏②。麀鹿濯濯③,白鸟翯翯④。王在灵沼⑤,於牣鱼跃⑥。

[注释]①灵囿:古代帝王养鸟兽的园林。 ②麀鹿:母鹿。麀,音 yōu。 ③濯濯:音 zhuó zhuó,肥美的样子。 ④翯翯:音 hèhè,洁白的样子。 ⑤灵沼:古代帝王养鱼的池子。 ⑥於牣鱼跃:於,音 wū,赞叹词。牣,音 rèn,满,此处指满池。

虡业维枞①,贲鼓维镛②。於论鼓钟③,於乐辟雍④。

[注释]①虡业维枞:虡,音 jù,悬编钟编磬的木架。业,安在悬挂钟磬的架子横木上面作装饰用的刻有锯齿的大木板。维,与。枞,即业上的锯齿,亦称崇牙。 ②贲鼓维镛:贲鼓,大鼓。维,与。镛,音 yōng,大钟。 ③於论钟鼓:啊!钟鼓配合音协调。论,通"伦",形容乐器配合协调。 ④辟雍:西周天子所设大学,圆形,围以水池,前门外有便桥。

於论鼓钟,於乐辟雍。鼍鼓逢逢①。矇瞍奏公②。

[注释]①鼍鼓逢逢:鼍,音 tuó。鼍鼓,扬子鳄皮制的鼓。逢逢,音 péng péng,形容鼓声洪亮。 ②矇瞍奏公:矇、瞍,音 méng sǒu,都指盲人,此处指盲人乐师。公,通"功",成功。

下 武

[题解]太王、王季、文王有德而得天下。

下武维周①,世有哲王②。三后在天③,王配于京④。

[注释]①下武维周:后继有人是周家。下,后。武,继承。 ②哲:圣明。 ③三后:指太王、王季、文王。 ④王配于京:王,指武王。配,配天,合乎天命,即继承王位。京,指镐京。

王配于京,世德作求①。永言配命②,成王之孚③。

[注释]①世德作求:世代积德终得天下。作,为。求,终。 ②永言配命:永远合于天命。言,语气助词。 ③成王之孚:成王,成就王业。孚,威信。

成王之孚,下土之式①。永言孝思②,孝思维则③。

[注释]①下土之式:下土,天下。式,榜样。 ②永言孝思:永远遵守孝道。言、思,语气助词。 ③维则:维,是。则,法则。

媚兹一人①,应侯顺德②。永言孝思,昭哉嗣服③。

[注释]①媚兹一人:媚,爱。兹,此。一人,君王,此处指武王。 ②应侯顺德:能够继承先祖美德。应,当。侯,此。顺,继承。 ③昭哉嗣服:后代子孙更显扬。昭,昭明。嗣服,后代子孙。

昭兹来许①,绳其祖武②。於万斯年③,受天之祜④。

[注释]①昭兹来许:兹,通"哉"。来许,与"嗣服"同义。 ②绳其祖

武:绳,继续。武,事迹。 ③於万斯年:啊!享有天命到永远。 ④祜:福。

受天之祜,四方来贺。於万斯年,不遐有佐①。

[注释]①不遐有佐:不遐,没有。佐,差失。

文 王 有 声

[题解]赞文王迁丰、武王迁镐。

文王有声①,遹骏有声②。遹求厥宁③,遹观厥成④。文王烝哉⑤!

[注释]①声:美名。 ②遹骏:遹,音 yù,发语词。骏,大。 ③厥宁:厥,其,指民众。 ④厥成:厥,其,指周家。成,成功。 ⑤烝:美、伟大。

文王受命,有此武功。既伐于崇①,作邑于丰②。文王烝哉!

[注释]①崇:国名,在今西安附近。 ②丰:地名,在今西安附近。原为崇国所在地,文王灭崇后,迁都于此。

筑城伊淢①,作丰伊匹②。匪棘其欲③,遹追来孝④。王后烝哉⑤!

[注释]①伊淢:伊,语气助词。淢,音 yù,通"洫",护城河。 ②伊:为。 ③匪棘其欲:匪,通"非"。棘,通"急"。 ④遹追来孝:遹,音 yù。遹、来,语气助词。追孝,继承先祖之志。孝,美德。 ⑤王后:君王,此指文王。

王公伊濯①,维丰之垣②。四方攸同③,王后维翰④。

王后烝哉!

[注释]①王公伊濯:公,通"功",功绩。濯,音zhuó,显著。 ②维丰之垣:维,是。垣,城墙。 ③四方攸同:天下归心。攸,所。同,归心。④翰:骨干。

丰水东注,维禹之绩①。四方攸同,皇王维辟②。皇王烝哉!

[注释]①禹:大禹。 ②皇王维辟:皇王,光辉伟大的王,指武王,下同。辟,法则。

镐京辟雍①,自西自东,自南自北,无思不服②。皇王烝哉!

[注释]①镐京辟雍:镐京,西周都城,在今西安附近。辟雍,西周天子所设大学,圆形,围以水池,前门外有便桥。 ②思:语气助词。

考卜维王①,宅是镐京②。维龟正之③,武王成之。武王烝哉!

[注释]①考卜:考,完成。卜,占卜。 ②宅:定居。 ③龟正:龟,以龟占卜。正,决定。

丰水有芑①,武王岂不仕②?诒厥孙谋③,以燕翼子④。武王烝哉!

[注释]①芑,音qǐ,一种野菜,即水芹。 ②仕:亦作"事"。 ③诒厥孙谋:诒,通"贻",留下。厥,其。孙,通"逊",顺。 ④燕翼:燕,安定。翼,

庇护。子,儿子,指武王子成王。

生　民

[**题解**]周族史诗,叙周人始祖后稷事迹。

厥初生民①,时维姜嫄②。生民如何？克禋克祀③,以弗无子④。履帝武敏歆⑤,攸介攸止⑥,载震载夙⑦。载生载育,时维后稷。

[**注释**]①厥初生民:厥初,当初。民,周族人。　②时维姜嫄:时,是。维,语气助词。姜嫄,传说中有邰氏女,帝喾妃,周始祖后稷之母。　③克禋克祀:即"克禋祀",第一个"克",能。第二个"克"是衬字。禋祀,音 yīn sì,礼天神之名。把玉帛和牲堆放在柴上焚烧,使升烟,以祭天神。礼昊天上帝曰禋祀,引申之则凡祀日月星辰等天神,统称禋祀。　④弗:亦作"祓",除去无子之不祥。　⑤履帝武敏歆:履,踩。帝,上帝。武,脚印、足迹。敏,通"拇",足拇指。歆,心有所感。　⑥攸介攸止:肚大怀孕。介,大,此处指肚大。止,此处指怀孕。　⑦载震载夙:载,语气助词。震,胎动。夙,胎儿渐渐长成。

诞弥厥月①,先生如达②。不坼不副③,无菑无害④。以赫厥灵⑤。上帝不宁⑥,不康禋祀⑦,居然生子⑧。

[**注释**]①诞弥厥月:诞,语气助词。下同。弥,满。厥月,其月,指怀孕10个月。　②先生如达:先生,生头胎。如,通"而"。达,顺利。　③不坼不副:坼,音 chè,裂开。副,音 pǐ,剖开。　④无菑无害:即"无菑害"。菑害,通"灾害",指生产时遭受痛苦。　⑤赫:显示。　⑥上帝不宁:不,发语词,无实义。宁,安宁。　⑦不康:不,发语词,无实义。康,安乐。　⑧居然:安然。

诞寘之隘巷①,牛羊腓字之②。诞寘之平林③,会伐平林④。诞寘之寒冰,鸟覆翼之⑤。鸟乃去矣,后稷呱矣⑥。实覃实讦⑦,厥声载路⑧。

[注释]①诞寘之隘巷:姜嫄把他丢在狭巷里。寘,音zhì,置、放置。姜嫄因自己践巨人迹心有所感而孕,以为不祥,故弃之。 ②腓字之:腓,音féi,庇护。字,养育,给奶吃。 ③平林:平地的林子。 ④会伐平林:恰遇有人来砍树(把他救)。 ⑤鸟覆翼之:有鸟用翅膀覆盖温暖他。 ⑥呱:音gū,婴儿哭。 ⑦实覃实讦:哭声长而响亮。覃,音tán,长。讦,音xǔ,大。 ⑧载:充满。

诞实匍匐①,克岐克嶷②。以就口食③。艺之荏菽④,荏菽旆旆⑤。禾役穟穟⑥,麻麦幪幪⑦,瓜瓞唪唪⑧。

[注释]①匍匐:爬着走。 ②克岐克嶷:即"克岐嶷"。岐,有所知。嶷,有所识。 ③以就口食:以,通"已"。就,找寻。口食,食物。 ④艺之荏菽:艺,种植。荏,音yīn,植物名,即白苏。一年生草本植物。有芳香。茎方,叶对生。种子可榨油(苏子油),叶可提取芳香油。茎叶和种子均可供药用。菽,音shū,大豆。 ⑤旆旆:音pèi pèi,茂盛。 ⑥禾役穟穟:禾役,亦作"禾颖",禾穗。穟穟,音suì suì,禾穗饱满下垂。 ⑦幪幪:音měng měng,庄稼茂密。 ⑧唪唪:音běng běng,果实累累的样子。

诞后稷之穑①,有相之道②。茀厥丰草③,种之黄茂④。实方实苞⑤,实种实褎⑥。实发实秀⑦,实坚实好⑧。实颖实栗⑨,即有邰家室⑩。

[注释]①穑:种植五谷。 ②有相之道:相,观察,此处指观察土壤情况。道,门道。 ③茀厥丰草:茀,音fú,亦作"拂",拔去。厥,其、那。 ④黄茂:良种。 ⑤实方实苞:实,语气助词。方,萌芽的样子。苞,含苞。 ⑥实种实褎:种,小苗苗壮丛生的样子。褎,音yòu,指禾苗渐至升高茂密的

样子。　⑦实发实秀:发,禾长茎拔节。秀,禾初生穗正待结实。　⑧坚:谷粒灌浆饱满。　⑨实颖实栗:颖,禾穗沉沉下垂的样子。栗,颗粒饱满的样子。　⑩即有邰家室:即,往。有,词头。邰,当时的一个氏族,在今陕西武功,传说帝尧因后稷有功而封之于此。

诞降嘉种①,维秬维秠②,维穈维芑③。恒之秬秠④,是获是亩⑤。恒之穈芑,是任是负⑥。以归肇祀⑦。

[注释]①诞降嘉种:后稷推广好种子。　②维秬维秠:维,是。秬,音jù,黑黍。秠,音pī,黍的一种,一壳两米的黑黍。　③维穈维芑:穈,音mén,谷的一种,即赤粱粟。芑,音qǐ,谷的一种,即白粱粟。　④恒:通"亘",遍地。⑤是获是亩:获,收割。亩,堆在田间。　⑥是任是负:任,肩挑。负,背负。⑦肇:开始。

诞我祀如何？或舂或揄①,或簸或蹂②。释之叟叟③,烝之浮浮④。载谋载惟⑤。取萧祭脂⑥,取羝以軷⑦,载燔载烈⑧,以兴嗣岁⑨。

[注释]①或舂或揄:舂,用杵捣米脱糠。　②或簸或蹂:簸,簸扬去糠。蹂,通"揉",揉搓。　③释之叟叟:释,淘米。叟叟,淘米声。　④烝之浮浮:烝,通"蒸"。浮浮,热气升腾的样子。　⑤载谋载惟:载,则、就。谋,计划。惟,考虑。　⑥取萧祭脂:萧:艾蒿。脂,牛羊油。先秦祭祀以香蒿与牛羊油混烧,使香气上腾,以达于天。　⑦取羝以軷:羝,音dī,公羊。軷,音bō,剥、剥皮。　⑧载燔载烈:燔,音fán,把肉放在火里烧。烈,把肉穿起来架在火上烤。　⑨以兴嗣岁:兴,兴旺。嗣岁,来年。

卬盛于豆①,于豆于登②。其香始升,上帝居歆③。胡臭亶时④。后稷肇祀。庶无罪悔⑤,以迄于今⑥。

[注释]①卬盛于豆:我把祭品装在豆里。卬,音 ǎng,我。 ②登:古代祭祀时盛肉食的礼器,形状像豆而浅,多陶制,也有木或铜制的。 ③居歆:居,语气助词。歆,享受。 ④胡臭亶时:浓郁的香味确实好。胡,大。臭,香。亶,音 dàn,确实。时,善、好。 ⑤庶无罪悔:庶,幸而。悔,过错。 ⑥迄:到。

行　苇

[题解]贵族宴饮、比射、祈福。

敦彼行苇①,牛羊勿践履②。方苞方体③,维叶泥泥④。戚戚兄弟⑤,莫远具尔⑥。或肆之筵⑦,或授之几⑧。

[注释]①敦彼行苇:丛生的道边芦苇。敦彼,犹"敦敦",丛生。敦,音 tuán。 ②履:踩。 ③方苞方体:方,正在。苞,谷物打苞。体,成形。 ④泥泥:叶润泽的样子。 ⑤戚戚:亲近的样子。 ⑥莫远具尔:莫,不。远,疏远。具,通"俱"。尔,通"迩",近。 ⑦或肆之筵:肆,铺设。筵,铺地的竹席,供坐。 ⑧几:矮桌,置于席前,供放东西或倚靠小憩。

肆筵设席,授几有缉御①。或献或酢,洗爵奠斝②。醓醢以荐③,或燔或炙④。嘉殽脾臄⑤,或歌或咢⑥。

[注释]①缉御:恭敬的样子。 ②洗爵奠斝:爵,古代一种酒器名,作用相当于酒杯,此处指一酒杯。奠,放。斝,音 jiǎ,古代青铜制贮酒器,有鋬(把手)、两柱、三足、圆口,上有纹饰,供盛酒与温酒用,盛行于商周时期,后泛指酒杯、茶杯。 ③醓醢以荐:醓,音 tǎn,带汁的肉酱。醢,音 hǎi,肉酱。荐,献。 ④或燔或炙:燔,音 fán,把肉放在火里烧。炙,把肉放在火上烤。 ⑤嘉殽脾臄:嘉,美。殽,通"肴"。肴,荤菜。脾,牛胃、牛百叶。臄,音 jué,牛

舌。　⑥咢：音è，只击鼓不歌唱。

敦弓既坚①，四鍭既均②，舍矢既均③，序宾以贤④。
敦弓既句⑤，既挟四鍭⑥。四鍭如树⑦，序宾以不侮⑧。

[注释]①敦弓：天子用的五彩雕弓。　②四鍭既均：鍭，音hóu，金属箭头的箭。均，调好。　③舍矢：放箭。　④序宾以贤：宾客排座按贤能。序，座位排序。贤，贤能，指射箭成绩。　⑤句：音gòu，通"彀（音gòu）"，张弓。⑥挟：搭箭上弦。　⑦树：竖立，指箭直直地射在靶子上。　⑧不侮：不屈座。

曾孙维主①，酒醴维醹②，酌以大斗③，以祈黄耈④。
黄耈台背⑤，以引以翼⑥。寿考维祺⑦，以介景福⑧。

[注释]①曾孙维主：曾孙，文王、武王孙辈的周王，不能确指。维，是。②酒醴维醹：音rǔ，未去糟之酒，用蘖酿成，如今之酒酿。醹，音líng，美酒。③斗：古代酒器。　④黄耈：年老则头发黄，故即作为长寿、高寿的代称。⑤台背：亦作"鲐背"。鲐鱼背上有黑纹，老人后背似之，故以之代长寿。⑥以引以翼：引，引导。翼，在旁搀扶。　⑦寿考维祺：寿考，长寿。祺，吉祥。⑧以介景福：助你大福。介，助。景，大。

既　醉

[题解]贵族祭祀，祝官代神祝福。

既醉以酒，既饱以德①。君子万年②，介尔景福。

[注释]①德：指主人以酒食招待之德。　②君子万年：君子长寿享万年。

既醉以酒，尔殽既将①。君子万年，介尔昭明②。

[注释]①将:美。 ②昭明:显赫英明。

昭明有融①,高朗令终②,令终有俶③。公尸嘉告④。

[注释]①有融:犹"融融",长久。 ②高朗令终:高朗,高明,指名声远扬。令,美。终,结果。 ③俶:始。 ④公尸嘉告:神主表赞许。公尸,对尸的尊称。嘉,好。

其告维何①?笾豆静嘉②。朋友攸摄③,摄以威仪。

[注释]①维:是。 ②静嘉:美好。 ③攸摄:攸,语气助词。摄,辅助,此处指助祭。

威仪孔时①,君子有孝子②。孝子不匮③,永锡尔类④。

[注释]①孔时:孔,很。时,善。 ②有孝子:有孝子之心。 ③孝子不匮:孝子之心永无尽。 ④永锡尔类:永作民众的准则。锡,赐。类,同类,指民众。

其类维何?室家之壸①。君子万年,永锡祚胤②。

[注释]①壸:音 kǔn,古时宫中道路,引申指内宫,亦泛指妇女居住的内室。 ②祚胤:祚,福。胤,后代子孙。

其胤维何?天被尔禄①。君子万年,景命有仆②。

[注释]①天被尔禄:被,加。禄,禄位,此指王位。 ②景命有仆:景命,大命,指天命。仆,依附。

其仆维何？厘尔女士①。厘尔女士,从以孙子②。

[注释]①厘尔女士:厘,赐予。女士,男仆与女仆。 ②从以孙子:从,随。孙子,即子孙。

凫鹥

[题解]祭祀次日,宴饮酬谢代表先公先王的尸。

凫鹥在泾①,公尸来燕来宁②。尔酒既清,尔殽既馨。公尸燕饮,福禄来成③。

[注释]①凫鹥在泾:凫,音 fú,野鸭。鹥,音 yì,鸥鸟。泾,流水。②公尸来燕来宁:公尸,对尸的尊称。燕,通"宴"。宁,安慰。 ③成:归。

凫鹥在沙①,公尸来燕来宜②。尔酒既多,尔殽既嘉。公尸燕饮,福禄来为③。

[注释]①沙:沙滩。 ②宜:顺,此处指接受主人邀请。 ③为:且。

凫鹥在渚,公尸来燕来处①。尔酒既湑②,尔殽伊脯③。公尸燕饮,福禄来下。

[注释]①处:安居。 ②湑:音 xù,晶莹清亮的样子。 ③脯:干肉。

凫鹥在潀①,公尸来燕来宗②,既燕于宗③,福禄攸降。公尸燕饮,福禄来崇④。

[注释]①潀:音 zóng,水汇合处。 ②宗:尊敬。 ③宗:宗庙。 ④崇:重、厚。

凫鹥在亹①,公尸来止熏熏②。旨酒欣欣③,燔炙芬芬④。公尸燕饮,无有后艰⑤。

[注释]①亹:音 mén,峡中两岸对峙如门的地方。 ②熏熏:通"醺醺",醉醺醺。 ③旨酒欣欣:旨酒,美酒。欣欣,通"馨馨",香。 ④芬芬:肉香味。 ⑤艰:艰难。

假　　乐

[题解]诸侯赞周王能君临天下。

假乐君子①,显显令德②,宜民宜人③。受禄于天④,保右命之⑤,自天申之⑥。

[注释]①假乐君子:假,通"嘉",好。乐,喜爱。君子,指周王。 ②显显令德:显显,显赫。令,美。 ③宜:利于。 ④禄:禄位,此指王位。 ⑤保右:即"保佑"。 ⑥申:反复、重。

干禄百福,子孙千亿。穆穆皇皇①,宜君宜王。不愆不忘②,率由旧章③。

[注释]①穆穆皇皇:穆穆,端庄恭敬的样子。皇皇,光辉伟大。 ②不愆不忘:愆,过失。忘,通"亡",昏庸荒废。 ③率由旧章:率由,遵循。旧章,已有的典章制度。

威仪抑抑①,德音秩秩②。无怨无恶③,率由群匹④。受福无疆⑤,四方之纲⑥。

[注释]①威仪抑抑:威仪,仪容。抑抑,谨慎庄严。 ②德音秩秩:秩秩,清明的样子。德音,声誉、好名声。 ③无怨无恶:怨,怨恨。恶,讨厌。

④群匹:群臣。　⑤无疆:无边无际。　⑥纲:准则。

之纲之纪①,燕及朋友②。百辟卿士③,媚于天子④。不解于位⑤,民之攸墍⑥。

[注释]①之:是。　②燕:通"宴"。　③百辟卿士:百辟,畿内诸侯。卿士,官名,六卿之首,掌管中央各官署和地方的高级官员,类似后世的相。④媚:爱戴。　⑤解:通"懈",懈怠。　⑥攸墍:攸,所。墍,音xì,通"曁",归附。

公　刘

[题解]周族史诗,叙公刘由邰迁豳事迹。

笃公刘①,匪居匪康②。乃埸乃疆③,乃积乃仓④;乃裹糇粮⑤,于橐于囊⑥。思辑用光⑦,弓矢斯张⑧,干戈戚扬⑨,爰方启行⑩。

[注释]①笃公刘:笃,忠实厚道。公刘,后稷后代,周族首领。公是爵位,刘是名。　②匪居匪康:匪,不敢。居,安居。康,安乐。　③乃埸乃疆:埸,音yì,修整田界。疆,划定疆界。　④乃积乃仓:积,露天堆积谷物。仓,把粮食堆在仓库里。　⑤糇粮:干粮。糇,音hóu。　⑥于橐于囊:橐,音tuó,小袋。囊,大袋。　⑦思辑用光:团结光大。思,发语词。辑,和睦团结。用,而。光,荣光。　⑧斯张:斯,语气助词。张,搭箭开弓。　⑨干戈戚扬:干,盾。戚,斧,古代一种兵器。扬,兴起。　⑩爰方启行:爰,于是。方,开始。启行,动身。

笃公刘,于胥斯原①。既庶既繁②,既顺乃宣③,而无永叹④。陟则在巘⑤,复降在原。何以舟之⑥?维玉及瑶⑦,鞞琫容刀⑧。

[注释]①于胥斯原:于,在。胥,视察。斯原,这里的平原,指豳地原野。 ②庶、繁:众多。 ③既顺乃宣:顺,顺心。畅,畅达。 ④永叹:长叹。 ⑤巘:音 yǎn,小山。 ⑥何以舟之:即"以何舟之",身上佩何物。舟,通"周",佩带。 ⑦维玉及瑶:维,是。瑶,似玉的美石。 ⑧鞞琫容刀:鞞,音 bǐ,刀鞘。琫,音 běng,刀鞘上的玉饰。容,装饰。

笃公刘,逝彼百泉①。瞻彼溥原②,乃陟南冈。乃觏于京③,京师之野④。于时处处⑤,于时庐旅⑥,于时言言⑦,于时语语⑧。

[注释]①逝彼百泉:逝,往。百泉,众泉。 ②溥:音 pǔ,广大。 ③乃觏于京:觏,音 gòu,看见。京,豳原地名。 ④京师:京邑、京都。 ⑤于时处处:于时,于是。处处,安居。 ⑥庐旅:犹"庐庐",暂住。 ⑦言言:欢声笑语。 ⑧语语:众谈议论。

笃公刘,于京斯依①。跄跄济济②,俾筵俾几③。既登乃依④,乃造其曹⑤。执豕于牢⑥,酌之用匏⑦。食之饮之,君之宗之⑧。

[注释]①依:定居。 ②跄跄济济:跄跄,音 qiàng qiàng,行步从容有节。济济,庄重严肃的样子。 ③俾筵俾几:俾,使。筵,铺地的坐席。几,古代设于坐席前放东西或依靠休息的小矮桌。 ④既登乃依:登,就席位。依,倚靠着几。 ⑤乃造其曹:造,亦作"告",告祭。曹,通"禤(音 cáo)",猪神。 ⑥执豕于牢:执,捉。豕,猪。牢,猪圈。 ⑦酌之用匏:酌,倒酒。匏,音 páo,葫芦。葫芦一剖为二,用以盛酒,称匏爵。 ⑧君之宗之:君,以……为君。宗,以……为族长。

笃公刘,既溥既长①。既景乃冈②,相其阴阳③,观其流泉。其军三单④,度其隰原⑤。彻田为粮⑥,度其夕阳⑦。豳居允荒⑧。

[注释]①既溥既长:开垦的土地既广且长。 ②既景乃冈:为定方向测量日影遂登上山冈。景,通"影",测日影定方向。 ③相其阴阳:勘察山南山北。相,勘察。阴,山之北水之南。阳,山之南水之北。 ④其军三单:军队分成三班轮流服役。单,通"禅",更代。 ⑤度:音 duó,测量。 ⑥彻田为粮:开垦荒地为田生产粮食。 ⑦夕阳:指夕阳所照之处,即山之西。 ⑧豳居允荒:豳这个居处真是广大。允,确实。荒,广大。

笃公刘,于豳斯馆①。涉渭为乱②,取厉取锻③,止基乃理④。爰众爰有⑤,夹其皇涧⑥。遡其过涧⑦。止旅乃密⑧,芮鞫之即⑨。

[注释]①馆:亦作"观",宫室,此处用作动词,建筑宫室。 ②乱:横流而渡。 ③取厉取锻:取,采。厉,粗硬的磨刀石。锻,锤炼金属用的砧石。 ④止基乃理:止基,定居的地基。理,治理、整好。 ⑤爰众爰有:爰,于是。众,人众。有,富庶。 ⑥夹其皇涧:夹皇而居。 ⑦遡其过涧:面对过涧而居。遡,面对。 ⑧止旅乃密:安居移民渐至稠密。旅,移民。 ⑨芮鞫之即:前往河两岸居住。芮,音 ruì,通"汭",水边向内凹处。鞫,音 jū,水边向外凸处。之,复指"芮鞫"。即,往就。

泂 酌

[题解]歌颂统治者能使民众归附。

泂酌彼行潦①,挹彼注兹②,可以饎饎③。岂弟君子④,民之父母。

[注释]①泂酌彼行潦:泂,音yíng,远。酌,舀取。行潦,山涧中的流水。 ②挹彼注兹:挹,音yì,舀。注,倒入。兹,此,指近前水缸。 ③饎馈:饎,音fēn,蒸。馈,音chì,酒食。 ④岂弟:音kǎi tì,通"恺悌",和蔼亲近。

泂酌彼行潦,挹彼注兹,可以濯罍①。岂弟君子,民之攸归。

[注释]①濯罍:濯,洗。罍,音léi,大肚小口的坛子。

泂酌彼行潦,挹彼注兹,可以濯溉①。岂弟君子,民之攸塈②。

[注释]①溉:清洗。 ②塈:音xì,通"暨",归附。

卷　阿

[题解]周王游卷阿受臣下赞颂。

有卷者阿①,飘风自南②。岂弟君子,来游来歌,以矢其音③。

[注释]①有卷者阿:有卷,犹"卷卷",曲折。阿,大土山。 ②飘风:旋风。 ③以矢其音:矢,陈。音,诗。

伴奂尔游矣①,优游尔休矣②。岂弟君子,俾尔弥尔性③,似先公酋矣④。

[注释]①伴奂:纵情尽性。 ②优游尔休矣:优游,逍遥游乐。休,休息。 ③俾尔弥尔性:俾,使。尔,你,指周王。弥,终、尽。性,生,生命。 ④似先公酋矣:似,通"嗣",继承。先公,祖先。酋,事业。

尔土宇昄章①,亦孔之厚矣②。岂弟君子,俾尔弥尔性,百神尔主矣③。

[注释]①尔土宇昄章:土宇,疆域。昄,音bǎn,通"版"。昄章,版图。②亦孔之厚:孔,很。厚,广阔。 ③百神尔主:百神由你来主祭。

尔受命长矣,茀禄尔康矣①。岂弟君子,俾尔弥尔性,纯嘏尔常矣②。

[注释]①茀禄尔康矣:茀禄,福禄。康,安康。 ②纯嘏:纯,大。嘏,音gǔ,福。

有冯有翼①,有孝有德,以引以翼②。岂弟君子,四方为则③。

[注释]①有冯有翼:有辅佐之臣。冯,音píng,辅。翼,护助。 ②引:引导。 ③则:准则。

颙颙卬卬①,如圭如璋②,令闻令望③。岂弟君子,四方为纲④。

[注释]①颙颙卬卬:颙颙,音yōng yōng,温和谦恭的样子。卬卬,音áng áng,气宇轩昂的样子。 ②如圭如璋:圭,音guī,古代帝王诸侯朝聘、祭祀、丧葬等举行隆重仪式时所用的玉制礼器。长条形,上尖下方,其名称、大小因爵位及用途不同而异。璋,玉器名,状如半圭,古代朝聘、祭祀、丧葬、治军时用作礼器或信玉。 ③令:美。 ④纲:纲纪。

凤凰于飞①,翙翙其羽②,亦集爰止③。蔼蔼王多吉士④,维君子使⑤,媚于天子⑥。

[注释]①于:动词词头。 ②翙翙:音 huì huì,鸟飞翅膀挥动的声音。③亦集爰止:集,栖息。爰,于。止,所停之处。 ④蔼蔼王多吉士:蔼蔼,众多的样子。吉士,贤才。 ⑤维君子使:维,通"惟"。君子,指周王。 ⑥媚:爱戴。

凤凰于飞,翙翙其羽,亦傅于天①。蔼蔼王多吉人,维君子命,媚于庶人②。

[注释]①傅:至。 ②媚于庶人:媚,关爱。庶人,平民。

凤凰鸣矣,于彼高冈。梧桐生矣,于彼朝阳。菶菶萋萋①,雍雍喈喈②。

[注释]①菶菶萋萋:菶菶,音 běng běng,茂盛。萋萋,音 qī qī,繁茂。②雍雍喈喈:雍雍,鸟鸣叫声、乐器清脆的声音。喈喈,音 jiē jiē,象声词,禽类相和的叫声、乐器声。

君子之车,既庶且多①。君子之马,既闲且驰②。矢诗不多,维以遂歌③。

[注释]①既庶且多:庶,多。多,通"侈",华美。 ②闲:熟练。③遂:对。

民　劳

[题解]老臣谏周王,人民困苦,随时有可能发生动乱。

民亦劳止①,汔可小康②。惠此中国③,以绥四方④。无纵诡随⑤,以谨无良⑥。式遏寇虐⑦,憯不畏明⑧。柔远能迩⑨,以定我王。

[注释]①民亦劳止:亦、止,语气助词。 ②汔可小康:汔,通"乞",求。康,安宁。 ③惠:爱。中国,国中,都城。 ④绥:安抚。 ⑤无纵诡随:纵,通"从",听从。诡随,狡猾的人。 ⑥谨:小心。 ⑦式遏寇虐:式,发语词。遏,制止。寇虐,残害。 ⑧憯不畏明:憯,音 cǎn,就。明,法。 ⑨柔远能迩:柔,安抚。远,边远的人。能,亲善。迩,近旁的人。

民亦劳止,汔可小休。惠此中国,以为民逑①。无纵诡随,以谨惛怓②。式遏寇虐,无俾民忧。无弃尔劳,以为王休③。

[注释]①逑:安居乐业。 ②惛怓:音 hūn náo,吵闹不休。 ③休:美。

民亦劳止,汔可小息。惠此京师①,以绥四国②。无纵诡随,以谨罔极③。式遏寇虐,无俾作慝④。敬慎威仪,以近有德。

[注释]①京师:京城。 ②四国:天下。 ③以谨罔极:谨,提防。罔极,没有定准,变化无常。 ④慝:音 tè,邪恶。

民亦劳止,汔可小愒①。惠此中国,俾民忧泄②。无纵诡随,以谨丑厉③。式遏寇虐,无俾正败④。戎虽小子⑤,而式弘大⑥。

[注释]①愒:音 qì,休息。 ②泄:消除。 ③丑厉:坏人。 ④正:通"政"。 ⑤戎:你。 ⑥而式弘大:式,作用。弘,大。

民亦劳止,汔可小安。惠此中国,国无有残①。无纵诡随,以谨缱绻②。式遏寇虐,无俾正反。王欲玉女③,是用大谏④。

[注释]①残:害。　②缱绻:音 qiǎn quǎn,纠结不解,喻结党营私。③玉女:女色。　④是用:即"用是",因此。

板

[题解]天灾人祸交相为害,老臣劝周王警惕。

上帝板板①,下民卒瘅②。出话不然③,为犹不远④。靡圣管管⑤。不实于亶⑥。犹之未远,是用大谏。

[注释]①上帝板板:上帝,上天,实指周王。板板,不正常。　②卒瘅:音 cuì dàn,疲病劳苦。　③不然:不对。　④为犹不远:谋划无远见。犹,通"猷",谋划。　⑤靡圣管管:靡圣,没有圣人。管管,自大的样子。　⑥不实于亶:实,忠实。亶,音 dàn,诚信。

天之方难①,无然宪宪②。天之方蹶③,无然泄泄④。辞之辑矣⑤,民之洽矣⑥。辞之怿矣⑦,民之莫矣⑧。

[注释]①方难:正降灾。　②无然宪宪:不要这样瞎喜欢。宪宪,喜悦的样子。　③蹶:音 guì,动,动乱。　④泄泄:音 yí yí,多言的样子。　⑤辞之辑矣:辞,词,朝廷政令。辑,和悦、和睦。　⑥洽:融洽。　⑦怿:通"殬",败坏、祸害。　⑧莫:通"瘼",疾苦。

我虽异事①,及尔同僚②。我即尔谋,听我嚣嚣③。我言维服④,勿以为笑。先民有言⑤,询于刍荛⑥。

[注释]①我虽异事:我们虽然职掌不同。　②及:和。　③嚣嚣:音áo áo,闹嚷嚷。　④我言维服:维,是。服,治。　⑤先民:古人。　⑥刍荛:刍,草,此处用为动词,割草。荛,音yáo,柴,此处用为动词,砍柴。刍荛,割草砍柴人。

天之方虐,无然谑谑①。老夫灌灌②,小子蹻蹻③。匪我言耄④,尔用忧谑⑤。多将熇熇⑥,不可救药。

[注释]①谑谑:音xuè xuè,喜笑欢乐。　②老夫灌灌:老夫,诗人自称。灌灌,情恳意切。　③蹻蹻:音qiāo qiāo,傲慢粗鲁。　④耄:老。　⑤尔用忧谑:你以忧为乐。　⑥多将熇熇:将,做,此处指胡作非为。熇熇,音hè hè,火势炽盛的样子。

天之方懠①。无为夸毗②。威仪卒迷③,善人载尸④。民之方殿屎⑤,则莫我敢葵⑥？丧乱蔑资⑦,曾莫惠我师⑧？

[注释]①懠:音qí,怒。　②夸毗:卑躬屈膝。　③卒迷:尽失。④载尸:载,则。尸,如尸少言。尸,祭祀时代替神主受祭的活人。　⑤殿屎:呻吟。屎,音xī。　⑥葵:通"揆",揣度。　⑦蔑资:没有资财。　⑧曾莫惠我师:惠,施恩。师,民众。

天之牖民①,如埙如篪②,如璋如圭③,如取如携。携无曰益,牖民孔易④。民之多辟⑤,无自立辟⑥。

[注释]①牖:通"诱",引导。　②如埙如篪:埙,音xūn,古代吹奏乐器,多用陶土烧制而成,形状像鸡蛋,有1～6个孔。篪,音chí,古代竹制的管乐器之一。像笛,有八孔,横吹。　③如璋如圭:璋,玉器名,状如半圭,古代朝聘、祭祀、丧葬、治军时用作礼器或信玉。圭,音guī,古代帝王诸侯朝聘、祭

祀、丧葬等举行隆重仪式时所用的玉制礼器。长条形,上尖下方。其名称、大小因爵位及用途不同而异。 ④孔:很。 ⑤辟:通"僻",邪僻。 ⑥无自立辟:不要自不正。

价人维藩①,大师维垣②,大邦维屏③,大宗维翰④,怀德维宁⑤,宗子维城⑥。无俾城坏,无独斯畏。

[注释]①价人维藩:价,通"介",善。维,是。藩,藩篱。 ②大师维垣:师,民众。垣,墙。 ③屏:屏障。 ④大宗维翰:大宗,指周姓宗室。翰,骨干。 ⑤怀德:美德。 ⑥宗子:周王嫡子。

敬天之怒,无敢戏豫①。敬天之渝②,无敢驰驱③。昊天曰明④,及尔出王⑤。昊天曰旦⑥,及尔游衍⑦。

[注释]①戏豫:嬉戏游乐。 ②渝:变动。 ③驰驱:放荡无羁。 ④昊天曰明:昊天,上天。曰,语气助词。明,光明。 ⑤出王:进出往来。 ⑥旦:义同"明"。 ⑦游衍:游荡。

荡

[题解]借文王历数殷末之乱告诫周王警惕当前的局势。

荡荡上帝①,下民之辟②。疾威上帝③,其命多辟④。天生烝民⑤,其命匪谌⑥。靡不有初⑦,鲜克有终⑧。

[注释]①荡荡上帝:荡荡,法度荡然废坏的样子。上帝,明言上帝,暗指周王。 ②辟:君王。 ③疾威:暴虐。 ④其命多辟:他的政令多邪僻。 ⑤烝民:民众。 ⑥匪谌:无诚信。谌,音 chén。 ⑦靡不有初:没有哪个开头就不好。 ⑧鲜克有终:很少有人能坚持到底。

文王曰咨①,咨汝殷商。曾是强御②?曾是掊克③?曾是在位④?曾是在服⑤?天降慆德⑥,女兴是力⑦。

[注释]①曰咨:曰,语气助词。咨,长叹。 ②曾是强御:曾,为何。是,这样。强御,强横暴虐。 ③掊克:聚敛搜刮。掊,音pǒu。 ④在位:居高位。 ⑤在服:有权势。 ⑥慆德:败德,此处指上述败德的人。慆,音tāo。 ⑦女兴是力:助长你们这些不法的人干坏事。女,通"汝",你。此处指慆德之人。兴,助长。

文王曰咨,咨女殷商。而秉义类①,强御多怼②。流言以对③。寇攘式内④。侯作侯祝⑤,靡届靡究⑥。

[注释]①而秉义类:而,通"尔",你。秉,任用。义类,善类、好人。 ②怼:音duì,怨恨。 ③对:兴起。 ④寇攘式内:寇攘,盗取国家资产。式,于。内,朝廷。 ⑤侯作侯祝:侯,语气助词。祝,通"诅"。祝,通"咒"。作祝,即"诅咒"。 ⑥靡届靡究:靡,无。届,尽。究,穷尽。

文王曰咨,咨女殷商。女炰烋于中国①。敛怨以为德②。不明尔德③,时无背无侧④。尔德不明,以无陪无卿⑤。

[注释]①女炰烋于中国:炰烋,音páo xiào,亦作"咆哮",猛兽怒吼,比喻人暴怒叫喊。中国,即"国中",国内。 ②敛怨:贪婪聚敛而遭众人怨恨的人。 ③不明尔德:即"尔德不明",你的品德就是无知人之明。 ④时无背无侧:因此前后左右没有贤能的人。时,亦作"以",因此。 ⑤以无陪无卿:因此没有辅佐陪臣。

文王曰咨,咨女殷商。天不湎尔以酒①,不义从式②。既愆尔止③。靡明靡晦④。式号式呼⑤。俾昼作夜⑥。

[注释]①湎尔以酒:让你沉湎在酒中。 ②不义从式:义,通"宜",应该。从,通"纵",放纵。式,通"试",用,指饮酒。 ③既衍尔止:愆,错失。止,威仪、容止。 ④靡明靡晦:没日没夜。 ⑤式号式呼:大呼小叫。式,语气助词。 ⑥俾昼作夜:把白天当作夜晚。意为夜里狂饮,白天昏睡,昼夜颠倒。

文王曰咨,咨女殷商。如蜩如螗①,如沸如羹②。小大近丧③,人尚乎由行④。内奰于中国⑤,覃及鬼方⑥。

[注释]①如蜩如螗:民怨汹汹如蝉鸣。蜩,音 tiáo,蝉。螗,音 táng,蝉之大者。 ②如沸如羹:民怨沸腾。沸,滚水。羹,热汤。 ③大小近丧:大小政事都几近败亡。 ④人尚乎由行:你还是照样。人,指厉王。由行,照样。 ⑤内奰:愤怒、怒气。奰,音 bì。 ⑥覃及鬼方:覃,蔓延。

文王曰咨,咨女殷商。匪上帝不时①,殷不用旧②。虽无老成人③,尚有典刑④。曾是莫听⑤,大命以倾⑥。

[注释]①时,善。 ②旧:指先典旧章。 ③老成人:德高望重的元老旧臣。 ④典刑:指旧的规章制度。 ⑤莫听:不听。 ⑥大命以倾:国家命运因此覆亡。

文王曰咨,咨女殷商。人亦有言:颠沛之揭①,枝叶未有害,本实先拨②。殷鉴不远③,在夏后之世④。

[注释]①颠沛之揭:大树倒下根跷起。颠沛,倒下。揭,跷起。 ②本实先拨:树根已先腐败。 ③殷鉴不远:殷商灭夏这面镜子并不远。 ④在夏后之世:就在夏桀这一代。

抑

[题解]老臣见周王昏庸,诫其当心将失去天下。

抑抑威仪①,维德之隅②。人亦有言:靡哲不愚③,庶人之愚④,亦职维疾⑤。哲人之愚,亦维斯戾⑥。

[注释]①抑抑,谨慎庄严。 ②隅:本义是角落,此处义为方正。③哲:聪明。 ④庶人:平民。 ⑤亦职维疾:职,主要。维,语气助词。疾,病。 ⑥戾:罪。

无竞维人①,四方其训之②。有觉德行③,四国顺之④。訏谟定命⑤,远犹辰告⑥。敬慎威仪,维民之则⑦。

[注释]①无竞维人:无,发语词。竞,强大。维,通"惟",在于。人,贤能的人。 ②训:通"顺",服从。 ③有觉:犹"觉觉",大。 ④四国:天下。⑤訏谟定命:訏,音 xǔ,大。谟,音 mó,谋。訏谟,大谋,国家大政。命,天命。⑥远犹辰告:远犹:远谋。辰,时,及时。告,告知。 ⑦则:准则。

其在于今①,兴迷乱于政②。颠覆厥德③,荒湛于酒④。女虽湛乐从⑤,弗念厥绍⑥。罔敷求先王⑦,克共明刑⑧。

[注释]①其在于今:其,语气助词。在于今,现在。 ②兴:发语词。③颠覆厥德:颠覆,败坏。 ④荒湛:沉湎。湛,音 dān,通"媅(音 dān)",逸乐尽兴。 ⑤汝虽湛乐从:汝,指周王。湛乐,沉湎游乐。从,从事。 ⑥厥绍:厥,语气助词。绍,继,此指继承先人事业。 ⑦罔敷求先王:不广求先王治道。罔,不。敷,广。 ⑧克共明刑:克,能。共,通"拱",执掌。明,法。

肆皇天弗尚①,如彼泉流,无沦胥以亡②。夙兴夜寐③,洒扫廷内④,维民之章⑤。修尔车马,弓矢戎兵,用戒戎作⑥,用遏蛮方⑦。

[注释]①肆皇天弗尚：肆，发语词。皇天，伟大的上天。尚，保佑。②沦胥：相率、牵连。 ③夙兴夜寐：早起晚睡。 ④廷内：廷，通"庭"，庭院。内，室内。 ⑤维民之章：维，是。章，准则、榜样。 ⑥用戒戎作：用，以。戒，准备。戎，战事。作，兴起。 ⑦用逷蛮方：逷，音 tì，通"剔"，铲除。蛮方，对远方少数民族的蔑称。

质尔人民①，谨尔侯度②，用戒不虞③。慎尔出话，敬尔威仪，无不柔嘉④。白圭之玷⑤，尚可磨也；斯言之玷，不可为也！

[注释]①质：安。 ②谨尔侯度：谨，小心。侯，语气助词。度，规章制度。 ③不虞：意外的事。 ④柔嘉：温和善良。 ⑤玷：玉的斑点，瑕疵。

无易由言①，无曰苟矣②，莫扪朕舌③，言不可逝矣④。无言不雠⑤，无德不报。惠于朋友，庶民小子⑥。子孙绳绳⑦，万民靡不承⑧。

[注释]①无易由言：说话要慎重。易，轻易。由，于。 ②苟：随便。③莫扪朕舌：扪，音 mén，蒙住。朕，我。先秦时自称皆可用此词，秦以后才成为皇帝专称。 ④逝：追及。 ⑤雠：答。 ⑥小子：小人，即普通民众。⑦绳绳：谨慎的样子。 ⑧承：服从。

视尔友君子，辑柔尔颜①，不遐有愆②。相在尔室③，尚不愧于屋漏④。无曰不显⑤，莫予云觏⑥。神之格思⑦，不可度思⑧，矧可射思⑨！

[注释]①辑：温和。 ②不遐有愆：不遐，没有。愆，过错。 ③相：看。 ④不愧于屋漏：不愧于神明。屋漏，屋之漏光处，即日光通过窗户所照

之处。暗室虽可密谋,神明犹可通过窗户而知。 ⑤不显:不明显。 ⑥莫予云觏:即"莫觏予",没有人看见我。云,语气助词。觏,音 gòu,看见。 ⑦格思:格,至。思,语气助词。 ⑧度:揣测。 ⑨矧可射思:怎能厌倦显疲态。矧,音 shěn,况且。射,音 yì,厌倦。

辟尔为德①,俾臧俾嘉②。淑慎尔止③,不愆于仪④。不僭不贼⑤,鲜不为则⑥。投我以桃,报之以李。彼童而角⑦,实虹小子⑧。

[注释]①辟:明。 ②臧、嘉:善、好。 ③淑慎尔止:淑,美好。止,行为举止。 ④愆:差失。 ⑤不僭不贼:僭,诋毁。贼,害人。 ⑥鲜不为则:鲜,少。则,准则。 ⑦彼童而角:秃羊能长角。童,牛羊无角。 ⑧实虹小子:虹,通"讧",溃乱。小子,年轻的周王。

荏染柔木①,言缗之丝②。温温恭人③,维德之基④。其维哲人⑤,告之话言⑥,顺德之行。其维愚人,覆谓我僭⑦。民各有心。

[注释]①荏染柔木:荏染,柔韧。柔木,善木,指椅、桐、梓、漆等制作乐器的木材。 ②言缗:言,发语词。缗,音 mín,安装弦线。 ③温温恭人:温良谦恭一个人。 ④基:基础。 ⑤哲人:明智的人。 ⑥话言:实为"诂言",古言,老话。 ⑦覆谓我僭:覆,反而。僭,错误。

於乎小子①,未知臧否②。匪手携之③,言示之事④。匪面命之⑤,言提其耳⑥。借曰未知⑦,亦既抱子⑧。民之靡盈⑨,谁夙知而莫成⑩?

[注释]①於乎:通"呜呼",表赞叹、感慨。 ②臧否:臧,善。否,坏。

③匪手携之:不但拉着你的手。 ④言示之事:而且指点你大事。 ⑤面命:当面教诲。 ⑥言提其耳:让你支起耳朵来听。成语"耳提面命"即源于此两句,但"提"字之义已大变。 ⑦借曰未知:如果说你还不懂事。 ⑧亦既抱子:其实已经抱儿子做父亲。 ⑨靡盈:不完美。 ⑩谁夙知而莫成:谁能早上知道了晚上就能成事。夙,早。莫,古"暮"字。此句是劝年轻的周王不要急于求成。

昊天孔昭①,我生靡乐②。视尔梦梦③,我心惨惨④。诲尔谆谆,听我藐藐⑤。匪用为教⑥,覆用为虐⑦。借曰未知,亦聿既耄⑧。

[注释]①昊天孔昭:昊天,上天。孔,很。昭,明。 ②靡:无。 ③梦梦:稀里糊涂。 ④惨惨:伤感。 ⑤藐藐:轻视冷漠的样子。 ⑥匪用为教:不听我的教诲。 ⑦覆用为虐:反而变得更暴虐。 ⑧亦聿既耄:我却已变老了。耄,音mào,老。

於乎小子,告尔旧止①。听用我谋,庶无大悔②。天方艰难③,曰丧厥国④。取譬不远⑤,昊天不忒⑥。回遹其德⑦,俾民大棘⑧。

[注释]①旧止:旧制。止,语气助词。 ②庶:幸。 ③艰难:灾难。 ④厥:其,指周室。 ⑤取譬不远:举个近的例子。譬,例子。 ⑥忒:差错。 ⑦回遹:邪僻。 ⑧俾民大棘:俾,使。棘,通"急",危急。

桑　柔

[题解]周臣芮良夫忧时局动荡而谏厉王。

菀彼桑柔①,其下侯旬②,捋采其刘③,瘼此下民④。

不殄心忧⑤,仓兄填兮⑥。倬彼昊天⑦,宁不我矜⑧?

[注释]①菀彼桑柔:菀彼,犹"菀菀",茂盛。桑柔,即"柔桑"。 ②侯旬:侯,语气助词。旬,树荫四覆。 ③捋采其刘:捋,音 lǚ,用手自上而下成把勒取。刘,残败稀疏。 ④瘼:病苦。 ⑤殄:音 tiǎn,断绝。 ⑥仓兄填兮:仓兄,音 huàng huǎng,通"怆怳",悲伤失意。填,音 chén,通"陈",久。 ⑦倬:广大光明。 ⑧矜:怜悯。

四牡骙骙①,旟旐有翩②。乱生不夷③,靡国不泯④。民靡有黎⑤,具祸以烬⑥。於乎有哀,国步斯频⑦。

[注释]①骙骙:马奔走不息的样子。 ②旟旐有翩:旟,音 yú,画有鸟隼的旗。旐,音 zhào,古代一种画有龟蛇图案的旗。有翩,犹"翩翩",旗子飘动翻飞的样子。 ③夷:平。 ④泯:乱。 ⑤黎:众多。 ⑥具祸以烬:都因祸乱而成灰烬。具,通"俱"。 ⑦国步斯频:国步,国运。斯,如此。频,危急。

国步蔑资①,天不我将②。靡所止疑③,云徂何往④?君子实维⑤,秉心无竞⑥。谁生厉阶⑦,至今为梗⑧?

[注释]①蔑资:没有资财。 ②将:扶助。 ③止疑:停息安歇。疑,通"凝"。 ④云徂何往:云,发语词。 ⑤君子实维:君子,贤能的人。维,通"惟",思考。 ⑥秉心无竞:存心不争权夺利。 ⑦厉阶:祸根。厉,祸。阶,根源。 ⑧梗:灾害。

忧心殷殷①,念我土宇②。我生不辰③,逢天僤怒④。自西徂东,靡所定处。多我觏痻⑤,孔棘我圉⑥。

[注释]①殷殷:忧心忡忡的样子。 ②土宇:家园。 ③不辰:不是时

候。　④僤怒:大怒。僤,音 dàn,大。　⑤觏痻:音 gòu mín,遭遇灾难。
⑥孔棘我圉:我们的边疆真紧急。孔棘,很紧急。圉,音 yǔ,边疆。

为谋为毖①,乱况斯削②。告尔忧恤③,诲尔序爵④。谁能执热⑤,逝不以濯⑥？其何能淑⑦,载胥及溺⑧。

[注释]①为谋为毖:谋划国事要谨慎。毖,音 bì,谨慎。　②斯削:斯,则。削,减少。　③告尔忧恤:告知你要忧虑国事体恤民众。　④序爵:评定爵位。　⑤执热:拿着烫手的东西。　⑥逝不以濯:逝,发语词。不以濯,不用水淋。　⑦其何能淑:怎能把事办好。淑,好。　⑧载胥及溺:大家都要被吞没。载,发语词。胥,相、都。及,至于。溺,淹没。

如彼溯风①,亦孔之僾②。民有肃心③,荓云不逮④。好是稼穑⑤,力民代食⑥。稼穑维宝⑦,代食维好⑧？

[注释]①溯:逆。　②亦孔之僾:亦,语气助词。孔,很。之,是。僾,音 ài,呼吸困难。　③肃心:肃敬之心。　④荓云不逮:形势使他们难有所为。荓,音 píng,使。云,有。不逮,不及,无所作为。　⑤好是稼穑:爱好庄稼收获。　⑥力民代食:让民众出力代耕而食。　⑦稼穑维宝:庄稼收成是个宝。　⑧代食维好:民众代耕而食真是好。

天降丧乱,灭我立王①。降此蟊贼②,稼穑卒痒③。哀恫中国,具赘卒荒④。靡有旅力⑤,以念穹苍⑥。

[注释]①灭我立王:灭我在位之王,指国人暴动把周厉王流放于彘。②蟊贼:蟊,音 máo,吃禾根的虫。贼,吃禾节的虫。　③卒痒:卒,全、都。痒,病虫害。　④具赘卒荒:具,通"俱"。赘,连属、连绵。卒,尽。荒,荒芜。⑤靡有旅力:没有尽力。旅力,即"膂力"。　⑥以念穹苍:而念着上天。

维此惠君①,民人所瞻。秉心宣犹②,考慎其相③。维彼不顺④,自独俾臧⑤。自有肺肠⑥,俾民卒狂⑦。

[注释]①维此惠君:维,发语词。惠君,通情达理的君王。 ②秉心宣犹:存心广泛谋划。宣,广泛。犹,谋划。 ③考慎其相:谨慎考察他的辅臣。考慎,犹"慎考"。相,辅臣。 ④维彼不顺:维,发语词。彼,指君王。不顺,违背情理不顺应民心。 ⑤自独俾臧:惟独自以为任用贤能的人。俾,任用。臧,善。贤能的人。 ⑥自有肺肠:别有一番怪想法。 ⑦俾民卒狂:导致民众都狂放。卒,尽、都。

瞻彼中林①,甡甡其鹿②。朋友已谮③,不胥以谷④。人亦有言:进退维谷⑤。

[注释]①瞻彼中林:看那树林中。 ②甡甡:音 shēn shēn,通"莘莘",众多。 ③谮:音 zèn,谗、互不信任。 ④不胥以谷:不相与为善。胥,相与。谷,善。 ⑤进退维谷:进退两难。谷,比喻困难的境地。

维此圣人,瞻言百里①。维彼愚人,覆狂以喜②。匪言不能③,胡斯畏忌④?

[注释]①瞻言百里:眼光能看百里远。言,语气助词。 ②覆狂以喜:反而狂放空喜欢。 ③匪言不能:即"匪不能言",并不是不能说话。 ④胡斯畏忌:为何害怕有顾忌。胡,为何。

维此良人①,弗求弗迪②。维彼忍心,是顾是复③。民之贪乱,宁为荼毒④。

[注释]①良人:贤德的人。 ②弗求弗迪:无所贪求不钻营禄位。迪,进用、作用。 ③是顾是复:顾,回头看,指贪恋禄位。复,反复无常。 ④宁

为荼毒:于是被残害。宁,乃。为,被。荼毒,残害。

大风有隧①,有空大谷②。维此良人,作为式谷③。维彼不顺,征以中垢④。

[注释]①有隧:犹"隧隧",大风迅疾的样子。 ②有空:犹"空空",空旷。 ③作为式谷:做的是善事。式,语气助词。谷,善。 ④征以中垢:做的是见不得人的事。征,行。以,于。中垢,即"中冓",宫廷之内,此处指宫廷密谋。冓,音gòu。

大风有隧,贪人败类①。听言则对②,诵言如醉③。匪用其良,覆俾我悖④。

[注释]①贪人败类:贪婪的人残害好人。败,残害。类,同类,指同为官的人。 ②听言则对:听言,阿谀奉承的话。对,进用。 ③诵言如醉:讽谏的话则装醉不理。 ④覆俾我悖:反使我做违理的事。

嗟尔朋友①,予岂不知而作②。如彼飞虫③,时亦弋获④。既之阴女⑤,反予来赫⑥。

[注释]①朋友:同僚。 ②而作:而,通"尔",你。作,所作所为。 ③飞虫:飞鸟。 ④弋获:射落捕获。 ⑤阴:熟悉。 ⑥反予来赫:即"反赫予",反而来恐吓我。来,是。赫,吓唬。

民之罔极①,职凉善背②。为民不利,如云不克③。民之回遹④,职竞用力⑤。

[注释]①罔极:没有定准,变化无常。 ②职凉善背:当政者只做不厚道的事且惯于背信弃义。职,只。凉,不厚道。 ③如云不克:云,语中语气

助词。不克:不能、不够。 ④回遹:邪僻。 ⑤职竞用力:因当政者只顾逞强用暴力。职,只。竞,强。力,暴力。

民之未戾①,职盗为寇②。凉曰不可③,覆背善詈④。虽曰匪予⑤,既作尔歌⑥!

[注释]①未戾:不安定。 ②职盗为寇:因当政者只顾为政有如盗贼似敌寇。 ③凉曰:诚恳地说。 ④覆背善詈:反而背后大骂我。覆,反而。背,背后。詈,音lì,骂。 ⑤虽曰匪予:即使非议我。曰,语气词。匪,通"非",非议。 ⑥既作尔歌:还是为你写下这首歌。

云　汉

[题解]大旱,周王祭神求助。

倬彼云汉①,昭回于天②。王曰:於乎!何辜今之人③?天降丧乱,饥馑荐臻④。靡神不举⑤,靡爱斯牲⑥。圭璧既卒⑦,宁莫我听⑧?

[注释]①倬彼云汉:倬彼,犹"倬倬",广阔浩渺。 ②昭回:昭,光明。回,旋转。 ③辜:罪。 ④荐臻:荐,屡次。臻,至。 ⑤靡神不举:无神不祭。举,举行祭祀。 ⑥靡爱斯牲:靡,不。爱,吝惜。牲,祭祀的牲口。 ⑦圭璧既卒:圭璧已用尽。璧,古代一种玉器,扁平的圆板,中间有孔。 ⑧宁莫我听:怎么还不听我的祷告。

旱既大甚①,蕴隆虫虫②。不殄禋祀③,自郊徂宫④。上下奠瘗⑤,靡神不宗⑥。后稷不克⑦,上帝不临⑧。耗斁下土⑨,宁丁我躬⑩。

[注释]①大甚:太甚,太厉害。 ②蕴隆虫虫:蕴隆,闷热之气。虫虫,热气腾腾的样子。 ③不殄禋祀:殄,断绝。禋祀,祭祀。 ④自郊徂宫:祭完上天祭祖宗。郊,郊外,指郊祭天。宫,寝庙,指祭祀祖宗。 ⑤上下奠瘗:即"上奠下瘗"。上,上天。奠,在神前陈设祭品。下,地神。瘗,音xì,埋物祭地。 ⑥宗:尊敬。 ⑦后稷不克:善种庄稼的后稷不能止旱情。后稷,见《大雅·生民》。 ⑧临:降临。 ⑨耗斁下土:耗,损耗。斁,音dù,败坏。下土,天下。 ⑩宁丁我躬:怎么恰恰让我遇上。宁,怎么。丁,遭遇。躬,身。

旱既大甚,则不可推①。兢兢业业②,如霆如雷。周余黎民③,靡有孑遗④。昊天上帝,则不我遗⑤。胡不相畏⑥?先祖于摧⑦。

[注释]①推:消除。 ②兢兢业业:战战兢兢。 ③周余黎民:周地剩余老百姓。 ④靡有孑遗:没有一个留下。 ⑤遗:音wèi,赠送,指赐福。 ⑥胡不相畏:怎不害怕。 ⑦于摧:于,动词词头。摧,毁灭。

旱既大甚,则不可沮①。赫赫炎炎②,云我无所③。大命近止④,靡瞻靡顾⑤。群公先正⑥,则不我助。父母先祖,胡宁忍予⑦?

[注释]①沮:止。 ②赫赫炎炎:太阳白花花热气腾腾。 ③云:遮蔽。 ④大命近止:周家天下将终。大命,天命,天下。 ⑤靡瞻靡顾:即"靡瞻顾"。瞻顾,关照。 ⑥群公先正:群公,前代诸侯。先正,前代贤臣。 ⑦胡宁忍予:怎能让遭大罪。

旱既大甚,涤涤山川①。旱魃为虐②,如惔如焚③。我心惮暑④,忧心如熏。群公先正,则不我闻。昊天上帝,宁俾我遁⑤?

[注释]①涤涤山川:山上河边草死光。涤涤,通"菽菽",草全部旱死。②旱魃:传说中引起旱灾的怪物。 ③惔:音tán,烧。 ④惮:畏惧。⑤遁:逃。

旱既大甚,黾勉畏去①。胡宁瘨我以旱②?憯不知其故③。祈年孔夙④,方社不莫⑤。昊天上帝,则不我虞⑥。敬恭明神,宜无悔怒。

[注释]①黾勉畏去:勤勉畏惧去天灾。 ②瘨:音diān,病困。③憯:音cǎn,曾。 ④孔夙:很早。 ⑤方社不莫:方,通"祊",祭四方之神。社,祭土神。莫,古"暮"字。 ⑥虞:考虑。

旱既大甚,散无友纪①。鞫哉庶正②,疚哉冢宰③。趣马师氏④,膳夫左右⑤。靡人不周⑥。无不能止,瞻卬昊天⑦,云如何里⑧!

[注释]①散无友纪:散,散漫。友,通"有"。纪,纲纪。 ②鞫哉庶正:鞫,音jū,困窘。庶,群。正,百官。 ③疚哉冢宰:疚,忧虑。冢宰,周官名,为六卿之首,亦称太宰。 ④趣马师氏:趣马,职官名,掌养马之职。师氏,职官名,掌小学以教国子,又掌司朝之事。 ⑤膳夫左右:膳夫,主管王的饮食的官。左右,王身边的大臣。 ⑥周:通"赒",救助。 ⑦瞻卬昊天:瞻卬,仰望。昊天,上天。 ⑧里:通"悝",忧伤。

瞻卬昊天,有嘒其星①。大夫君子,昭假无赢②。大命近止,无弃尔成③。何求为我,以戾庶正④。瞻卬昊天,曷惠其宁⑤?

[注释]①有嘒:犹"嘒嘒",星光闪烁的样子。 ②昭假无赢:昭,明。假,通"格",至、达于,此处指祭者上致于神,招请神到来。昭假,表示人的诚心确已达于上天。无赢,无私心。 ③成:已成之事,指此前的一切努力。 ④以戾庶正:戾,安定。庶,众。正,百官。 ⑤曷惠其宁:曷,何,何时。惠,恩赐。

崧 高

[题解]宣王舅申伯来朝受封,宣王令召虎为其筑谢邑。申伯归国,尹吉甫作此诗为他送行。

崧高维岳①,骏极于天②。维岳降神③,生甫及申④。维申及甫,维周之翰⑤。四国于蕃⑥,四方于宣⑦。

[注释]①崧高维岳:崧高,山高峻的样子。维,是。岳,四岳,即东岳泰山,南岳衡山,西岳华山,北岳恒山。 ②骏极:骏,通"峻",高耸。极,至。 ③维岳降神:四岳降下神灵。 ④生甫及申:生下仲山甫与申伯。 ⑤翰:骨干。 ⑥四国于蕃:即"蕃四国"。于,是。蕃,通"藩",屏障。 ⑦宣:通"垣",围墙。

亹亹申伯①,王缵之事②。于邑于谢③,南国是式④。王命召伯⑤,定申伯之宅⑥。登是南邦⑦,世执其功⑧。

[注释]①亹亹:音 wěi wěi,勤勉的样子。 ②王缵之事:周王让他继承先代的事业。缵,继承。 ③于邑于谢:前一个于,发语词。邑,此处用作动词,建城邑。后一个于,在。谢,邑名。 ④南国是式:南国,南方诸国。式,榜样。 ⑤召伯:西周宣王时的中兴名臣,姬姓,名虎,伯爵,周初名臣召公奭之后,封邑在召。召,音 shào。 ⑥定申伯之宅:确定申伯的府第。 ⑦登是南邦:登,成。南邦,南国,此指申伯之国。 ⑧世执其功:执,守。功,事业。

王命申伯,式是南邦。因是谢人①,以作尔庸②。王命召伯,彻申伯土田③。王命傅御④,迁其私人⑤。

[注释]①因是谢人:依靠这些谢邑的人。 ②庸:通"墉",音yōng,墙壁、城墙。 ③彻:治理。 ④傅御:傅,太傅。御,侍卫。 ⑤私人:家臣。

申伯之功,召伯是营。有俶其城①,寝庙既成②。既成藐藐③,王锡申伯④。四牡蹻蹻⑤,钩膺濯濯⑥。

[注释]①有俶:犹"俶俶",善。 ②寝庙:古代宗庙建筑分两部分,即前庙后寝,庙是用来祭祀的地方,寝是用来停放牌位和先人遗物的地方。 ③藐藐:壮丽华美的样子。 ④锡:赐。 ⑤蹻蹻:音qiāo qiāo,强壮威武的样子。 ⑥钩膺濯濯:钩膺,套在马颈上和胸前的革带,上有金属饰物。濯濯,光亮的样子。

王遣申伯,路车乘马①。我图尔居②,莫如南土。锡尔介圭③,以作尔宝。往近王舅④,南土是保⑤。

[注释]①路车:路车,古代诸侯所乘之车。 ②我图尔居:我,作者代周王自称。图,思谋。尔,指申伯。 ③介:大。 ④往近王舅:近,语气助词,相当于"矣"。王舅,周王对申伯的称呼。 ⑤南土是保:即"保南土"。

申伯信迈①,王饯于郿②。申伯还南,谢于诚归③。王命召伯,彻申伯土疆。以峙其粮④,式遄其行⑤。

[注释]①信迈:信,确实。迈,远行。 ②王饯于郿:饯,饯行。郿,地名,在陕西郿县。 ③谢于诚归:即"诚归于谢"。 ④以峙其粮:以,就。峙,储备。粮,音zhāng,粮食。 ⑤式遄其行:式,用。遄,迅速。

申伯番番①,既入于谢。徒御啴啴②。周邦咸喜③,戎有良翰④。不显申伯⑤,王之元舅⑥,文武是宪⑦。

[注释]①番番:勇武的样子。 ②徒御啴啴:徒御,徒,步卒。御,车夫。啴啴,音 tān tān,众多的样子。 ③周邦咸喜:周,全。咸,都。 ④戎有良翰:戎,你。翰,骨干。 ⑤不:通"丕",大。 ⑥元:大。 ⑦宪:准则、模范。

申伯之德,柔惠且直①。揉此万邦②,闻于四国。吉甫作诵③,其诗孔硕④。其风肆好⑤,以赠申伯。

[注释]①惠:和顺。 ②揉:通"柔",安抚。 ③吉甫作诵:吉甫,人名,即尹吉甫,宣王中兴的重臣。诵,歌。 ④其诗孔硕:他的诗篇幅很长。⑤其风肆好:风,风格。肆好,极好。

烝　民

[题解]尹吉甫为仲山甫送行。

天生烝民①,有物有则②。民之秉彝③,好是懿德④。天监有周⑤,昭假于下⑥。保兹天子,生仲山甫⑦。

[注释]①烝:众。 ②有物有则:物,万物。则,规律。 ③秉彝:秉性。 ④懿:美。 ⑤有:名词词头。 ⑥昭假:表示人的诚心确已达于上天。昭,明。假,通"格",至、达于,此处指祭者上致于神,招请神到来。⑦仲山甫:周宣王的大臣,姬姓,鲁献公次子,封樊侯。

仲山甫之德,柔嘉维则①。令仪令色②,小心翼翼。古训是式③,威仪是力④。天子是若⑤,明命使赋⑥。

[注释]①柔嘉维则:和蔼善良是准则。　②令仪令色:和颜悦色。令,美。　③古训是式:即"式古训"。式,遵循。　④威仪是力:即"力威仪"。力,力行。　⑤天子是若:即"若天子"。若,承奉。　⑥明命使赋:明命,明令。赋,通"敷",宣传。

王命仲山甫,式是百辟①,缵戎祖考②,王躬是保③。出纳王命④,王之喉舌。赋政于外,四方爰发⑤。

[注释]①百辟:畿内诸侯。　②缵戎祖考:缵,继承。戎,你。祖考,泛指祖先。　③王躬是保:即"保王躬"。躬,身。　④出纳王命:发布收回周王的命令。　⑤爰发:爰,于是。发,执行。

肃肃王命①,仲山甫将之②。邦国若否③,仲山甫明之。既明且哲④,以保其身。夙夜匪解⑤,以事一人⑥。

[注释]①肃肃:严肃。　②将:执行。　③若否:好坏。　④既明且哲:明,英明。哲,睿智。　⑤夙夜匪解:日夜不懈怠。解,通"懈"。　⑥一人:指周王。

人亦有言,柔则茹之①,刚则吐之②。维仲山甫,柔亦不茹,刚亦不吐。不侮矜寡③,不畏强御④。

[注释]①柔则茹之:东西软的先吃掉。　②刚则吐之:硬的就要吐出来。　③矜寡:亦作"鳏寡"。　④强御:强暴。

人亦有言,德輶如毛①,民鲜克举之②。我仪图之③,维仲山甫举之。爱莫助之。衮职有阙④,维仲山甫补之⑤。

[注释]①輶:音yóu,轻。 ②鲜克:鲜,少。克,能。 ③仪图:揣度。 ④衮职有阙:衮职,指三公职位。衮,古代王或公侯穿的绣龙的上衣礼服。此指三公之类的高官。阙,缺。 ⑤补:替补。

仲山甫出祖①。四牡业业②。征夫捷捷③,每怀靡及④。四牡彭彭⑤,八鸾锵锵⑥。王命仲山甫,城彼东方⑦。

[注释]①出祖:出行时祭祀路神。 ②业业:高大壮健的样子。 ③征夫捷捷:征夫,出行的人。捷捷,勤快的样子。 ④每怀靡及:每怀,怀私,顾念私事。靡及,无济于事。 ⑤彭彭:马奔走不息的样子。 ⑥锵锵:象声词,形容玉器交击声、乐器声。 ⑦城:建城。

四牡骙骙①,八鸾喈喈②。仲山甫徂齐③,式遄其归④。吉甫作诵⑤,穆如清风⑥。仲山甫永怀⑦,以慰其心。

[注释]①骙骙:音kuí kuí,马奔走不息的样子。 ②喈喈:音jiē jiē,象声词,禽类相和的叫声、乐器声。 ③徂:音cú,往、到。 ④式遄其归:式,用。遄,迅速。 ⑤诵:诗。 ⑥穆:畅美。 ⑦永怀:长思。

韩 奕

[题解]韩侯朝周受封,婚娶,受命统率北方诸侯。

奕奕梁山①,维禹甸之②,有倬其道③。韩侯受命④,王亲命之:缵戎祖考⑤,无废朕命⑥。夙夜匪解⑦,虔共尔位⑧,朕命不易⑨。榦不庭方⑩,以佐戎辟⑪。

[注释]①奕奕梁山:奕奕,高大。梁山,在今河北固安。 ②维甸之:禹,大禹。甸,治。 ③有倬:犹"倬倬",宽广。 ④韩侯受命:韩侯入朝接受周王赐予封爵的册命。韩侯,韩国国君,姬姓,名不详。 ⑤缵戎祖考:缵,继承。戎,你。祖考,泛指祖先。 ⑥朕:我。先秦时自称皆可用此词,秦以后才成为皇帝专称。 ⑦夙夜匪解:日夜不懈怠。解,通"懈"。 ⑧虔共:虔,敬业。共,通"供",奉行。 ⑨易:改变。 ⑩榦不庭方:榦,音hán,平服。不庭,不来朝见。方,方国、诸侯国。 ⑪戎辟:戎,你。辟,君王。

　　四牡奕奕①,孔修且张②。韩侯入觐③,以其介圭,入觐于王。王锡韩侯④,淑旂绥章⑤,簟茀错衡⑥,玄衮赤舄⑦,钩膺镂锡⑧,鞹鞃浅幭⑨,鞗革金厄⑩。

[注释]①奕奕:高大肥壮。 ②孔修且张:马高大雄壮。孔,很。修,长。张,大。 ③觐:音jìn,诸侯春秋朝见天子。 ④锡:赐。 ⑤淑旂绥章:淑,美。旂,音qí,一种画有交龙图形的旗。绥章,把鸟羽或牦牛尾饰于旗杆上作为分别贵贱的标志。 ⑥簟茀错衡:簟茀,方纹竹席制的车蔽。簟,音diàn,方文竹席。茀,音bì,亦作"蔽",车蔽,遮蔽车子的竹苇席。错,有文采的。衡,车辕头上驾牲口的横木。 ⑦玄衮赤舄:玄,黑色。衮,古代王或公侯穿的绣龙的上衣礼服。赤舄,配礼服穿的金饰红色铜头鞋。 ⑧钩膺镂锡:钩膺,套在马颈上和胸前的革带,上有金属饰物。镂,刻。锡,音yáng,马额上的金属装饰物。 ⑨鞹鞃浅幭:鞹,音kuò,兽皮制的车盖。鞃,音hóng,车轼中段的把手处。浅,浅毛虎皮。幭,音miè,车轼上的覆盖物。 ⑩鞗革金厄:鞗革,马缰绳和马笼头。详见《小雅·蓼萧》第四章注①。厄,通"轭",牛马拉物件时架在脖子上的器具。

　　韩侯出祖①,出宿于屠②。显父饯之③,清酒百壶④。其殽维何⑤?炰鳖鲜鱼⑥。其蔌维何⑦?维笋及蒲⑧。其赠维何?乘马路车。笾豆有且⑨,侯氏燕胥⑩。

[注释]①出祖:出行时祭祀路神。 ②屠:地名,在今西安东。 ③显父饯之:显父,人名。饯,饯行。 ④清酒:酿造时日最久,味最醇厚之酒。 ⑤其殽维何:殽,荤菜。维,是。 ⑥炰:音páo,烹煮。 ⑦蔌:音sù,蔬菜。 ⑧蒲:香蒲。 ⑨笾豆有且:且,音jū,多。 ⑩侯氏燕胥:侯氏,韩侯。燕胥,欢乐。

韩侯取妻,汾王之甥①,蹶父之子②。韩侯迎止③,于蹶之里。百两彭彭④,八鸾锵锵⑤,不显其光⑥。诸娣从之⑦,祁祁如云⑧。韩侯顾之⑨,烂其盈门⑩。

[注释]①汾王之甥:汾王,即周厉王。国人暴动,厉王流于彘,彘在汾水之上,故时人因以号之。 ②蹶父:音guì fǔ,宣王卿士,姓姞。 ③韩侯迎止:亲迎。止,语气词。 ④百两彭彭:百,虚数,表许多。两,通"辆"。彭彭,车走不停的样子。 ⑤八鸾锵锵:锵锵,象声词,形容玉器交击声、乐器声。 ⑥不,通"丕",大。 ⑦娣:同夫的妾。古代贵族嫁女,往往以其妹或侍女陪嫁。参见《邶风·泉水》第一章注④。 ⑧祁祁:众多的样子。 ⑨顾:曲顾。古代贵族男子迎亲,有3次回顾之礼。 ⑩烂其:犹"烂烂",光彩灿烂。

蹶父孔武①,靡国不到②。为韩姞相攸③,莫如韩乐。孔乐韩土,川泽訏訏④,鲂鱮甫甫⑤,麀鹿噳噳⑥,有熊有罴⑦,有猫有虎⑧。庆既令居⑨,韩姞燕誉⑩。

[注释]①孔武:很威武。 ②靡:无。 ③为韩姞相攸:韩姞,即韩侯妻,姓姞,嫁韩侯,故称韩侯。相,看。攸,住所。 ④訏訏:音xǔ xǔ,广大的样子。 ⑤鲂鱮甫甫:甫甫,亦作"诩诩",大。 ⑥麀鹿噳噳:麀鹿,麀,音yōu,母鹿。鹿,公鹿。噳噳,音yǔ yǔ,群鹿相聚的样子。 ⑦罴:熊的一种,俗称人熊或马熊。 ⑧猫:山猫。 ⑨庆既令居:既,取得。令居,好住处。 ⑩燕誉:燕,安。誉,通"豫",欢乐。

溥彼韩城①,燕师所完②。以先祖受命,因时百蛮③。王锡韩侯,其追其貊④。奄受北国⑤,因以其伯⑥。实墉实壑⑦,实亩实藉⑧。献其貔皮⑨,赤豹黄罴。

[注释]①溥:音 pǔ,大。 ②燕师:北燕民众。 ③因时百蛮:因,仍然。时,通"司",掌管。百蛮,北狄诸部。 ④其追其貊:追、貊,北狄国名。 ⑤奄:包括、覆盖。 ⑥因以其伯:仍用他为方伯。伯,诸侯之长、首领。 ⑦实墉实壑:实,是。墉,音 yōng,墙壁、城墙。壑,城壕。 ⑧实亩实藉:亩,开垦田地。藉,确定赋税。 ⑨貔:音 pí,猛兽名,似虎。

江　汉

[题解]召虎受宣王之命讨伐淮夷。

江汉浮浮①,武夫滔滔②。匪安匪游③,淮夷来求④。既出我车,既设我旟⑤。匪安匪舒⑥,淮夷来铺⑦。

[注释]①江汉浮浮:江,长江。汉,汉水。浮浮,水势浩荡的样子。②武夫滔滔:武夫,指出征将士。滔滔,强大的样子。 ③匪安匪游:匪,不。安,安闲。游,闲逛。 ④淮夷来求:犹"淮夷是求",即"求淮夷"。来,句中语气助词,犹"是"。求,诛讨、征伐。淮夷,指当时住在淮水南部的少数民族。⑤旟:音 yú,画有鸟隼的旗。 ⑥舒:怠慢。 ⑦铺:整顿军队以讨伐。

江汉汤汤①,武夫洸洸②。经营四方,告成于王。四方既平,王国庶定。时靡有争③,王心载宁④。

[注释]①汤汤:音 shāng shāng,水势浩大的样子。 ②洸洸:威武的样子。 ③靡:无。 ④载:则。

江汉之浒①,王命召虎②:式辟四方③,彻我疆土④。匪疚匪棘⑤,王国来极⑥。于疆于理⑦,至于南海⑧。

[注释]①浒:水边。 ②召虎:即召伯。 ③式辟:式,发语词。辟,开辟。 ④彻:整治。 ⑤匪疚匪棘:不要残害扰乱民众。疚,病。棘,通"急"。 ⑥极:准则。 ⑦于疆于理:疆,画田界。理,分地理。于,往。 ⑧南海:指南方近海少数民族所居之地。

王命召虎:来旬来宣①。文武受命②,召公维翰③。无曰予小子④,召公是似⑤。肇敏戎公⑥,用锡尔祉。

[注释]①来旬来宣:来,是。旬,通"徇",巡行、巡视。宣,宣告。 ②文武:文王与武王。 ③召公,指召伯虎之祖武王时的召公奭,姬姓,封于召。 ④无曰予小子:不要说自己还是个小孩子。 ⑤似:通"嗣",继承。 ⑥肇敏戎公:肇,创建。敏,疾、快。戎,你。公,通"功"。

厘尔圭瓒①,秬鬯一卣②。告于文人③,锡山土田。于周受命④,自召祖命⑤,虎拜稽首⑥:天子万年⑦!

[注释]①厘尔圭瓒:厘,赏赐。圭瓒,古代祭祀时,王用来舀酒浇在地上的酒具,以圭为柄,以黄金为勺。 ②秬鬯一卣:秬鬯,音 jù chàng,古代以黑黍和郁金香草酿造的酒,用于祭祀降神及赏赐有功的诸侯。卣,音 yǒu,古代一种中型酒樽,青铜制,一般为椭圆形,大腹,敛口,圈足,有盖与提梁,多用作礼器,盛行于商周时期。 ③文人:指召公有文德的祖先。 ④于周受命:从周王那里接受册命。 ⑤召祖:指召公奭。 ⑥稽首:叩首。 ⑦万年:万寿无疆。

虎拜稽首,对扬王休①。作召公考②:天子万寿!明明天子③,令闻不已④,矢其文德⑤,洽此四国⑥。

[注释]①对扬王休:对,报答。扬,赞颂。休,美。 ②考:通"簋(音guǐ)",古代青铜或陶制食器,圆口,圈足,双耳,方座,有的带盖。 ③明明:勤勉。 ④令闻不已:令,美。已,停。 ⑤矢:通"施",施行。 ⑥洽:协和。

常　　武

[题解]宣王亲征平定徐国叛乱。

赫赫明明①,王命卿士②,南仲大祖③,大师皇父④。整我六师⑤,以修我戎。既敬既戒,惠此南国。

[注释]①赫赫明明:赫赫,显赫。明明,明智、明察。 ②卿士,官名,六卿之首,掌管中央各官署和地方的高级官员,类似后世的相。 ③南仲大祖:南仲,人名,宣王大将。大祖,太祖,指太祖庙。 ④大师皇父:大师,太师。皇父,人名,宣王臣。 ⑤六师:六军。

王谓尹氏①,命程伯休父②,左右陈行③。戒我师旅④,率彼淮浦⑤,省此徐土⑥。不留不处⑦,三事就绪⑧。

[注释]①尹氏:即皇父。 ②程伯休父:程伯,封于程的伯。休父,程伯的名。 ③左右陈行:左右两边排好阵势。 ④戒我师旅:戒,告诫。师旅,部队。 ⑤率彼淮浦:率,沿着。淮浦,淮水边。 ⑥省此徐土:省,巡视。徐土,徐地。 ⑦不留不处:不滞留。 ⑧三事就绪:三事,即"三司",指司徒、司马、司空。就绪,准备好。

赫赫业业①,有严天子②。王舒保作③,匪绍匪游④。徐方绎骚⑤,震惊徐方。如雷如霆,徐方震惊。

[注释]①业业:声势盛大的样子。 ②有严:犹"严严",威严。 ③王舒保作:王,王师。舒,舒缓。保作,安全前进。 ④匪绍匪游:绍,缓。游,迟

疑不进。 ⑤绎骚:骚动。

王奋厥武①,如震如怒。进厥虎臣②,阚如虓虎③。铺敦淮濆④,仍执丑虏⑤。截彼淮浦⑥,王师之所⑦。

[注释]①王奋厥武:奋,奋起、振作。厥,其。 ②进厥虎臣:进,命令前进。虎臣,猛虎般的将士。 ③阚如虓虎:阚如,犹"阚然",虎发威的样子。虓,音 xiāo,虎吼。 ④铺敦淮濆:铺敦,驻扎。濆,音 fén,水边高地。 ⑤仍执丑虏:仍,就此。执,擒捉。丑虏,对敌人的蔑称。 ⑥截:断绝。 ⑦王师之所:这是王师所向之处

王旅啴啴①,如飞如翰②。如江如汉,如山之苞③。如川之流,绵绵翼翼④。不测不克⑤,濯征徐国⑥。

[注释]①啴啴:音 tān tān,众多的样子。 ②翰:高飞。 ③苞:山树茂盛。 ④绵绵翼翼:绵绵,连绵。翼翼,强盛的样子。 ⑤不测不克:不可预料不可战胜。 ⑥濯:大。

王犹允塞①,徐方既来②。徐方既同③,天子之功。四方既平,徐方来庭④。徐方不回⑤,王曰还归。

[注释]①王犹允塞:犹,通"猷",谋划。允,确实。塞,妥当。 ②来:指来归降。 ③同:本义是会同,此处义为臣服。 ④来庭:即"来廷",来到朝廷,朝见。 ⑤回:背叛。

瞻卬

[题解]讽刺幽王宠信妇人,不用贤人,以致天下大乱。

瞻卬昊天①,则不我惠②。孔填不宁③,降此大厉④。

邦靡有定,士民其瘵⑤。蟊贼蟊疾⑥,靡有夷届⑦。罪罟不收⑧,靡有夷瘳⑨。

[注释]①瞻卬昊天:瞻卬,仰望。昊天,上天。这儿实指幽王。 ②不我惠:即"不惠我",不爱我。 ③孔填:孔,很。填,音 chén,通"尘",长久。 ④厉:灾祸。 ⑤士民其瘵:士人和民众遭祸害。瘵,音 zhài,祸害。 ⑥蟊贼蟊疾:蟊,音 máo,吃禾根的虫。贼、疾,害虫吃庄稼。 ⑦靡有夷届:夷,语气助词。届,终、极。 ⑧罪罟:遭罪的罗网、禁锢民众的法网。罟,音 gǔ,网。 ⑨瘳:音 chōu,病愈。

人有土田,女反有之①。人有民人②,女覆夺之③。此宜无罪④,女反收之⑤。彼宜有罪,女覆说之⑥。

[注释]①女反有之:女,通"汝",你。有,占有。 ②民人:奴隶。 ③覆:反而。 ④宜:应该。 ⑤收:收捕。 ⑥说:通"脱",开脱。

哲夫成城①,哲妇倾城②。懿厥哲妇③,为枭为鸱④。妇有长舌,维厉之阶⑤。乱匪降自天,生自妇人。匪教匪诲⑥,时维妇寺⑦。

[注释]①哲夫成城:哲夫,聪明男子。成城,立国。 ②哲妇倾城:哲妇,聪明女人。倾城,覆亡国家。 ③懿厥:懿,通"噫",叹词。厥,那个。 ④为枭为鸱:枭,音 xiāo,夜猫子。鸱,音 chī,猫头鹰。两者均被视为不祥之鸟。 ⑤维厉之阶:维,是。厉,祸。阶,根源。 ⑥匪教匪诲:不是别人教王做坏事。 ⑦时维妇寺:只因太信妇人和宦官。时,是。维,为。寺,宦官。

鞫人忮忒①。谮始竟背②。岂曰不极③?伊胡为慝④?如贾三倍⑤,君子是识⑥。妇无公事⑦,休其蚕织⑧。

[注释]①鞫人忮忒:鞫,音 jū,告、穷究。忮忒,音 zhì tè,陷害。 ②潜始竟背:对人以诋毁开始而最终背弃。潜,诋毁。竟,终。 ③岂曰不极:难道说这女人做事还不过分。 ④伊胡为慝:什么才能算作邪恶。伊,发语词。胡,何。慝,音 tè,邪恶。 ⑤如贾三倍:好像做生意获取几倍利润。贾,做生意。三倍,多倍。 ⑥君子是识:君子对此很清楚。识,知、明白。 ⑦妇无公事:女人家本不该参与政事。 ⑧休其蚕织:她却丢下养蚕织布的本分。休,停止。

天何以刺①?何神不富②?舍尔介狄③,维予胥忌④。不吊不祥⑤,威仪不类⑥。人之云亡⑦,邦国殄瘁⑧。

[注释]①天何以刺:何以,为何。刺,惩罚。 ②富:通"福",赐福。 ③介狄:元凶。 ④维予胥忌:只是对我很仇视。维,只。予,我。胥,相。忌,仇视。 ⑤吊、祥:善。 ⑥类:善、好。 ⑦人之云亡:贤能的人都逃亡。云,语气助词。 ⑧殄瘁:音 tiǎn cuì,困顿。

天之降罔①,维其优矣②。人之云亡,心之忧矣。天之降罔,维其几矣③。人之云亡,心之悲矣。

[注释]①罔:通"网",罗网。 ②优:厚、多。 ③几:危。

觱沸槛泉①,维其深矣。心之忧矣,宁自今矣②?不自我先,不自我后。藐藐昊天③,无不克巩④。无忝皇祖⑤,式救尔后⑥。

[注释]①觱沸槛泉:觱沸,翻腾、翻涌。觱,音 bì。槛,通"滥",泛滥。 ②宁自今矣:难道只是开始于现在。 ③藐藐:高远浩茫。 ④克巩:克,能。

巩,约束、管束。 ⑤无忝皇祖:忝,辱没。皇祖,光荣伟大的先祖。 ⑥式救尔后:式,发语词。后,后代子孙。

召旻

[**题解**]讽刺幽王政治败坏,国家将亡。

旻天疾威①,天笃降丧②。瘨我饥馑③,民卒流亡④。我居圉卒荒⑤。

[**注释**]①旻天疾威:旻天,犹"昊天",上天。旻,音 mín。疾威,暴虐。 ②笃:厚、严重。 ③瘨:音 diān,降下灾害。 ④卒:尽、都。 ⑤我居圉卒荒:居,国内。圉,音 yǔ,边境。荒,荒芜。

天降罪罟,蟊贼内讧①。昏㭬靡共②,溃溃回遹③,实靖夷我邦④。

[**注释**]①蟊贼:蟊,音 máo,吃禾根的虫。贼,吃禾节的虫。此处指奸人。 ②昏㭬靡共:善于制造乱子、诋毁他人的人不尽职。昏,乱。㭬,音 zhuó,通"诼",诋毁。共,通"供",供职。 ③溃溃回遹:昏乱邪僻的人当政。溃溃,昏乱的样子。回遹,邪僻。 ④实靖夷我邦:却让他们来治国安邦。实,是。靖夷,治理。

皋皋訿訿①,曾不知其玷②。兢兢业业,孔填不宁③,我位孔贬④。

[**注释**]①皋皋訿訿:皋皋,顽钝无能。訿訿,音 zǐ zǐ,毁谤的样子。 ②玷:玉的瑕疵,此处指人的污点。以上两句是说小人。 ③孔填不宁:孔,很。填,音 chén,久。 ④我位孔贬:孔,很。贬,低贱。以上 3 句是说君子。

如彼岁旱,草不溃茂①,如彼栖苴②。我相此邦,无不溃止③。

[注释]①溃茂:丰茂。 ②栖苴:倒伏在地的枯草。栖,倒伏。苴,音jū,枯草。 ③溃止:崩溃。止,语气助词。

维昔之富不如时①,维今之疚不如兹②。彼疏斯粺③,胡不自替④?职兄斯引⑤。

[注释]①维昔之富不如时:富人更富今胜昔。维,发语词。时,此、这,当今、现在。 ②维今之疚不如兹:穷人窘迫不曾有。疚,窘迫。兹,此。 ③彼疏斯粺:富人吃细粮穷人咽菜糠。疏,高粱,此处泛指粗粮。粺,音bài,精米,此处泛指细粮。 ④胡不自替:当政者为何还不自动下台。替,废。 ⑤职兄斯引:情况日益严重。职,此。兄,通"况",情况。斯,语气助词。引,延长。

池之竭矣①,不云自频②。泉之竭矣,不云自中③。溥斯害矣④,职兄斯弘⑤,不烖我躬⑥。

[注释]①竭:枯竭。 ②不云自频:云,语气助词。频,亦作"滨",水边。 ③中:中心,此处指泉眼。 ④溥:广泛。 ⑤弘:大。 ⑥不烖我躬:烖,音zāi,通"灾"。躬,身。

昔先王受命①,有如召公②,日辟国百里③,今也日蹙国百里④。於乎哀哉!维今之人,不尚有旧⑤!

[注释]①先王:指文王、武王。 ②有如召公:有召公这样的辅臣。召公,即召公奭。 ③辟:开疆拓土。 ④蹙:音cù,缩小,指周的领土被少数民族鲸吞蚕食、诸侯分裂而日益变小。 ⑤不尚有旧:不尊崇老臣。尚,尊崇。有,词头。旧,老臣。

颂

周　颂

清　庙

[题解]在宗庙祭祀文王。

於穆清庙①,肃雍显相②。济济多士,秉文之德③。对越在天④,骏奔走在庙⑤。不显不承⑥?无射於人斯⑦。

[注释]①於穆清庙:於,音 wū,赞叹词。穆,美好。清庙,清静的宗庙。②肃雍显相:肃雍,仪态庄严雍容。显,尊贵显赫。相,助祭者。　③秉文之德:秉,禀受。文,文王。　④越:于。　⑤骏:快捷。　⑥不:语气助词。⑦无射於人斯:射,音 yì,厌倦。斯,语气助词。

维 天 之 命

[题解]祭祀颂扬文王之德。

维天之命①,於穆不已②。於乎不显③,文王之德之纯。假以溢我④,我其收之⑤。骏惠我文王⑥,曾孙笃之⑦。

[注释]①维:通"惟",思。 ②穆:淳和。 ③於乎不显:於乎,通"呜呼",表赞叹、感慨。不,通"丕",大。 ④假以溢我:假,通"嘉",善,指仁政。溢,通"恤",安宁。 ⑤收:受。 ⑥骏惠我文王:骏,顺从。惠,顺。 ⑦曾孙笃之:笃,厚,专一,忠实执行。

维　清

[题解]祭祀文王的颂歌。

维清缉熙①,文王之典②。肇禋③,迄用有成④,维周之祯⑤。

[注释]①维清缉熙:维,通"惟",思。清,清明。缉熙,光明。 ②典:典章。 ③肇禋:肇,开始。禋,音 yīn,升烟以祭天。 ④迄:至。 ⑤维周之祯:维,是。祯,音 zhēn,吉兆,祥瑞。

烈　文

[题解]周成王祭祀祖先时戒勉助祭诸侯。

烈文辟公①,锡兹祉福②。惠我无疆③,子孙保之。无封靡于尔邦④,维王其崇之⑤。

[注释]①烈文辟公:烈文,有功与德。辟公,诸侯。 ②锡兹祉福:锡,赐。祉,福。 ③惠:爱。 ④封靡:大罪。 ⑤崇:厚。

念兹戎功①,继序其皇之②。无竞维人③,四方其训之④。不显维德⑤,百辟其刑之⑥。於乎,前王不忘!

[注释]①戎功:大功。 ②继序其皇之:序,承继。皇,光大。 ③无竞维人:无竞,不刚强,意为谦恭有礼。人,指贤能的人。 ④训:法则、仿效。 ⑤不:通"丕",大。 ⑥百辟其刑之:百辟,畿内诸侯。刑,典型,此处用作动词,效法。

天　作

[题解]周王祭祀岐山,歌颂太王、文王开辟岐山之功。

天作高山①,大王荒之②。彼作矣③,文王康之④。彼徂矣⑤,岐有夷之行⑥。子孙保之。

[注释]①天作高山:天作,天生。高山,岐山。 ②荒:开垦。 ③作:建筑房屋。 ④康:安乐。 ⑤彼:指民众。此句意谓百姓归附于周。 ⑥岐有夷之行:岐山有平坦的道路,暗喻太王、文王在岐山开辟了康庄大道。夷,平坦。行,道路。

昊天有成命

[题解]祭祀文王、武王。

昊天有成命①,二后受之②。成王不敢康③,夙夜基命宥密④。於缉熙⑤!单厥心⑥,肆其靖之⑦。

[注释]①成命:成就王业之命。 ②二后:指文王、武王。 ③成王不敢康:成王,成就王业,非指周成王姬诵。康,安乐。 ④基命宥密:基,谋划。宥密,政教宽广缜密。 ⑤缉熙:光明。 ⑥单厥心:单,诚实厚道。厥,其。 ⑦肆其靖之:肆,巩固。靖,安定。

我　　将

[题解]祭祀上天并以文王配祭。

我将我享①,维羊维牛②,维天其右之③。仪式刑文王之典④,日靖四方⑤。伊嘏文王⑥,既右飨之。我其夙夜,畏天之威,于时保之⑦。

[注释]①我将我享:将,奉献。享,祭献。　②维:是。　③右:通"祐",助。　④仪式刑文王之典:仪、式、刑,三字同义,皆为效法之意。典,典章制度。　⑤靖:安定。　⑥伊嘏文王:伊,发语词。嘏,音jiǎ,伟大。　⑦于时:于是。

时　　迈

[题解]武王克商后巡视四方,祭祀山川,偃武修文。

时迈其邦①,昊天其子之②,实右序有周③。薄言震之④,莫不震叠⑤。怀柔百神⑥,及河乔岳⑦,允王维后⑧。

[注释]①时迈其邦:时,是,语气助词。迈,巡视、视察。　②子之:以之为子,视同儿子。　③右、序:助。　④薄言震之:薄言,语气助词。震,以武力震慑。　⑤叠:通"慑",惧。　⑥怀柔百神:合祭安抚四方山川之神。　⑦乔岳:高山。　⑧允王维后:允,确实。维,是。后,君主。

明昭有周①,式序在位②。载戢干戈③,载櫜弓矢④。我求懿德⑤,肆于时夏⑥,允王保之。

[注释]①昭明:光明显著。　②式序在位:指诸侯百官各按其位而尽

其职。式,发语词。 ③载戢:载,就。戢,音 jí,收藏。 ④橐:音 gāo,古代盛弓矢的袋,也指把弓矢装进袋里。 ⑤懿德:美德,此处指有美德的人。 ⑥肆于时夏:肆,施行。时,此、这。夏,中国。

执 竞

[**题解**]颂武王的祭祀乐歌。

执竞武王①,无竞维烈②。不显成康③,上帝是皇④。自彼成康,奄有四方⑤,斤斤其明⑥。钟鼓喤喤⑦,磬筦将将⑧,降福穰穰⑨。降福简简⑩,威仪反反⑪。既醉既饱,福禄来反⑫。

[**注释**]①执竞:指周武王凭自强精神制服强暴。执,拿着;竞,自强。 ②无竞维烈:无竞,无比。维,其。烈,功业,指克商的功绩。 ③不显成康:不,通"丕",大。成康,成就克商的大功并使国家安宁。 ④皇:嘉赏。 ⑤奄有四方:席卷据有天下。 ⑥斤斤:明察的样子。 ⑦喤喤:响亮的钟鼓声。 ⑧磬筦将将:磬,玉制打击乐器,状似曲尺,悬挂在架上,古乐队以磬声止众乐。筦,管,竹制的管乐器。将将,通"锵锵",象声词,形容玉器交击声、乐器声。 ⑨穰穰:音 ráng ráng,盛多。 ⑩简简:盛大。 ⑪反反:慎重端庄。 ⑫福禄来反:福禄多次降临。反,复、多次。

思 文

[**题解**]周王郊祭,以始祖后稷配天。

思文后稷①,克配彼天②。立我烝民③,莫匪尔极④。贻我来牟⑤,帝命率育⑥,无此疆尔界⑦。陈常于时夏⑧。

[**注释**]①思文:思,语气助词。文,文德。 ②克配彼天:能配享天帝。

③立我烝民:立,通"粒",以谷物作为食物、养育。烝民,众民。 ④莫菲尔极:没有谁不承受你的大恩。极,最大的恩德。 ⑤贻我来牟:贻,赐。来,小麦。牟,大麦。 ⑥帝命率育:上天命你普遍养育民众。率,普遍。 ⑦无此疆尔界:没有你我疆界的区别。 ⑧陈常于时夏:推广于整个大中国。陈,推广,普及。常,法则,指种植大麦和小麦的农业技术。时,此、这。夏,中国。

臣 工

[题解]春耕之际,周王诫臣下当恪尽职守。

嗟嗟臣工①,敬尔在公②。王厘尔成③,来咨来茹④。嗟嗟保介⑤,维莫之春⑥,亦又何求?如何新畬⑦?於皇来牟⑧,将受厥明⑨。明昭上帝⑩,迄用康年⑪。命我众人⑫:庤乃钱镈⑬,奄观铚艾⑭。

[注释]①嗟嗟臣工:嗟嗟,发语词。臣工,诸侯卿大夫之类的臣官。②敬尔在公:敬,谨慎庄敬。尔,即指上句"臣工"。在公,公职。 ③王厘尔成:王,周王。厘,赐。成,成法,指耕种的成法。 ④来咨来茹:来,是。咨,谋划。茹,思考。 ⑤保介:副手,指三公九卿、诸侯大夫。 ⑥维莫之春:在这暮春时节。维,是。莫,古"暮"字。 ⑦如何新畬:怎样整治开垦了两年的田和3年的田。新,开垦了两年的田。畬,音(yú),开垦了3年的田。 ⑧於皇来牟:皇,美好。来,小麦。牟,大麦。 ⑨将受厥明:将来会有大丰收。厥,其。明,好收成。 ⑩明昭:光明。 ⑪迄用康年:迄用,赐予。康年,丰收。 ⑫众人:众农夫。 ⑬庤乃钱镈:庤,音 zhì,储放。钱,音 jiǎn,锹。镈,音 bó,锄。 ⑭奄观铚艾:马上就要看到大收割。奄,迅疾。观,看。铚,音 zhì,拿镰收割。艾,收割。

噫 嘻

[题解]成王春祭祈谷,告诫农官率领农民播种百谷,开垦私

田。

噫嘻成王①,既昭假尔②。率时农夫③,播厥百谷。骏发尔私④,终三十里⑤。亦服尔耕⑥,十千维耦⑦。

[注释]①噫嘻成王:即"成王噫嘻"。噫嘻,吁请天神的声音。 ②既昭假尔:一片诚心与神通。昭假,人的诚心确已达于上天。昭,明。假,通"格",至、达于,此处指祭者上致于神,招请神到来。尔,指先公先王。 ③率时农夫:率,带领。时,是、这些。 ④骏发尔私:赶快开耕私邑。骏,迅速。发,开耕。私,私田。 ⑤终三十里:耕完方圆30里。 ⑥亦服尔耕:整顿耕作力量。亦,发语词。服,整顿、组织。耕,指耕作农夫。 ⑦十千维耦:万人同作来耦耕。十千,万。耦,两人并肩拉犁而耕。

振 鹭

[题解]周王宴请来朝诸侯。

振鹭于飞①,于彼西雍②。我客戾止③,亦有斯容④。在彼无恶⑤,在此无斁⑥。庶几夙夜⑦,以永终誉⑧。

[注释]①振:群飞的样子。 ②雍:水泽。 ③我客戾止:客,指诸侯。戾,音lì,至。 ④斯容:有如鹭鸟一样的好仪容。斯,指鹭鸟。 ⑤无恶:没有人怨恨。 ⑥斁:音yì,厌弃。 ⑦庶几夙夜:希望你日夜勤勉。庶几,表希望。 ⑧以永终誉:以长久保持众人的赞誉。永,长。终,通"众"。

丰 年

[题解]丰收后祭先祖。

丰年多黍多稌①,亦有高廪②,万亿及秭③。为酒为醴,烝畀祖妣④。以洽百礼⑤,降福孔皆⑥。

[注释]①稌:音 tú,稻谷。 ②廪:音 lìn,粮仓。 ③秭:音 zǐ,数量名,一万亿为一秭。 ④烝畀祖妣:进献先祖先妣。烝畀,音 zhēng bì,进献、给予。祖妣,男女祖先。 ⑤洽:齐备。 ⑥皆:普遍。

有　瞽

[题解]合奏诸乐以祭祖。

有瞽有瞽①,在周之庭②。设业设虡③,崇牙树羽④。应田县鼓⑤,鞉磬柷圉⑥。既备乃奏,箫管备举⑦。喤喤厥声⑧,肃雍和鸣⑨,先祖是听。我客戾止,永观厥成⑩。

[注释]①瞽:音 gǔ,盲人。周代以盲人为乐官。 ②庭:庙庭。 ③设业设虡:设,架设。业,安在悬挂钟磬的架子上作装饰用的刻有锯齿的大木板。虡,音 jù,悬编钟编磬的木架。 ④崇牙树羽:崇牙,即"枞",业上的锯齿。树羽,插植五彩的羽毛作为崇牙的装饰。 ⑤应田县鼓:应,小鼓,有四足,也叫足鼓。田,大鼓。县鼓,悬挂的鼓。 ⑥鞉磬柷圉:鞉,音 táo,摇鼓,类似现在的拨浪鼓,有节制奏乐的功用。磬,玉制打击乐器,状似曲尺,悬挂在架上,古乐队以磬声止众乐。柷,音 zhú,乐器名,状如漆桶,以木为之,中有锥柄连底,以木具击之作声。圉,音 yǔ,亦作"敔",乐器名,形如伏虎,背上有 27 个锯齿,木制,以木具划之作声。 ⑦箫管备举:箫管同吹。管,管乐器。 ⑧喤喤:形容乐声洪亮和谐。 ⑨肃雍:形容乐声徐缓和谐。 ⑩成:先秦音乐术语,指一组完整的乐演奏一遍。

潜

[题解]周王冬季取鱼献祭祖先。

猗与漆沮①,潜有多鱼②。有鳣有鲔③,鲦鲿鰋鲤④。以享以祀⑤,以介景福⑥。

[注释]①猗与漆沮:猗与,赞叹词。猗,音 yī。漆、沮,岐周的两水名。②潜:放在水中供鱼栖息的柴堆。 ③有鳣有鲔:鳣,音 zhān,鳇鱼。鲔,音 wěi,鳝。 ④鲦鲿鰋鲤:鲦,音 tiáo,白条鱼。鲿,音 cháng,黄颊鱼。鰋,音 yǎn,鲇鱼。 ⑤以享以祀:用作奉献祭品,用作祭祀。以,用。享,进献。⑥以介景福:助你大福。介,助。景,大。

雍

[题解]武王祭祀文王撤去祭品时的乐歌。

有来雍雍①,至止肃肃②。相维辟公③,天子穆穆④。於荐广牡⑤,相予肆祀⑥。假哉皇考⑦!绥予孝子⑧。宣哲维人⑨,文武维后⑩。燕及皇天⑪,克昌厥后⑫。绥我眉寿⑬,介以繁祉⑭,既右烈考⑮,亦右文母⑯。

[注释]①雍雍:和睦的样子。 ②肃肃:严肃恭敬的样子。 ③相维辟公:相,助祭,此处指助祭的人。维,是。辟公,诸侯。 ④天子穆穆:天子,指周武王。穆穆,端庄恭敬的样子。 ⑤於荐广牡:荐,献祭。广牡,大牲。⑥相予肆祀:相,助。予,武王自称。肆祀,陈设祭品。 ⑦假哉皇考:假哉,伟大呀,赞美词。皇考,对已死的父亲的尊称,此处指文王。 ⑧绥予孝子:绥,安抚。孝子,武王自称。 ⑨宣哲维人:宣哲,睿智。维,是。人,臣。⑩文武维后:文武,文德武功。后,君。 ⑪燕:安。 ⑫克昌厥后:能使其后世子孙昌盛。 ⑬绥我眉寿:绥,赐。 ⑭介以繁祉:介,助。繁祉,多福。⑮既右烈考:右,通"侑(音 yòu)",祭祀时劝神灵吃祭物。烈考,有功业的先父。 ⑯文母:有文德的母亲,指太姒。

载　见

[题解]诸侯来朝,助成王祭武王时所唱的乐歌。

载见辟王①,曰求厥章②。龙旂阳阳③,和铃央央④。鞗革有鸧⑤,休有烈光⑥。率见昭考⑦,以孝以享⑧。以介眉寿⑨,永言保之⑩,思皇多祜⑪。烈文辟公⑫,绥以多福⑬,俾缉熙于纯嘏⑭。

[注释]①载见辟王:载,开始。辟王,君王,指成王。 ②曰求厥章:曰,句首语气助词。厥,其。章,典章。 ③龙旂阳阳:龙旂,画着交龙的大旗,是诸侯朝觐、祭天、祀祖时的仪仗。阳阳,彩色鲜艳的样子。 ④和铃央央:和,挂在车轼上的铃。铃,挂在龙旂上的铃。央央,铃声。 ⑤鞗革有鸧:鞗革,马缰绳和马笼头。有鸧,金饰的样子。鸧,音 qiāng。 ⑥休有烈光:休,美。烈光,光彩。 ⑦率见昭考:率领诸侯见祭武王。昭考,指武王。周代庙制,始祖庙居中,余则分列,左昭右穆,武王庙在左为昭,故称昭考。 ⑧以孝以享:孝享,祭祀、献祭。 ⑨介:助。 ⑩言:句中语气助词,无实义。 ⑪思皇多祜:思,语气助词。皇,君王,指成王。多祜,多福。 ⑫烈文辟公:烈,功业。文,文德。辟公,诸侯。 ⑬绥:赐。 ⑭俾缉熙于纯嘏:俾,使。缉熙,光明。纯嘏,大福。嘏,音 gǔ。

有　客

[题解]诸侯朝周,周王设宴饯行。

有客有客①,亦白其马②。有萋有且③,敦琢其旅④。有客宿宿⑤,有客信信⑥。言授之絷⑦,以絷其马⑧。薄言追之⑨,左右绥之⑩。既有淫威⑪,降福孔夷⑫。

[注释]①客:来朝诸侯。 ②亦白其马:驾着白色的马。亦,发语词。 ③有萋有且:随从众多衣服华盛。有萋,犹"萋萋",本义是草茂盛,此处形容随从众多。有且,犹"且且",盛服的样子。 ④敦琢其旅:随从个个品行好。敦琢,本义是玉器雕琢,此处形容品德高尚。旅,随行人众。 ⑤宿宿:住两夜。宿,住一夜。 ⑥信信:住四夜。信,住两夜。 ⑦言授之絷:言,发语词。絷,音zhí,绳索。 ⑧絷,系住、绊住。 ⑨薄言追之:薄言,语气助词。追,饯行。之,指来朝诸侯。 ⑩左右绥之:左右,周王左右的侍臣。绥,赐。 ⑪淫威:大德。 ⑫夷:大。

武

[题解]赞颂武王克商。

於皇武王①!无竞维烈②。允文文王③,克开厥后④。嗣武受之⑤,胜殷遏刘⑥,耆定尔功⑦。

[注释]①於皇武王:於,音wū,赞叹词。皇,大。 ②无竞维烈:无竞,无比。维,其。烈,功业,指克商的功绩。 ③允文:允,诚信。文,文德。 ④克开厥后:能为后世子孙开创大业。 ⑤嗣武受之:嗣子武王继承大业。 ⑥胜殷遏刘:战胜殷商制止杀戮。遏刘,杀戮。 ⑦耆定尔功:最终成就了你的大功。耆,音zhǐ,致、达到。定,成功。

闵予小子

[题解]成王遭武王之丧怀念先祖并自戒。

闵予小子①,遭家不造②,嬛嬛在疚③。於乎皇考④,永世克孝⑤。念兹皇祖⑥,陟降庭止⑦。维予小子,夙夜敬止⑧。於乎皇王⑨,继序思不忘⑩。

[注释]①闵予小子:闵,通"悯",哀怜。小子,成王自称。 ②不造:不幸。 ③嬛嬛在疚:嬛嬛,音 qióng qióng,孤独无依的样子。疚,音 jiù,痛苦。 ④皇考,指武王。 ⑤永世克孝:终生能尽孝道。 ⑥皇祖:指文王。 ⑦陟降庭止:陟降,上下。庭,庙庭。止,句末语气助词。 ⑧夙夜敬止:日夜勤政要谨慎。 ⑨皇王:指众先祖。 ⑩序:绪,即王业。

访　落

[题解]成王执政初年,与群臣议事于宗庙,追念先王。

访予落止①,率时昭考②。於乎悠哉③,朕未有艾④。将予就之⑤,继犹判涣⑥。维予小子,未堪家多难⑦。绍庭上下⑧,陟降厥家⑨。休矣皇考⑩,以保明其身⑪。

[注释]①访予落止:即位之初议国政。访,咨询、商议。落,开始。 ②率时昭考:率,遵循。时,是、这。昭考,指武王。 ③悠:远,此处意为任重道远。 ④艾:阅历、经验。 ⑤将予就之:助我施行先祖典法。将,扶、助。 ⑥继犹判涣:继承大业谋大事。犹,通"猷",谋。判涣,大。 ⑦未堪家多难:未堪,不堪。多难,指遭武王之丧,遇管叔、蔡叔、霍叔"三监之乱"和武庚叛乱等事件。 ⑧绍庭上下:请神灵继续降临庙廷上。绍,继续。上下,指神灵往来于庙廷。 ⑨陟降厥家:继而降临回家。 ⑩休:美。 ⑪明:勉励、尽力。

敬　之

[题解]成王自警并告诫群臣。

敬之敬之①,天维显思②,命不易哉③。无曰高高在上④,陟降厥士⑤,日监在兹⑥。维予小子,不聪敬止⑦。日就月将⑧,学有缉熙于光明⑨。佛时仔肩⑩,示我显德行。

[注释]①敬:警戒。 ②天维显思:显,明显、显著。思,语气助词。③命不易哉:保有天命不容易。 ④无曰高高在上:不要以为天高高在上无所知。 ⑤陟降厥士:人的升腾沉浮皆由它。陟降,升降,指赏罚、奖惩。士,指群臣。 ⑥日监在兹:天天关注这人世。 ⑦不聪敬止:即"不聪不敬",聪,本意为"听觉灵敏",引申义为"耳有所闻"。敬,谨慎。止,语气助词。⑧日就月将:日积月累。就,久。将,长。 ⑨学有缉熙于光明:学习渐深而至于明达。缉熙,积渐广大,即深广的意思。 ⑩佛时仔肩:群臣辅佐我承担重任。佛,音 bì,通"弼",辅助。时,是、这。仔肩:责任。

小 毖

[题解]成王诛杀管蔡、消灭武庚以后自警要防患于未然。

予其惩而毖后患①。莫予荓蜂②,自求辛螫③。肇允彼桃虫④,拚飞维鸟⑤。未堪家多难,予又集于蓼⑥。

[注释]①予其惩而毖后患:惩,有所伤而知戒。毖,音 bì,谨慎。②莫予荓蜂:不要再来欺骗我。荓,音 píng,荓蜂,摇晃,此处指蛊惑、欺骗。③自求辛螫:否则你们就是自找苦吃。辛螫,谓辛苦之事。 ④肇允彼桃虫:开始以为管蔡只是小鹪鹩。肇,始。允,信、的确。桃虫,鹪鹩,音 jiāo liáo,一种最小的鸟。 ⑤拚飞维鸟:翻飞变成大鸟。拚,通"翻"。 ⑥蓼:音 liǎo,一种有苦辣味的水草,喻困境。

载 芟

[题解]周王春耕祭神。

载芟载柞①,其耕泽泽②。千耦其耘③,徂隰徂畛④。

侯主侯伯⑤,侯亚侯旅⑥,侯强侯以⑦。有嗿其馌⑧,思媚其妇⑨,有依其士⑩。有略其耜⑪,俶载南亩⑫,播厥百谷。实函斯活⑬,驿驿其达⑭。有厌其杰⑮,厌厌其苗,绵绵其麃⑯。载获济济⑰,有实其积⑱,万亿及秭⑲。为酒为醴,烝畀祖妣⑳,以洽百礼㉑。有飶其香㉒。邦家之光。有椒其馨㉓,胡考之宁㉔。匪且有且㉕,匪今斯今㉖,振古如兹㉗。

[注释]①载芟载柞:芟,音 shān,割除杂草;柞,音 zuò,砍除树木。载,则、就。 ②泽泽:亦作"释释",耕地泥土松开来。 ③千耦其耘:千,概数,言其多。耘,除田间杂草。 ④畛:音 zhěn,高坡田。 ⑤侯主侯伯:侯,语气助词,犹"维"。主,家长,古代一国或一家之长均称主。伯,长子。 ⑥侯亚侯旅:亚,叔、仲诸子。旅,幼小子弟辈。 ⑦侯强侯以:强,强壮者。以,雇工。 ⑧有嗿其馌:有嗿,犹"嗿嗿",饮食声。嗿,音 tǎn。馌,音 yè,祭祀田神。 ⑨思媚其妇:思,语气助词。媚,美。 ⑩有依其士:依,壮盛。士,子弟。 ⑪有略其耜:略,锋利。耜,音 sì,古代农具名,用于耕作翻土,西周时用青铜制成锋利的尖刃,是后世犁铧的前身,此处泛指春耕农具。 ⑫俶载:俶,音 chù,开始。载,读作"菑(音 zī)",用农具把草翻埋到地下。 ⑬实函斯活:实,种子。函,含。斯,乃。活,生长成活。 ⑭驿驿其达:驿驿,亦作"绎绎",连续不断。达,苗出土。 ⑮有厌其杰:厌,美好。杰,特出之苗。 ⑯麃,音 biāo,谷物的穗。 ⑰载获济济:载,开始。获,收割。济济,谷物丰收聚集一处的样子。 ⑱有实其积:实,广大。积,堆积。 ⑲万亿及秭:亿,10万。秭,音 zǐ,1万亿。 ⑳烝畀祖妣:烝,进献。畀,音 bì,给予。祖妣,祖父、祖母以上的祖先。 ㉑以洽百礼:洽,合。百礼,各种礼仪。 ㉒飶:音 bì,通"苾",芬芳。 ㉓有椒其馨:椒,以椒浸制的酒。 ㉔胡考之宁:胡考,长寿,指老人。宁,安康。 ㉕匪且有且:耕作并非从今日开始。匪,通"非"。且,此,上"且"字谓此时,下"且"字谓此事。 ㉖匪今斯今:不是今年才有今天这样的祭祀礼。 ㉗振古:终古。

良耜

[**题解**]周王在秋冬丰收后祭神。

畟畟良耜①,俶载南亩。播厥百谷②,实函斯活③。或来瞻女④,载筐及筥⑤,其馌伊黍⑥。其笠伊纠⑦,其镈斯赵⑧,以薅荼蓼⑨。荼蓼朽止⑩,黍稷茂止。获之挃挃⑪,积之栗栗⑫。其崇如墉⑬,其比如栉⑭。以开百室⑮,百室盈止⑯,妇子宁止⑰。杀时犉牡⑱,有捄其角⑲。以似以续⑳,续古之人㉑。

[**注释**]①畟畟良耜:畟畟,音 cè cè,锋利。 ②厥:其、那。 ③实函斯活:实,种子。函,含。斯,乃。活,生长成活。 ④或来瞻女:瞻,视。女,通"汝",你。此处指耕者。 ⑤载筐及筥:载,提着。筐、筥,竹筐,方的叫筐,圆的叫筥。筥,音 jǔ。 ⑥其馌伊黍:馌,音 xiǎng,通"饷",送给田中耕作的人吃的饭。 ⑦其笠伊纠:伊,语气助词。纠,绳索缠结缭绕之状。笠用草编,所以用"纠"来形容。 ⑧其镈斯赵:镈,音 bó,锄。斯赵,犹"赵赵",锄土去草。 ⑨以薅荼蓼:薅,音 hāo,拔除田草为薅。荼,陆地秽草。蓼,音 liǎo,水田秽草。 ⑩朽:腐烂。 ⑪挃挃:音 zhì zhì,割取禾穗的声音。 ⑫栗栗:众多。 ⑬其崇如墉:崇,高。墉,音 yōng,城墙。 ⑭其比如栉:比,排列迫近。栉,音 zhì,梳篦之齿。以上两句言谷堆既高且密。 ⑮百室:指储藏谷子的仓屋。 ⑯盈:满。 ⑰宁止:宁,言农事已毕安闲无事。止,语气助词。 ⑱杀时犉牡:时,犹"是"。犉,音 rún,黑嘴黄牛。 ⑲捄:音 qiú,通作"觓",角上曲而长的样子,形容匕柄的形状。匕是饭匙或羹匙。 ⑳似:嗣续。 ㉑古之人:指先祖。言先祖于秋收之后常举行这种祭奠,现在正是嗣续古人。

丝 衣

[**题解**]周王祭神。

丝衣其紑①,载弁俅俅②。自堂徂基③,自羊徂牛④,鼐鼎及鼒⑤,兕觥其觩。旨酒思柔⑥。不吴不敖⑦,胡考之休⑧。

[注释]①丝衣其紑:丝衣,祭祀时穿的衣服。其紑,犹"紑紑",衣服鲜洁的样子。紑,音 fóu。 ②载弁俅俅:载,通"戴"。弁,音 biàn,古时男人穿礼服时戴的一种帽子。俅俅,音 qiú qiú,冠饰美丽的样子。 ③自堂徂基:堂,庙堂。基,通"畿",门槛。徂,音 cú,往、到。 ④自羊徂牛:祭品从羊到牛都有。 ⑤鼐鼎及鼒:鼐,音 nài,大鼎。鼎,古代烹煮用的器具。也置于宗庙作为铭记功绩的礼器,盛行于商周,多为青铜制,圆形,三足两耳。鼒,音 zī,大鼎。 ⑥旨酒思柔:旨酒,美酒。思柔,犹"柔柔",指酒醇正柔和。 ⑦不吴不敖:吴,大声说话。敖,通"傲"。 ⑧胡考之休:胡考,长寿,指老人。休,吉庆。

酌

[题解]赞文王在殷末时韬光养晦。

於铄王师①,遵养时晦②。时纯熙矣③,是用大介④。我龙受之⑤,蹻蹻王之造⑥。载用有嗣⑦,实维尔公允师⑧。

[注释]①於铄王师:於,音 wū,赞叹词。铄,通"烁",辉煌。 ②遵养时晦:即"遵时养晦",根据形势,情况不明则按兵不动。遵,循。时,时宜、形势。晦,黑暗、情况不明。 ③时纯熙矣:形势豁然明朗。纯,大。熙,明朗。 ④是用大介:因此天降大吉。介,善,此处指吉祥。 ⑤我龙受之:我周光荣地承受了天命。龙,通"宠",光荣。 ⑥蹻蹻王之造:英明勇武的王建大功。蹻蹻,音 qiāo qiāo,英明勇武的样子。造,事功。 ⑦载用有嗣:王用天命后继大有人。载,发语词。 ⑧实维尔公允师:实、维,语气词。先公事迹后代当效法。尔公,你的先公。允,确实应当。师,效法。

桓

[题解]武王伐商后安定天下。

绥万邦①,娄丰年②。天命匪解③,桓桓武王④。保有厥士⑤,于以四方⑥,克定厥家⑦。於昭于天⑧,皇以间之⑨。

[注释]①绥万邦:安定天下万国。 ②娄丰年:数有丰熟之年。娄,通"屡"。 ③匪解:匪,通"非"。解,通"懈"。 ④桓桓:威武的样子。 ⑤士:当作"土",国土、疆域。 ⑥于以:乃有。 ⑦克定厥家:能安定其家。 ⑧於昭于天:於,音wū,赞叹词。昭于天,美德昭著于天。 ⑨皇以间之:君临天下以代商。皇,为君。间,代替。之,指殷商。

赉

[题解]武王继承文王大业。

文王既勤止①,我应受之②。敷时绎思③,我徂维求定④。时周之命⑤,於绎思⑥。

[注释]①止:语气词。 ②我应受之:我继承大业。我,武王自称。应,义同"承"。 ③敷时绎思:把文王的勤勉发扬光大。敷,亦作"铺",布、推广。时,是,此,指文王的"勤"。思,语气词。 ④我徂维求定:我今后只求天下安定。徂,音cú,往、到。此处指此后。维,加强语气。 ⑤时周之命:这是周家受天命。时,此。 ⑥於绎思:於,音wú,赞叹词。此句意谓:啊!一定要发扬光大。

般

[**题解**] 武王巡行天下。

於皇时周①！陟其高山②，隋山乔岳③，允犹翕河④。敷天之下⑤，裒时之对⑥。时周之命⑦。

[**注释**] ①於皇时周：啊！如此辉煌我大周。於，音 wū，赞叹词。皇，辉煌。时，此。 ②陟：音 zhì，升、登。 ③隋山乔岳：隋山，小山。隋，音 duò。乔岳，大山。 ④允犹翕河：细流最终归大河。允，语气词。犹，又。翕河，众流汇于大河。 ⑤敷：普。 ⑥裒时之对：聚神于此共颂扬。裒，音 póu，聚集。时，此。对，颂扬。 ⑦时周之命：这是周家受天命。时，此。

鲁　　颂

駉

[**题解**] 赞鲁僖公养马众多。

駉駉牡马①，在坰之野②。薄言駉者③，有驈有皇④，有骊有黄⑤，以车彭彭⑥。思无疆⑦，思马斯臧⑧。

[**注释**] ①駉駉牡马：駉駉，音 jiōng jiōng，马肥壮的样子。牡马，壮大的马。 ②坰：音 jiǒng，遥远的郊外。 ③薄言駉者：看那马儿多肥壮。薄言，语气助词。 ④有驈有皇：驈，音 yù，黑色白胯的马。皇，黄白色的马。 ⑤有骊有黄：骊，音 lí，纯黑色的马。黄，金赤色的马。 ⑥以车彭彭：用来驾车真威武。彭彭，威武雄壮有力的样子。 ⑦思无疆：骏马奔驰无止境。思，语气词。 ⑧思马斯臧：马儿如此好。臧，善、好。

驹驹牡马,在坰之野。薄言驹者,有骓有駓①,有骍有骐②,以车伾伾③。思无期④,思马斯才⑤。

[注释]①有骓有駓:骓,音 zhuī,青白色的马。駓,音 pī,黄白杂毛的马。 ②有骍有骐:骍,音 xīng,赤黄的马。骐,音 qí,青黑色有花纹的马。 ③伾伾:音 pǐ pǐ,有力的样子。 ④思无期:骏马久跑。 ⑤思马斯才:马儿如此有材力。

驹驹牡马,在坰之野。薄言驹者,有驒有骆①,有骝有雒②,以车绎绎③。思无斁④,思马斯作⑤。

[注释]①有驒有骆:驒,音 tuó,有鳞状黑斑纹的青毛马。骆,黑鬣的白马。 ②有骝有雒:骝,音 liú,红黑色的马。雒,音 luò,白鬣黑马。 ③绎绎:善走的样子。 ④思无斁:骏马奔驰不困乏。斁,音 yì,懈怠。 ⑤思马斯作:马儿奔腾。作,腾跃。

驹驹牡马,在坰之野。薄言驹者,有骃有騢①,有驔有鱼②,以车祛祛③。思无邪④,思马斯徂⑤。

[注释]①有骃有騢:骃,音 yīn,浅黑带白的马。騢,音 xiá,赤白杂毛的马。 ②有驔有鱼:驔,音 diàn,黑色黄背的马。鱼,两眼眶有白圈的马。 ③祛祛:音 qū qū,强健的样子。 ④思无邪:骏马奔驰不旁逸。马的优劣,不仅看马的力量,还看马是否走正道。 ⑤思马斯徂:马儿奔驰一往无前。徂,音 cú,往、到。

有 驳

[题解]鲁僖公与群臣宴饮。

有驳有驳①,驳彼乘黄②。夙夜在公③,在公明明④。

振振鹭⑤,鹭于下⑥。鼓咽咽⑦,醉言舞⑧。於胥乐兮⑨!

[注释]①有驱:犹"驱驱",马肥壮力强的样子。驱,音 bì。 ②驱彼乘黄:四匹黄马真强壮。乘,音 shèng,古代四马一车叫一乘,也作为四的代称。 ③夙夜在公:从早到晚忙公事。 ④在公明明:为公务兢兢业业。明明,勤勉。 ⑤振振鹭:白鹭振翅齐飞翔。振振,群飞的样子。 ⑥鹭于下:白鹭飞下来。 ⑦鼓咽咽:鼓声节奏分明。咽咽,鼓声节奏。 ⑧醉言舞:醉而舞。言,语气词。 ⑨於胥乐兮:啊!大家欢聚一堂。胥,皆、都。

有驱有驱,驱彼乘牡①。夙夜在公,在公饮酒。振振鹭,鹭于飞。鼓咽咽,醉言归。于胥乐兮!

[注释]①牡:雄性的鸟兽。这里指公马。

有驱有驱,驱彼乘骃①。夙夜在公,在公载燕②。自今以始,岁其有③。君子有谷④,诒孙子⑤。于胥乐兮!

[注释]①骃:音 xuān,青黑色的马。 ②载燕:载,则。燕,通"宴"。 ③岁其有:年成都是大丰收。岁,年成。有,丰收。 ④谷:音 gǔ,善、好。 ⑤诒孙子:子孙世代传。诒,留给。

泮　水

[题解]歌颂鲁僖公征服淮夷,在学宫泮水边举行献俘礼庆功祝捷,大宴宾客。

思乐泮水①,薄采其芹②。鲁侯戾止③,言观其旂④。其旂茷茷⑤,鸾声哕哕⑥。无小无大⑦,从公于迈⑧。

[注释]①思乐泮水:欢乐学宫泮水旁。思,发语词。泮水,古时学宫前

的水池,形如半月。此处即代指学宫。 ②薄采其芹:薄,动词词头。芹,水芹,亦名楚葵,是一种生长水边的常见蔬菜。 ③鲁侯戾止:鲁侯,指鲁僖公。戾止,来到。 ④言:发语词。 ⑤茷茷:音 pèi pèi,旗帜飘扬的样子。 ⑥鸾声哕哕:哕哕,音 huì huì,和悦而有节奏的铃声。 ⑦无小无大:不论官位高低。 ⑧从公于迈:随着鲁侯车驾行。于,往。迈,行。

思乐泮水,薄采其藻。鲁侯戾止,其马蹻蹻①。其马蹻蹻,其音昭昭②。载色载笑③,匪怒伊教④。

[注释]①蹻蹻:音 qiāo qiāo,强壮威武的样子。 ②其音昭昭:音,声誉。昭昭,显著昭彰。 ③载色载笑:载,又。色,和颜悦色。 ④匪怒伊教:从不发怒善教导。匪,不。伊,语气助词。

思乐泮水,薄采其茆①。鲁侯戾止,在泮饮酒。既饮旨酒②,永锡难老③。顺彼长道④,屈此群丑⑤。

[注释]①茆:音 mǎo,莼菜。 ②旨酒:美酒。 ③永锡难老:永赐他长生不老。锡,赐。难老,长寿。 ④顺彼长道:遵从深谋远虑。顺,遵从。 ⑤屈此群丑:屈,降服。丑,本指禽兽,此处是对敌人的蔑称。

穆穆鲁侯①,敬明其德。敬慎威仪,维民之则②。允文允武③,昭假烈祖④。靡有不孝⑤,自求伊祜⑥。

[注释]①穆穆:端庄恭敬的样子。 ②民:榜样。 ③允文允武:能文能武。允,确实。 ④昭假,人的诚心确已达到上天。昭,明。假,通"格",至、达于,此处指祭者上致于神,招请神到来。烈祖,创业有大功的祖先。 ⑤靡有不孝:无事不效法先祖。孝,通"效",效法。 ⑥伊祜:伊,此。祜,福。

明明鲁侯①,克明其德②。既作泮宫,淮夷攸服③。矫矫虎臣④,在泮献馘⑤。淑问如皋陶⑥,在泮献囚。

[注释]①明明:勤勉。 ②克:能。 ③淮夷攸服:淮夷,对淮河流域东部沿海一带土著部的蔑称。攸,语气词。 ④矫矫:勇武的样子。 ⑤馘:音 guó,古代战争中割取所杀敌人的左耳以计功,也指所割下的敌人左耳。 ⑥淑问如皋陶:淑,善。皋陶,帝舜时有名的司法大臣。

济济多士①,克广德心②。桓桓于征③,狄彼东南④。烝烝皇皇⑤,不吴不扬⑥。不告于讻⑦,在泮献功。

[注释]①济济:众多。 ②克广德心:克,能。德心,善意。 ③桓桓:威武的样子。 ④狄彼东南:狄,征服。东南,指处于东南的淮夷。 ⑤烝烝皇皇:形容军队盛大。 ⑥不吴不扬:吴,大声说话、喧哗。扬,高声说话。 ⑦不告于讻:告,严厉惩处。讻,音 xiōng,凶恶的敌人。

角弓其觩①。束矢其搜②。戎车孔博③。徒御无斁④。既克淮夷,孔淑不逆⑤。式固尔犹⑥,淮夷卒获。

[注释]①角弓其觩:牛角做的弓弯又弯。角弓,牛角做的弓。觩,音 qiú,兽角弯曲的样子。 ②束矢其搜:成捆的箭很多。束矢,一捆箭,即50支箭。搜,众多。 ③戎车孔博:戎车,战车。博,通"博",多。 ④徒御无斁:徒,步兵。御,战车的兵。无斁,无厌倦。斁,音 yì。 ⑤孔淑不逆:很顺从不违抗。孔,很。淑,温顺。 ⑥式固尔犹:式,发语词。固,固守。犹,通"猷",谋略。

翩彼飞鸮①,集于泮林。食我桑黮②,怀我好音③。憬彼淮夷④,来献其琛⑤。元龟象齿⑥,大赂南金⑦。

[注释]①翩彼飞鸮:翩,翻飞。鸮,音 xiāo,猫头鹰。 ②黮,音 shèn,

通"葚",桑果。 ③怀:给。 ④憬:音 jǐng,感化。 ⑤琛:音 chēn,珍宝。 ⑥元龟:大龟。 ⑦大赂南金:大赂,大贝。南金,南方产的金。

閟 宫

[题解]颂鲁僖公兴复祖业。

閟宫有侐①,实实枚枚②。赫赫姜嫄③,其德不回④。上帝是依⑤,无灾无害。弥月不迟⑥,是生后稷。降之百福。黍稷重穋⑦,稙稚菽麦⑧。奄有下国⑨,俾民稼穑。有稷有黍,有稻有秬。奄有下土,缵禹之绪⑩。

[注释]①閟宫有侐:閟,音 bì,深闭。宫,庙。侐,音 xù,清静。 ②实实枚枚:实实,广大。枚枚,紧密。 ③赫赫姜嫄:赫赫,显著。姜嫄,后稷之母。 ④回:违、邪。 ⑤上帝是依:依,凭依。这是说天帝凭依她,下降精气,使她怀孕。 ⑥弥月不迟:怀孕足月而不延迟。弥,终。 ⑦重穋:音 tóng lú,亦作"种稑",两种谷物,早种晚熟的叫"重",晚种早熟的叫"穋"。 ⑧稙稚:稙,音 zhí,先种。稚,后种。 ⑨奄有下国:席卷据有天下。下国,泛指天下,下文"下土"同义。 ⑩缵禹之绪:缵,继续。禹,大禹。绪,事业。

后稷之孙,实维大王。居岐之阳,实始翦商①。至于文武,缵大王之绪,致天之届②,于牧之野。无贰无虞③,上帝临女。敦商之旅④,克咸厥功⑤。

[注释]实、维:语气词。①翦:灭。 ②致天之届:致,施行。届,通"殛",诛灭。 ③无贰无虞:不得有贰心,不得有过误。虞,通"误"。 ④敦商之旅:治服商的臣民。敦,治。旅,众。 ⑤克咸厥功:能够共同完成事功。咸,备、成。

王曰叔父①,建尔元子②,俾侯于鲁。大启尔宇③,为周室辅。乃命鲁公,俾侯于东。锡之山川④,土田附庸⑤。周公之孙⑥,庄公之子⑦。龙旂承祀⑧。六辔耳耳⑨。春秋匪解⑩,享祀不忒⑪。皇皇后帝⑫!皇祖后稷!享以骍牺⑬,是飨是宜⑭。降福既多,周公皇祖,亦其福女。秋而载尝⑮,夏而楅衡⑯,白牡骍刚⑰。牺尊将将⑱,毛炰胾羹⑲。笾豆大房⑳,万舞洋洋㉑。孝孙有庆㉒。俾尔炽而昌㉓,俾尔寿而臧㉔。保彼东方,鲁邦是常㉕。不亏不崩㉖,不震不腾㉗。三寿作朋㉘,如冈如陵。

[**注释**]①王曰叔父:王,周成王。叔父,指武王弟、成王叔父周公旦。②建尔元子:建,立。元子,长子,指周公旦长子伯禽。　③大启尔宇:大大开拓你的国土。　④锡:赐。　⑤附庸:附属于诸侯大国的小国。　⑥周公之孙:指鲁僖公。　⑦庄公之子:与"周公之孙"同指鲁僖公。　⑧龙旂承祀:龙旂,画着交龙的大旗。承祀,举行祭祀。　⑨六辔耳耳:六辔,6条马缰绳。耳耳,华盛。　⑩春秋匪解:春秋,四时。解,通"懈"。　⑪享祀不忒:享祀,祭祀。忒,差错。　⑫皇皇后帝:皇皇,光明。后帝,上天。　⑬骍牺:毛纯赤色的牛。周人尚赤,故用赤色牲口祭祀。骍,音xīng,赤色。　⑭是飨是宜:飨,以饮食献神。宜,以肉食献神。　⑮载尝:载,开始。尝,秋祭名。　⑯夏而楅衡:夏天就先开始圈养牛。楅衡,牛栏,此处意为以牛栏圈养牛育肥。　⑰白牡骍刚:以白色的公牛和赤色的公牛分祭周公、鲁公。白牡,白色的公牛。骍刚,赤色公牛。刚,通"犅",公牛。　⑱牺尊将将:尊,酒器。牺尊,牛形酒器。将将,集合、汇集。　⑲毛炰胾羹:炰,音páo,通"炮",用烂泥涂裹食物置火中煨烤。毛炰,烧去猪毛再烤熟的肉。胾,音zì。胾羹,肉汤。　⑳笾豆大房:大房,放置牲之半体的俎。房,通"旁",祭祀用牲之对开的半体。　㉑万舞洋洋:万舞,详见《邶风·简兮》第一章注②。洋洋,众多的样子。　㉒孝孙:指鲁僖公。　㉓俾尔炽而昌:使你兴旺又昌盛。　㉔臧:善、吉祥。　㉕常:榜样。　㉖不亏不崩:像山岳一样不毁坏崩塌。　㉗不震不腾:像江河

一样不震荡翻腾。 ㉘三寿作朋:鲁君与三老为友同德。三寿,三老,古代天子诸侯尊崇年高德隆之人为三老、五更。

公车千乘①,朱英绿縢②。二矛重弓③。公徒三万④,贝胄朱綅⑤。烝徒增增⑥,戎狄是膺⑦,荆舒是惩⑧,则莫我敢承⑨!俾尔昌而炽,俾尔寿而富。黄发台背⑩,寿胥与试⑪。俾尔昌而大,俾尔耆而艾⑫。万有千岁,眉寿无有害。

[**注释**]①乘:古代一车四马为一乘,此处还包括附属一辆战车的甲士10人,步卒20人。 ②朱英绿縢:朱英,用朱红色的羽毛缠束在矛头上作为装饰。縢,绳。绿縢,用绿色的绳索扎束弓衣。 ③二矛重弓:古代车战,每辆兵车上甲士3人,左持弓,右持矛,中1人驾车。弓、矛都备两份,以供战斗中有损坏可替换。 ④徒:步卒。 ⑤贝胄朱綅:贝胄,用贝壳装饰盔胄。綅,音 qīn。朱綅,用红线将贝缀在盔胄上。 ⑥烝徒增增:烝,进行。增增,众多。 ⑦戎狄是膺:即"膺戎狄"。膺,打击。戎,少数民族西戎。狄,少数民族北狄。 ⑧荆舒:荆,楚国别称。舒,指今安徽舒城一带的舒姓小国,都是楚的盟国。 ⑨承:抵御。 ⑩黄发台背:黄发,说老人鬓发由白转黄。台背,亦作"鲐背",意老年斑有如鲐鱼背上的黑纹。两者都是长寿的表征。 ⑪寿胥与试:能用老人以安定国家。胥,相、皆。试,用。 ⑫俾尔耆而艾:耆,音 qí,老。艾,老人头发苍白如艾色,故代称老人。

泰山岩岩①,鲁邦所詹②。奄有龟蒙③,遂荒大东④。至于海邦⑤,淮夷来同⑥。莫不率从⑦,鲁侯之功。

[**注释**]①岩岩:山高峻积石的样子。 ②詹:仰望。 ③奄有龟蒙:奄有,席卷据有。龟,龟山。蒙,蒙山。两山均在今山东境内。 ④遂荒大东:荒,拥有。大东,极东、远东。 ⑤海邦:鲁东近海之国。 ⑥淮夷来同:淮夷,指当时居住在淮、泗一带的非华夏族。同,结盟。 ⑦率从:相继服从。

保有凫绎①,遂荒徐宅②。至于海邦,淮夷蛮貊③。及彼南夷④,莫不率从。莫敢不诺⑤,鲁侯是若⑥。

[注释]①凫绎:亦作"凫、峄",都是鲁国南部的山名,在今山东邹县。 ②徐宅:徐地。徐,在今安徽泗县的小国。 ③淮夷蛮貊:淮夷,淮河流域的少数民族。蛮貊,东南方的少数民族。 ④南夷:指楚国。 ⑤诺:顺从。 ⑥若:顺心。

天锡公纯嘏①,眉寿保鲁。居常与许②,复周公之宇③。鲁侯燕喜④,令妻寿母⑤。宜大夫庶士⑥,邦国是有⑦。既多受祉⑧,黄发儿齿⑨。

[注释]①纯嘏:大福。嘏,音 gǔ。 ②居常与许:居,据有。常,地名,在鲁南,曾为齐侵占,至鲁庄公时归还。许,地名,即"许田",在鲁西,曾为郑所侵,僖公时归还。 ③宇:疆域。 ④燕喜:宴饮喜乐。燕,通"宴"。 ⑤令妻寿母:祝妻善祝母长寿。令,善。 ⑥宜大夫庶士:善待大夫和众士。 ⑦有:富庶。 ⑧祉:福。 ⑨黄发儿齿:老人白发变黄生新齿。儿齿,老人牙脱又生新齿,长寿的表征。

徂徕之松①,新甫之柏②。是断是度③,是寻是尺④。松桷有舄⑤,路寝孔硕⑥,新庙奕奕⑦。奚斯所作⑧,孔曼且硕⑨,万民是若⑩。

[注释]①徂徕:指今山东徂徕山。 ②新甫:山名,即泰山旁的梁父山。 ③是断是度:是,于是。断,斩断。度,将树干分解成板。 ④是寻是尺:寻,8尺为寻。此处寻尺指丈量。 ⑤松桷有舄:桷,音 jué,屋椽子。有舄,犹"舄舄",大。 ⑥路寝孔硕:路寝,正寝。孔,很。硕,大。 ⑦新庙奕奕:新庙,僖公新修的宗庙。奕奕,高大雄伟。 ⑧奚斯所作:奚斯,鲁大夫公子奚斯,即公子鱼。作,建庙。 ⑨孔曼且硕:新庙规模宏大。曼,长。

⑩若,顺心。

商　颂

那

[题解]殷人祭祀先祖成汤。

猗与那与①!置我鞉鼓②。奏鼓简简③,衎我烈祖④。汤孙奏假⑤,绥我思成⑥。鞉鼓渊渊⑦,嘒嘒管声⑧。既和且平⑨,依我磬声⑩。於赫汤孙⑪!穆穆厥声⑫。庸鼓有斁⑬,万舞有奕⑭。我有嘉客⑮,亦不夷怿⑯。自古在昔⑰,先民有作⑱。温恭朝夕⑲,执事有恪⑳,顾予烝尝㉑,汤孙之将㉒。

[注释]①猗与那与:即"猗那与"。猗那,音ē nuó,美盛壮观的样子。与,通"欤",叹词,表赞美。　②鞉鼓:摇鼓,类似现在的拨浪鼓,有节制奏乐的功用。鞉,音táo。　③奏鼓简简:鼓,大鼓。简简,象声词,鼓声。　④衎我烈祖:衎,音kàn,欢乐。烈祖,创业有大功的祖先。　⑤汤孙奏假:汤孙,商汤之孙。奏,进。假,通"格",至、达于,此处指祭者上致于神,招请神到来。　⑥绥我思成:绥,赐予。思,语气词。成,福。　⑦渊渊:鼓声深远宏大的样子。　⑧嘒嘒:音huì huì,清亮的乐器声。　⑨既和且平:音律和谐且正平。　⑩依我磬声:指各种乐器随着磬声而高下徐疾。磬,玉制打击乐器,状似曲尺,悬挂在架上,古乐队以磬声止众乐。　⑪於赫:於,音wū,赞叹词。赫,显赫。　⑫穆穆厥声:穆穆,和美的样子。声,乐声。　⑬庸鼓有斁:庸,通"镛",大钟。有斁,犹"斁斁",盛大的样子。　⑭万舞有奕:万舞,详见《邶风·简兮》第一章注②。有奕,犹"奕奕",盛大的样子。　⑮嘉:好、善。　⑯夷怿:喜悦。怿,通"怡"。　⑰自古在昔:自古以来。　⑱先民有作:先人就是这样做。　⑲温恭朝夕:从早到晚温和恭敬。　⑳执事有恪:执事,主事

者,此处指管理祭祀者。有恪,犹"恪恪",恭敬认真。 ㉑顾予烝尝:来享受我的烝祭与尝祭。烝,音 zhēng,冬祭于宗庙。尝,秋祭于宗庙。 ㉒将:奉献。

烈　　祖

[**题解**]殷人祭祀先祖成汤。

嗟嗟烈祖①!有秩斯祜②。申锡无疆③,及尔斯所④。既载清酤⑤,赉我思成⑥。亦有和羹⑦,既戒既平⑧。鬷假无言⑨,时靡有争⑩。绥我眉寿⑪,黄耇无疆⑫。约軝错衡⑬,八鸾鸧鸧⑭。以假以享⑮,我受命溥将⑯。自天降康⑰,丰年穰穰⑱。来假来飨⑲,降福无疆。顾予烝尝⑳,汤孙之将。

[**注释**]①嗟嗟:叹词,表赞美。　②有秩斯祜:有秩,犹"秩秩",大。祜,音 hù,福。　③申锡无疆:申,重、又。锡,赐。无疆,无限。　④及尔斯所:遍及你的居处。斯所,此处。　⑤既载清酤:载,设置。酤,音 gū,酒。⑥赉我思成:赐福。赉,音 lài,赐。　⑦和羹:诸味调和、煮时适当的羹。⑧既戒既平:戒,备,指诸味调和。平,平和,指羹味醇正,没有怪味。　⑨鬷假:进告祖先神灵,招请神灵到来。鬷,音 zōng,通"奏"。　⑩时靡有争:次序井然不相争。　⑪绥我眉寿:绥,赐。眉寿,高寿、长寿。　⑫黄耇无疆:黄耇,年老则头发变黄,故即作为长寿、高寿的代称。无疆,无限。　⑬约軝错衡:约,缠束、捆扎。軝,音 qí,车軝两端用皮鞋装饰的部分,有时即指车軝。错,花纹。衡,车辕前端的横木。　⑭八鸾鸧鸧:鸾,音 luán,亦作"銮",挂在马镳、车衡、旗帜上的铃铛。鸧鸧,音 qiāng qiāng,铃声。　⑮以假以享:以,语气助词。假,通"格",至、达于,此处指祭者上致于神,招请神到来。享,祭献、上供。　⑯我受命溥将:我,汤孙自称。命,天命。溥将,广大久长。　⑰康:安乐。　⑱穰穰:音 ráng ráng,众多。　⑲来假来飨:假,通"格",至、达于,

此处指祭者上致于神,招请神到来。飨,音 xiǎng,鬼神享用祭品。 ⑳顾予烝尝:以下两句见上首诗注㉑㉒。

玄　鸟

[题解]殷人祭殷高宗武丁。

天命玄鸟①,降而生商②,宅殷土芒芒③。古帝命武汤④,正域彼四方⑤。方命厥后⑥,奄有九有⑦。商之先后⑧,受命不殆⑨,在武丁孙子⑩。武丁孙子,武王靡不胜⑪。龙旂十乘⑫,大糦是承⑬。邦畿千里⑭,维民所止⑮,肇域彼四海⑯。四海来假⑰,来假祁祁⑱。景员维河⑲。殷受命咸宜⑳,百禄是何㉑。

[注释]①玄鸟:黑色的燕子。　②降而生商:降,下。生商,生下商的始祖契。传说有娀氏女简狄沐于野外,见燕子落下卵,取而吞之,于是就怀孕了,后生契,契建国于商(今河南商丘),为商人始祖。　③宅殷土芒芒:定居商地真宽广。芒芒,即"茫茫",宽广。　④古帝命武汤:远古时期上帝降天于勇武的汤。汤,成汤,商族领袖,灭夏而建商。　⑤正域彼四方:正域,通"征有",征服据有。　⑥方命厥后:普施政令为君王。方,通"旁",普遍。后,君王。　⑦奄有九有:奄有,席卷据有。九有,即"九域",九州。　⑧先后:前代的君王,指商汤。　⑨殆:通"怠"懈怠。　⑩在武丁孙子:全在孙子武丁。⑪靡不胜:战无不胜。　⑫龙旂十乘:龙旂,画着交龙的大旗。　⑬大糦是承:即"承大糦"。承,供奉、献祭。糦,音 xī,通"饎",酒食。　⑭邦畿:幅员。⑮维民所止:民众定居于此。维,是。止,定居。　⑯肇域:肇,发语词。域,有。　⑰来假:此处指来朝觐的诸侯。假,通"格",至、达于。　⑱祁祁:众多。　⑲景员维河:高山周围是大河。景,大。员,通"圆",周围。维,是。河,黄河。　⑳殷受命咸宜:殷承受天命利天下。咸宜,对四方诸侯都适宜。㉑百禄是何:即"何百禄",承受天赐的百福。何,通"荷",承受。

长　　发

[题解]殷人祭成汤。

浚哲维商①,长发其祥②。洪水芒芒③,禹敷下土方④。外大国是疆⑤,幅陨既长⑥。有娀方将⑦,帝立子生商⑧。

[注释]①浚哲维商:浚,音jùn,深。哲,明。维,是。　②长发其祥:受命祯祥出现时已长。　③洪水芒芒:远古洪水大泛滥。芒芒,通"茫茫"。④禹敷下土方:禹,大禹。敷,布,布政。下土,天下。方,四方,天下。　⑤外大国是疆:大国,指夏。外大国,指夏国邦畿以外的诸侯。疆,疆域。　⑥幅陨:即"幅员"。　⑦有娀方将:有娀,古部族名,也是国名。娀,音sōng。方,正。将,兴旺。　⑧立子:指立有娀之女简狄为商辛之妃。

玄王桓拨①,受小国是达②,受大国是达。率履不越③,遂视既发④。相土烈烈⑤。海外有截⑥。

[注释]①玄王桓拨:玄王,即契,是商之后世对契的追尊之称。桓,威武。拨,亦作"发",明。　②受小国是达:受小国,接受小国归附。达,政令畅达。　③率履不越:相率遵循礼法不越轨。率,遵循。履,亦作"礼"。　④遂既视发:遍加视察,教令尽行。遂,犹"遍"。发,施行。　⑤相土烈烈:相土,人名,契孙。烈烈,威武雄壮。　⑥海外有截:海外,指海外诸侯。有截,犹"截截",整齐划一、统一。

帝命不违①,至于汤齐②。汤降不迟③,圣敬日跻④。昭假迟迟⑤,上帝是祗⑥,帝命式于九围⑦。

[注释]①帝命不违:上帝之命不违背。　②至于汤齐:到汤时终于得到天的授命。齐,与上天齐心,即得到上天认可而受命。　③汤降不迟:成汤

降生正当时。 ④圣敬日跻:睿智与恭敬之心日甚一日。跻,音 jī,登、进。
⑤昭假迟迟:昭假,人的诚心确已达于上天。昭,明。假,通"格",至、达于,此处指祭者上致于神,招请神到来。迟迟,长久。 ⑥上帝是祗:即"祗上帝"。祗,崇敬。 ⑦帝命式于九围:帝,上天。式,作典范。九围,即"九域",九州。

受小球大球①,为下国缀旒②,何天之休③。不竞不絿④,不刚不柔。敷政优优⑤。百禄是遒⑥。

[注释]①受小球大球:从上天那里接受小法大法。球,本作"捄",法制。小球,小法。大球,大法。 ②缀旒:音 zhuì liú,表率。 ③何天之休:何,通"荷",承受。休,美,赞美。 ④不竞不絿:竞,争竞。絿,音 qiú,急躁。 ⑤敷政优优:敷政,布政,推行政令。优优,犹"悠悠",宽缓不峻切。 ⑥百禄是遒:即"遒百禄"。遒,音 qiú,聚集。

受小共大共①,为下国骏厖②。何天之龙③,敷奏其勇④。不震不动,不戁不竦⑤,百禄是总。

[注释]①小共大共:小法大法。 ②骏厖:庇荫、庇佑。厖,音 máng。 ③龙:通"宠",荣宠。 ④敷奏其勇:敷奏,施展。 ⑤不戁不竦:戁,音 nǎn,恐惧。竦,音 sǒng,惊惧。

武王载旆①,有虔秉钺②。如火烈烈,则莫我敢曷③。苞有三蘖④,莫遂莫达⑤。九有有截⑥,韦顾既伐⑦,昆吾夏桀⑧。

[注释]①武王载旆:武王,指契。载旆,建起大旗,指出征。旆,音 pèi,大旗。 ②有虔秉钺:有虔,犹"虔虔",牢固。秉,持。钺,斧。 ③莫我敢曷:即"莫敢曷我"。曷,通"害"。 ④苞有三蘖:苞,本,指夏桀。蘖,树枝砍去后又长出来的新芽,代残余,此处指韦、顾、昆吾三国。 ⑤莫遂莫达:不让

它们再生长,指消灭了夏桀、韦、顾、昆吾。遂、达,草木生长。 ⑥九有:九州。 ⑦韦顾:韦,国名,在今河南滑县东南。顾,国名,在今山东鄄城东北。 ⑧昆吾夏桀:国名,在今河南许昌市东。夏桀,夏的最后一个君主,残暴荒淫,为成汤所灭。

昔在中叶,有震且业①。允也天子②,降予卿士③。实维阿衡④,实左右商王⑤。

[注释]①有震且业:震,威力。业,大。 ②允也天子:允,诚信。天子,指成汤。 ③降予卿士:降,降生。卿士,此指辅政大臣伊尹。 ④实维阿衡:实、维,语气词。阿衡,商代官名,指伊尹。阿,依。衡,平。 ⑤实左右商王:左右,辅助。商王,指成汤。

殷 武

[题解]赞颂殷王武丁征伐荆楚并臣服各地诸侯。

挞彼殷武①,奋伐荆楚。罙入其阻②,裒荆之旅③。有截其所④,汤孙之绪⑤。

[注释]①挞彼殷武:挞,音 tà,行动迅疾的样子。殷武,殷王武丁。②罙入其阻:罙,音 shēn,"深"的古字。阻,险阻之处。 ③裒荆之旅:裒,音 póu,俘虏。旅,士众。 ④有截其所:有截,整齐划一,一起平服的意思。其所,指楚地。 ⑤绪:王业的统绪。

维女荆楚①,居国南乡②。昔有成汤,自彼氐羌③,莫敢不来享④,莫敢不来王⑤。曰商是常⑥。

[注释]①女:汝。 ②居国南乡:国,中国。乡,向,方向。 ③氐羌:氐族和羌族,古代边疆的部族,分布在今甘肃、青海等地。 ④享:进献。

⑤来王:来朝见。　⑥常:通"尚",服从。

天命多辟①,设都于禹之绩②。岁事来辟③,勿予祸适④,稼穑匪解⑤。

[注释]①天命多辟:天命,上天命令。多辟,众诸侯。　②禹之绩:意为大禹治水所经过的九州,亦即"禹域",泛指中国大地。绩,通"迹"。　③岁事来辟:岁事,指每年朝觐之事。来辟,来朝见。　④勿予祸适:不要给他们罪过与谴责。　⑤稼穑匪解:农事不要懈怠。

天命降监①,下民有严②。不僭不滥③,不敢怠遑④。命于下国⑤,封建厥福⑥。

[注释]①天命降监:上天之命监视下界人间。　②严:恭敬。　③不僭不滥:不敢越礼不敢有过错。僭,越份,无礼。滥,过差。　④怠遑:懈怠、松散。　⑤命于下国:命令下方诸侯国。　⑥封建厥福:大力为民造福。封,大。建,立。厥,其。

商邑翼翼①,四方之极②。赫赫厥声③,濯濯厥灵④。寿考且宁⑤,以保我后生⑥。

[注释]①商邑翼翼:商的王都规模宏大完美。　②极:标准,榜样。③赫赫厥声:显赫的先祖名声。　④濯濯厥灵:伟大光辉的先祖威灵。⑤寿考且宁:长寿而且安宁。　⑥后生:后代子孙。

陟彼景山①,松柏丸丸②。是断是迁③,方斫是虔④。松桷有梴⑤,旅楹有闲⑥,寝成孔安。

[注释]①陟彼景山:陟,音zhì,升、登。景山,山名,在商朝故都西亳

(今河南偃师)。又"景"有"大"的意思,故景山亦有大山之意。 ②丸丸:光滑高大挺直的样子。 ③是断是迁:断,斩断。迁,搬运。 ④方斲是虔:方,于是。斲,音zhuó,砍。虔,削。 ⑤松桷有梴:桷,音jué,方形椽子。有梴,即"梴梴",木材长长的样子。梴,音chán。 ⑥旅楹有闲:旅,许多。楹,音yíng,厅堂前的柱子。有闲,犹"闲闲",粗大的样子。

参 考 文 献

孔颖达:《毛诗正义》,北京:中华书局,1980年。
朱熹:《诗集传》(20卷本),上海:上海古籍出版社,1980年。
夏传才:《诗经研究史概要》,郑州:中州书画社,1982年。
陈子展:《诗经直解》,上海:复旦大学出版社,1983年。
程俊英、蒋见元:《诗经注析》,北京:中华书局,1991年。
向熹:《诗经词典》(修订本),成都:四川人民出版社,1997年。
陈子展:《诗三百解题》,上海:复旦大学出版社,2001年。
洪湛侯:《诗经学史》,北京:中华书局,2002年。
夏传才:《二十世纪诗经学》,北京:学苑出版社,2005年。

近期国学读物要目

国学新读本

诗经　梁锡锋　注说
论语　臧知非　注说
尚书　姜建设　注说
国语　曹建国　张玖青　注说
孔子家语　杨朝明　注说
山海经　郑慧生　注说
墨子　苏凤捷　程梅花　注说
孟子　何晓明　周春健　注说
庄子　曹础基　注说
荀子　杨朝明　注说
韩非子　赵沛　注说
孙子兵法　赵国华　注说
楚辞　李中华　邹福清　注说
潜夫论　王健　注说
文心雕龙　戚良德　注说
商君书　徐莹　注说
战国策　张彦修　注说
淮南子　杨有礼　注说
老子　曹峰　注说
礼记　杨天宇　注说
吕氏春秋　张福祥　注说
世说新语　赵成林　陈艳　注说
史通　李振宏　注说
春秋繁露　曾振宇　注说

百年河大国学旧著新刊

河洛方言诠诂　王广庆　著
三统历表　邵瑞彭　著
中国戏剧概论　卢前　著
晚明思想史论　嵇文甫　著
论语新探　赵纪彬　著

天问研究　孙作云　著
汉魏六朝文学史　李嘉言　著
金艺文志　金登科记考　万曼　著
唐集叙录　万曼　著
中国文学史新编　张长弓　著
汉碑集释　高文　著
袁中郎研究　任访秋　著
东夷杂考　李白凤　著
宋会要辑稿考校　王云海　著
长江集新校　李嘉言　著
高适岑参选集　高文　王刘纯　选著
花间集注　华锺彦　著
庆湖遗老诗集校注　王梦隐　著
曾瑞散曲集校注　李春祥　著
辛弃疾选集　佟培基　选著

于安澜书画学四种
画论丛刊
画史丛书
画品丛书
书学名著选

元典文化丛书
中华第一经——《周易》与中国文化　宋会群　苗雪兰　著
教化百科——《诗经》与中国文化　孙克强　张小平　著
经国治民之典——《周礼》与中国文化　郝铁川　著
哲人的智慧——《老子》与中国文化　高秀昌　龚力　著
圣人箴言录——《论语》与中国文化　李振宏　著
武学圣典——《孙子兵法》与中国文化　龚留柱　著
亚圣思辨录——《孟子》与中国文化　何晓明　著
逍遥之祖——《庄子》与中国文化　白本松　王利锁　著
外王之学——《荀子》与中国文化　张曙光　著
中国帝王术——《韩非子》与中国文化　王宏斌　著
史家绝唱——《史记》与中国文化　邓鸿光　著
诸经总龟——《春秋》与中国文化　涂文学　周德钧　著
管理宝典——《管子》与中国文化　袁闯　著
纵横家书——《战国策》与中国文化　张彦修　著
人仙之间——《抱朴子》与中国文化　徐仪明　冷天吉　著

医学圣典——《黄帝内经》与中国文化　王庆宪　梁晓珍　著
礼乐渊薮——《礼记》与中国文化　黄宛峰　著
词章之祖——《楚辞》与中国文化　李中华　著
星学宝典——《历书天官书》与中国文化　郑慧生　著
天人衡中——《春秋繁露》与中国文化　曾振宇　范学辉　著
王政全书——《吕氏春秋》与中国文化　张富祥　著
神话之源——《山海经》与中国文化　高有鹏　孟芳　著
新道鸿烈——《淮南子》与中国文化　杨有礼　著
史家龟鉴——《史通》与中国文化　曾凡英　著
政事纲纪——《尚书》与中国文化　姜建设　著
春秋弦歌——《左传》与中国文化　龚留柱　著
平民理想——《墨子》与中国文化　苏凤捷　程梅花　著
人伦本原——《孝经》与中国文化　臧知非　著
法典之王——《唐律疏议》与中国文化　徐永康　吉霁光　郑取　著
文论巨典——《文心雕龙》与中国文化　戚良德　著

宋代研究丛书

北宋诗学　张海鸥　著
宋代东京研究　周宝珠　著
宋代地域经济　程民生　著
宋代监察制度　贾玉英　著
宋代官员选任和管理制度　苗书梅　著
宋代地域文化　程民生　著
宋代文学通论　王水照　主编
宋代司法制度　王云海　主编
宋代教育　苗春德　主编
清明上河图与清明上河学　周宝珠　著
宋代文化史　姚瀛艇　主编
黄庭坚与宋代文化　杨庆存　著
宋代交通管理制度研究　曹家齐　著
岳飞和南宋前期政治与军事研究　王曾瑜　著
成圣之道——北宋二程修养工夫论之研究　温伟耀　著
宋代绘画研究　邓乔彬　著

汉语史专书语法研究丛书

《三朝北盟会编》语法研究　刁晏斌　著
《荀子》虚词研究　黄珊　著
《晏子春秋》词类研究　姚振武　著

《聊斋俚曲》语法研究　冯春田　著
《孟子》词类研究　崔立斌　著
《朱子语类辑略》语法研究　吴福祥　著
敦煌变文 12 种语法研究　吴福祥　著
《吕氏春秋》句法研究　殷国光　著
《尚书》语法论稿　钱宗武　著
《左传》语法研究　何乐士　著
《元典章·刑部》语法研究　李崇兴　祖生利　著
汉语语法史断代专书比较研究　何乐士　著

图书在版编目（CIP）数据

诗经/梁锡锋注说.—开封：河南大学出版社，2008.3
(2015.1重印)
（国学新读本）
ISBN 978-7-81091-755-1

Ⅰ.诗…　Ⅱ.梁…　Ⅲ.①古体诗－中国－春秋时代②诗经－注释　Ⅳ.I222.2

中国版本图书馆CIP数据核字（2008）第013434号

责任编辑	陈广胜
封面设计	马　龙

出版发行	河南大学出版社			
	地址：河南省开封市明伦街85号　邮编：475001			
	电话：0371－22825003（营销部）　网址：www.hupress.com			
排　版	河南第一新华印刷厂			
印　刷	开封智圣印务有限公司			
版　次	2008年3月第1版	印　次	2015年1月第2次印刷	
开　本	650mm×960mm　1/16	印　张	25.5	
字　数	320千字	印　数	2001—3000册	
定　价	46.00元			

（本书如有印装质量问题请与河南大学出版社营销部联系调换）